◆浙江大学城市学院资产评估专业
◆浙江省房地产估价师与经纪人协会

房地产估价

吴步昶◎编著

案例精选评析

ZHEJIANG UNIVERSITY PRESS
浙江大学出版社

图书在版编目(CIP)数据

房地产估价案例精选评析 / 吴步昶编著. —杭州：
浙江大学出版社,2019.5(2023.12 重印)
ISBN 978-7-308-19123-4

Ⅰ.①房… Ⅱ.①吴… Ⅲ.①房地产价格－估价－案
例－中国 Ⅳ.①F299.233.5

中国版本图书馆 CIP 数据核字(2019)第 076156 号

房地产估价案例精选评析

吴步昶 编著

责任编辑	吴伟伟 weiweiwu@zju.edu.cn	
责任校对	陈 翩 等	
封面设计	周 灵	
出版发行	浙江大学出版社	
	(杭州市天目山路 148 号 邮政编码 310007)	
	(网址：http://www.zjupress.com)	
排 版	浙江大千时代文化传媒有限公司	
印 刷	广东虎彩云印刷有限公司绍兴分公司	
开 本	787mm×1092mm 1/16	
印 张	20.5	
字 数	512 千	
版 印 次	2019 年 5 月第 1 版 2023 年 12 月第 5 次印刷	
书 号	ISBN 978-7-308-19123-4	
定 价	98.00 元	

序

改革开放使中国家庭财产构成发生了重大变化,房地产已成为我国大多数家庭最主要的资产。随之而来的是房地产价值、价格的变化日益受到人们的广泛关注,房地产评估行业就是在这种大背景下产生和发展的。对专业人员而言,房地产评估是科学与艺术的结合,既要追求量的精确,又需要专业化的技能和技巧;而对于大多数非专业人士而言,房地产评估显得专业又神秘,人们非常希望通过对评估报告的解读来了解房地产价格的产生和构成。为此,浙江省房地产估价师与经纪人协会联合浙江大学城市学院,对近年来有较强代表性、不同类型、不同物业的房地产评估报告进行汇总,以专家点评的方式,对房地产评估报告中的价格构成、方法、结果等进行全方位的分析,使房地产评估专业人员能从案例解析中,汲取实践经验,使非专业人士通过对本书案例的阅读,了解房地产评估的基本知识。因此,本书既是从事房地产评估行业人员重要的资料书籍,也是一本房地产评估知识的普及读本。

吴步昶教授是资产评估、房地产评估行业的资深专家,本书由吴老师编著,并汇集了浙江省内最优秀的专家,对典型案例进行点评分析,保证了案例点评的权威性和客观性,对房地产评估从业人员具有很强的指导性和针对性,对提高房地产评估报告质量将会起到十分重要的作用。

借本书出版之际,我在此特别感谢所有的会员单位及全体房地产评估行业的机构和从业人员,正是因为有了你们的努力,房地产评估行业才有了现在这样的成绩并得到了全社会的关注和重视,更期待再接再励、再创辉煌,为国家经济和社会发展做出更大贡献。

浙江省房地产估价师与经纪人协会会长　何从华

2019 年 4 月

前　言

　　资产评估是对资产价值进行分析估算并发表专业意见的行为与过程，是一项为资产进行定价和管理的专业技能。资产评估的主要业务为整体资产评估、单项资产评估、无形资产评估和项目评估。而在这些资产评估业务中，房地产资产都占有相当大的比重。在一个国家或地区的总财富中，房地产财富一般占 50%～70%，其他各类资产之和通常仅占 30%～50%。例如，据《城市经济学与房地产市场》（丹尼斯·迪帕斯奎尔、威廉·C.惠顿著）统计，1990 年美国的房地产价值为 8.8 万亿美元，大约占其总财富的 56%。与其他资产相比，房地产资产不仅价值量大，而且经常发生转让、抵押、租赁、征收、税收、保险、分割合并、损害赔偿、争议调处和司法鉴定、折价入股等行为，而这些行为的发生都需要估价。因此，房地产评估是资产评估的核心内容之一。

　　我国经济的快速发展，为评估行业提供了广阔的发展前景，同时也需要大量新人经过大学教育加入资产评估行业。浙江大学城市学院资产评估专业是省级一流学科工商管理下面重要的人才培养方向，2004 年开始作为金融学专业的一个方向，2009 年正式开始招收资产评估专业本科生，2014 年起在一本公费招生。作为省内少数设有资产评估专业的大学，我校突出“三个复合”培养模式。第一个复合是学生要做到知识结构复合，具备工程、机械、房建等知识，还拥有金融、财务等商科素养以及资产证券化的能力。第二个复合是教师团队要做到能力复合，拥有较高学历与科学研究水平，还要具有“双师型”特征。学院还聘请了10 多位业界精英在学校课堂、产融对接基地、实训和毕业论文等环节担任指导教师。第三个复合是培养环节复合，通过课堂教学、创新实践、实习实训，由校内外教师带着学生操作真实的评估项目。我校已经为国家培养了近千名评估专业（含资产评估方向的金融学）毕业生。

　　随着《资产评估法》《房地产估价规范》和《房地产估价术语基本标准》等系列法律与规范的正式实施，评估行业对从业人员提出了更高的执业要求。从事评估不仅要有扎实的理论知识，还要有丰富的实践经验。房地产评估报告是房地产评估人员理论水平、实践经验的集中体现。为此，浙江大学城市学院资产评估专业与浙江省房地产估价师与经纪人协会联合编著了《房地产估价案例精选评析》，本书中的评估报告由浙江省内的多家评估机构提供，并由浙江大学城市学院资产评估专业相关老师和浙江省房地产估价师与经纪人协会的资深专家点评，可以用于资产评估师、房地产估价师的继续教育课程，也可以作为评估人员工作之余提升能力的自学材料。

　　感谢以下共同参与本书案例研究的人员（按照姓氏拼音排序）：蔡庆兵、陈赵丹、范建勇、韩宣伟、何光明、何伟勇、皇甫银娟、嵇鲁、蒋文军、金序能、雷成良、梅立鸣、戚宝鸿、沈海生、施勤俭、王振江、王直民、虞浙安、张远凌、赵志菲、郑金叶、朱建安、朱建荣、朱学峰。本书在编辑和出版过程中，得到了浙江大学出版社吴伟伟编辑的大力支持和帮助，浙江省房地产估价师与经纪人协会秘书处也付出了大量的时间和精力,在此表示衷心感谢!

由于时间仓促,加之编者水平有限,书中尚有不足之处,恳请读者批评指正。

吴步昶

2018 年 10 月

目　　录

报告一　××国际中心项目销售参考价格咨询

报告摘要

一、项目名称:××国际中心项目销售参考价格咨询

二、委托单位:××××有限公司

三、估价机构:××房地产土地资产评估有限公司

四、建筑规模:

××国际中心项目包括 A、B、C、D 座及裙房,总建筑面积 159328m²。

本次估价范围为××国际中心 C 座、D 座 1—23 层和裙房 4、5、6、8 层,总建筑面积 54231.96m²。

五、报告使用目的和方向:

本报告的咨询意见和结论,仅为委托方(卖方)分割转让房地产时提供销售价格参考,不得用于其他目的。

六、价值时点:二○一七年上半年

七、估价方法:综合评价法、标准价调整法、比较法

八、专项技术标准依据:

1.《商务写字楼等级评价标准》(CECS 368:2014)

2.《房地产估价规范》(GB/T 50291—2015)

3.《房地产估价基本术语标准》(GB/T50899—2013)

九、价值咨询意见:

项目总建筑面积 54231.96m²,评估总价为 244735 万元,人民币大写贰拾肆亿肆仟柒佰叁拾伍万元整,折合单价 45127 元/m²。

(详细内容见致委托人函和咨询报告正文)

××××房地产土地资产评估有限公司

二○一七年×月×日

致委托人函

××××有限公司:

承蒙贵方委托,我公司对位于杭州市××路××号××国际中心 C 座、D 座及裙房拟分

割转让房地产出具本销售参考价格咨询报告。

一、评估项目规模及权益状况

(一)建筑物

××国际中心项目包括 A、B、C、D 座及裙房,总建筑面积 159328m²。

本报告房地产估价范围,包括××国际中心 C 座、D 座 1—23 层和裙房 4、5、6、8 层,总建筑面积 54231.96m²。其中:

1.C 座、D 座总建筑面积 48854.86m²,其中 C 座 1 层、D 座 1—3 层为商业配套用房,建筑面积 4056.33m²;其他部分为科研办公用房,建筑面积为 44798.53m²。

2.裙房 4、5、6、8 层,建筑面积为 5377.1m²,为科研办公用房。

(二)土地使用权

杭×国用〔200×〕第××××号《国有土地使用证》记载,土地使用权证载用途为科教用地,出让方式取得,终止日期为 2058 年 2 月 19 日,项目土地使用权总面积为 16279m²,本报告估价范围内房地产分摊的土地面积尚未分割。

(三)权益状况假定

根据杭土资简复〔20××〕×号和杭政办简复〔20××〕×号文,××国际中心 C 座、D 座 1—23 层和裙房 4、5、6、8 层的科研办公用房、配套用房,分别以可分割转让的写字楼、营业用房为销售价格咨询前提。

(四)权利人

××××有限公司。

二、报告使用目的和方向

1.本报告为房地产分割销售价格咨询性报告。

2.在满足国家及杭州市相关政策规定的前提下,委托方拟将房地产分割转让。本报告的咨询意见和结论,仅为委托方(卖方)分割转让房地产时提供销售价格参考,不得用于其他目的。

三、价值内涵

(一)完全产权价值

是指房屋所有权和以出让方式取得的建设用地使用权在不受任何其他房地产权利等限制情况下的价值。

本报告的咨询价值结论,是在委托方按规定补缴出让金后拥有完全产权情况下的价值。

(二)精装修标准

本项目除营业房外,分割销售的写字楼部分,均以委托方提供的《杭州××国际中心交付标准》(精装修)为估价前提。

(三)按套分割销售

本报告以房地产最小使用单元(套,见房号列表)分割销售为估价前提,即估价结果为分割销售的单价和总价。

如遇意向客户拟一次性购买整层或数层,则本报告分割销售参考价格需做适当折减。

四、估价方法

根据本报告的使用目的和方向,结合项目的区位优势、设计建造特征和国内及杭州市经济发展、房地产政策和市场状况,选用可比性较强的类似写字楼项目销售报价,依据《商务写字楼等级评价标准》(CECS 368:2014),综合分析测算本项目分割销售报价。本报告运用的估价方法包括:

1. 采用综合评价法,测算估价对象标准房地产(写字楼)销售价格。

2. 用标准价调整法,测算估价对象各套房地产(写字楼)销售价格。

3. 采用比较法,测算商铺价格。

五、价值时点

根据本报告的使用目的和方向,结合报告中所采集信息的时效性,确定本报告价值时点为一定时期,即二○一七年上半年。

六、报告使用有效期

自报告出具之日起壹年内有效。如果该期间国家及本地相关政策或房地产市场发生明显变化,应重新调整价值意见。

七、销售价格咨询意见

(一)项目参考销售总价

项目总建筑面积 54231.96m²,评估总价为 244735 万元,人民币大写贰拾肆亿肆仟柒佰叁拾伍万元整,折合单价 45127 元/m²。

(二)各部分物业销售参考价

(1)D 座写字楼(4—23 层)

建筑面积 28810.75m²,评估价格 1363409216 元,折合单价 47323 元/m²;

(2)C 座写字楼(2—23 层)

建筑面积 15987.78m²,评估价格 708339396 元,折合单价 44305 元/m²;

(3)裙楼幢写字楼(4—6 层、8 层)

建筑面积 5377.1m²,评估价格 218983249 元,折合单价 40725 元/m²;

(4)D 座、C 座商铺

建筑面积 4056.33m²,评估价格 156613922 元,折合单价 38610 元/m²。

详见《分割销售参考价格表》。

××××× 房地产土地资产评估有限公司

二○一七年×月×日

附表:《分割销售参考价格表》(为节约篇幅,部分楼层略)

1. D座写字楼(4—23层)评估价格表

D座			评估单价 (元/m²)	评估总价 (元)
楼层	房号	面积(m²)		
4层	401	371.37	42520	15790652
	402	371.37	47250	17547233
	403	286.34	40650	11639721
	404	286.34	44470	12733540
	405	71.99	37330	2687387
5层	501	389.82	43130	16812937
	502	389.82	47920	18680174
	503	300.43	40500	12167415
	504	300.43	44310	13312053
	505	75.57	37860	2861080
6—22层(略)	……	……	……	……
23层	2301	365.85	48920	17897382
	2302	365.85	57540	21051009
	2303	281.79	46760	13176500
	2304	281.79	50140	14128951
	2305	71.29	42090	3000596
合计		28810.75		1363409216

2. C座写字楼(2—23层)评估价格表

C座			评估单价 (元/m²)	评估总价 (元)
楼层	房号	面积(m²)		
2层	201	689.1	33620	23167542
3层	301	688.36	34150	23507494
4层	401	353.65	39940	14124781
	402	353.65	43690	15450968.5
5层	501	371.22	40500	15034410
	502	371.22	44310	16448758.2
6—22层(略)	……	……	……	……

C座			评估单价 （元/m²）	评估总价 （元）
楼层	房号	面积（m²）		
23层	2301	349.07	45940	16036275.8
	2302	349.07	49260	17195188.2
合计		15987.78		708339396

3.裙楼写字楼（4—6层、8层）评估价格表

裙楼			评估单价 （元/m²）	评估总价 （元）
楼层	房号	面积（m²）		
4层	401	131.45	45240	5946798
	402	1237.32	39000	48255480
	403	64.8	41220	2671056
5层	501	132	45880	6056160
	502	1238.71	39550	48990980.5
	503	64.86	41800	2711148
6层	601	131.99	46520	6140174.8
	602	1239.12	40100	49688712
	603	64.86	42380	2748766.8
8层	801	1071.99	42700	45773973
合计		5377.1		218983249

4.D座、C座商铺评估价格表

D座商铺			评估单价 （元/m²）	评估总价 （元）
楼层	房号	面积（m²）		
1层	165-1	200.49	55911	11209596
	165-2	458.79	49450	22687166
	东1-1-1	424.57	34313	14568270
2层	201	1201.23	33267	39961318
3层	301	1201.23	32317	38820150
C座商铺				
1层	165-3	157.39	57029	8975794
	165-4	314.42	52623	16545724
	东2-1-1	98.21	39160	3845904
合计		4056.33		156613922

第一部分　××国际中心概况

××国际中心位于杭州市××路××号,地处杭州市中心武林商圈,西距××广场约×××米,北望××河,是一座高端的纯商务智能化写字楼。

本项目由中国工程院院士、"梁思成建筑奖"获得者、深圳市建筑设计研究总院有限公司总建筑师孟建民主持设计。

项目建设基于国际权威的绿色环保建筑及可持续性建筑评估标准体系——由美国绿色建筑协会建立并推行的《绿色建筑评估体系》(*Leadership in Energy & Environmental Design Building Rating System*),在水资源保护、节能、再生能源、材料选用、室内环境质量等方面进行了精心设计,并获得"LEED绿色建筑金奖"。

一、区位环境

××国际中心地处杭州武林商圈,东邻××广场,北隔××路与××河相望,南靠×××,西邻××,区域内大型商服设施林立,公共交通便捷,环境景观优良。

武林商圈,是杭州的城市核心、最为繁华的高端商业区和首席国际商务区。2008年被商务部和中国贸促会联合评为"中国最具投资价值CBD"。规划定位为杭州中环,到2020年建设成长三角除上海外名副其实的大都市中央商务区。区域内集中了全市70%的金融机构和全国零售业销售额排名榜首的××购物城、××大酒店、××广场、××大厦、浙江××中心等知名单位,是杭州最具历史与文化、商业与人流的核心地带。

1.××国际中心距杭州西湖景区约×km,距离浙江省人民政府约×km。

2.周边大型商服设施:××银泰、××大厦、××购物城等。

3.立体交通:西邻贯穿城市南北的交通大动脉××,并与××高架、秋石高架对接;北临东西主干道××路,路网发达;距火车东站约15分钟车程,距萧山国际机场约35分钟车程。

4.休闲公园:××广场、××公园等。

5.公共交通:地铁1号线××站、地铁5号线(在建);××路、××路等公交线路。

6.自然景观:××山、××河。

二、建筑规模与技术指标

(一)总体规模与技术指标

××国际中心项目包括A、B、C、D座及裙房,总建筑面积约16万m²,其中:地上23层、建筑面积10.4万m²;地下4层,建筑面积5.4万m²,有近千个停车位及相应的金融、商务、休闲、餐饮等配套服务。项目于2016年竣工并交付使用。项目总体主要技术指标见表1-1。

表1-1　项目总体主要技术指标

大厦坐落地址	杭州市××路××号
占地面积	约16278m²

续表

总建筑面积	159328m²
地上建筑面积	103916m²
建筑总高度	99.60m
地上层数	23层
地下层数	4层
停车位	近1000个
建筑层高	大堂13.3m、1层4.75m、2层4.35m、3层4.20m、4层以上4.05m
建筑净高	大堂12.8m,四层以上标准层公共走道2.7m,办公区2.95m
标准层面积	约2200m²

（二）本报告房地产范围

本报告建筑物范围,包括××国际中心C座、D座1—23层和裙房4、5、6、8层,总建筑面积54231.96m²。其中:

1. C座、D座总建筑面积48854.86m²,其中:C座1层、D座1—3层为营业用房,建筑面积4056.33m²;其他部分为办公用房,建筑面积44798.53m²。

2. 裙房4、5、6、8层,建筑面积5377.1m²,为办公用房。

××国际中心C、D座及裙房分层分户面积见表1-2。

表1-2 C、D座及裙房分层分户面积(部分楼层略)

D座			C座		
楼层	房号	面积(m²)	楼层	房号	面积(m²)
1层	165－1	200.49	1层	165－3	157.39
	165－2	458.79		165－4	314.42
	东1－1－1	424.57		东2－1－1	98.21
2层	201	1201.23	2层	201	689.1
3层	301	1201.23	3层	301	688.36
4层	401	371.37	4层	401	353.65
	402	371.37		402	353.65
	403	286.34			
	404	286.34			
	405	71.99			
5层	501	389.82	5层	501	371.22
	502	389.82		502	371.22
	503	300.43			
	504	300.43			
	505	75.57			

续表

D 座			C 座		
楼层	房号	面积(m²)	楼层	房号	面积(m²)
……	……	……	……	……	……
	2301	365.85		2301	349.07
	2302	365.85		2302	349.07
23 层	2303	281.79	23 层		
	2304	281.79			
	2305	71.29			
合计面积	32297.06		合计面积	16557.8	

C 座、D 座总面积:48854.86m²

裙楼实测面积

楼层	房号	面积(m²)
	401	131.45
4 层	402	1237.32
	403	64.8
	501	132
5 层	502	1238.71
	503	64.86
	601	131.99
6 层	602	1239.12
	603	64.86
8 层	801	1071.99
合计		5377.1

三、项目交付标准

××国际中心交付标准见表1-3。

表 1-3 杭州××国际中心交付标准

建筑/机电设施	业主提供标准
1.外墙	石材、铝合金、中空 LOW-E 玻璃
2.公共区域	首层大堂 ·地面:进口大理石 ·墙面:乔治亚灰花岗岩 ·顶棚:乐思龙蜂窝铝板吊顶

建筑/机电设施	业主提供标准
2.公共区域	电梯厅 ·地面:乔治亚灰花岗岩 ·墙面:乔治亚灰花岗岩 ·顶棚:石膏板吊顶、涂料 办公区公共走廊 ·地面:网络地板上覆地毯 ·墙面:Guboo 成品挂板 ·顶棚:石膏板吊顶 ·入户门:无框双开玻璃门 电梯轿厢 ·地面:石材 ·墙面:蚀刻不锈钢 ·顶棚:镜面黑钢 ·车库:Sico(西卡)耐磨＋环氧地坪漆,LED 照明
3.办公区域	·地面:8cm 网络地板(裙房 5cm) ·墙面: 　室内采用白色乳胶漆＋Guboo 成品挂板 　核心筒:墙面为 Guboo 爪哇红檀木成品挂板饰面 　走廊:隔墙墙面为 Guboo 爪哇红檀木成品挂板饰面、Guboo 里耶卡橡木成品挂板饰面及铝合金玻璃 ·玻璃幕墙:台玻中空双银 LOW-E 玻璃,外片超白玻璃 ·墙体:分户墙为轻钢龙骨石膏板墙 ·顶棚:乐思龙铝单板结合部分石膏板吊顶 ·灯具:NVC(雷士)照明 ·独立卫生间:顶面乐思龙铝单板,墙面、地面为仿古砖,上下水管道预留 ·可开启窗:内开内倒＋上悬窗,意大利萨威奥五金件 ·室内栏杆
4.公共卫生间	·顶面:乐思龙铝单板及硅酸钙板吊顶、涂料 ·地面、墙面:马可波罗仿古砖 ·隔断:富美家成品隔断、卡劳仕五金件 ·洁具:科勒洁具、感应龙头、坐便器,杜邦台面板 ·空调:富士通 ·排风机:松下抽排风机 ·热水供应:24 小时
5.茶水间、清洁间	·地面、墙面:马可波罗仿古砖 ·顶棚:硅酸钙板吊顶、涂料 ·洗涤盆、龙头、杜邦台面板
6.电梯	办公客用电梯: ·主楼,20 部,迅达电梯 　速度 3.0m/s、载重 1450kg 　轿厢尺寸 2000mm(宽)×1600mm(深)×2800mm(高) ·副楼,2 部,富士达电梯 　速度 1.75m/s、载重 1350kg 　轿厢尺寸 1900mm(宽)×1600mm(深)×2800mm(高) 消防/载货电梯: ·4 部,富士达电梯 　速度 3.0m/s、载重 1600kg 　轿厢尺寸 2000mm(宽)×1700mm(深)×2800mm(高)

续表

建筑/机电设施	业主提供标准
7.楼板承重	1、2、3 层 400kg/m²；4 层以上办公区 300kg/m²
8.空调及新风系统	• 品牌：富士通 VRF • 种类：全直流变速多联式中央空调 • 计量：分户独立空调能耗计量 • 控制：实时监控空调的运营状况 • 新风系统：环都拓扑独立新风系统 • 新风量：30m³(h·p)
9.综合布线系统	• 有线网络：独立四芯光纤入户 • 无线网络：4G 网络信号 • 运营商：中国电信、中国移动、中国联通
10.公共广播系统	在公共卫生间、公共区域及办公区设置，与消防紧急广播联动，多种音源
11.安保系统	• 一卡通系统：有 • 梯控系统：有 • 门禁系统：荷兰宝盾人行闸机 • 综合安保系统：24 小时电视监控系统、电子巡更系统等
12.消防报警系统	智能化消防报警系统，包括自动喷淋系统、消防栓系统、自动火警报警系统、灭火器、烟感系统、应急灯和安全出入口指示等
13.给排水系统	在每个办公楼层设置公共男女卫生间及茶水、清洁间
14.办公室卫生间	在较大办公室设有独立卫生间
15.户内配电	户内配电容量 60W/m²
16.中央吸尘系统	走廊独立设置中央吸尘系统；分户独立预留中央吸尘系统管道

四、项目权益状况

(一)权属状况

根据委托方提供的权属证书记载，本项目房屋所有权人和土地使用权人，均为××××有限公司。

(二)规划用途

1.建筑物

××国际中心 C 座、D 座 1—23 层和裙房 4、5、6、8 层，总建筑面积 54231.96m²。其中：

(1)C 座、D 座总建筑面积 48854.86m²；C 座 1 层、D 座 1—3 层为配套用房，建筑面积 4056.33m²，其他部分为科研办公用房，建筑面积为 44798.53m²。

(2)裙房 4、5、6、8 层，建筑面积 5377.1m²，为科研办公用房。

2.土地使用权

杭×国用〔200×〕第×××号《国有土地使用证》记载，土地使用权为出让科教用地，终止日期为 2058 年 2 月 19 日，土地使用权总面积为 16279m²，本报告范围内占用的土地面积未分割。

3.权益状况假定

根据杭土资简复〔20××〕×号和杭政办简复〔20××〕×号文,××国际中心 C座、D座1—23 层和裙房 4、5、6、8 层的科研办公用房、配套用房,分别以可分割转让的写字楼、营业用房为销售价格咨询前提。

第二部分　项目定位与客户需求分析

一、写字楼客户的需求特征

(一)按行业划分客户需求(见表 1-4)

表 1-4　不同行业对写字楼的需求特征

客户类型	地理位置	楼宇形象	信息平台要求	硬件支持	智能化	面积特点	物业管理	周边商服配套
金融证券保险	区域核心	重要	有独特要求	高档	高档	大面积	好	好
国际贸易类	区域核心	重要	高	高档	高档	大、中	好	好
国内贸易类	一般	一般	普通	高中档	高中档	都有	较好	一般
IT 与电子	一般	特色	高	高档	高档	都有	好	一般
电讯与电信	一般	重要	高	高档	高档	都有	好	一般
咨询顾问	无明显特点	重要	普通	高中档	中高档	中、小	较好	一般
投资类	无明显特点	无明显特点	普通	普通	中高档	都有	较好	一般

(二)按规模划分客户需求

1.有实力的国内外企业

(1)一次装修成本高,不轻易搬迁;

(2)不考虑地理位置、商务环境较差的区域;

(3)对写字楼的品质、形象、物业管理等各方面的综合素质要求高,对创新技术和新的开发理念容易接受,并常常表现出一种追求;

(4)因为有许多重要的社会与商务交往,因此对景观和环境要求高;

(5)企业高管领导个人的形象与品位要求通常比较高,通常有个人的私密性和尊贵感要求;

(6)购买决策比较谨慎,决策层次多,影响因素比较复杂;

(7)价格通常不是影响其决策的最重要的因素;

(8)愿意成为一个写字楼的形象代表,有时有冠名要求;

(9)对安全性十分看重;

(10)购买或租赁面积通常较大;

(11)对购买或租赁写字楼有丰富的经验;

（12）深知其品牌与写字楼品牌的关系，价格要求比较严格，但同时又愿意为自己感兴趣的事物付出代价。

2.普通中小型企业

（1）根据各个企业的行业特点，对写字楼的档次和硬件条件有不同的要求；

（2）因为自身实力弱，通常有行业或其他因素的扎堆效应，并且常常有跟随效应；

（3）价格是其选择写字楼十分重要的因素，甚至有时是决定性的因素；

（4）有些行业对写字楼的形象和档次有要求，但通常对这些写字楼的购买面积要求不大；

（5）有些行业的企业选择写字楼时，受其服务的内容和客户情况的影响；

（6）企业老总个人的意志和喜好较大程度影响购买决策；

（7）希望写字楼能够提供配套的商务服务，如会议中心、秘书中心、产品与企业形象展示中心等；

（8）对写字楼的物业管理要求有高有低，根据行业不同而有所差别；

（9）对写字楼的面积划分与间隔十分重视，也重视写字楼面积的实际使用率；

（10）十分注重办公的运营成本，对空调、停车场等的费用比较敏感；

（11）是写字楼市场需求的主角，尤其是中档甲级写字楼以及乙级写字楼的主要客源。

二、高端客户对写字楼的基本要求

杭州经济的快速发展和知名度的提高，不但使其吸引了更多知名企业乃至世界500强企业进入，也进一步激发了高端写字楼市场的需求，使得高端写字楼市场向好的局面得以延续。

（一）地段与商圈是高端客户对写字楼选址的首要因素

在选址方面，地段为王，高端客户首要的考虑因素往往是地理位置，良好的位置能带来便捷的交通、完善的配套等一系列优势，便捷的交通也直接影响到企业的办公效率。在选址方面，跨国公司的流程更规范，都有一套完整的选址程序，他们要综合财务、法律、业务、行政等各职能部门的意见来决策。

（二）能有效彰显企业形象和实力

在企业形象方面，高端客户更需要一个良好的整体形象。他们会选择能够彰显企业实力，并代表企业国际化形象的高端写字楼。高品质的楼宇外观、大堂布置能够提升企业形象，就像企业的第一张名片，标识性强，能充分体现企业的实力与文化，而品牌的维系和知名度的提升也是入驻这里所能获得的一项无形资产。

（三）配套设施成熟完善

在配套方面，写字楼建筑本身的体量要大，而且必须有强大的综合配套，集写字楼、公寓、商住、星级酒店、会展中心、休闲娱乐及购物中心于一体。同时，交通条件也非常重要，四通八达的交通一定是写字楼规模的重要支撑。

（四）优质高效的硬件设施和软性服务

在硬件设施和软性服务方面，硬件配套会直接影响商务办公效率，必须将空调系统、电梯质量与配置、车位配比等硬件设施考虑在内。而物业管理服务的品质决定着写字楼是否具有增值空间,且是否能够满足信息时代社会精英的需求,这些也是影响企业选择的关键因素。高端写字楼需要一个与之匹配的好物业。因为物业管理公司直接决定写字楼的用水、用电、安保、垃圾清运、空调供应、车位管理等是否有序。

三、××国际中心符合高端客户需求

××国际中心是一座基于绿色环保和智能化、人性化设计的高端写字楼,地处杭州市××商圈核心位置,地段优越,区域配套设施成熟完善,硬件设施和软性服务优质高效。因此,其目标客户群主要是有实力的企业等高端客户,而非普通中小型企业客户。

第三部分　项目销售优势分析

一、武林板块几无可售新建写字楼

杭州市的高端写字楼主要分布在××商圈、钱江新城、湖滨商圈和黄龙商圈,其中××商圈以其独特的区位优势和历史文化底蕴,受到知名企业的青睐。但从表1-5中可以看出,目前除了钱江新城外,武林、湖滨、黄龙等板块的高端写字楼几无可售,以出租为主。

表1-5　杭州主要板块高端写字楼分布

所处板块	项目名称	物业类型	备注
钱江新城	越秀·维多利中心	多层独幢写字楼	可售,2016年竣工
		高层写字楼	可售,2016年竣工
	杭州来福士中心	精装现代商务办公	可售,2017年竣工
		精装公寓(天璟)	
	高德置地广场	写字楼420m² 整层毛坯	可售,2017年竣工,在建
武林商圈	××国际中心	精装修写字楼	待售,2016年竣工
	浙江××中心	写字楼	可售,二手房,2007年竣工
	××时代	写字楼	只租,2014年竣工
	坤和中心	写字楼	只租,2009年竣工
湖滨商圈	嘉里中心	写字楼	只租,2016年竣工
		酒店式公寓"逸庐"	
	西湖国贸中心	写字楼	可售,二手房,2004年竣工
黄龙文教	世贸丽晶城欧美中心	写字楼	可售,二手房,2008年竣工
	公元大厦	写字楼	可售,二手房,2006年竣工

二、××国际中心享有不可多得的××景观

杭州西湖与京杭大运河,因其美丽的自然景观和文化底蕴而享誉国内外,可谓是杭州的

代名词。××国际中心北望×××与××河,多数房间享有××景观。

1.北向房间景观(照片略)。

2.南向房间(东边套)景观(照片略)。

三、××国际中心荣获国际 LEED 金奖认证

(证书照片略)

四、绿色建筑设计

1.每层均设计建造了面积约 180m² 的花园平台,供休闲交流使用(照片略)。

2.第六层有室外活动场地(照片略)。

五、户型可自由组合,部分房间使用面积可拓展

单套建筑面积包括约 300m²、370m²、390m²、740m²、1450m²、2190m² 等多种户型,可自由分割、组合、搭配。D 座 18、20、22、23 层可以扩大挑高面积约 36m²(照片略)。

六、人性化、智能化设计

(一)中央吸尘系统

每层设置中央吸尘管道,除尘、清洁方便,且无噪声、无污染。

(二)小型中央空调

采用分层分户小型中央空调设备,智能化控制,方便入驻单位随时按需使用,节约能耗成本;每层设置新风系统。

(三)员工餐厅

地下一层设有约 5000m² 的餐饮场地,并可分割出快餐、中西餐、特色餐饮等区域。

(四)独立卫生间

除按办公楼层设置公共男女卫生间及茶水、清洁间外,较大办公室还设有独立卫生间。

七、高标准设计

(一)停车位

按 1.15∶1 进行车位配比,打造四层地下空间,共 1000 余个停车位。

(二)电梯设备

配备 26 部大载量(1450kg)、大空间(净高 2.8m)、快速(最高 3m/s)电梯。

(二)建筑层高

标准层建筑层高 4.05m,扣除吊顶装修、管道和 8cm 高网络地板后,办公室净高 2.95m。

(四)大堂

大堂层高 13.3m,开间宽度 13.8m,进深约 28m,并设有大型水幕墙。

八、其他细节设计

(一)窗户

为提高自然通风效果,每扇窗尺寸 1.5m×1.8m,采用进口五金配件和内开内倒式的设计、下窗可微调设计。

(二)窗边

窗边设高 0.46m、宽 0.6m 大窗台,既延伸了办公空间,又可供花草及办公用品摆放。

第四部分 杭州的城市经济发展潜力

一、杭州市连续两年地区生产总值过万亿元,已经达到富裕国家水平

2016 年,全市实现生产总值 11050.49 亿元,比上年增长 9.5%。其中第一产业增加值 304.84 亿元,第二产业增加值 3977.39 亿元,第三产业增加值 6768.26 亿元,分别增长 1.9%、4.7% 和 13.0%。常住人口人均生产总值 121394 元,增长 7.7%,按国家公布的 2016 年平均汇率折算,为 18282 美元。三次产业结构由上年的 2.9∶38.9∶58.2 调整为 2.8∶36.0∶61.2。杭州市连续两年地区生产总值过万亿元,根据年平均汇率计算为 18025 美元。依据世界银行划分贫富程度的标准,杭州已经达到富裕国家水平。

二、杭州市被划为新一线城市

《第一财经周刊》旗下数据新闻项目"新一线城市研究所"在上海发布了《2016 中国城市商业魅力排行榜》,用 160 个品牌、14 家互联网公司和数据机构的城市大数据,为 338 个中国地级以上城市重新分级,评出 15 个"新一线"城市、30 个二线城市、70 个三线城市、90 个四线城市和 129 个五线城市,杭州位于"新一线"城市之列。

三、杭州市被列为国家第一批设计试点城市

2017 年 3 月 14 日,住房城乡建设部印发了《关于将北京等 20 个城市列为第一批城市设计试点城市的通知》,在城市设计上,对包括北京、杭州在内的 20 个城市,提出了以下明确要求。

1. 创新管理制度,因地制宜开展城市设计,从制度上保障落实城市规划、指导建筑设计、塑造城市特色的目标。

2. 探索技术方法,坚持问题导向和目标导向,鼓励使用新技术和信息化手段,保证城市设计科学合理、好用、适用。

3. 传承历史文化,探索通过城市设计,精细化管理城市各类空间,保护城市历史格局,延续城市文脉。

4. 提高城市质量,结合生态修复、城市修补工作,提高城市规划建设管理的精细化水平,促进城市转型发展。

四、杭州位居中国十大城市创新能力排名第四位

2016年,依据五大指标体系,致力于国家与城市竞争战略研究的独立学者发布了中国十大城市创新能力排名,顺序为深圳、武汉、苏州、杭州、北京、广州、成都、上海、天津、重庆,杭州排名第四。五大指标体系为:

1. R&D经费支出占GDP比重(研发投入强度);
2. 高技术制造业增加值占规模以上工业增加值的比重(技术创新直接成果);
3. 每万人专利授权量;
4. 每万人高校在校生人数;
5. 常住人口与户籍人口的比值(人口活力)。

五、杭州是国内知名民企云集的城市

(一)阿里巴巴

阿里巴巴网络技术有限公司是以曾担任英语教师的马云为首的18人,于1999年在杭州创立的公司,如今的业务和关联公司的业务包括:淘宝网、天猫、聚划算、全球速卖通、阿里巴巴国际交易市场、1688、阿里妈妈、阿里云、蚂蚁金服、菜鸟网络等。

(二)娃哈哈

杭州娃哈哈集团有限公司创建于1987年,为中国最大、全球第五的食品饮料生产企业,在销售收入、利润、利税等指标上已连续11年位居中国饮料行业首位,成为目前中国最大、效益最好、最具发展潜力的食品饮料企业。2016年8月,杭州娃哈哈集团在"2016中国企业500强"中排名第271位。

(三)万向集团

万向集团公司始创于1969年,现为国家120家试点企业集团和520户重点企业之一。2016年8月,万向集团公司在"2016中国企业500强"中排名第125位。

(四)农夫山泉

农夫山泉股份有限公司原名"浙江千岛湖养生堂饮用水有限公司",其公司总部位于浙江杭州,系养生堂旗下控股公司,成立于1996年9月26日。农夫山泉是一家饮用水生产企业,拥有浙江千岛湖、吉林长白山、湖北丹江口、广东万绿湖、宝鸡太白山、新疆天山玛纳斯、四川峨眉山以及贵州武陵山八大优质水源基地。在2016年国内瓶装饮用水十大品牌排行榜中,农夫山泉位居榜首。

(五)吉利汽车

吉利集团总部设在杭州,目前在宁波、临海、路桥、上海、兰州、湘潭等地建有六个汽车整车和动力总成制造基地,拥有年产30万辆整车、30万台发动机和变速器的能力。现有吉利自由舰、吉利金刚、吉利远景、上海华普、美人豹等八大系列30多个品种的整车产品。

第五部分　全国房地产市场状况分析

一、国内经济形势分析

1. GDP与经济结构:2017年第一季度,经济运行开局良好,GDP涨幅扩大,第三产业占比达56.5%,经济运行平稳。2017年第一季度,我国GDP同比增长6.9%,涨幅较上年同期扩大0.2个百分点,经济运行开局良好。

第三产业同比上行:2017年第一季度,第三产业增加值为10.2万亿元,同比增长7.7%,增幅较第二产业高出1.3个百分点。第三产业占GDP的比值达到56.5%,且较2016年扩大4.9个百分点,经济结构继续得到优化(图略)。

2. 服务业经济:服务业扩张步伐放慢,金融业增加值同比涨幅较去年同期回落。

财新服务业(PMI):2017年3月,财新服务业PMI指数为52.2,为此前六个月最低水平,服务业扩张步伐放缓。

批发和零售业、住宿和餐饮业:2017年第一季度,批发和零售业同比增长7.4%,较去年同期提升1.6个百分点。住宿和餐饮业同比增长7.4%,较去年同期提升0.4个百分点。

金融业增加值:2017年第一季度,金融业增加值同比上涨4.4%,较去年同期回落3.7个百分点;占GDP比重达9.5%。金融业的平稳上行,利于办公用房市场发展。

3. 消费水平:消费品零售总额与CPI同比涨幅均扩大。

消费品零售总额:2017年3月,社会消费品零售总额为27864亿元,同比上涨10.9%,涨幅较1—2月扩大1.4个百分点。

居民消费价格指数(CPI):2017年3月,CPI同比上涨0.9%,涨幅较上月扩大0.1个百分点。主要是受医疗保健、居住、教育文化和娱乐、交通和通信价格同比上涨的影响,拉动CPI同比上涨。

二、国家房地产相关政策对写字楼市场的利好

2016年1月,我国CPI超过国有大银行一年期存款率,2月又超过股份制银行,这标志着我国现阶段已进入负利率时代。这也意味着资产放在银行不仅无息,而且要接受亏损。出于此经济状况,高端写字楼的投资需求明显增强。

另外,从2016年5月1日起,中国全面推开营改增政策。在全面实施的营改增政策中,国家首次将不动产列入抵扣范围,降低了企业置业投资的门槛和成本,企业对房地产尤其是商办物业需求明显增加。此外,5月初住建部出台的房屋租赁新政规定,允许将商业用房按规定改建为租赁住房。这实际上是鼓励投资,也保障了投资者投资写字楼的收益权利,更进一步刺激了写字楼投资需求的增长。同时,国家大力推行供给侧结构性改革,围绕供给侧结构性改革方案多措并举促进房地产去库存,扩大有效需求,围绕市场需求推动房地产功能结构调整,鼓励房地产企业将库存商品房特别是非住宅商品房改造为众创空间、孵化器等。

三、全国商办房地产市场分析

1. 全国成交:商办销售面积同比增幅均扩大,绝对量创历史同期新高。

写字楼:2017年1—3月,全国写字楼销售面积为776万m^2,创历史同期新高,同比增长52.9%,增幅较1—2月扩大13.8个百分点。

商业营业用房:2017年1—3月,全国商业营业用房销售面积为1845万m^2,创历史同期新高,增幅较1—2月扩大3.8个百分点,为35.6%(图略)。

2. 全国投资:写字楼投资额同比下降,商业营业用房同比涨幅收窄。

写字楼:2017年1—3月,全国写字楼开发投资额为1194亿元,同比下降3.9%,降幅较1—2月扩大3.3个百分点。

商业营业用房:2017年1—3月,全国商业营业用房开发投资额为2935亿元,创历史同期新高,同比增幅较1—2月收窄3.6个百分点至8.2%(图略)。

3. 全国供应:写字楼新开工面积同比下降,商业营业用房同比增幅收窄。

写字楼:2017年1—3月,全国写字楼新开工面积为1131万m^2,同比下降18.9%,降幅较1—2月扩大0.8个百分点。

商业营业用房:2017年1—3月,全国商业营业用房新开工面积为3852万m^2,同比增幅较1—2月收窄2.5个百分点,为2.9%。

4. 写字楼租金及空置:2016年四季度,半数城市优质写字楼空置率较三季度提升,重庆空置率仍最高,仅广州、武汉租金环比上涨(图略)。

一线城市:2016年四季度,广州优质写字楼租金较三季度上涨,北京与三季度持平,其余城市均下跌,深圳环比下降1.82%,跌幅相对较大;北京、广州优质写字楼空置率较三季度下降,其余城市均提升(图略)。

二线代表城市:2016年四季度,武汉优质写字楼租金较三季度上涨,杭州与三季度持平,其余城市均下跌;重庆优质写字楼空置率仍未最高,为41.80%,武汉、大连、青岛、南京、天津空置率较三季度提升,其余城市下降(图略)。

5. 零售租业租金及空置:2016年四季度,多数代表城市优质零售物业首层租金环比下跌;多数城市优质零售物业空置率较三季度下降。

一线城市:2016年四季度,广州优质零售物业空置率较三季度提升,其余城市均下降;北京、深圳、广州优质零售物业首层租金较三季度下跌(图略)。

二线代表城市:2016年四季度,杭州、南京、武汉等6个城市优质零售物业首层租金较三季度下跌,杭州跌幅最大,环比下跌9.4%,大连、沈阳、青岛与三季度持平,天津上涨;天津、青岛、南京、沈阳优质零售物业空置率较三季度提升,其余城市均下降(图略)。

6. 2017年商办土地:商办用地成交同比量价齐升,环比量涨价跌;溢价率继续走高。

供应:2017年3月,商办用地推出1273万m^2,同环比均下降,降幅分别为13.1%、58.2%。

成交:2017年3月,商办用地成交1249万m^2,同环比均止降回升,增幅分别为5.4%、8.7%。

楼面均价:2017年3月,商办用地成交楼面均价为2391元/m^2,同比上涨84.3%;环比振荡下行,跌幅为1.3%。

溢价率:2017年3月,商办用地平均溢价率为17.6%,分别较上月、上年同期提升0.8个和13.7个百分点(图略)。

第五部分 杭州市房地产市场状况分析

一、杭州市房地产政策对写字楼市场的利好

随着房地产限购政策的不断加码,对于因政策调控被限制的购买力而言,商业地产不限购、不限贷,也不失为不错的投资选择。在写字楼市场日益激烈的竞争中,写字楼产品逐渐呈现客群细分化趋势,而特色客群的聚集效应也让投资者更具信心。

虽然写字楼去化压力颇大,但优质的写字楼仍然是商业市场投资的潜力股。上城、下城、西湖等传统商圈写字楼依旧强势。随着城市版图扩大、多中心城市格局雏形初现,新兴的商务板块正快速崛起,如钱江新城日趋成熟,杭州市政府搬迁后,不少企业也纷纷进驻,钱江世纪城因板块利好逐渐落地、写字楼性价比较高也成为新的写字楼热点区域,而像滨江区、未来科技城受区域产业驱动,写字楼市场也不断升温。

“商改住”政策利好不断。先是国家层面,2016年6月出台了《国务院办公厅关于加快培育和发展住房租赁市场的若干意见》,允许将商业用房等改建为租赁住房。7月初,浙江省在省政府发布的《浙江省房地产供给侧结构性改革行动方案》中,针对非住宅商品房库存又提出“对于空置待售的非住宅商品房,允许房地产企业实行整体用途转换,涉及土地用途改变的,依法办理用地手续”。整体用途转换,将更有助商业地产去库存。

随着交通设施、楼市政策、国际地位等众多利好的加码,杭州将吸引更多优质的国内外企业入驻,写字楼面积的去化将逐显成效,写字楼市场的未来可期。

二、杭州市整体房地产市场分析

(一)新建商品房成交结构

1.分区成交占比

2017年第一季度,杭州市区新建商品住宅成交20225套,占总成交的62.46%。其中,主城区成交6474套,占比32.01%;余杭区成交6306套,占比31.18%;萧山区占比最大,为7445套,占了36.81%(见图1-1)。

图1-1 杭州市2017年第一季度新建商品住宅成交量(按区域分组)

2.成交面积占比

2017年第一季度,杭州市区新建商品住宅成交最多的为90m² 以下户型,占比64.08%;其

次是 90~140m² 户型,占比 25.59%;140m² 以上户型成交 10.33%(见图 1-2)。

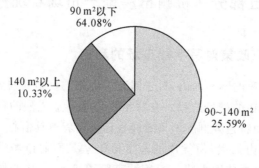

图 1-2 杭州市 2017 年第一季度新建商品住宅成交量(按每套面积分组)

3.成交单价占比

2017 年第一季度,杭州市区新建商品住宅成交单价占比最大的为 15000 元/m² 以下的房源,占比 41.13%;基准是 15000~20000 元/m² 的房源占比 20.27%;占比最小的为 25000~30000 元/m² 的房源,占了 9.87%(见图 1-3)。

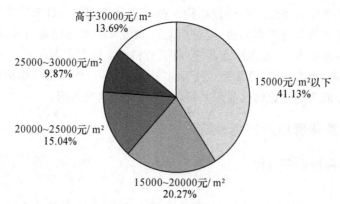

图 1-3 杭州市 2017 年第一季度新建商品住宅成交量(按单价分组)

4.成交物业类型占比

2017 年第一季度,杭州市区新建商品住宅中,普通住宅成交占比最大,占了 61.13%;其次是酒店式公寓,占比 22.53%;占比最小的为排屋别墅,占比 2.03%(见图 1-4)。

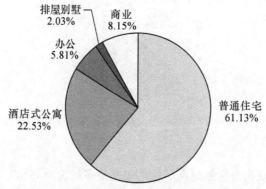

图 1-4 杭州市 2017 年第一季度新建商品住宅成交量(按物业类型分组)

(二)二手房市场成交结构

1.成交面积占比

从成交面积来看,2017年第一季度,杭州主城区二手房成交以刚需为主,成交面积在60～90m² 的占比最大,为38.47％,其次是小于60m² 的户型,占比31.23％,占比最小的为面积大于140m² 的房源(见图1-5)。

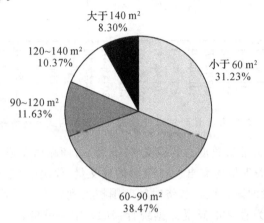

图1-5　杭州市2017年第一季度二手房成交量(按面积分组)

2.成交区域占比

从成交区域来看,2017年第一季度,杭州主城区二手房成交最多的区域为江干区(不含下沙经济技术开发区),占比20.3％;其次为下城区及西湖区,占比均为17.87％;再次为拱墅区,成交占15.6％;占比最小的为之江经济技术开发区,仅占1.53％(见图1-6)。

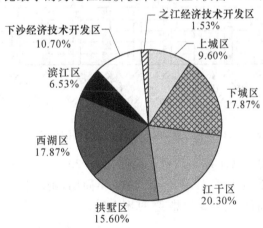

图1-6　杭州市2017年第一季度二手房成交量(按区域分组)

3.杭州酒店式公寓成为成交热点

2016年9月杭州重启限购限贷后,不受政策限制的酒店式公寓产品成交活跃,占比呈现快速上升趋势,11月占比达到历史最高值40.4％。类似的市场成交变化在2011年2月杭州开始限购后也曾出现。2011年3月杭州限购限贷加码后,酒店式公寓产品成交依然十分活跃(见图1-7)。

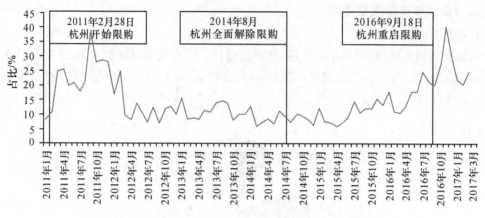

图 1-7 2011 年 1 月至 2017 年 3 月杭州市酒店式公寓销售量占比

2017 年 3 月,杭州商业类物业计计成交 7419 套,占商品房总成交的 38%。作为成交的主力军,酒店式公寓的表现最为突出。4647 套的成交量,仅次于 2016 年 9 月,排在杭州酒店式公寓历史单月成交量的第二位。若将时间范围扩大到整个一季度,对于酒店式公寓的热度,我们可以有一个更为直观的感受。据统计,2017 年一季度,杭州总计成交酒店式公寓 7687 套。相对于此前的一季度最好成绩(2016 年一季度),多卖了 2500 余套房(见图 1-8)。

值得注意的是,相对于成交,一季度酒店式公寓的新增套数却并不多,只有 2500 余套。在近两年的时间里,这个供应增量仅仅多于 2016 年的一季度。显然,2017 年一季度的高成交量并非是建立在高供应量的基础上的。

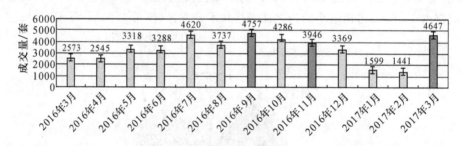

图 1-8 2016 年 3 月至 2017 年 3 月杭州市酒店式公寓成交套数

另一个值得关注的数据是成交均价。根据数据,2017 年一季度,酒店式公寓的成交均价为 18510 元/m²,环比提升了 12.1%,较 2016 年同期,则增长了约 34%。量价齐升的局面,进一步说明了当前酒店式公寓的热度(见图 1-9)。

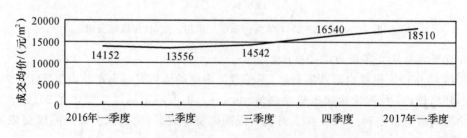

图 1-9 2016 年一季度至 2017 年一季度杭州市酒店式公寓成交均价

三、杭州市写字楼市场分析（略）

（一）杭州市写字楼价格变化

根据中国房地产指数研究院的统计数据,2017年3月杭州写字楼新房指数环比涨幅为2.18%,为全国涨幅最高的城市(见表1-6)。

表1-6　全国主要中心城市房价指数

3月新房指数			发布日期:2017-04-12	

城市综合指数	环比涨幅最高:广州　2968　2.20%↑	环比跌幅最高:深圳　5223　0.15%↓
住宅指数	环比涨幅最高:广州　2895　2.55%↑	环比跌幅最高:深圳　4854　0.10%↓
写字楼指数	环比涨幅最高:杭州　2487　2.18%↑	环比跌幅最高:深圳　6872　0.38%↓
商铺指数	环比涨幅最高:杭州　2266　1.30%↑	环比跌幅最高:重庆　2927　0.24%↓

城市	城市综合指数		住宅指数		写字楼指数		商铺指数	
	指数	环比(%)	指数	环比(%)	指数	环比(%)	指数	环比(%)
北京	4374	0.78	4456	0.95	4366	0.39	3771	0.05
上海	3469	0.32	3414	0.32	4269	0.35	2677	0.04
天津	2157	0.37	1999	0.45	2031	−0.25	3529	0.40
重庆	1202	0.84	991	1.43	1108	0.27	2927	−0.24
深圳	5223	−0.15	4854	−0.10	6872	−0.38	5520	0.00
广州	2968	2.20	2895	2.55	2186	1.67	4691	1.08
杭州	2319	0.52	2292	0.04	2487	2.18	2266	1.30
南京	1927	0.31	1715	−0.06	2801	1.41	2205	0.41
武汉	1571	0.38	1532	0.39	856	1.18	2933	−0.07
成都	1400	1.45	1037	1.87	1496	1.36	3976	0.74

注:"城市综合指数"="住宅指数"权重+"写字楼指数"权重+"商铺指数"权重。

（二）杭州写字楼库存分布

随着互联网、金融等产业的发展,写字楼市场的需求逐渐增多。据2016年相关数据统计,截至2016年5月底,杭州全市办公楼库存近388万m²,共计23726套,主要积压区域为钱江新城、新天地、滨江区府、桥西等板块。全市库存积压最多的钱江新城板块,其供应面积已达110万m²,3596套。杭州市主城各区(含开发区)写字楼库存占比见图1-10。

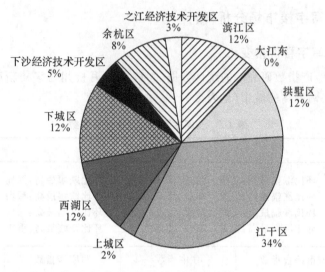

图 1-10 杭州写字楼库存分布

(三)杭州写字楼成交量价

据 2016 年相关数据统计,截至 2016 年 6 月 12 日,杭州全市共计成交写字楼 2478 套,成交面积 39 万 m²。杭州市各城区写字楼成交占比见图 1-11。

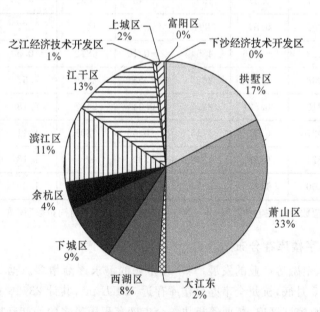

图 1-11 杭州写字楼成交热点分布区域

(四)租金和空置率

据 2016 年相关数据统计,2015 年至 2016 年第一季度,杭州写字楼租赁市场租金基本保持稳定,环比上涨约 1%。杭州全市甲级写字楼空置率水平约为 20%(见图 1-12)。

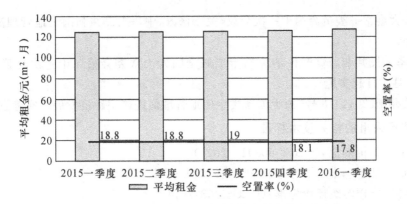

图 1-12　2015—2016 年杭州写字楼租赁市场行情走势

(五)杭州商业商务土地成交溢价率

通过近三年杭州六大主城区商业商务金融用地出让成交的楼面地价溢价率可以分析得出,2015 年平均溢价率约为 4%,2016 年平均溢价率约为 26%,2017 年平均溢价率约为 71%。

第六部分　价格评估与测算

一、遵循原则

1.合法原则:要求房地产的估价结果是在依法判定的估价对象状况下的价值或价格。

2.最高最佳利用原则:要求房地产估价结果是在估价对象最高最佳利用状况下的价值或价格。

最高最佳利用:房地产在法律上允许、技术上可能、财务上可行并使价值最大的合理、可能的利用,包括最佳的用途、规模、档次等。

3.价值时点原则:要求房地产估价结果是在根据估价目的确定的某一特定时间的价值或价格。

4.替代原则:要求房地产估价结果与估价对象的类似房地产在同等条件下的价值或价格偏离在合理的范围内。

二、估价依据

(一)国家相关法律法规和政策依据

1.《中华人民共和国物权法》(于 2007 年 3 月 16 日中华人民共和国第十届全国人民代表大会第五次会议通过,自 2007 年 10 月 1 日起施行)

2.《中华人民共和国城市房地产管理法》(2007 年 8 月 30 日第十届全国人民代表大会常务委员会第二十九次会议通过《全国人民代表大会常务委员会关于修改〈中华人民共和国城市房地产管理法〉的决定》)

3.《中华人民共和国土地管理法》(1999 年 1 月 1 日起实施,2004 年 8 月 28 日第十届全

国人民代表大会常务委员会第十一次会议《关于修改〈中华人民共和国土地管理法〉的决定》第二次修正)

4.《中华人民共和国资产评估法》(十二届全国人大常委会第二十一次会议审议通过，2016年12月1日起实施)

5.杭政办函〔2014〕18号《关于创新楼宇用地管理促进楼宇经济发展的实施意见》

(二)估价采用的相关技术标准

1.《房地产估价规范》(GB/T 50291—2015)

2.《房地产估价基本术语标准》(GB/T 50899—2013)

3.《商务写字楼等级评价标准》(CECS 368:2014)

(三)估价委托人提供的相关资料

1.委托书

2.杭土资简复〔20××〕×号和杭政办简复〔20××〕×号《关于××国际中心项目分割转让事宜补充意见的函》

3.《国有土地使用证》复印件

4.《××国际中心项目交付标准》

5.××国际中心相关图纸资料

6.项目分层分户测绘面积资料

(四)估价机构和估价人员掌握的资料

1.估价人员实地查勘资料

2.估价人员市场调查资料

3.估价机构数据库资料

三、估价方法与技术路线

(一)估价方法

1.标准价调整法

对估价范围内的所有被估价房地产进行分组，使同一组内的房地产具有相似性，在每组内选定或设定标准房地产并测算其价值或价格，利用有关调整系数将标准房地产价值或价格调整为各宗被估价房地产价值或价格。

2.综合评价法

运用多个指标对多个参评单位(这里指包括本次评估项目在内的多幢写字楼)进行评价的方法。其基本思想是将多个指标转化为一个能够反映综合情况的指标来进行评价。

3.比较法

选取一定数量的可比案例，将它们与估价对象进行比较，根据其间的差异对可比案例成交价格进行处理后得到估价对象价值或价格。

(二)技术路线

1.××国际中心写字楼标准价测算

(1)选择与××国际中心在区位和档次等方面具有可比性的写字楼项目。

（2）参考《商务写字楼等级评价标准》相关指标与评价体系，选择实际操作中可以采集的指标因素，运用综合评价法对包括××国际中心在内的可比写字楼项目进行综合评价，计算各项目综合评价值。

（3）由于商圈繁华度与建成年代对写字楼的价格影响在《商务写字楼等级评价标准》相关指标与评价体系中体现较弱，故对商圈繁华度与建成年代因素进行加权调整。

（4）确定各写字楼项目的综合评价分值，并以××国际中心为1，确定可比项目的价格修正系数。

（5）××国际中心交付条件为精装修，对各比较项目价格内涵进行精装修价格修正。

（6）比准价格确定。

（7）设定标准价。由于各项目价格为报价均价，故将测算确定的比准价格，作为××国际中心均价。标准价设定为D座中间楼层（11层）的均价。

2.测算C座、D座及裙房各套写字楼价格

（1）确定各套写字楼价格修正系数。依据各套写字楼的景观、楼层、采光通风、面积、可拓展等因素确定。

（2）运用标准价调整法，以D座1102室价格为标准房价格，利用价格修正系数，测算各套写字楼价格。

3.采用比较法，测算C座、D座商铺价格。

4.计算项目评估总价。

四、评估测算过程

（一）搜集与××国际中心类似的写字楼项目（见表1-7）

表1-7 类似写字楼租售情况

所处板块	项目名称	项目类型	销售单价（元/m²）	计算取值（元/m²）	日租金[元/(m²·日)]	备注
钱江新城	越秀·维多利中心	高层写字楼	3.6万		3.5～4	可分割销售，2016年竣工
		3#、5#、6#多层独幢毛坯	4万～5万	4.2万		可销售，2016年竣工
	杭州来福士中心	精装现代商务办公	4万～4.3万	4.1万	5～7	可分割销售，2017年竣工
		精装公寓（天璟）	5万～5.5万			
	高德置地广场	写字楼420m²整层毛坯	3.5万～4万	3.6万		在建项目，可分割销售，计划2017年竣工
武林商圈	浙江环球中心	写字楼	4万～5.5万	4.8万	7	可分割销售，二手房，2007年竣工
	武林时代	写字楼			4～6	只租，2014年竣工
	坤和中心	写字楼			8左右	只租，2009年竣工

续表

所处板块	项目名称	项目类型	销售单价（元/m²）	计算取值（元/m²）	日租金[元/(m²·日)]	备注
湖滨商圈	嘉里中心	写字楼			10;7层以上11～12	只租,2016年竣工
		酒店式公寓"逸庐"	10万～15万			
	西湖国贸中心	写字楼	4万～7万		4～6	可分割销售,二手房,2004年竣工
黄龙·文教	世贸丽晶城欧美中心	写字楼	3万～4万	3.3万	3.5～6	可分割销售,二手房,2008年竣工
	公元大厦	写字楼	4万～5万	4.1万	4～6	可分割销售,二手房,2006年竣工

(二)选择确定参与评价分析的写字楼项目

根据表1-7,确定写字楼项目进行分析评价,包括:

(1)越秀·维多利中心,3♯、5♯、6♯商务独幢,毛坯交付,销售报价取值42000元/m²;

(2)杭州来福士中心,精装现代商务办公,销售报价取值41000元/m²;

(3)高德置地广场(在建),写字楼,毛坯交付,销售报价取值36000元/m²;

(4)浙江环球中心,写字楼,二手房挂牌报价取值48000元/m²;

(5)世贸丽晶城欧美中心,写字楼,二手房挂牌报价取值33000元/m²;

(6)公元大厦,写字楼,二手房挂牌报价取值41000元/m²。

(三)比较项目楼盘概况

1.越秀·维多利中心

楼盘位置:位于江干区之江东路与御道路交汇处,东临钱塘江,西靠金融城、钱江新城核心区,北接城东新城。

开发商:杭州越辉房地产开发有限公司

技术指标

· 占地面积:12132m²

· 建筑面积:71890.82m²

· 产权年限:40年

· 绿化率:20%

· 容积率:4.0

· 总户数:99

· 楼栋总数:6

· 楼座展示:2幢商务塔楼、4幢商务独栋,共99户

配套设施

· 车位:411个(地上13个、地下398个)

- 周边配套:市民中心、杭州大剧院、国际会议中心、波浪文化城、城市阳台
- 商业配套:万象城、来福士广场、高德广场、砂之船国际生活广场
- 公交路线:126 路、229 路。彭埠大桥北站,塘工局站。210 路、140 路、401 路。塘工局站、钱江二桥站。

2. 杭州来福士中心

楼盘地址:位于江干区东至丹桂街,南至富春路,北至民心路,西至新业路。

项目整个建筑由一栋裙房商场和两栋集办公、酒店为一体的综合超高层塔楼组成。两栋塔楼地上分别有 60 层和 59 层,主塔层高均为 250m,裙楼高 31.5m,包括了国际写字楼、购物中心、雅诗阁服务公寓、希尔顿康莱德酒店、企业公馆天御、精品公寓天璟等六大高端业态。

开发商:凯德置地

技术指标

- 产权年限:40 年

容积率:7.03

- 建筑面积:396183m²
- 占地面积:40355m²
- 建筑类别:超高层

配套设施

杭州市政中心,以及已经建成的杭州大剧院和国际会议中心。附近有三个公园,包括面积达 20 万 m² 的中心公园。

公交路线:地铁 4 号线(市民中心站、城星路站)

3. 高德置地广场

楼盘地址:钱江新城,解放东路 45 号

项目公司:高地(杭州)房地产开发有限公司

项目总建筑面积约 41 万 m²,集 ICON 私邸、Jumeirah 七星酒店、超甲级商务写字楼、豪华大型购物中心于一体。

技术指标

- 物业类型:商业综合体
- 建筑形式:超高层
- 容积率:8
- 绿化率:15%
- 占地面积:37000m²
- 竣工时间:2019 年
- 总建筑面积:410000m²
- 车位:1818 个

· 产权年限:40 年

交通配套

公交线路:4 号线、7 号线(市民中心站);森林公交站(9 路、133 路、B 支 1 路);市民中心 BRT 换乘站(B2、B2 区间)。

商业配套:市民中心(距离项目 200m)、洲际酒店、杭州大剧院、砂之船(距离项目 2km)。

内部配套:含 Jumeriah 酒店、超甲级写字楼、酒店式服务公馆、购物中心。

公园:钱江新城森林公园、CBD 公园、采莺公园、建华·钱江广场、观音塘公园。

4. 浙江环球中心

楼盘位置:武林广场运河北侧运河文化广场。

开发商:浙江耀江文化广场投资开发有限公司

运河文化广场建筑群由主楼、裙楼建筑和广场组成。环绕广场的建筑楼群由东至西组合成一个弯月形布局。依次为浙江科技馆,自然博物馆,电影城、剧场与文化交流中心,浙江博物馆,高层主楼。其中主楼建筑高度为 170m,共 41 层,裙房为 6 层,总建筑面积约 37 万 m^2,地下部分达 149000m^2。占地面积 12.9 公顷。其中商场面积 57000m^2 左右,包括地下第一层至七层,其中七层为塔楼多功能区,每层商铺面积在 7000~10000m^2,层高 5m;地下第二层,面积在 10000m^2 左右;写字楼区为 8~41 层,面积 38000m^2。

项目于 2007 年竣工。

5. 世贸丽晶城欧美中心

楼盘位置:南临天目山路,北邻文三路,西至教工路。

世贸丽晶城欧美中心(EAC)为集甲级写字楼、顶级酒店服务式公寓和品牌商业连锁商业中心于一体的综合性高端物业。

建筑规模:世贸丽晶城欧美中心由 3 幢高层写字楼和地下二层停车库组成,总占地面积 24413m^2,总建筑面积约 127000m^2。项目于 2008 年竣工。

建筑结构:钢筋混凝土结构。

层数和高度:估价对象建筑物总层数为 23 层,地上共 21 层,地下 2 层。

层高和室内净高:层高约 3m,室内净高约 2.8m。

设施设备:品牌电梯、24 小时冷热水供应系统、智能监控安防系统、双路供电、有线及数字电视系统、智能网络系统、艺术灯光照明系统、设置火灾自动报警系统及自动喷淋灭火系统。供水、排水接通城市管网,两路供电以及电话、宽带网络,设施总体维护良好。

6. 公元大厦

楼盘位置:求是路黄龙体育中心

建设单位:杭州南源联合置业有限公司

建筑规模:公元大厦建筑组群由位于南部和北部的两组地上为 21 层的塔楼,4 幢 4 层的裙房,东西两侧分别为长达 100m 和 67m 的柱廊,将近 7000m² 的景观庭院和圆形的黄龙新闻发布中心组成。

公元大厦总土地面积 26508m²,总建筑面积 115000m²,其中地上建筑面积 82184m²,总层数为 23 层,地上 21 层,地下 2 层。项目于 2006 年竣工。

层高和室内净高:层高 3.6m

设施设备:大楼设有进口变频多联体空调、火灾自动报警系统,自动喷淋灭火系统及 4 部西子奥的斯电梯。供水、排水接通城市管网,两路供电以及电话、宽带网络,设施总体维护良好。

(四)估价对象写字楼部分平均价格测算

1.写字楼项目销售报价与计算取值(见表 1-8)

表 1-8 类似写字楼销售报价与计算取值 单位:万元/m²

所处板块	项目名称	项目类型	销售单价 (报价)	计算取值
钱江新城	越秀·维多利中心	3#、5#、6#商务独幢毛坯	4～5	4.2
	杭州来福士中心	精装现代商务办公	4～4.3	4.1
	高德置地广场	写字楼 420m² 整层毛坯	3.5～4	3.6
武林	浙江环球中心	写字楼	4～5.5	4.8
黄龙	世贸丽晶城欧美中心	写字楼	3～4	3.3
	公元大厦	写字楼	4～5	4.1

2.评价与测算表

参考《商务写字楼等级评价标准》相关指标与评价体系,选择能够采集的指标因素,运用综合评价法对包括××国际中心在内的可比写字楼项目进行综合评价,计算各项目综合评价值(见表 1-9、表 1-10、表 1-11)。

(1)因部分评价指标难以采集,本次评价统一舍弃各项目中难以采集的指标,相关部分权重系数按该部分标准总分占评价标准总分值的百分比确定;

(2)考虑区域繁华度和建成年代对写字楼价格的影响,本次测算对这两项因素设定权重后计入评价总分值;

(3)参与评价的写字楼项目的各部分评价值均以××国际中心为 100 进行折算(见表 1-12)。

表 1-9 区位与城市设施的评价

分项及分值	定性定量指标		分值	××商圈		钱江新城			黄龙商圈	
				××国际中心	浙江××中心	越秀·维多利中心	杭州来福士中心	高德置地广场	世贸丽晶城欧美中心	公元大厦
所在城市功能区域	城市中央商务区		10		10		10	10	10	10
	城市核心商业区		(8)	8						
	城市科研信息产业聚集区		(7)							
	城市交通完善便捷成熟商业区		(7)			7				
区域内（街区）功能特点	金融、高端服务业建筑聚集（街）区		10		10		10	10	10	10
	商务写字楼聚集（街）区		(8)	8		8				
	大型综合体零售商业建筑聚集（街）区		(7)							
	一般性商业、服务业建筑聚集（街）区		(5)							
城市道路设施	临近城市高速路、快速路及快速环路，非常方便到达		10	10	10	10	10	10	10	10
	临近城市环路、便捷的城市主干道，方便到达		(8)							
	临近城市主干道、便捷的次干道，方便到达		(7)							
	临近城市次干道，基本方便到达		(6)							
城市公共交通	公交线路	500m 内有不少于 5 条公交线路站点	8	8	8		8	8	8	8
		500m 内有 5 条以下公交线路站点	(6)			6				
	轨道交通	轨道交通换乘站上盖	12							
		距轨道站步行距离 500m 以内	(10)		10		10	10	10	10
		距轨道站步行距离 500～800m	(8)	8		8				
		距轨道站步行距离 800m 以上	(6)							

续表

分项及 分值	定性定量指标		分值	××商圈		钱江新城			黄龙商圈	
				××国 际中心	浙江× ×中心	越秀· 维多利 中心	杭州 来福士 中心	高德置 地广场	世贸丽 晶城欧 美中心	公元 大厦
城际交通	铁路 交通	距高铁站 10～15km	5	5	5	5	5	5	5	5
		距高铁站 15～20km	(3)							
		距高铁站 20～25km	(2)							
	航空 交通	距离机场 20～30km	7			7	7	7		
		距离机场 30～40km	(5)	5	5				5	5
		距离机场 40km 以上	(3)							
城市设施 环境	一类、 二类 服务 设施	在本商务写字楼及附属 建筑中一类、二类服务 设施各不少于 4 项	30		30		30	30	30	30
		距本商务写字楼 100m 内一类、二类服务设施 各不少于 4 项	(25)	25		25				
		距本商务写字楼 100～ 200m 一类、二类服务设 施各不少于 4 项	(20)							
		距本商务写字楼 200～ 300m 一类、二类服务设 施各不少于 4 项	(15)							
环境质量 改善	采用鼓励以公共交通为主要出 行设施的绿色交通措施		2	2	2		2	2		
	绿色区域规划		2	2	2	2	2	2		
	智慧城市水平		2	2	2	2	2	2	2	2
	采用集约化公共服务措施		2	2	2	2	2	2	2	2
合计				**85**	**96**	**82**	**98**	**98**	**92**	**92**

表 1-10　场地规划与室外环境评价

分项及分值		定性定量指标	分值	××商圈		钱江新城			黄龙商圈	
				××国际中心	浙江××中心	越秀·维多利中心	杭州来福士中心	高德置地广场	世贸丽晶城欧美中心	公元大厦
商务写字楼规模		规模大于或等于50000m²	3	3	3	3	3	3	3	3
		规模大于或等于30000m²且小于50000m²	(2)							
		规模大于或等于25000m²且小于30000m²	(1)							
场地交通规划	场地交通组织	采用"人、车分流"原则组织场地交通，且人行与车行有效隔离，无明显干扰	2	2	2	2	2	2	2	2
		采用"客、货分流"原则组织场地交通，且货流交通隐蔽，对客流无明显干扰	1	1	1	1	1	1	1	1
		场地内各项交通标识清楚醒目，易于识别，各类通行道路宽度适宜、行（驶）走顺畅	1	1	1	1	1	1	1	1
	人行（非机动车）交通	场地的三面及以上设有可供人行的出入口，并可以直接通向城市道路	4		4		4	4		4
		场地的两面设有可供人行的出入口，并可直接通向城市道路	(3)	3		3				
		非机动车不与机动车混行	1	1	1		1	1		1
	车行交通	场地中设有两个及以上车行出入口，并可分别直接导入城市干道	5				5	5		5
		场地中设有两个及以上车行出入口，并可分别直接导入城市干道与次干道	(4)		4				4	
		场地中设有两个及以上车行出入口，并可分别导入次干道	(3)	3		3				

分项及分值	定性定量指标		分值	××商圈		钱江新城			黄龙商圈	
				××国际中心	浙江××中心	越秀·维多利中心	杭州来福士中心	高德置地广场	世贸丽晶城欧美中心	公元大厦
停车与车库(场)	停车数量	配有充足的停车位,停车位数量按1辆/100m² 配置(不宜超过此标准),且地下或室内停车位数量不少于总停车位数量的2/3	4	4	4	4	4	4	4	4
		停车位数量按大于或等于0.6辆/100m²配置,且地下或室内停车位数量不少于总停车位数量的2/3	(3)							
		停车位数量按小于0.6辆/100m²配置,且地下或室内停车位数量不少于总停车位数量的2/3	(2)							
		非机动车(自行车及电动车)车位配置合理,且不少于1辆/100m²	1	1	1	1	1	1	1	1
	室内外交通衔接	机动车停车库出入口明确,机动车出入坡道与场地内机动车道接入顺畅,通行中无视线盲区	1	1	1	1	1	1	1	1
		机动车停车库能利用场地的地形、地貌及与已有的自然环境元素有机结合	1	1	1	1	1	1	1	1
		机动车坡道宽度舒适,行驶顺畅,无窘迫感	1	1	1	1	1	1	1	1
		非机动车车道与城市道路慢车道和自行车库出入连接顺畅	1	1	1	1	1	1	1	1
	空间识别性	停车场与停车库内功能空间识别性强,光线充足,方便行驶与存取车辆	1	1	1	1	1	1	1	1
		停车库设有到达商务写字楼室内竖向交通枢纽的门厅,位置明显,易于识别,易于到达	1	1	1	1		1	1	1

续表

分项及分值	定性定量指标		分值	××商圈		钱江新城			黄龙商圈	
				××国际中心	浙江××中心	越秀·维多利中心	杭州来福士中心	高德置地广场	世贸丽晶城欧美中心	公元大厦
停车与车库(场)	车道与(专用)车位	停车库(场)设主、次车道,主车道与次车道(存、取车道)各自独立,互不干扰	2							
		停车库(场)设可兼用的人行道	1	1	1	1	1	1	1	1
		停车位与车道布置与存、取车的人流出入方向一致,不造成绕行或跨越车位进出	1	1	1	1	1	1	1	1
	车库排水	车库坡道采用有效排水措施,大雨时不对车库正常使用造成影响	1	1	1	1	1	1	1	1
		车库内地面排水不使用明沟式排水方式	1	1	1	1	1	1	1	1
绿地与景观	绿地规划与绿化率	绿地规划有利于形成领域感,设有可提供工间休闲和小型活动的场地	2	2	2	2	2	2	2	2
		场地内采用提高绿化覆盖率的措施	2	2	2	2	2	2		
	水体与水景	利用天然水体丰富环境景观或设有人工水景	1	2	2					
场地无障碍通行		大堂主要出入口设无障碍通道	2	2	2	2	2	2	2	2
外观品质	建筑造型	主体设计简洁、大方,特点明显,具有地域文化内涵	4	4	4		4			
		主体设计具有城市空间标识性作用,与城市空间融为一体	3		3	3	3	3	3	
		主要出入口位置明显,出入口处室外设遮风避雨的廊、篷等	1	1			1	1	1	1
	外墙材料与品质	外墙材料的选用和品质与楼内使用空间的特点协调	1	1	1	1	1	1	1	1
		外墙材料的选用有助于提高整体的品质	1	1	1	1	1	1	1	1
		外墙材料色彩的运用能体现整体的特点	1	1	1	1	1	1	1	1

分项及分值	定性定量指标		分值	××商圈		钱江新城			黄龙商圈	
				××国际中心	浙江××中心	越秀·维多利中心	杭州来福士中心	高德置地广场	世贸丽晶城欧美中心	公元大厦
减少建筑环境负荷措施应用	立体绿化	充分利用各种平台、墙面、屋顶及停车场进行绿化,且有效控制扬尘	2	2	2					
合计				47	51	40	48	45	37	40

表 1-11 工作场所质量评价

分项及分值	定性定量指标		分值	××商圈		钱江新城			黄龙商圈	
				××国际中心	浙江××中心	越秀·维多利中心	杭州来福士中心	高德置地广场	世贸丽晶城欧美中心	公元大厦
入口大堂与公共空间	空间与尺度	大堂空间敞亮、空间导向明确、尺寸适度,出入便捷	1	1	1	1	1	1	1	1
		大堂规模与建筑规模协调匹配,空间相对独立,大堂挑空高度8~15m	1				1	1	1	1
	服务功能配置	设总服务台,其位置明显,方便询问	1	1	1	1	1	1	1	1
		设企业信息牌、综合信息显示屏等,方便客户查询	1	1	1	1	1	1	1	1
		设相对独立的休息、等候空间	1		1	1	1	1	1	1
	垂直交通衔接	大堂内楼梯、电梯厅标识清晰、空间明确,各分区电梯厅人流出入大堂时互不干扰	1	1	1	1	1	1	1	1
		利用挑空大堂或局部下沉方式设有楼层时,其通往该楼层的主要交通设施独立设置,且不与大堂其他交通相互干扰	1	1	1	1	1	1	1	1
	公共性与艺术性	大堂空间艺术性强,与商务写字楼整体风格相一致	1		1	1	1	1	1	1
		结合室内外空间过渡,留有举行公关活动的空间	1	1	1	1	1	1	1	1
		室内装饰、装修结合大堂的功能,设计精美、材料高档、施工精致	1	1		1	1	1	1	1

续表

分项及分值		定性定量指标	分值	××商圈		钱江新城			黄龙商圈	
				××国际中心	浙江××中心	越秀·维多利中心	杭州来福士中心	高德置地广场	世贸丽晶城欧美中心	公元大厦
楼梯与客梯厅	楼梯	楼梯间(前室)的标识明确、空间导向性强且临近主要电梯厅,易于转换	1	1	1	1	1	1	1	1
	客梯厅及标识	客梯候梯厅设有两个及以上不同的通道,可多向进出,空间尺度与电梯数量匹配	1	1	1	1	1	1	1	1
电梯配置	客梯配置	客梯(组)在同一楼中,集中在一个区域配置	1	1	1	1	1	1	1	1
		按使用功能、建筑高度等分类,分区(层)合理配置电梯	1	1	1	1	1	1	1	1
		按建筑面积、使用人数、电梯提升重量等合理配置电梯	1	1	1	1	1	1	1	1
		客梯数量配置可满足上班高峰期30分钟内运送总人数90%以上的要求	1	1	1	1	1	1	1	1
		客梯数量按服务人数配置,服务建筑面积等均高于国家现行相关标准规定	1	1	1	1	1	1	1	1
		客梯配置的候梯时间,电梯全行程时间均高于国家现行相关标准规定	1	1	1	1	1	1		
		相同服务区域内的客梯数量不少于两部,且应相邻并列布置	1	1	1		1	1		1
	客梯舒适度	客梯轿厢宽度不小于轿厢深度(医用电梯除外)	1	1	1	1	1	1	1	1
		电梯的轿厢净高大于标准层净高	1				1	1		
		轿厢内装饰材料考究、加工质量精致、风格与整体风格一致	1	1			1	1		
		轿厢内呼叫指示牌的位置明显,指示明确、清楚,到站提示(音)清晰	1	1	1	1	1	1	1	1

续表

分项及分值	定性定量指标		分值	××商圈		钱江新城			黄龙商圈	
				××国际中心	浙江××中心	越秀·维多利中心	杭州来福士中心	高德置地广场	世贸丽晶城欧美中心	公元大厦
电梯配置	服务电(货)梯	按规模及性质特点配置不少于1(含)部专用货梯,可兼做服务电梯	1	1			1	1		
		货梯载货量及轿厢尺寸与商务写字楼规模和使用需要相匹配,载货量不小于1600kg	1	1	1		1	1	1	1
		货梯设专业前厅,方便进出,货物流线独立,不与其他电梯相互干扰	1	1	1		1	1		
走廊及开敞空间	公共走廊	与电梯厅空间或其他交通枢纽空间衔接流畅,方便通行,各种指示牌清晰、明确	1	1	1	1	1	1	1	1
		双边设写字间的走廊宽度不小于1.8m,满足双向同时通行	1	1	1	1	1	1	1	1
		走廊净高大于2.4m	1	1	1	1	1	1	1	1
		走廊空间简洁、视觉通畅	1							
	公共开敞空间	结合电梯厅、走廊或其他人流集中转换空间,设开敞空间、提供休闲场所	1	1	1	1	1	1		
		可设直接采光的独立式公共开敞空间,开敞空间可提供多种用途	1	1						
公共辅助空间	洗手间与淋浴间	洗手间空间识别形象强、出入口布置尺度舒适,无实现干扰,易于出入、无交叉	2	2	2	2	2	2	2	2
管理用房	空间向度与工作单元	标准层的净高与商务写字楼的品质相匹配,满足工作人员的生理与心理的要求,净高不小于2.6m	10	10	10	10	10	10	10	10
		标准层单侧采光工作间的进深与商务写字楼的品质相匹配,工作区域的自然采光满足工作人员的生理需求,其净高与进深之比大于1:5	10	10	10	10	10	10	10	10
		平面尺度方便分隔成大小合理的工作使用单元	10	10	10	10	10	10	10	10

续表

分项及分值		定性定量指标	分值	××商圈		钱江新城			黄龙商圈	
				××国际中心	浙江××中心	越秀·维多利中心	杭州来福士中心	高德置地广场	世贸丽晶城欧美中心	公元大厦
管理用房	空间灵活性和拓展性	工作场所各种电源、通信、网络等集中设接口接入工作场所中,在工作区域采用网络式布置,便于用户灵活布置工作空间和调整空间布局	5	5	5	5	5	5		
		工作场所采用架空网络地板,可随机、有效地连接各类线路。各类线路敷设隐秘、安全可靠	5	5	5	5	5	5		
		通往有效工作区域的走廊采用架空网络地板	5	5	5	5	5	5		
		楼层各类给排水、空调管线与设备机位等布置均匀,不影响工作场所的调整与布置	5	5	5	5	5	5	5	5
		楼层适当位置预留增设专用洗手间、淋浴间的条件,其管线独立敷设,不穿越其他空间	5	5	5	5	5	5	5	5
		部分楼层预留可实现局部挑空条件	5	5						
	工作场所自然环境营造	工作场所可利用自然采光满足正常气候条件下的一般性工作需要	3	3	3	3	3	3	3	3
	安全感与防护救护	安全通道与出入口设置的标识均明确、醒目,通行空间简洁、顺畅	2	2	2	2	2	2	2	2
	物业管理中心用房	物业管理中心用房独立于工作区域设置,设检修、保养、保洁等非管理人员专用员工出入口,且不与租户共用同一大堂	3	3	3	3	3	3	3	3
	标志标识系统	建立从整体到单一功能房间的完整标识系统,采用国际统一标识	2	2	2	2	2	2		

续表

分项及分值	定性定量指标	分值	××商圈		钱江新城			黄龙商圈	
			××国际中心	浙江××中心	越秀·维多利中心	杭州来福士中心	高德置地广场	世贸丽晶城欧美中心	公元大厦
绿色工作场所应用技术	工作场所采用标准化设计，灵活隔断墙体采用标准化模块拼装即可满足租户基本需求	2	1	1	1	1	1	1	1
合计			64	56	51	60	60	48	48

表 1-12　综合评价与写字楼价格测算情况

项目		权重系数	评价对象						
			武林商圈		钱江新城			黄龙商圈	
			××国际中心	浙江环球中心	越秀·维多利中心	杭州来福士中心	高德置地广场	世贸丽晶城欧美中心	公元大厦
楼盘项目差异量化	区位与城市设施评价	0.20	85	96	82	98	98	92	92
	场地规划与室外环境评价	0.30	47	51	40	48	45	37	40
	工作场所质量评价	0.50	64	56	51	60	60	48	48
	综合评价值	1.00	63.10	62.50	53.90	64.00	63.10	53.50	54.40
	以××国际为100折算	0.75	100	99	85.4	101.4	100	84.8	86.2
	区域繁华度修正	0.15	100	105	70	75	75	100	100
	建成年代修正	0.10	100	90	100	100	100	91	89
	最终评价值	1.00	100	99	84.6	97.3	96.3	87.7	88.6
	价格修正系数		1.000	1.010	1.182	1.028	1.038	1.140	1.129
楼盘销售报价调整	销售价格（报价）		—	48000	42000	41000	36000	33000	41000
	销售报价内涵		精装报价	中装报价	毛坯报价	精装报价	毛坯报价	中装报价	中装报价
	精装修调整			2000	4000	0	4000	2000	2000
	统一装修标准后销售报价单价		—	50000	46000	41000	40000	35000	43000
××国际均价	比准价格		—	50500	54370	42150	41520	39900	48550
	比准价格权重	1.00	—	0.25	0.15	0.15	0.15	0.15	0.15
	测算结果（写字楼幢均价）		46610	12630	8160	6320	6230	5990	7280

通过表 1-12 计算得出，××国际中心写字楼均价（D 座中间楼层，即第 11 层）为 46610 元/m²。

（五）测算 C 座、D 座及裙房各套写字楼价格

采用标准价调整法计算各座各套写字楼价格。

1.确定各套写字楼价格修正系数。依据各套写字楼的景观、楼层、采光通风、面积、可拓展情况等因素确定。

（1）楼层修正系数（见表 1-13）（以第 5 层为基准）

表 1-13　楼房修正系数

楼层		楼层差异指数	
低区	8 层以下	每层相差	1.5
中区	9—16 层	每层相差	0.5
高区	17—23 层	每层相差	0.5

（2）日照通风修正系数（见表 1-14）

表 1-14　日照通风修正系数

	等级	等级差异指数
1	优	7
2	较优	3.5
3	一般	0
4	较差	−3.5
5	差	−10

注：D 座 01 户型/03 户型、C 座 01 户型，14 层以下日照略有影响，价格修正系数取 0.98。

（3）景观修正系数（见表 1-15）

表 1-15　景观修正系数

	等级	等级差异指数
1	优	20
2	较优	15
3	可见	3
4	无	0

（4）规模修正系数（见表 1-16）

表 1-16　规模修正系数

序号	面积区间	对应修正指数
1	0～100m²	18
2	100～200m²	16
3	200～300m²	14
4	300～400m²	12
5	400～700m²	10
6	700～1000m²	5
7	1000～1300m²	0

注：D 座 18、20、22、23 层可以拓展挑高面积，根据拓展比例测算，价格修正系数取 1.08。

2. 采用标准价调整法，根据标准价 D 座中间楼层，即第 11 层的均价 46610 元/m² 以及 D 座 11 层面积之和与各套价格系数，测算出 D 座 1102 室价格为 50590 元/m²。

3. 利用各幢各套写字楼价格修正系数，以 D 座 1102 室价格为标准户室（单价 50590 元/m²），测算各套写字楼价格（见表 1-17、表 1-18、表 1-19）。

表 1-17　D 座写字楼（4—23 层）评估价格

D 座			价格系数	评估单价（元/m²）	评估总价（元）
楼层	房号	面积（m²）			
4 层	401	371.37	1.282244858	42520	15790652
	402	371.37	1.42464	47250	17547233
	403	286.34	1.22568012	40650	11639721
	404	286.34	1.3410219	44470	12733540
	405	71.99	1.12572	37330	2687387
5 层	501	389.82	1.300389832	43130	16812937
	502	389.82	1.4448	47920	18680174
	503	300.43	1.2212172	40500	12167415
	504	300.43	1.336139	44310	13312053
	505	75.57	1.14165	37860	2861080
6—22 层（略）	……	……	……	……	……
23 层	2301	365.85	1.47505064	48920	17897382
	2302	365.85	1.7349806	57540	21051009
	2303	281.79	1.4099805	46760	13176500
	2304	281.79	1.511812425	50140	14128951
	2305	71.29	1.26909	42090	3000596
合计		28810.75			1363409216

表 1-18　C 座写字楼（2—23 层）评估价格

C 座			价格系数	评估单价（元/m²）	评估总价（元）
楼层	房号	面积（m²）			
2 层	201	689.1	1.013733	33620	23167542
3 层	301	688.36	1.029655	34150	23507494
4 层	401	353.65	1.204177	39940	14124781
	402	353.65	1.317495	43690	15450968.5
5 层	501	371.22	1.221217	40500	15034410
	502	371.22	1.336139	44310	16448758.2
6—22 层（略）	……	……	……	……	……

续表

C 座			价格系数	评估单价 （元/m²）	评估总价 （元）
楼层	房号	面积（m²）			
23 层	2301	349.07	1.385244	45940	16036275.8
	2302	349.07	1.485289	49260	17195188.2
合计		15987.78			708339396

表 1-19　裙楼写字楼（4—6 层、8 层）评估价格

裙楼			价格系数	评估单价 （元/m²）	评估总价 （元）
楼层	房号	面积（m²）			
4 层	401	131.45	1.364549	45240	5946798
	402	1237.32	1.176335	39000	48255480
	403	64.8	1.243233	41220	2671056
5 层	501	132	1.383858	45880	6056160
	502	1238.71	1.192981	39550	48990980.5
	503	64.86	1.260826	41800	2711148
6 层	601	131.99	1.403168	46520	6140174.8
	602	1239.12	1.209628	40100	49688712
	603	64.86	1.278418	42380	2748766.8
8 层	801	1071.99	1.288	42700	45773973
合计		5377.1			218983249

（六）采用比较法，测算 D 座、C 座商铺价格

以××国际中心 165-1 号商铺为基准，选择三套商铺挂牌价，采用比较法对商铺价格进行计算，如表 1-20 所示（测算过程略）。

表 1-20　D 座、C 座商铺评估价格

D 座商铺			价格系数	评估单价 （元/m²）	评估总价 （元）
楼层	房号	面积（m²）			
1 层	165-1	200.49	1	55911	11209596
	165-2	458.79	0.88445	49450	22687166
	东 1-1-1	424.57	0.6137	34313	14568270
2 层	201	1201.23	0.595	33267	39961318
3 层	301	1201.23	0.578	32317	38820150
C 座商铺					

续表

D座商铺			价格系数	评估单价 (元/m²)	评估总价 (元)
楼层	房号	面积(m²)			
1层	165 - 3	157.39	1.02	57029	8975794
	165 - 4	314.42	0.941192	52623	16545724
	东2 - 1 - 1	98.21	0.7004	39160	3845904
合计		4056.33			156613922

(七)评估总价

评估总价＝D座写字楼(4—23层)＋C座写字楼(2—23层)＋裙楼写字楼(4—6

层、8层)＋D座、C座商铺

＝1363409216＋708339396＋218983249＋156613922

＝2447345783(元)

取整为244735万元,人民币大写贰拾肆亿肆仟柒佰叁拾伍万元整。

第七部分 咨询价值确定

××国际中心D座、C座裙楼写字楼及商铺咨询价值确定如下。

1.D座写字楼(4—23层)

建筑面积28810.75m²,评估价格1363409216元,折合单价47323元/m²。

2.C座写字楼(2—23层)

建筑面积15987.78m²,评估价格708339396元,折合单价44305元/m²。

3.裙座幢写字楼(4—6层、8层)

建筑面积5377.1m²,评估价格218983249元,折合单价40725元/m²。

4.D座、C座商铺

建筑面积4056.33m²,评估价格156613922元,折合单价38610元/m²。

5.××国际中心D座、C座裙楼写字楼及商铺

项目总建筑面积54231.96m²,评估总价为244735万元,人民币大写贰拾肆亿肆仟柒佰

叁拾伍万元整,折合单价45127元/m²。

第八部分 附件(略)

1.委托书

2.××国际中心内外部现场照片

3.××国际中心位置图

4.《国有土地使用证》复印件

5.杭土资简复〔20××〕×号《关于××国际中心项目分割转让事宜补充意见的函》

6.××国际中心建筑施工图纸复印件

7.《××国际中心项目交付标准》

8.项目分层分户测绘面积资料

9.房地产估价机构营业执照复印件

10.房地产估价机构资质证书复印件

11.房地产估价师注册证书复印件

报告点评

1.项目概括描述

估价报告的项目名称为:××国际中心项目销售参考价格咨询。估价范围为××国际中心C座、D座1—23层和裙房4、5、6、8层,总建筑面积54231.96m²。价值时点为2017年上半年。估价目的为在委托方(卖方)分割转让房地产时提供销售价格参考。采用的估价方法为综合评价法、标准价调整法、比较法,评估总价为244735万元,人民币大写贰拾肆亿肆仟柒佰叁拾伍万元整,折合单价45127元/m²。

2.报告质量评析

本项目为较典型的提供房地产咨询顾问服务的报告,其报告格式没有严格的规范要求,主要以满足委托方要求为准。该报告结构完整,逻辑比较严密,项目描述和分析比较细致,测算方法选择基本正确,思路较清晰。在传统评估业务中写字楼价值的评估一般采用比较法和收益法,这也是绝大多数估价师熟知的常用估价方法。影响写字楼价格的因素非常复杂,除了区位因素,其档次、外观形象、设施设备、智能化程度、供需状况,甚至租户类型及是否有影响力租户入驻等都会对价格产生重大影响。本报告的综合评价法,对不同商圈的写字楼,参考《商务写字楼等级评价标准》相关指标与评价体系,选择实际操作中可以采集的指标因素,进行量化评价,一方面可以在同一区域或同一供需圈可比案例(整幢写字楼均价为一个案例)不足的情况下进行评估,另一方面可以从城市的整体层面体现不同商圈写字楼之间的竞争和替代性。因此,该方法值得进一步学习和完善。

但是从技术层面,可以从以下方面进一步完善。

1.本报告估价报告估价范围为C座、D座及裙房局部,但是评估部分仅仅是整个综合体的一部分,而事实上A座、B座的规划建设用途,是否销售,销售价格及进度都对估价对象有重要影响,本报告中根本没有描述和体现。

2.作为委托方销售定价依据的参考,最主要的是对未来销售期的市场前景的分析和预测,在此基础上结合委托方销售进度或回款要求,确定一个在市场乐观、一般、悲观情形下的价格体系供委托方决策或许可使报告更完美。

3.综合评价法中的权重、区域繁华度修正系数对估价结果有重大影响,报告中缺少确定的过程或取值依据,商业部分缺少测算过程,也缺少商业房地产的市场供需分析。

4.写字楼和商业用房出租普遍,应该有收益法的测算过程。

5.表1-11工作场所质量评价分值计算有误。

报告二　杭州市余杭区×××以南、×××以东 (B、C1、C2、C3 楼)商服用途在建工程房地产抵押价值评估

房地产抵押估价报告

估价项目名称:××××有限公司所有的位于杭州市余杭区×××以南、×××以东 (B、C1、C2、C3 楼)商服用途在建工程房地产抵押价值评估

估价委托人:××××有限公司

房地产估价机构:××××房地产土地估价咨询有限公司

注册房地产估价师:×××　　注册号×××××××××

　　　　　　　　　×××　　注册号××××××××××

估价报告出具日期:二〇一八年一月二十三日

估价报告编号:浙国房估字(××××)第××××号

致估价委托人函

××××有限公司:

根据贵方的委托要求,我公司派估价专业人员于二〇一八年一月十六日对估价对象进行了实地查勘,并确定该查勘日期为价值时点。

估价人员根据国家和地方的有关评估管理规定,选用成本法和假设开发法,对××××有限公司所有的位于杭州市余杭区×××以南、×××以东(B、C1、C2、C3 楼)的商服用途在建工程房地产进行估价,估价目的为确定房地产抵押贷款额度提供参考依据而评估房地产抵押价值。

本次评估的估价对象为在建工程房地产,估价对象为余政储出(××××)××号地块建设项目的 B、C1、C2、C3 楼,其规划总建筑面积为 176894m^2,土地使用权面积为 28500m^2。估价人员遵循独立、客观、公正、合法等估价原则,按照严谨的估价程序,经过仔细的分析测算,确定估价对象房地产在价值时点(二〇一八年一月十六日)的抵押价值为人民币 139777 万元整,人民币大写壹拾叁亿玖仟柒佰柒拾柒万元整;单价为 7901 元/m^2,人民币大写为每平方米柒仟玖佰零壹元整(详见附表)。

本估价结果受到本估价报告中说明的估价假设和限制条件的限制。

本估价报告的有效期为二〇一八年一月二十三日起壹年。

特此函告。

××××房地产土地估价咨询有限公司

法定代表人：×××

二〇一八年一月二十三日

附表：

房地产抵押价值评估结果汇总表　　　　　币种：人民币

估价对象	项目及结果	杭州市余杭区×××以南、×××以东（B、C1、C2、C3 楼）
1.假定未设立法定优先受偿权下的价值	总价（万元）	139777
	单价（元/m²）	7901
2.估价师知悉的法定优先受偿款	总额（万元）	0
2.1 已抵押担保的债权数额	总额（万元）	0
2.2 拖欠的建设工程价款	总额（万元）	0
2.3 其他法定优先受偿款	总额（万元）	0
3.抵押价值	总价（万元）	139777
	单价（元/m²）	7901

第一部分　估价师声明

我们郑重声明：

1.注册房地产估价师在估价报告中对事实的说明是真实和准确的，没有虚假记载、误导性陈述和重大遗漏。

2.估价报告中的分析、意见和结论是注册房地产估价师独立、客观、公正的专业分析、意见和结论，但受到估价报告中已说明的估价假设和限制条件的限制。

3.注册房地产估价师与估价报告中的估价对象没有现实或潜在的利益，与估价委托人及估价利害关系人没有利害关系，也对估价对象、估价委托人及估价利害关系人没有偏见。

4.注册房地产估价师是依照中华人民共和国国家标准《房地产估价规范》《房地产估价基本术语标准》以及相关专项标准《房地产抵押估价指导意见》的规定进行工作，撰写估价报告。

5.注册房地产估价师×××、×××于二〇一八年一月十六日对估价报告中的估价对象进行了实地查勘。

6.没有外部专家和单位对估价报告提供专业帮助。

姓　名	注册号	签　名	签名日期
×××	××××××××		2018 年 1 月 23 日
×××	××××××××		2018 年 1 月 23 日

第二部分　估价假设和限制条件

一、估价假设

1. 估价对象在价值时点的房地产市场为公开、平等、自愿的交易市场。

2. 注册房地产估价师对估价所依据的估价对象的权属、面积、用途等资料进行了检查，本估价报告以估价权利人提供的估价对象资料的合法性、真实性、准确性和完整性为前提。

3. 估价对象在合法前提下，按其规划用途使用能够产生最高最佳效益，并在未来以此用途持续使用为前提。

4. 任何有关估价对象的运作方式、程序符合国家、地方的有关法律、法规、文件、政策等，特别是符合建设、规划、房地产主管部门所颁布的法律、法规、文件、政策等，以不存在也不涉及任何法律纠纷及权属争议、不受任何权利限制、可以在公开市场上合法地进行转让为前提。

5. 我们仅对估价对象作一般性实地查勘，仅对估价对象外观、使用状况、周边区位状况进行了查勘，并未对其结构、设备及装修等内在质量进行测试，故不能确认其有无内部缺陷。本估价报告以其质量足以维持正常的使用寿命为前提。

6. 本报告估价结果是在公开市场前提下求取的房地产抵押价值，未考虑快速变现等处分方式带来的影响，未包括交易过户时应缴纳的相关税费等费用，未考虑因抵押、担保或其他权利对估价对象价格的影响。

7. 本报告中没有未定事项假设、背离事实假设、不相一致假设、依据不足假设。

二、估价限制条件

1. 本报告仅作为确定房地产抵押贷款额度提供参考依据而评估房地产抵押价值，如果改变估价目的，则估价结果应进行相应调整直至重新估价。

2. 本次估价未考虑国家宏观经济政策发生重大改变及其他不可抗拒等或然因素对估价结果的影响。

3. 根据相关方提供的《关于建筑工程款支付情况的声明》，发包人应支付承包人工程价款总额为人民币 1288661294.07 元，实际支付承包人工程价款为人民币 1288661294.07 元，尚未支付承包人工程价款总额为人民币 0 元；估价对象不存在尚未支付建筑工程价款，受专业能力和职责限制，估价师对上述情况未做进一步的查证，建议报告使用方调查核实，必要时进行建筑工程款支付情况的专项审计。根据估价人员收集到的资料，估价对象于价值时点未设定抵押权，本次估价确定抵押价值时已抵押担保的债权数额按照零计算；此外，本次估价未发现可能存在的其他法定优先受偿款。若存在未知悉的法定优先受偿权，则应相应调整估价结果,特此说明。

4. 根据权利人提供的《建设工程规划蓝图》记载,估价对象所处的余政储出(××××)××号地块建设项目规划包括 A、B、C1、C2、C3 楼、地下室、开关站,分为项目一期和二期,规划总建筑面积为 349669.57m²(其中地上建筑面积为 231493m²,地下建筑面积为 118176.57m²)以及土地使用权面积为 66140.5m²;根据权利人提供编号为建字第××××号的《建设工程规划许可证》及《建设项目批后修改回执单》记载,本次估价对象为该项目的一期,包括 B、C1、C2、C3 楼,其规划总建筑面积为 176894m²(均为地上建筑面积),土地使用权面积为 28500m²。估价对象所在项目的地下室均在二期(建字第××××号《建设工程规划许可证》)内,业态为地下商场、超市及停车位,提请报告使用方注意。

5. 根据权利人提供的编号为建字第××××号的《建设工程规划许可证》,估价对象包括 B、C1、C2、C3、D 楼,规划总建筑面积为 181917m²;后于 2017 年 11 月 16 日杭州市规划局下发的《建设项目批后修改回执单》审查结果备案,取消 D 楼,减少面积纳入 A 楼重新规划设计,估价对象调整为 B、C1、C2、C3 楼,其规划总建筑面积调整为 176894m²,提请报告使用方注意。

6. 本评估报告仅对估价对象的价值做出合理估测,不作为其权属方面确认的依据,有关权属界定以有关部门人认定的为准。

7. 估价报告必须完整使用方为有效,对仅使用本报告中部分内容导致的损失不负任何责任。

8. 未经本估价机构书面同意,不得向委托人和估价报告审核部门之外的任何单位或个人提供本报告的全部或部分内容,本报告亦不得用于本次估价目的之外的其他用途,未经许可不得发表于任何公开媒体上。

9. 本报告使用期限自估价报告出具之日起壹年。如果使用本估价结果的时间与估价报告出具之日相差壹年或以上,我们对应用此结果造成的损失不负任何责任。

本报告由××××房地产土地估价咨询有限公司负责解释。

第三部分 房地产抵押估价结果报告

一、估价委托人

估价委托人:××××有限公司

二、房地产估价机构

估价机构名称:××××房地产土地估价咨询有限公司

住所:杭州市××××

法定代表人:×××

资质等级:国家壹级

资质证书编号:浙建房估证字〔××××〕××号(有效期至 20××年××月××日)

联系人:×××

联系电话:0571—×××××××××

三、估价目的

为确定房地产抵押贷款额度提供参考依据而评估房地产抵押价值。

四、估价对象

(一)估价对象界定

本次估价对象所处项目为××××有限公司所有的位于杭州市余杭区××国道以南、××路以东的余政储出(××××)××号地块在建工程,项目包括 A、B、C1、C2、C3、地下室、开关站,规划总建筑面积为 349669.57m²,土地使用权面积为 66140.5m²。

本次评估的估价对象为余政储出(××××)××号地块建设项目中的 B、C1、C2、C3楼,其规划总建筑面积为 176894m²,土地使用权面积为 28500m²。

(二)区位状况

估价对象位于杭州市余杭区××国道以南、××路以东,××国道与××路交叉口附近。估价对象的区位状况具体描述如下。

1.地理位置:估价对象位于杭州市余杭区××国道以南、××路以东(B、C1、C2、C3楼),东临××路,南临××路,西临××路,北临××路,地处良渚文化村,靠近永旺梦乐城;估价对象规划总层数均为 28 层,南北朝向。

2.交通状况:估价对象位于××国道与××路交叉口附近,四面临路,周围路况良好,无交通管制,交通便利,附近有 65 路、313 路、372 路、348 路、588 路等多条公交线路,设有轨道交通 2 号线杜甫村站,公共交通较便捷,附近有停车场,停车较为便利。

3.商务氛围:估价对象所处区域内有亿丰时代广场、良渚智谷、旺君国际等写字楼,办公聚集度一般。

4.基础设施:估价对象所处区域达到"六通一平"(即道路、电力、给水、排水、通信、燃气及红线内平整),基础设施完善。

5.公共服务设施:估价对象所处区域附近有永旺梦乐城、古墩路小学、开元曼居大酒店、各大银行网点等设施,公共配套一般。

6.环境状况:估价对象处于良渚文化村,周边自然环境优美;附近有融信澜天、万科未来城、和昌府等在建楼盘,人文居住氛围一般,景观一般。

7.区域规划:估价对象位于杭州市余杭区良渚文化村,靠近规划的良渚新城,未来规划为城北副中心,区域规划较好。

(三)权益状况

根据权利人提供的编号为杭余出国用(××××)第××号《国有土地使用证》复印件记载,估价对象所处宗地土地使用权面积为 66140.5m²,土地使用权人为××××有限公司,地类(用途)为商服用地,所有权类型为出让,终止日期为 2053 年 12 月 3 日;根据权利人提供的编号为地字第××××号《建设用地规划许可证》,建字第××××、××××号《建设工程规划许可证》及××××、××××、××××号《建筑工程施工许可证》复印件记载,建设单位均为××××有限公司,建设项目名称为余政储出(××××)××号地块建设项目,建设位置为良渚街道。根据权利人提供的《建设工程规划蓝图》记载,估价对象所处的余政储出(××××)××号地块建设项目包括 A、B、C1、C2、C3 楼、地下室、开关站,其中一期 B、C1、C2、C3 楼规划均为办公用房,二期 A 楼规划为商业酒店用房,规划总建筑面积为349669.57m²(其中地上建筑面积为231493m²,地下建筑面积为118176.57m²)。本次估价对象为该项目一期,包括 B、C1、C2、C3 楼,根据权利人提供的建字第××××号《建设工程规划许可证》及《建设项目批后修改回执单》记载,其规划总建筑面积为176894m²(均为地上建筑面积,各幢建筑物面积详见表2-1),土地使用权面积为28500m²。

表 2-1 各幢建筑物面积一览

序号	楼名/幢号	规划面积(m²)	土地使用权面积(m²)
1	1幢(C1楼)	46791	
2	2幢(C2楼)	44381	
3	3幢(C3楼)	46791	28500
4	4幢(B楼)	38931	
合计		176894	28500

价值时点,根据估价人员收集到的资料以及权利人提供的《关于已抵押担保优先受偿权情况的声明》记载,估价对象未设定抵押,本次估价确定抵押价值时已抵押贷款的债权数额按照零计算。

根据相关方提供的《关于建筑工程款支付情况的声明》,估价对象不存在尚未支付建筑工程价款。本次估价未发现可能存在的其他法定优先受偿款,产权清晰。

(四)土地实物状况

宗地坐落于杭州市余杭区××国道以南、××路以东,所处宗地土地使用权面积为66140.5m²,估价对象所处宗地东至××路、南至××路、西至××路、北至××路,平面形状为规则多边形,地块地势平坦,宗地基础设施完善,达到"六通一平",地质条件较好,地基承载力较好,土壤状况较好,无不利规划限制条件,处于正常施工状态,利用状况较好。

(五)建筑物实物状况

根据权利人提供的《建设工程规划蓝图》记载,估价对象所处的余政储出(××××)××号地块建设项目规划包括 A、B、C1、C2、C3 楼、地下室、开关站,分为项目一期和二期,规划总建筑面积为349669.57m²(其中地上建筑面积为231493m²,地下建筑面积为118176.57m²)。根据权利人提供的编号为建字第××××号《建设工程规划许可证》及《建设项目批后修改回执单》记载,本次估价对象为该项目一期,包括 B、C1、C2、C3 楼,其规划总建筑面积为176894m²(均为地上建筑面积),土地使用权面积为28500m²。

估价人员实地查勘时估价对象共4幢主体建筑物(B、C1、C2、C3 楼),根据权利人提供的编号为建字第××××号《建设工程规划许可证》及《建设项目批后修改回执单》记载,估价对象规划总建筑面积为176894m²,设计用途均为非住宅,均为钢混结构,总层数均为28

层;根据监理单位提供的《关于建安工程进度情况的声明》及估价人员现场查勘情况,估价对象二次结构及安装工程查勘时与外部结构已同时进行,标准层高,外立面玻璃幕墙龙骨已搭设,具体建筑物形象进度和现场查勘情况见表2-2、表2-3。

表 2-2 各幢建筑物形象进度

幢号	建筑面积(m²)	主体工程进度(%)	二次结构工程进度(%)	安装工程进度(%)	总层数(层)	已建层数(层)	综合形象进度(%)
C1 楼	46791	80	45	30	28	25	67
C2 楼	44381	75	40	30	28	23	63
C3 楼	46791	80	45	30	28	25	67
B 楼	38931	75	40	30	28	23	63
合计	176894						

表 2-3 各幢建筑物现场查勘情况

序号	坐落位置	建筑面积(m²)	施工状况	形象进度(%)
1	1幢(C1楼)	46791	地下基础土建工程已完工,查勘时地上已建25层,土建工程主体结构已完工,部分进行内部二次结构工程,外部脚手架未拆除;部分安装工程已进行,外立面玻璃幕墙龙骨已搭设。	67
2	2幢(C2楼)	44381	地下基础土建工程已完工,查勘时地上已建23层,土建工程主体结构已完工,部分进行内部二次结构工程,外部脚手架未拆除;部分安装工程已进行,外立面玻璃幕墙龙骨已搭设。	63
3	3幢(C3楼)	46791	地下基础土建工程已完工,查勘时地上已建25层,土建工程主体结构已完工,部分进行内部二次结构工程,外部脚手架未拆除;部分安装工程已进行,外立面玻璃幕墙龙骨已搭设。	67
4	4幢(B楼)	38931	地下基础土建工程已完工,查勘时地上已建23层,土建工程主体结构已完工,部分进行内部二次结构工程,外部脚手架未拆除;部分安装工程已进行,外立面玻璃幕墙龙骨已搭设。	63
	合计	176894		

现估价对象在建工程处于正常施工状态,根据产权人提供的监理公司出具的《关于建安工程进度情况的声明》,结合估价人员现场查勘情况,通过对主体工程、二次结构工程及安装工程的已投入进度比例计算确定:本次估价设定项目其工程形象进度为65%。

五、价值时点

估价专业人员于二〇一八年一月十六日对估价对象进行了实地查勘,并确定该查勘日期为价值时点。

六、价值类型

房地产抵押价值:估价对象假定未设立法定优先受偿权下的价值减去注册房地产估价师知悉的法定优先受偿款后的价值。

未设立法定优先受偿权下的价值:估价对象经适当营销后,由熟悉情况、谨慎行事且不受强迫的交易双方,以公平交易方式在价值时点自愿进行交易的金额。

法定优先受偿款:假定在价值时点实现抵押权时,已存在的依法优先于本次抵押贷款受偿的款项,包括已抵押担保的债权数额、发包人拖欠参包人的建设工程价款、其他法定优先受偿款。

七、估价依据

1.《中华人民共和国物权法》

2.《中华人民共和国城市房地产管理法》

3.《中华人民共和国土地管理法》《中华人民共和国土地管理法实施条则》

4.《中华人民共和国担保法》

5.《中华人民共和国资产评估法》

6.《房地产估价规范》(GB/T 50291—2015)

7.《房地产估价基本术语标准》(GB/T 50899—2013)

8.由建设部、中国人民银行和中国银行业监督管理委员会联合发布的《关于规范与银行信贷业务相关的房地产抵押估价管理有关问题的通知》(建住房〔2006〕8号)及其附录《房地产抵押估价指导意见》

9.由中国银行业监督管理委员会发布的《商业银行房地产贷款风险管理指引》(银监发〔2004〕57号)

10.由建设部发布的《城市房地产抵押管理办法》

11.估价权利人提供的《建设用地规划许可证》《建设工程规划许可证》《建筑工程施工许可证》《国有土地使用证》《余杭区国有建设用地使用权出让合同》及其他有关的复印件资料

12.双方签订的房地产价格评估委托协议书

13.本公司评估人员实地勘测、掌握和收集的各种数据

八、估价原则

本次估价遵循独立、客观、公正原则,合法原则,价值时点原则,替代原则,最高最佳利用原则,谨慎原则等估价原则。

独立、客观、公正原则:要求注册房地产估价师和房地产估价机构站在中立的立场上,实事求是、公平正直地评估出对各方估价利害关系人均为公平合理的价值的原则。

合法原则:要求估价结果是在依法判定的估价对象状况下的价值的原则。

价值时点原则:要求估价结果是在根据估价目的确定的某一特定时间的价值的原则。

替代原则:要求估价结果与估价对象的类似房地产在同等条件下的价值偏差在合理范围内的原则。

最高最佳利用原则:要求估价结果是在估价对象最高最佳利用状况下对价值的原则。最高最佳利用为房地产在法律上允许、技术上可能、财务上可行并使价值最大的合理、可能的利用,包括最佳的用途、规模和档次等。

谨慎原则:要求在影响估价对象价值的因素存在不确定性的情况下对其做出判断时,应充分考虑其导致估价对象价值偏低的一面,慎重考虑其导致估价对象价值偏高的一面的原则。

九、估价方法

估价人员在认真分析所掌握的资料并进行实地查勘之后,综合考虑估价目的、价值类型、估价对象特点、市场状况等因素,选取假设开发法和成本法作为本次估价的基本方法。

假设开发法是求得估价对象开发完成后的价值和后续开发的必要支出及折现率或后续开发的必要支出及应得利润,将开发完成后的价值和后续开发的必要支出折现到价值时点后相减,或将开发完成后的价值减去后续开发的必要支出及应得利润得到估价对象价值的方法。

成本法是测算估价对象在价值时点的重置成本或重建成本和折旧,将重置成本或重建成本减去折旧得到估价对象价值的方法。

十、估价结果

根据估价人员综合评估,该房地产在价值时点(二〇一八年一月十六日)的抵押价值为人民币139777万元整,人民币大写壹拾叁亿玖仟柒佰柒拾柒万元整;单价为7901元/m²,人民币大写为每平方米柒仟玖佰零壹元整。

十一、变现能力分析和风险提示

(一)变现能力分析

变现能力是指假定在价值时点实现抵押权时,在没有过多损失的条件下,将抵押房地产转换为现金的可能性。

1.抵押房地产通用性。所谓通用性,通俗地说就是是否常见、是否普遍使用。一般地说,通用性越差,如用途越专业化的房地产,使用者的范围越窄,越不容易找到买者,变现能力越弱。例如,特殊厂房比标准厂房的通用性差。

估价对象为在建工程,产权清晰、完整,故其通用性一般。

2.抵押房地产独立使用性。所谓独立使用性,通俗地说就是能否单独地使用而不受限制。例如,某个单位大院内或工厂区内的一幢房屋的独立使用性就不好,如果大门封闭,就难以出入。一般地说,独立使用性越差的房地产,越妨碍房地产的使用,变现能力越弱。

估价对象为在建工程,独立使用性较差。

3.抵押房地产可分割转让性。所谓可分割转让性,是指在物理上、经济上是否可以分离开来使用。例如,保龄球馆的一个球道,高尔夫球场的一个球洞,工厂的一个车间,一般在物理上是不可分割转让的。由于价值大的房地产变现能力弱,所以容易分割转让的房地产,变现能力相对较强;反之,变现能力就较弱。

估价对象为在建工程,需整体转让,可分割转让性差。

4. 抵押房地产区位。估价对象所处区域周围基础设施完善,达到"六通一平",公共服务设施一般,无不利规划限制条件,故其区位一般。

5. 抵押房地产开发程度。估价对象为在建工程,不确定因素较多,故其开发程度一般。

6. 抵押房地产规模及价值量。一般地说,价值量越大的房地产所需的资金越多,越不容易找到买者,变现能力越弱。

估价对象体量庞大,价值量庞大。

7. 房地产市场状况。2016 年至 2017 年度是商业办公类房地产市场的丰收年,市场量价齐升整体上行,就目前来看,政府对住宅房地产调控仍然不放松,严格把控,使得商业办公类房地产市场仍然有巨大的机会。预计 2018 年商业办公类房地产量价将稳中有升。

8. 抵押房地产快速变现价值。假定在价值时点强制处分估价对象,因受变现时间、卖方手续费、竞价空间、无合理谈判周期、快速变现的付款方式及市场活跃程度等因素影响,一般来说变现价格通常会低于其客观公开市场价值。根据估价对象的具体情况,预计估价对象可实现的快速变现价值为客观公开市场价值的 55%～65%。

9. 抵押房地产快速变现时间。由于房地产具有价值量庞大、不可移动性、独一无二等特性,加之房地产市场信息不对称等因素影响,估价对象房地产变现时间相对较长,估价人员预测其整体变现时间为 12 个月至 24 个月。

10. 抵押房地产变现费用、税金的种类和数额。房地产变现后买卖双方应先缴纳诉讼执行费用(按标的价值分段计算,最高不超过 4.5%)、拍卖佣金(以拍卖委托合同为准,一般不超过成交价的 5%)、评估费用(按评估价值分段累计,最高不超过 0.42%)及可能存在的拖欠的水电费等费用,再办理房地产转让手续,在转让过程中买卖双方一般应缴纳增值税及附加、印花税、所得税及交易手续费等税费,实际缴费用以相关部门认定为准。

11. 抵押房地产变现清偿顺序。抵押房地产拍卖或者变卖时所得的价款,当事人没有约定的,按以下顺序清偿:(1)实现抵押权的费用;(2)抵押房地产应缴纳的地价款、税款;(3)拖欠的工程款;(4)已抵押登记的主债权的利息;(5)已抵押登记的主债权;(6)其他主债权的利息;(7)其他主债权;(8)剩余款交还抵押人。

综上所述,估价对象位于杭州市余杭区××国道以南、××路以东(B、C1、C2、C3 楼),所处区位一般,现处于正常施工状态,根据上述分析,估价人员认为估价对象的通用性一般,独立使用性较差,开发程度一般,但由于估价对象价值量庞大,快速变现时间较长,市场整体快速变现能力为差。

(二)风险提示

1. 估价报告使用方应充分关注房地产抵押价值未来下跌的风险。因房地产具有位置的固定性和不可移动性等特性,会因发生物质折旧、功能折旧和外部折旧而导致房地产市场价值下跌;因城市规划的逐步实施及城市发展重点区域的转移,抵押房地产所处地理环境、区位条件及社会经济位置由优变劣时而发生价值下跌;因房地产市场变化、国家宏观政策和经济形势变化、房地产相关税费和银行利率调整等因素导致房地产市场不景气,房地产市场价值整体下跌,导致抵押房地产市场价值减损。

2. 报告使用方应当充分关注估价对象状况和房地产市场状况因时间变化对房地产抵押

价值可能产生的影响。因房地产长期闲置、维护不当、不合理使用、遇有不可抗力(如地震、水灾等)等导致估价对象状况发生较大改变;因宏观经济政策、城市规划、房地产制度政策发生重大变化、经济快速增长、通货膨胀、物价快速上涨、自然灾害等导致房地产市场状况发生较大改变,都可能对抵押房地产价值产生较大影响。

3.报告使用方应当充分关注抵押期间可能产生的房地产信贷风险。因抵押期间抵押房地产仍为抵押人占有和使用,抵押权人应关注抵押房地产可能发生的法定优先受偿权、房地产的再次抵押、长期租赁等情况的发生;抵押期间可能存在抵押人无法按时足额偿还借款的风险,金融机构应加强前期信贷资信调查,并做好贷中、贷后跟踪管理,严防贷款挪作他用;抵押房地产利用状况、区位环境变化、房地产市场价格波动、房地产税费政策调整等原因对房地产抵押价值产生的负面影响。

4.本报告仅作为为确定房地产抵押贷款额度提供参考依据而评估房地产抵押价值,估价报告使用者应合理使用评估价值。关注处置房地产时快速变现费用变化对估价对象抵押价值的影响;关注估价报告出具之后至抵押登记期间是否会出现法定优先受偿权利。房地产快速变现价值可能低于房地产市场价值,金融机构在确定贷款额度时须在评估抵押价值基础上确定合理的折扣率。

5.报告使用方应定期或者在房地产市场价格变化较快时对房地产抵押价值进行再评估。认真执行房地产调控政策,落实差别化房贷要求,严格监管房地产信贷和其他形式的融资风险。如果房地产价格出现大幅下跌,银行自身持有的房地产抵押价值将会降低,进而影响房地产的信贷投放,推动房地产价格更大幅度的下跌。

6.在抵押期间估价对象会产生一定的经济折旧和功能折旧,以及有可能产生非正常损坏,会造成抵押物的损耗,引起价值的降低,办理房地产抵押时请注意办理相关财产保险。

十二、注册房地产估价师

姓　名	注册号	签　名	签名日期
×××	××××××××		2018 年 1 月 23 日
×××	××××××××		2018 年 1 月 23 日

十三、实地查勘期

二〇一八年一月十六日

十四、估价作业期

二〇一八年一月十六日至二〇一八年一月二十三日

第四部分　房地产抵押估价技术报告

一、实物状况描述与分析

(一)土地实物状况

宗地坐落于杭州市余杭区××国道以南、××路以东,所处宗地土地使用权面积为66140.5m²,土地用途为商服用途;估价对象所处宗地东至××路、南至××路、西至××路、北至××路,平面形状为规则多边形,地块地势平坦,宗地基础设施完善,达到"六通一平",地质条件较好,地基承载力较好,土壤状况较好,无不利规划限制条件,处于正常施工状态,利用状况较好。

估价对象所在宗地的土地形状、开发程度、地形地势均属于平均水平,土地面积较大,不利于合理充分利用。

(二)建筑物实物状况

根据权利人提供的《建设工程规划蓝图》记载,估价对象所处的余政储出(×××××)××号地块建设项目规划包括 A、B、C1、C2、C3 楼、地下室、开关站,分为项目一期和二期,规划总建筑面积为 349669.57m²(其中地上建筑面积为 231493m²,地下建筑面积为118176.57m²)。根据权利人提供的编号为建字第××××号《建设工程规划许可证》及《建设项目批后修改回执单》记载,本次估价对象为该项目一期,包括 B、C1、C2、C3 楼,其规划总建筑面积为 176894m²(均为地上建筑面积),土地使用权面积为 28500m²。

估价人员实地查勘时估价对象共 4 幢主体建筑物(B、C1、C2、C3 楼),根据权利人提供的编号为建字第××××号《建设工程规划许可证》及《建设项目批后修改回执单》记载,估价对象规划总建筑面积为176894m²,设计用途均为非住宅,均为钢混结构,总层数均为 28层;根据监理单位提供的《关于建安工程进度情况的声明》及估价人员现场查勘情况,估价对象二次结构及安装工程查勘时与外部结构已同时进行,标准层高,外立面玻璃幕墙龙骨已搭设,具体建筑物实物状况及现场查勘情况见表 2-4、表 2-5。

表 2-4　各幢建筑物工程进度

幢号	建筑面积(m²)	主体工程进度(%)	二次结构工程进度(%)	安装工程进度(%)	总层数(层)	已建层数(层)	综合形象进度(%)
C1 楼	46791	80	45	30	28	25	67
C2 楼	44381	75	40	30	28	23	63
C3 楼	46791	80	45	30	28	25	67
B 楼	38931	75	40	30	28	23	63
合计	176894						

表 2-5　各幢建筑物现场查勘情况

序号	坐落位置	建筑面积（m²）	施工状况	形象进度（%）
1	1幢(C1楼)	46791	地下基础土建工程已完工,查勘时地上已建25层,土建工程主体结构已完工,部分进行内部二次结构工程,外部脚手架未拆除;部分安装工程已进行,外立面玻璃幕墙龙骨已搭设。	67
2	2幢(C2楼)	44381	地下基础土建工程已完工,查勘时地上已建23层,土建工程主体结构已完工,部分进行内部二次结构工程,外部脚手架未拆除;部分安装工程已进行,外立面玻璃幕墙龙骨已搭设。	63
3	3幢(C3楼)	46791	地下基础土建工程已完工,查勘时地上已建25层,土建工程主体结构已完工,部分进行内部二次结构工程,外部脚手架未拆除;部分安装工程已进行,外立面玻璃幕墙龙骨已搭设。	67
4	4幢(B楼)	38931	地下基础土建工程已完工,查勘时地上已建23层,土建工程主体结构已完工,部分进行内部二次结构工程,外部脚手架未拆除;部分安装工程已进行,外立面玻璃幕墙龙骨已搭设。	63
	合计	176894		

　　现估价对象在建工程处于正常施工状态,根据产权人提供的监理公司出具的《关于建安工程进度情况的声明》,结合估价人员现场查勘情况,通过对主体工程、二次结构工程及安装工程的已投入进度比例计算确定:本次估价设定项目其工程形象进度为65%。

　　估价对象为在建工程,处于正常施工状态,对其价值无特殊影响。

二、权益状况描述与分析

　　根据权利人提供的编号为杭余出国用(××××)第××号《国有土地使用证》复印件记载,估价对象所处宗地土地使用权面积为66140.5m²,土地使用权人为×××××有限公司,地类(用途)为商服用地,所有权类型为出让,终止日期为2053年12月3日;根据权利人提供的编号为地字第××××号《建设用地规划许可证》,建字第××××、×××××号《建设工程规划许可证》及×××××、×××××、×××××号《建筑工程施工许可证》复印件记载,建设单位均为××××有限公司,建设项目名称为余政储出(××××)××号地块建设项目,建设位置为良渚街道。根据权利人提供的《建设工程规划蓝图》记载,估价对象所处的余政储出(××××)××号地块建设项目包括 A、B、C1、C2、C3楼、地下室、开关站,其中一期B、C1、C2、C3楼规划均为办公用房,二期 A 楼规划为商业酒店用房,规划总建筑面积为349669.57m²(其中地上建筑面积为231493m²,地下建筑面积为118176.57m²)。本次估价对象为该项目一期,包括 B、C1、C2、C3楼,根据权利人提供的建字第××××号《建设工程规划许可证》及《建设项目批后修改回执单》记载,其规划总建筑面积为176894m²(均为地上建筑面积,各幢规划建筑物面积详见表2-6),土地使用权面积为28500m²。

表 2-6 各幢规划建筑物面积一览

序号	楼名/幢号	规划面积（m²）	土地使用权面积（m²）
1	1 幢（C1 楼）	46791	
2	2 幢（C2 楼）	44381	28500
3	3 幢（C3 楼）	46791	
4	4 幢（B 楼）	38931	
合计		176894	28500

价值时点，根据估价人员收集到的资料以及权利人提供的《关于已抵押担保优先受偿权情况的声明》记载，估价对象未设定抵押，本次估价确定抵押价值时已抵押贷款额度的债权数额按照零计算。

根据相关方提供的《关于建筑工程款支付情况的声明》，估价对象不存在尚未支付建筑工程价款。本次估价未发现可能存在的其他法定优先受偿款，产权清晰。

估价对象权属清楚，无不利规划限制条件。

三、区位状况描述与分析

杭州市位于浙江省北部，地处长江三角洲南沿和钱塘江流域，是全国著名的历史文化名城和风景旅游城市，素有"上有天堂、下有苏杭"之美誉，是浙江省省会，副省级城市，也是长江三角洲经济圈两个副中心城市之一，浙江省政治、经济、文化中心。杭州市总面积16596km²，其中市区面积8002.8km²。杭州市辖上城区、下城区、江干区、拱墅区、西湖区、滨江区、萧山区、余杭区、富阳区、临安区10个区，建德1个县级市，桐庐、淳安2个县。杭州市是中国东南部重要的铁路交通枢纽，交通发达便利，对外联系四通八达，实现了长三角地区各主要城市的"同城效应"，推动了长三角地区一体化进程。杭州市已形成以下沙、高新、萧山三大国家级开发区为龙头，江东、临江、钱江、余杭等9个国家级开发区相呼应，57个重点城镇特色工业功能区为补充，宽领域、多层次联动发展的格局。从城市资源状况以及城市社会经济发展状况看，杭州地处长三角，人口密度较大，城市社会经济高速发展，以上因素对办公类房地产价格有一定积极影响。杭州商办类房地产租金整体已经达到一个较高的水平，预计之后办公类空置率将小幅走低，租金将呈小幅上扬趋势；商业类空置率和租金将企稳。由于2016年下半年住宅房地产限购政策的出台，2018年商办类房地产的成交量和价格将呈上涨趋势。

估价对象的区位状况具体描述如下：

（1）地理位置：估价对象位于杭州市余杭区××国道以南、××路以东（B、C1、C2、C3楼），东临××路，南临××路，西临××路，北临××路，地处良渚文化村，靠近永旺梦乐城；估价对象规划总层数均为28层，南北朝向。

（2）交通状况：估价对象位于××国道与××路交叉口附近，四面临路，周围路况良好，无交通管制，交通便利，附近有65路、313路、372路、348路、588路等多条公交线路，设有轨道交通2号线杜甫村站，公共交通较便捷，附近有停车场，停车较为便利。

（3）商务氛围：估价对象所处区域内有亿丰时代广场、良渚智谷、旺君国际等写字楼，办公聚集度一般。

(4)基础设施:估价对象所处区域达到"六通一平"(即道路、电力、给水、排水、通信、燃气及红线内平整),基础设施完善。

(5)公共服务设施:估价对象所处区域附近有永旺梦乐城、古墩路小学、开元曼居大酒店、各大银行网点等设施,公共配套一般。

(6)环境状况:估价对象处于良渚文化村,周边自然环境优美;附近有融信澜天、万科未来城、和昌府等在建楼盘,人文居住氛围一般,景观一般。

(7)区域规划:估价对象位于杭州市余杭区良渚文化村,靠近规划的良渚新城,未来规划为城北副中心,区域规划较好。

从区位状况看,该区域办公聚集度一般,商业氛围一般,自然环境及景观较好,随着所处区域公共服务设施的不断完善,该区域的未来发展将更好。

四、市场背景描述与分析

(一)全国投资环境分析

1.国家总体宏观经济环境

2017年全国国内生产总值达到82.7万亿元,增长6.9%。全国居民消费价格上涨1.6%,涨幅比2016年回落0.4百分点;工业生产者出厂价格由2016年下降1.4%,转为上涨6.3%,结束了2012年以来连续五年的下降态势。总体上看,居民消费价格温和上涨,物价水平保持平稳;工业生产者出厂价格持续恢复性上涨,但涨势趋稳。

2.全国房地产宏观政策

2017年,房地产政策坚持"房子是用来住的,不是用来炒的"基调,地方以城市群为调控场,从传统的需求端抑制向供给侧增加进行转变,限购限贷限售叠加土拍收紧,供应结构优化,调控效果逐步显现。

未来房地产政策短期将坚持政策的连续性稳定性,主体政策收紧趋势不变,形成"高端有市场、中端有支持、低端有保障"的住房发展格局。中长期逐步构建并完善长效机制,中央政治局会议指出要加快住房制度改革和长效机制建设,2018年长效机制落实将进一步加快。同时,短期调控与长效机制的衔接将更为紧密,在维持房地产市场稳定的同时,完善多层次住房供应体系,这也将对未来房地产市场产生更深远的影响,推动住房观念变化和住房居住属性强化,为房地产市场稳定建立更稳固的基础。

3.全国房地产市场运行情况

2017年,宏观政策面持续趋紧,房地产销售量价增速双下滑的影响下,房地产投资继续下降,新开工增速持续回落。

国家统计局数据显示,2017年1—11月,全国房地产开发投资100387亿元,同比名义增长7.5%,增速比1—10月回落0.3百分点。其中,住宅投资68670亿元,增长9.7%,增速回落0.2百分点。住宅投资占房地产开发投资的比重为68.4%。

全国商品房销售面积为14.7亿 m^2,同比增长7.9%。其中商品住宅销售面积12.6亿 m^2,同比增长5.4%。价格方面,百城新建住宅均价环比涨幅持续回落,整体趋稳。三四线城市在宽松的政策环境以及棚改货币化支持下,楼市全面回暖,拉动全国销售面积上扬。同时,重点城市在严厉政策管控下,市场趋于稳定,销售面积同比增幅不断回落,成交规模明显缩减,一线城市降温最为显著。

展望未来,在长效机制和调控政策作用下,2018 年房价将回归基本面,重点城市价值将会继续凸显。

4.全国工业市场运行情况

2017 年 1—11 月,规模以上工业企业利润同比增长 21.9%,增加值比上年实际增长6.6%,增速较上年提高 0.6 百分点。

当前新旧动能转换加快,工业结构调整、转型升级进程进一步深化,工业经济稳中向好态势明显。同时,也应看到,面对复杂严峻的内外部环境,发展质量不高、产能过剩等长期积累的矛盾仍待进一步化解,环保督察对高耗能、高污染行业形成硬约束。必须认真贯彻落实中央经济工作会议决策部署,坚定不移地深化供给侧结构性改革,坚定不移推进工业经济走向高质量发展。

(二)区域投资环境分析

1.杭州市总体宏观经济环境

2017 年杭州市实现生产总值 12556 亿元,按可比价格计算,同比增长 8.0%,增速高于全国1.1 百分点。分产业看,第一产业增加值 312 亿元,增长 1.9%;第二产业增加值 4387 亿元,增长 5.3%;第三产业增加值 7857 亿元,增长 10.0%;三次产业结构调整为2.5∶34.9∶62.6。全年完成固定资产投资 5857 亿元,增长 1.4%,其中房地产开发投资 2734 亿元,增长 4.9%。民间投资回升,完成投资 3301 亿元,增长 10.4%,增幅比上年提高 9.4 百分点,拉动全市固定资产投资增长 5.4 百分点。

2.杭州市房地产调控政策分析

2016 年以来,杭州市出台了多项房地产调控政策,其主要调控政策和措施见表 2-7。

表 2-7　杭州市楼市调控相关措施

	时间	内容
杭州楼市调控政策	2016 年 9 月 18 日	杭州住保房管局发布官方消息:对杭州市区商品住宅实行限购措施,包括新建住房和二手房。非杭州户籍的外地家庭在杭州限购一套住房。
	2016 年 9 月 27 日	杭州住保房管局发布通知:对杭州市区购买二套房的贷款首付比例提至 5 成,并暂停杭州市区范围内购房入户政策。
	2016 年 11 月 9 日	11 月 10 日起,公积金贷款:首套房首付不低于 3 成,二套房首付不低于 6 成。拥有 2 套及以上住房或未结清住房公积金贷款的,不得申请住房公积金贷款。 商业贷款:首套房首付不低于 3 成,3 种情形家庭(申请贷款时实际没有住房但有购房贷款记录的居民家庭;拥有 1 套住房但没有购房贷款记录的居民家庭;拥有 1 套住房且相应购房贷款已结清的居民家庭)首付不低于 4 成,二套房首付不低于 6 成。暂停发放第 3 套及以上住房贷款。 限购政策:对不能提供自购房之日起前 2 年内在本市连续缴纳 1 年以上个人所得税或社会保险证明的非本市户籍居民家庭暂停出售新建商品住房和二手住房,且非本市户籍居民家庭不得通过补缴个人所得税或社会保险购买住房。

续表

	时间	内容
杭州楼市调控政策	2017年3月3日	杭州市房管局发布调控新政:自3月3日起,杭州本地居民禁购第三套住房;外地居民在杭购房需提供2年以上的个人所得税或社会保险证明;富阳、大江东统一执行限购措施。
	2017年3月28日	在市区范围内,对于已拥有一套住房,或无住房但有住房贷款记录的居民家庭,申请商业性个人住房贷款购买住房,执行二套房信贷政策,首付款比例不低于6成。
杭州土拍规则改变	2017年3月24日	杭州市国土资源局发布土地新政:当溢价率达到50%时地块所建商品房屋须在取得不动产登记证后方可销售;溢价率达到70%时锁定限价,转入竞报自持比例;当有两个或两个以上的竞买人投报自持面积比例为100%时,转入投报配建养老设施的程序。
	2017年8月24日	规定企业自持商品房不得销售、转让;全部对外租赁,单次租期不得超过10年。
杭州多举措推进"租购并举"	2017年8月30日	8月30日,《加快培育和发展住房租赁市场试点工作方案》正式在杭州落地,同时,杭州入选利用集体建设用地建租赁住房试点城市,探索10%留用地上建设租赁住房。

3.杭州房地产市场整体分析

（1）新建商品房市场总体运行情况

2017年各月杭州市区新建商品房成交套数和成交均价见图2-1。

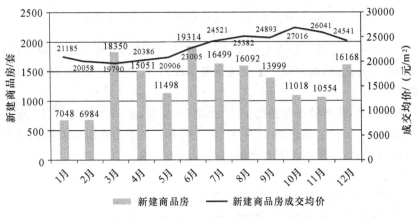

图2-1 2017年杭州市区新建商品房成交走势

2017年杭州（不包含临安、富阳）商品房整体成交量为162575套,较2016年有所下降,同比降幅为16.23%;其中,主城区成交62448套,占比38.4%;余杭区成交58345套,占比35.9%;萧山区成交41782套,是唯一一个较上年上涨的区域,占比25.7%。整个2017年,杭州楼市紧跟全国楼市政策,"严"字当头,资金面持续去杠杆化,导致成交量较2016年有所下滑。

在商品房中,住宅成交101829套,同比2016年大幅下降27.43%;写字楼（含酒店式公寓）成交46838套,同比上涨16.76%;商铺及其他成交13908套,同比上涨13.51%。2017年,住宅受到限购、限贷政策抑制,但是市场投资的冲动和热情依然高涨,因此有部分住宅代替功能又兼具投资功能的酒店式公寓作为替代品十分热销。

尽管 2017 年杭州商品房成交套数和面积均为次新高,但是成交金额高达 3838.3 亿元,刷新了历史最高纪录。从 2017 年成交情况来看,杭州各区商品房均价集体上扬,其中萧山区、余杭区涨幅大于主城区。杭州市(不包含临安、富阳)商品房均价 23455 元/m²,同比 2016 年上涨 32.65%,其中主城区商品房均价 28869 元/m²,同比上涨 22.86%;余杭区商品房均价 17813 元/m²,同比上涨 42.05%;萧山区商品房均价 22767 元/m²,同比上涨 50.5%。其中住宅价格涨幅高于商品房,2017 年住宅成交均价为 24397 元/m²,较 2016 年的 18052 元/m² 上涨了 35.15%。

(2)二手房市场总体运行情况

2017 年杭州市区二手房销售数据见图 2-2。

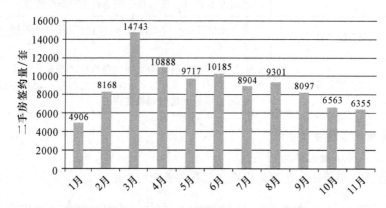

图 2-2　2017 年 1—11 月杭州市区二手房签约量走势

从 2017 年 1—11 月的二手房交易量来看,自 8 月开始,杭州二手房成交已经开始逐步走下坡路,而在 9 月之前,杭州市二手交易量基本保持在 8000 套以上,自 9 月以后已经滑落到 6000 多套。

自 2016 年以来,杭州楼市都被贴上了"火爆"的标签,杭州市 2017 年 10 月、11 月的二手房成交量下滑明显,仅仅是同比 2014 年多出了 97 套。二手房在没有政府限价的情况下,对于市场的反应最为真实,预示着消费者购买行为趋于理性。

(3)土地市场成交情况

2013—2017 年杭州市区土地出让面积和土地成交金额见图 2-3。

2017 年杭州市区(不含富阳、临安)出让土地可建面积为 1226.8 万 m²,成交额为 1942.98 亿元,刷新历史最高纪录,同比上涨 21.6%;平均楼面价 15838 元/m²,同比上涨 24%。其中涉宅地成交额 1685.6 亿元,同比上涨 20.5%;涉宅地平均楼面价 18478 元/m²,同比上涨 30%。2017 年杭州市区总计有 36 个板块刷新楼面价纪录,价格涨幅较大的板块有小和山、余杭中泰、空港新城、运河新城等。

从 2017 年全年来看,开发商对于土地的争夺势头强劲,尤其在 8 月现房销售取消后,至 9 月的"推地潮"中,房企以高溢价、高自持拿地已成常态。

图 2-3　2013—2017 年杭州市区土地出让面积、成交金额对比

4.杭州市商业办公类房地产市场过去、现在、未来状况

2017 年杭州市区新建商业办公类商品房共签约 60746 套,其中办公楼和酒店式公寓成交 46838 套,同比上涨 16.76%;商铺及其他成交 13908 套,同比上涨 13.51%。从 2016 年至今,商业办公类房地产市场一改往日不温不火的状态,打出了漂亮一仗。尽管 2017 年住宅类仍然是新建商品房市场的主力军,但商业办公类商品房成交占比由 2016 年的近三成增长到了 2017 年的近四成,其中写字楼和酒店式公寓成交较 2016 年增长了 16.76 百分点,是近 5 年来的最好成绩。

2017 年杭州市商业办公类房地产的热销,酒店式公寓功不可没。由于住宅受限购、限贷政策抑制,作为具有住宅代替功能又兼具投资功能的酒店式公寓,因其低单价和低总价的优势,受到大众的青睐,如有较好的产业和人口的支撑,或者有地段、地铁等优势的产品,其放量更为明显。

2017 年杭州办公楼市场表现活跃,得益于地铁等配套设施的不断完善,钱江新城等新兴中央商务区去化快速,同时也刺激了新兴中央商务区的市场租赁需求,促使杭州市办公楼市场空置率水平继续下降,同比下降 2.2%;办公楼租金同比增长 1.7%。2018 年杭州办公楼新增供应量将达到顶峰,接近 71 万 m²;2019 年起新增供应量将急剧减少,但受益于杭州市城市影响力的进一步扩大,办公楼市场未来需求仍将保持强劲,整体空置率有望逐年下降,租金虽然短期内存在上涨压力,但是长期市场较乐观。

在宏观调控下,商业办公类房地产不仅是调控政策的避风港,也是接收外溢的住宅市场购买者的主力军。2018 年就目前来看,政府调控仍然不放松,严格把控,使得商业办公类房地产市场仍然有较大的机会。预计 2018 年商业办公类房地产量价将稳中有升。

五、最高最佳利用分析

最高最佳利用是房地产在法律上允许、技术上可能、财务上可行并使价值最大化的合理、可能的利用,包括最佳的用途、规模和档次等。最高最佳利用原则要求评估价值应是估价对象在维持现状、更新改造、改变用途、改变规模、重新开发及它们的某种组合或其他特殊利用等各种可能的合法利用中,能使其价值最大化地利用的估价结果。它是以使估价对象获利最多的用途和开发强度来衡量,也就是说,在合法前提下能使房地产获利最大的使用方式,房地产价格受土地与建筑物组合状态、周围环境与建筑物用途组合状态的影响,两者的配合适当均衡时,房地产的效能便能高度发挥,达到最高最佳使用状态。估价对象地处杭州市余杭区×××以南、×××以东,规划用途为商服用途,根据对周边环境和房地产市场的调查和预期分析,估价对象产权登记用途为商服用途,符合法律上允许前提;估价对象建筑结构、户型布局、设施设备等均适用商服用途,符合技术上可能前提;估价对象按规划用途即商服用途使用,能产生最高的经济收益,符合财务上可行并使价值最大化的前提,因此保持估价对象规划用途即商服用途最为有利,并以此为前提考虑其规划及现状利用情况进行估价。

六、估价方法适用性分析

(一)各种估价方法的适用性分析

房地产估价的常用方法有比较法、收益法、成本法和假设开发法,根据本估价项目的具体情况,对各种方法的适用性分析如下。

1.比较法适用于同种类型的数量较多且经常发生交易的房地产。由于估价对象为在建工程,其所处区域类似房地产的交易实例很少,故本次评估不适宜采用比较法。

2.收益法适用于有经济收益或有潜在经济收益的房地产。估价对象为在建工程,不存在经济收益或潜在经济收益,故本次评估不适宜采用收益法。

3.新开发的房地产、可以假设重新开发建设的现有房地产、在建工程、计划开发建设的房地产都可以采用成本法估价。对于很少发生交易而限制了比较法运用,又没有经济收益或没有潜在经济收益而限制了收益法运用的房地产特别适用成本法进行评估。有独特设计或者只针对特定使用者的特殊需要而开发建设的房地产,以及单纯的建筑物或者其装饰装修部分,通常也是采用成本法进行评估。成本法不适用于评估建筑物过于老旧的房地产的价值。估价对象为在建工程,故本次评估适宜采用成本法。

4.凡是具有开发或再开发潜力并且其开发完成后的价值可采用比较法、收益法等方法求取的房地产都适用假设开发法进行评估。估价对象为在建工程,故本次评估适宜采用假设开发法。

(二)估价技术路线

根据上述各种估价方法的适用性分析,本次估价采用假设开发法、成本法。

假设开发法是求得估价对象开发完成后的价值和后续开发的必要支出及折现率或后续开发的必要支出及应得利润,将开发完成后的价值和后续开发的必要支出折现到价值时点后相减,或将开发完成后的价值减去后续开发的必要支出及应得利润得到估价对象价值的方法。

成本法是测算估价对象在价值时点的重置成本或重建成本和折旧,将重置成本或重建成本减去折旧得到估价对象价值的方法。

具体步骤如下。

1.测算估价对象开发完成后的价值以及后续开发的必要支出及应得利润,求取估价对象的开发价值。

2.梳理估价对象房地产的价格构成,收集相关资料,测算估价对象的重新购建价格以及折旧,求取估价对象的成本价值。

3.综合两种方法的计算结果,分析得出假定未设立法定优先受偿权利下的价值。

4.调查估价对象在价值时点各项法定优先受偿款,确定最终抵押价值。

七、估价测算过程

(一)假设开发法

1.开发方案及续建完成后价值

(1)开发方案

估价对象项目名称为余政储出(××××)××号地块建设项目,目前为在建工程,已有明确的规划和设计方案,目前正常施工。

根据权利人提供的编号为杭余出国用(××××)第××号《国有土地使用证》复印件记载,估价对象所处宗地土地使用权面积为66140.5m²,土地使用权人为××××有限公司,地类(用途)为商服用地,所有权类型为出让,终止日期为2053年12月3日;根据权利人提供的编号为地字第××××号《建设用地规划许可证》,建字第××××、××××号《建设工程规划许可证》及××××、××××、××××号《建筑工程施工许可证》复印件记载,建设单位均为××××有限公司,建设项目名称为余政储出(××××)××号地块建设项目,建设位置为良渚街道。根据权利人提供的《建设工程规划蓝图》记载,估价对象所处的余政储出(××××)××号地块建设项目包括A、B、C1、C2、C3楼、地下室、开关站,其中一期B、C1、C2、C3楼规划均为办公用房,二期A楼规划为商业酒店用房,规划总建筑面积为349669.57m²(其中地上建筑面积为231493m²,地下建筑面积为118176.57m²)。本次估价对象为该项目一期,包括B、C1、C2、C3楼,根据权利人提供的建字第××××号《建设工程规划许可证》及《建设项目批后修改回执单》记载,其规划总建筑面积为176894m²(均为地上建筑面积,各幢规划建筑物面积详见表2-8),土地使用权面积为28500m²。

表2-8 各幢建筑物面积一览

序号	楼名(幢号)	规划面积(m²)	土地使用权面积(m²)
1	1幢(C1楼)	46791	
2	2幢(C2楼)	44381	28500
3	3幢(C3楼)	46791	
4	4幢(B楼)	38931	
合计		176894	28500

本次估价对象主要经济技术指标见表2-9。

表2-9 估价对象主要经济技术指标

项目	经济技术指标	单位
一期用地面积	28500	m²
地上总建筑面积	176894	m²

续表

项目		经济技术指标	单位
其中	B 楼	38931	m²
	C1 楼	46791	m²
	C2 楼	44381	m²
	C3 楼	46791	m²
其中	可售办公建筑面积	162045.1	m²
	自持办公建筑面积	14108.9	m²
	物业办公用房	740	m²
一期(B、C1、C2、C3 楼)实际容积率		6.2	
地块总容积率		3.5	
地块总建筑密度		30.00	%
地块总绿地率		21.00	%
地面机动车停车位		165	辆
地面非机动车停车位		2548	辆
建筑总高度		99.85	m

(2)续建完成后的房地产价值

估价人员通过对建筑物实际情况的查勘结合搜集到的资料确定本次估价对象由可分割出售办公用房及自持办公用房组成,项目开发期约 4 年,根据《余杭区国有建设用地使用权出让合同》记载,可售办公用房建筑面积为项目地块总地上建筑面积的 70%,即 231493m²×70%=162045.1m²。

自持办公用房建筑面积:176894-162045.1-740=14108.9(m²)。

可售办公用房开发完成后均以酒店式公寓形态出售,可售办公用房具体开发完成后的价值测算如下。

①估价对象开发完成后售价测算

根据估价对象的基本情况以及估价人员搜集的与估价项目有关的市场信息,估价对象开发完成后售价采用比较法求取。

A. 比较实例选择

根据估价对象的具体情况,选择了如下三个可比实例。

可比实例 1 位于杭州市余杭区××国道以南、××路以东 2 栋 1201 室,建筑面积为41m²,成交日期为 2018 年 1 月 5 日,成交单价为 14634 元/m²,付款方式为交易日期一次性付清,相关税费由买卖双方各自负担。

可比实例 2 位于杭州市余杭区××国道以南、××路以东 1 栋 1506 室,建筑面积为96m²,成交日期为 2017 年 7 月 15 日,成交单价为 12261 元/m²,付款方式为交易日期一次性付清,相关税费由买卖双方各自负担。

可比实例 3 位于杭州市余杭区××国道以南、××路以东 9 栋 402 室,建筑面积为89m²,成交日期为 2017 年 7 月 26 日,成交单价为 14704 元/m²,付款方式为交易日期一次性付清,相关税费由买卖双方各自负担。

B.因素选择

根据估价对象的具体情况,影响估价对象价格的因素有交易情况,市场状况,区位状况(交通状况、商务氛围、基础设施、公共服务设施、环境状况、楼层、朝向等),权益状况(土地用途、规划限制、他项权利状况等),实物状况(智能化水平、楼盘档次、装修情况、通风采光、空间布局、位置景观、结构、建成年份、建筑面积、物业管理、地形地势、地质土壤、开发程度、宗地形状、其他因素等)。评估师考虑这五个因素进行具体修正。

C.因素条件说明

估价对象和可比实例的各因素条件详见表 2-10。

表 2-10 估价对象和可比实例的各因素条件说明

		可比实例 1	可比实例 2	可比实例 3	估价对象
位置		杭州市余杭区×× 国道以南、××路 以东 2 栋 1201 室	杭州市余杭区×× 国道以南、××路 以东 1 栋 1506 室	杭州市余杭区×× 国道以南、××路 以东 9 栋 402 室	杭州市余杭区×× 国道以南、××路以 东(B、C1、C2、C3 楼)
成交价格(元/m²)		14634	12261	14704	待估
交易情况		正常	正常	正常	正常
成交日期		2018-01-05	2017-07-15	2017-07-26	2018-01-16
区位状况	交通状况	500m 范围内有 5 条以上公交线 路,交通一般	500m 范围内有 10 条以上公交线路, 交通较便捷	500m 范围内有 10 条以上公交线路, 交通较便捷	500m 范围内有 10 条以上公交线路, 交通较便捷
	商务氛围	该区域目前开发 程度较高,人口密 集度不断增加,商 务氛围较好	地处良渚新城,该 区域目前正处于 规划开发起步阶 段,商务氛围一般	地处良渚新城,该 区域目前正处于 规划开发起步阶 段,商务氛围一般	地处良渚新城,该 区域目前正处于 规划开发起步阶 段,商务氛围一般
	基础设施	"六通一平",基础 配套完善	"六通一平",基础 配套完善	"六通一平",基础 配套完善	"六通一平",基 础配套完善
	公共服务 设施	地处城北新城,周边 规划有若干在建公 共服务设施,现状公 共服务设施一般	周边规划有若干 在建公共服务设 施,现状公共服务 设施一般	周边规划有若干 在建公共服务设 施,现状公共服务 设施一般	周边规划有若干 在建公共服务设 施,现状公共服 务设施一般
	环境状况	周边自然环境优 美,环境状况良好	周边自然环境优 美,环境状况良好	周边自然环境优 美,环境状况良好	周边自然环境优 美,环境状况良好
	楼层	12/高层	15/高层	4/高层	14/高层
	朝向	南	南	南	南
权益状况	土地用途	商服	商服	商服	商服
	规划限制	依据规划	依据规划	依据规划	依据规划
	他项权利 状况	无	无	无	无

续表

		可比实例1	可比实例2	可比实例3	估价对象
实物状况	智能化水平	配有客梯、中央空调系统、烟感自动喷淋消防系统以及网络智能系统,智能化水平较高	配有客梯、中央空调系统、烟感自动喷淋消防系统以及网络智能系统,智能化水平较高	配有客梯、中央空调系统、烟感自动喷淋消防系统以及网络智能系统,智能化水平较高	配有客梯、中央空调系统、烟感自动喷淋消防系统以及网络智能系统,智能化水平较高
	楼盘档次	一般	一般	一般	一般
	装修情况	精装修	毛坯	精装修	毛坯
	通风采光	较好	较好	较好	较好
	空间布局	较合理	较合理	较合理	较合理
	位置景观	局部可见河景,景观较好	一般	局部可见河景,景观较好	一般
	结构	钢混	钢混	钢混	钢混
	建成年份	2014	2016	2017	预计2020
	建筑面积	41m²	96m²	89m²	约50m²
	物业管理	一般	一般	一般	一般
	地形地势	平坦	平坦	平坦	平坦
	地质土壤	较好	较好	较好	较好
	开发程度	较高	较高	较高	较高
	宗地形状	规则多边形	规则多边形	规则多边形	规则多边形
	其他因素	无	无	无	无

D. 编制比较因素条件指数表

根据估价对象与可比实例的差异,以估价对象的因素条件为基础,相应指数为100,将可比实例相应因素条件与估价对象相比较,可比实例各因素的相应修正系数按如下所述确定。

a. 交易情况:三个可比实例为估价人员从类似房地产成交实例中选取的,交易情况为正常,故确定交易情况修正系数分别取100、100、100。

b. 交易日期:交易日期修正即市场状况调整,估价对象与可比实例的成交日期分别为可比实例1成交于2018年1月,可比实例2成交于2017年7月,可比实例3成交于2017年7月,估价人员结合该区域范围内类似房地产价格变化趋势及估价对象的自身特点,故确定本次可比实例1、2、3相应的修正系数均取100。

c. 区位状况

交通状况:估价对象与可比实例2、3所处区域范围均设有多个公交站点,500m范围内均有10条以上公交线路,公共交通较便捷;可比实例1所处区域范围设有多个公交站点,500m范围内有5条以上公交线路,公共交通一般。根据估价经验,确定可比实例1、2、3相应的修正系数分别取 97、100、100。

商务氛围:估价对象与可比实例 2、3 均处于良渚新城,该区域目前正处于规划开发起步阶段,商务氛围一般;可比实例 1 地处城北新城,周边写字楼较多,商务氛围较好。确定可比实例 1、2、3 相应的修正系数分别取 103、100、100。

基础设施:估价对象与三个可比实例所处区域范围均已实现"六通一平"(即道路、电力、给水、排水、通信、燃气及红线内平整),能满足各类项目的建设需要,确定可比实例 1、2、3 相应的修正系数分别取 100、100、100。

公共服务设施:估价对象与三个可比实例所处区域范围有酒店宾馆、邮政、银行等设施,公共服务设施一般,确定可比实例 1、2、3 相应的修正系数分别取 100、100、100。

环境状况:估价对象与三个可比实例周边自然环境优美,环境状况良好,确定可比实例 1、2、3 相应的修正系数分别取 100、100、100。

楼层:估价对象为在建高层建筑物,设定估价对象楼层为中间楼层地上第 14 层,三个可比实例所处楼层分别为 12 层、15 层、4 层,高层建筑中楼层越高价格越高,故确定可比实例 1、2、3 相应的修正系数分别取 100、100、97。

朝向:估价对象与三个可比实例主朝向均朝南,故确定可比实例 1、2、3 相应的修正系数分别取 100、100、100。

d. 权益状况

土地用途:估价对象与三个可比实例土地均为商服用地,故确定可比实例 1、2、3 相应的修正系数分别取 100、100、100。

规划限制:估价对象与三个可比实例规划批建均为商务办公用房,无其他不利限制,确定可比实例 1、2、3 相应的修正系数分别取 100、100、100。

他项权利状况:估价对象与三个可比实例均无他项权利状况,确定可比实例 1、2、3 相应的修正系数分别取 100、100、100。

e. 实物状况

智能化水平:估价对象与三个可比实例均配有客梯、中央空调系统、烟感自动喷淋消防系统以及网络智能系统,智能化水平较高,确定可比实例 1、2、3 相应的修正系数分别取 100、100、100。

楼盘档次:估价对象与三个可比实例均为普通标准钢混结构建筑,外立面及内部构造均按照当地标准验收建造,楼盘档次属于平均水平,楼盘档次一般,确定可比实例 1、2、3 相应的修正系数分别取 100、100、100。

装修情况:估价对象与可比实例 2 内部装修均为毛坯,可比实例 1、3 内部装修为精装修,确定可比实例 1、2、3 相应的修正系数分别取 110、100、110。

通风采光:估价对象与可比实例 1、2、3 朝向均朝南,布局合理,通风情况良好,确定可比实例 1、2、3 相应的修正系数分别取 100、100、100。

空间布局:估价对象与三个可比实例均为开间式布局,内部可根据具体需要进行装修,空间布局较好,确定可比实例 1、2、3 相应的修正系数分别取 100、100、100。

位置景观:可比实例 1、3 室内局部可见河景,相比估价对象单价有一定积极影响,根据估价经验,确定可比实例 1、2、3 相应的修正系数分别取 105、100、105。

结构:估价对象与三个可比实例均为钢混结构,确定可比实例1、2、3相应的修正系数分别取100、100、100。

建成年份:估价对象与三个可比实例建成年份分别为预计2020年、2014年、2016年、2017年,建筑物的新旧程度对房地产单价有一定的影响,通常建成年份越新对房地产价值积极影响因素越大,根据估价经验,确定可比实例1、2、3相应的修正系数分别取97、98、99。

房屋建筑面积:估价对象与三个可比实例建筑面积分别为50m²、41m²、96m²、89m²,建筑面积的大小对房地产单价有一定的影响,存在面积越大单价越低的现象,根据估价经验,确定可比实例1、2、3相应的修正系数分别取100、97、97。

物业管理:估价对象与三个可比实例均有专业合作物业管理公司,物业管理水平执行标准相同,故确定可比实例1、2、3相应的修正系数分别取100、100、100。

地形地势:估价对象与三个可比实例地形地势平坦,确定可比实例1、2、3相应的修正系数分别取100、100、100。

地质土壤:估价对象与三个可比实例地下地质稳定,土壤状况良好,确定可比实例1、2、3相应的修正系数分别取100、100、100。

开发程度:估价对象与三个可比实例项目开发程度均较高,利用状况良好,确定可比实例1、2、3相应的修正系数分别取100、100、100。

宗地形状:估价对象与可比实例所在地块形状均为规则多边形,故确定可比实例1、2、3相应的修正系数分别取100、100、100。

其他因素:无,确定可比实例1、2、3相应的修正系数分别取100、100、100。

估价对象与可比实例各因素条件指数详见表2-11。

表 2-11　估价对象和可比实例因素条件指数

		可比实例1	可比实例2	可比实例3	估价对象
位置		杭州市余杭区××国道以南、××路以东2栋1201室	杭州市余杭区××国道以南、××路以东1栋1506室	杭州市余杭区××国道以南、××路以东9栋402室	杭州市余杭区××国道以南、××路以东(B、C1、C2、C3楼)
成交价格(元/m²)		14634	12261	14704	待估
交易情况		100	100	100	100
成交日期		100	100	100	100
区位状况	交通状况	97	100	100	100
	商务氛围	103	100	100	100
	基础设施	100	100	100	100
	公共服务设施	100	100	100	100
	环境状况	100	100	100	100
	楼层	100	100	97	100
	朝向	100	100	100	100

续表

		可比实例 1	可比实例 2	可比实例 3	估价对象
权益状况	土地用途	100	100	100	100
	规划限制	100	100	100	100
	他项权利状况	100	100	100	100
实物状况	智能化水平	100	100	100	100
	楼盘档次	100	100	100	100
	装修情况	110	100	110	100
	通风采光	100	100	100	100
	空间布局	100	100	100	100
	位置景观	105	100	105	100
	结构	100	100	100	100
	建成年份	97	98	99	100
	建筑面积	100	97	97	100
	物业管理	100	100	100	100
	地形地势	100	100	100	100
	地质土壤	100	100	100	100
	开发程度	100	100	100	100
	宗地形状	100	100	100	100
	其他因素	100	100	100	100

E. 因素修正

在各因素条件指数表的基础上,将估价对象的因素条件与比较实例的因素条件进行比较,得到各因素比较修正系数,并计算出比准价格,见表 2-12。

表 2-12 因素比较修正系数

		可比实例 1	可比实例 2	可比实例 3
位置		杭州市余杭区××国道以南、××路以东 2 栋 1201 室	杭州市余杭区××国道以南、××路以东 1 栋 1506 室	杭州市余杭区××国道以南、××路以东 9 栋 402 室
成交价格(元/m²)		14634	12261	14704
交易情况		100 / 100	100 / 100	100 / 100
成交日期		100 / 100	100 / 100	100 / 100
区位状况	交通状况	100 / 97	100 / 100	100 / 100
	商务氛围	100 / 103	100 / 100	100 / 100
	基础设施	100 / 100	100 / 100	100 / 100
	公共服务设施	100 / 100	100 / 100	100 / 100

续表

		可比实例1	可比实例2	可比实例3
区位状况	环境状况	100 / 100	100 / 100	100 / 100
	楼层	100 / 100	100 / 100	100 / 97
	朝向	100 / 100	100 / 100	100 / 100
权益状况	土地用途	100 / 100	100 / 100	100 / 100
	规划限制	100 / 100	100 / 100	100 / 100
	他项权利状况	100 / 100	100 / 100	100 / 100
实物状况	智能化水平	100 / 100	100 / 100	100 / 100
	楼盘档次	100 / 100	100 / 100	100 / 100
	装修情况	100 / 110	100 / 100	100 / 110
	通风采光	100 / 100	100 / 100	100 / 100
	空间布局	100 / 100	100 / 100	100 / 100
	位置景观	100 / 105	100 / 100	100 / 105
	结构	100 / 100	100 / 100	100 / 100
	建成年份	100 / 97	100 / 98	100 / 99
	建筑面积	100 / 100	100 / 97	100 / 97
	物业管理	100 / 100	100 / 100	100 / 100
	地形地势	100 / 100	100 / 100	100 / 100
	地质土壤	100 / 100	100 / 100	100 / 100
	开发程度	100 / 100	100 / 100	100 / 100
	宗地形状	100 / 100	100 / 100	100 / 100
	其他因素	100 / 100	100 / 100	100 / 100
修正价格(元/m²)		13073.76	12898.17	13667.05

F. 经修正比较,三个可比实例比准价格较为接近,以比准价格的算术平均数作为估价对象可售办公用房开发完成后售价,即

$(13073.76+12898.17+13667.05)\div3=13200$(元/m²)(取整至百位)

G. 自持办公用房单价由估价人员结合市场状况以可售办公用房单价为基准向下修正20%,即 $13200\times(1-20\%)=10560$(元/m²)

②开发完成后房地产价值合计

由上测算出估价对象可售办公用房开发完成后预计房地产单价为13200元/m²;自持办公用房开发完成后预计单价为10560元/m²。估价人员通过市场调查结合自身经验判断,杭州地区该区域未来规划较为明确,发展态势良好,预计未来市场售价将稳中有升,根据谨慎原则,本次估价开发完成后可售办公用房售价按13200元/m²;自持办公用房单价按10560

元/m²,则开发完成后的价值如下:

$$开发完成后价值＝可售办公用房单价×可售办公用房建筑面积＋自持办公用房单$$
$$价×自持办公用房建筑面积$$
$$＝13200×162045.1＋10560×14108.9$$
$$＝2287985304.00(元)$$

2. 在建工程取得税费

根据现行税务制度,购买在建工程应支付的契税及印花税为在建工程价值的3.05%。公式如下:

$$在建工程取得税费＝在建工程价格×3.05\%$$

3. 续建开发成本

(1)续建前期工程费:包括前期规费、勘察设计、评估和可行性研究等费用。该项费用在开发建设初期一次性投入,因此续建成本中不包含前期工程费用。

(2)续建建筑安装工程费:包括土建工程费、安装工程费、装饰装修工程费等费用。按分部工程又包括了土方工程、地基与基础工程、砌体工程、地面工程、装饰工程、管道工程、通风工程、通用设备安装工程等,并设定为开发期内均匀投入。估价对象为钢混结构,主体结构为框架剪力墙,为高层商服用房。根据《浙江省建筑工程造价定额》及最近的工程造价信息结合估价对象实际情况确定,估价对象地上建安费取费标准为3200元/m²;确定过程、各分部工程造价详见表2-13。

表 2-13　估价对象各部分造价

序号	分部工程	所占建安费比例(%)	造价(元/m²)
1	土方工程	5	160
2	地基与基础工程	15	480
3	砌体工程	8	256
4	浇筑工程	15	480
5	屋面工程	20	640
6	地面工程	8	256
7	装饰工程	4	128
8	管道与通风工程	10	320
9	通用设备安装工程	15	480
	合计	100	3200

现估价对象在建工程处于正常施工状态,根据产权人提供的监理公司出具的《关于建安工程进度情况的声明》,结合估价人员现场查勘情况,通过对主体工程、二次结构工程及安装工程的已投入进度比例计算确定:本次估价设定项目其工程形象进度为65%,具体情况见表2-14。

表 2-14　各幢建筑物建安造价

幢号	建筑面积（m²）	综合形象进度（%）	续建造价合计（元）
C1 楼	46791	67	49411296
C2 楼	44381	63	52547104
C3 楼	46791	67	49411296
B 楼	38931	63	46094304
综合	176894	65	197464000

续建建筑安装工程费＝各幢建筑物建筑面积×相应建安造价×（1－各幢已完工比例）

＝197464000（元）

（3）项目配套设施建设费：包括室外配套设施建设（建筑主体工程红线 2m 外部分），室外供水、排水、消防、电力、通信、绿化及环卫设施等费用，考虑到建设施工组织特点，该项费用可分为两部分测算，自来水管道工程费、供电配套工程费、电话通信工程费、智能化费用、室外总体工程费等管网建设与主体建筑工程一并进行，绿化及环卫设施等费用在主体建筑工程完成后进行。估价人员参考杭州市类似建设工程并且结合估价对象建设项目特点确定项目内配套设施建设（管网部分）费用按 255.5 元/m² 计算，绿化及环卫设施费用按每平方米计入容积率总建筑面积单价为 100 元/m² 计算，根据权利人提供的监理公司出具的《关于建安工程进度情况的声明》并且结合估价人员现场勘查情况，按形象进度确定估价对象已完工百分比为 65%。

表 2-15　配套设施建筑项目工程造价

某项目配套设施（管网部分）建设项目	标准（元/m²）	备注
自来水管道工程费	170	
供电配套工程费	24.5	
电话通信工程费	35	
智能化费用	10	
室外总体工程费	16	包括道路、围墙、路灯、泵房、周界报警、排水及污水处理等
合计	255.5	

项目配套设施建设费＝[（自来水管道工程费＋供电配套工程费＋电话通信工程费＋智能化费用＋室外总体工程费）×（1－65%）＋绿化及环卫设施费]×计入容积率的总建筑面积

＝[（170＋24.5＋35＋10＋16）×（1－65%）＋100]×176894

＝33508145.95（元）

(4)续建开发成本:上述(1)—(3)项之和为续建开发成本。

续建开发成本=0+197464000+33508145.95=230972145.95(元)

4.管理费用

包括为组织和管理房地产开发经营活动的必要支出,包括房地产开发商的人员工资及福利费、办公费、差旅费等。一般为开发成本的3%~5%,综合考虑建设规模等因素,本次估价按续建成本的3%进行测算。

管理费用=续建开发成本×3%

5.销售费用

包括为预售或销售开发完成后的房地产的必要支出,包括广告费、销售资料制作费、样板房或样板间建设费、售楼处建设费、销售人员或者销售代理费等。按照开发完成后的房地产价值的2%进行测算。

销售费用=开发完成后价值×2%

6.续建利息

根据建设工期定额及估价对象项目建设工期安排,确定剩余工期为1.5年,取得在建工程价格、在建工程取得税费在建设期初一次性投入,其他续建开发成本、管理费用、销售费用在建设期内平均投入,利率取中国人民银行2015年10月24日发布的一年至三年期人民币贷款基准利率4.75%。

续建利息=(在建工程价格+在建工程取得税费)×$[(1+4.75\%)^{1.5}-1]$+(续建开发成本+管理费用+销售费用)×$[(1+4.75\%)^{1.5/2}-1]$

7.销售税费

销售税费指增值税(5%)、城市维护建设税及教育费附加(按增值税的10%计)、地方教育附加(按增值税的2%计),为开发完成后价值的5.6%。

销售税费=开发完成后价值÷(1+增值税税率)×5.6%

8.续建利润

估价人员根据调查,目前类似房地产开发项目的年直接成本利润率为10%,本次估价对象预计续建期为1.5年,故确定估价对象直接成本利润率为15%。

续建利润=(在建工程价格+在建工程取得税费+续建开发成本)×15%

9.在建工程价格测算(详见表2-16)

在建工程价格=开发完成后价值-续建开发成本-管理费用-销售费用-续建利息-销售税费-续建利润-在建工程取得税费

表 2-16　在建工程价格测算

项目编号	项目名称	计算公式	计算值(元)	费用表		
(一)	开发完成后价值	可售办公用房单价×可售办公用房建筑面积＋自持办公用房单价×自持办公用房建筑面积	2287985304.00	可售办公用房单价		自持办公用房单价
				13200 元/m²		10560 元/m²
(二)	在建工程取得税费	在建工程价格×税率	44504223.42	契税及印花税税率		
				3.05%		
(三)	续建开发成本	1—3 之和	230972145.95			
1	续建前期工程费	续建前期工程费×建筑面积	0.00			
2	续建建筑安装工程费	续建建筑安装工程费×建筑面积	197464000.00	建安造价(元/m²)	续建比例(%)	续建单价(元/m²)
				3200	33.00	1056
				3200	37.00	1184
				3200	33.00	1056
				3200	37.00	1184
3	项目配套设施建设费	续建宗地内配套设施建设费×计入容积率的总建筑面积	33508145.95	配套费单价(元/m²)	配套续建单价(元/m²)	绿化费单价(元/m²)
				255.5	89.43	100
(四)	管理费用	续建开发成本×管理费率	6929164.38	管理费率		
				3%		
(五)	销售费用	开发完成后价值×销售费用费率	45759706.08	销售费用费率		
				2%		
(六)	续建利息	(在建工程价格＋购得在建工程税费)×[(1＋贷款利率)^开发周期−1]＋(续建开发成本＋管理费用＋销售费用)×[(1＋贷款利率)^开发周期/2−1]	118444629.58	1～3 年期贷款利率		开发期
				4.75%		1.5 年
(七)	销售税费	开发完成后价值×销售税率	122025882.88	销售税率		
				5.60%		
(八)	续建利润	(在建工程价格＋在建工程取得税费＋续建开发成本)×利润率	260194685.36	直接成本利润率		
				15%		
(九)	在建工程价格		1459154866.35			

由此可得,假设开发法测算的在建工程价值为 145915 万元(取整至万元)。

(二)成本法

1.土地现值

(1)可比实例选择

估价人员经查询杭州市国土资源局近年土地招拍挂出让公示信息,搜集到若干与估价对象距离相近的类似土地成交信息。后经市场调查结合搜集到的资料研究比对,估价人员最终选取余杭区2017年内三宗土地交易信息,可比实例相关税费均由买卖双方各自负担,并确认与估价对象在区位与实物状况等因素差异不大,规划利用条件较为类似,根据替代原则,具体三个土地成交案例见表2-17。

表 2-17　三个土地成交案例

	可比实例 1	可比实例 2	可比实例 3	估价对象
位置	余杭街道×××× 号地块	余杭街道××× ×号地块	余杭区×××× 号地块	余杭区××国道以 南、××路以东
用途	商服	商服	商服	商服
面积(m²)	15421	6820	9414	总宗地面积 66140.5m²;估价对象土地使用权面积28500m²
土地利用状况	空地	空地	空地	已开发
土地开发程度	六通一平	六通一平	六通一平	六通一平
交易时间	2017-11-08	2017-11-08	2017-08-11	2018-01-16
土地使用年限	40	40	40	35.8
容积率	3.5	3.1	2.1	总宗地容积率3.5;估价对象容积率6.2
交易方式	招拍挂	招拍挂	招拍挂	招拍挂
交易情况	正常	正常	正常	正常
楼面价格(元/m²)	3893	3927	4251	待估

(2)比较因素选择

根据估价对象宗地的具体情况,影响估价对象价格的影响因素有基础设施与公共配套设施、商业繁华度、交通状况、环境状况、规划利用等区位状况,临街状况、容积率、宗地面积、宗地形状、开发程度、宗地利用状况等实物状况,评估时综合考虑估价对象相关价格影响因素并进行具体修正。

(3)比较因素条件说明

估价对象和各可比实例因素条件说明见表2-18。

表 2-18 估价对象和可比实例因素条件说明

		可比实例1	可比实例2	可比实例3	估价对象
位置		余杭街道××× ×号地块	余杭街道××× ×号地块	余杭区×××× 号地块	余杭区××国道 以南、××路 以东
楼面价格(元/m²)		3893	3927	4251	待估
交易情况		正常	正常	正常	正常
成交日期		2017-11-08	2017-11-08	2017-08-11	2018-01-16
交易方式		拍卖出让	拍卖出让	拍卖出让	正常
土地使用年限		40	40	40	35.8
土地用途		商服	商服	商服	商服
区位状况	基础设施 与公共 配套设施	基础设施完善,公 共配套设施一般	基础设施完善,公 共配套设施一般	基础设施完善,公 共配套设施一般	基础设施完善,公 共配套设施一般
	商业 繁华度	一般	一般	一般	一般
	交通状况	一般	一般	较好	较好
	环境状况	较好	较好	较好	较好
	规划利用	无	无	无	有利用限制,部 分自持
实物状况	临街状况	一面临路	两面临路	两面临路	多面临路
	容积率	3.5	3.1	2.1	总宗地容积率 3.5;估价对象地 块容积率6.2
	宗地面积	适中	适中	适中	较大
	宗地形状	不规则多边形	规则多边形	不规则多边形	规则多边形
	地形地势	平坦	平坦	平坦	平坦
	开发程度	六通一平	六通一平	六通一平	六通一平
	宗地利用 状况	正常	正常	正常	正常

(4)编制比较因素条件指数表

①交易情况

本次估价所选择的比较实例1、2、3均为正常交易,交易情况指数均为100。

②交易时间

估价对象价值时点为2018年1月16日,比较案例1、2、3交易日期分别为2017年11月、2017年11月、2017年8月,根据"中国城市地价动态监测网"数据,杭州地区2016年第四季度至2017年第四季度商服用地地价指数见表2-19。

表 2-19　杭州市商服用地季度地价指数

序号	季度	水平值	环比增长率
1	2016 年第四季度	17366	3.10
2	2017 年第一季度	17536	0.98
3	2017 年第二季度	17805	1.53
4	2017 年第三季度	18232	2.40
5	2017 年第四季度	18423	1.05

因 2018 年第一季度数据未出,本次估价以估价对象水平值为 2017 年第四季度末作比较,则确定可比实例 1、2、3 的交易日期修正系数分别为 100、100、101,估价对象为 100。

③交易方式

可比实例 1、2、3 均为拍卖出让,估价对象为拍卖出让,以估价对象交易方式指数为 100,可比实例 1、2、3 交易方式指数均为 100。

④土地使用年限

根据《城镇土地估价规程》,土地使用年限修正系数公式为:

$$K=[1-1/(1+r)^m]/[1-1/(1+r)^n]$$

式中:K 为年期修正系数;

r 为土地还原利率[土地还原率按价值时点时中国人民银行公布的 1 年期(含 1 年)存款利率 1.5%,再加上一定的风险因素调整值 4.5%,按 6% 计];

m 为土地剩余使用年限;

n 为土地法定最高使用年限。

$$K_1=[1-(1+6\%)^{-35.8}]/[1-(1+6\%)^{-40}]=0.9701$$

以估价对象土地使用年限条件指数为 97.01,则可比实例 1、2、3 的土地使用年限条件修正指数分别为 100、100、100。

⑤土地用途

估价对象土地用途为商服用地,本次估价所选择的可比实例 1、2、3 的规划用途均为商服用地,与估价对象土地用途相同,修正指数均为 100。

⑥区位状况修正

A. 基础设施与公共配套设施:基础设施条件与公共配套设施分为不完善、一般、较完善、完善四个等级,以估价对象为 100,每相差一个等级修正 5%,可比实例 1、2、3 修正指数分别为 100、100、100。

B. 商业繁华度:分为繁华、较繁华、一般、较差四个等级,以估价对象为 100,每上升一个等级,地价往上修正 3%,可比实例 1、2、3 修正指数分别为 100、100、100。

C. 交通状况:分为好、较好、一般、较差四个等级,以估价对象的等级为 100,每上升一个等级,地价往上修正 5%,可比实例 1、2、3 修正指数分别为 95、95、100。

D. 环境状况:分为好、较好、一般、较差四个等级,以估价对象为 100,每上升一个等级,地价往上修正 3%,可比实例 1、2、3 修正指数分别为 100、100、100。

E. 规划利用：分为无规划利用限制和有规划利用限制，经调查，三个可比实例未发现有特殊规划利用限制，估价对象建筑面积部分为自持，对地价有明显不利影响，通过自持面积所占地块总建筑比例折算，确定三个可比实例修正系数均为105。

⑦实物状况修正

A. 临街状况：分为不临路、一面临路、两面临路、多面临路四个等级，以估价对象为100，每相差一个等级修正3%，可比实例1、2、3修正指数分别为94、97、97。

B. 容积率：根据本估价机构掌握的相关技术资料及结合杭州市商业用地容积率影响地价情况，编制得出商业用地容积率修正系数表（平均楼面地价，λ＝2.0），以估价对象容积率为100，比较实例1、2、3的容积率指数分别为100、100、106。

商业用地容积率修正系数见表2-20（平均楼面地价，λ＝2.0）。

表 2-20 商业用地容积率修正系数

容积率	≤1.0	1.0～1.5	1.5～2	2～2.5	2.5～3	≥3.0
修正系数	1.06	1.03	1.0	0.97	0.94	0.91

C. 宗地面积：分为面积过大或过小、对布局严重影响，面积较大或较小、对布局有一定影响，面积一般、对企业无影响，大小合适，具有规模效益五个等级，以估价对象为100，每上升一个等级，地价向上修正3%，可比实例1、2、3修正指数分别为103、103、103。

D. 宗地形状：分为矩形、规则多边形、不规则多边形三个等级，以估价对象为100，每相差一个等级修正3%，可比实例1、2、3修正指数分别为97、100、97。

E. 地形地势：分为平坦、较平坦、有一定坡度、起伏四个等级，以估价对象为100，每相差一个等级修正3%，可比实例1、2、3修正指数分别为100、100、100。

F. 开发程度：估价对象与三个可比实例开发程度均为"六通一平"，故确定可比实例1、2、3修正指数分别为100、100、100。

G. 宗地利用状况：估价对象与三个可比实例交易时均为正常利用，故确定可比实例1、2、3修正指数分别为100、100、100。

将三个可比实例的具体条件与估价对象逐一进行比较，得出各因素对应的修正值（见表2-21）。

表 2-21 估价对象和可比实例因素条件指数

	可比实例1	可比实例2	可比实例3	估价对象
位置	余杭街道××× ×号地块	余杭街道××× ×号地块	余杭区×××× 号地块	余杭区××国 道以南、×× 路以东
楼面价格（元/m²）	3893	3927	4251	待估
交易情况	100	100	100	100
成交日期	100	100	101	100
交易方式	100	100	100	100
土地使用年限	100	100	100	97.01
土地用途	100	100	100	100.00

续表

		可比实例1	可比实例2	可比实例3	估价对象
区位状况	基础设施与公共配套设施	100	100	100	100
	商业繁华度	100	100	100	100
	交通状况	95	95	100	100
	环境状况	100	100	100	100
	规划利用	105	105	105	100
实物状况	临街状况	94	97	97	100
	容积率	100	100	106	100
	宗地面积	103	103	103	100
	宗地形状	97	100	97	100
	地形地势	100	100	100	100
	开发程度	100	100	100	100
	宗地利用状况	100	100	100	100

(5)比较因素修正(见表 2-22)

表 2-22　比较因素修正系数

		可比实例1	可比实例2	可比实例3
位置		余杭街道××××号地块	余杭街道××××号地块	余杭区××××号地块
楼面价格(元/m²)		3893	3927	4251
交易情况		100 / 100	100 / 100	100 / 100
成交日期		100 / 100	100 / 100	101 / 100
交易方式		100 / 100	100 / 100	100 / 100
土地使用年限		97.01 / 100	97.01 / 100	97.01 / 100
土地用途		100 / 100	100 / 100	100 / 100
区位状况	基础设施与公共配套设施	100 / 100	100 / 100	100 / 100
	商业繁华度	100 / 100	100 / 100	100 / 100
	交通状况	100 / 95	100 / 95	100 / 100
	环境状况	100 / 100	100 / 100	100 / 100
	规划利用	100 / 105	100 / 105	100 / 105

续表

		可比实例 1	可比实例 2	可比实例 3
实物状况	临街状况	100 / 94	100 / 97	100 / 97
	容积率	100 / 100	100 / 100	100 / 106
	宗地面积	100 / 103	100 / 103	100 / 103
	宗地形状	100 / 97	100 / 100	100 / 97
	地形地势	100 / 100	100 / 100	100 / 100
	开发程度	100 / 100	100 / 100	100 / 100
	宗地利用状况	100 / 100	100 / 100	100 / 100
修正价格(元/m²)		4031.52	3822.73	3861.63

(6)实例修正后的地价计算

根据估价对象的具体情况,并对影响估价对象价格的因素进行了具体修正。经修正比较,三个可比实例比准价格较为接近,以比准价格的算术平均数作为估价对象土地使用权的楼面单价。

$$估价对象土地使用权的楼面单价 = (4031.52 + 3822.73 + 3861.63) \div 3$$
$$= 3905(元/m²)(取整)$$
$$土地总价 = 土地楼面单价 \times 计容积率建筑面积 = 3905 \times 176894$$
$$= 690771070(元)$$

2. 房屋总价

(1)开发成本

①前期工程费:包括前期规费、勘察设计、评估和可行性研究等费用,见表 2-23。

表 2-23　当期工程明细

项目类型	前期费项目名称
前期规费	市政基础设施费
	建筑地方高等教育费
	墙改基金
	白蚁防治费
	散装水泥费
勘察设计费	勘察设计费
评估和可行性研究费	可行性研究及评估费
	建筑、景观等设计费
	交评费
	环评费
	日照分析费
	绿化迁移费

按照建筑安装工程费的 8% 进行测算。

前期工程费＝建筑安装工程费×8%

②已建建筑安装工程费

根据权利人提供的监理公司出具的《关于建安工程进度情况的声明》并且结合估价人员现场查勘情况,按形象进度确定估价对象已完工百分比为 65%。

已建建筑安装工程费＝规划各幢建筑面积×建安造价×各幢已完工比例

＝368596800.00 元(详见表 2-24 中建筑安装工程一栏)

③项目内配套设施建设费

包括室外配套设施建设(建筑主体工程红线 2m 外部分),室外供水、排水、消防、电力、通信、绿化及环卫设施等费用,考虑到建设施工组织特点,该项费用可分为两部分测算,自来水管道工程费、供电配套工程费、电话通信工程费、智能化费用、室外总体工程费等管网建设与主体建筑工程 并进行,绿化及环卫设施等费用在主体建筑工程完成后进行。项目内配套设施建设费参照假设开发法中所列,根据资产占有方提供的监理公司出具的《关于建安工程进度情况的声明》并且结合估价人员现场查勘情况,按形象进度确定估价对象已完工百分比为 65%,则:

项目内配套设施建设费＝(自来水管道工程费＋供电配套工程费＋电话通信工程费＋智能化费用＋室外总体工程费)×65%×计入容积率的总建筑面积

＝(170＋24.5＋35＋10＋16)×65%×176894

＝29377671.05(元)

④开发成本

上述①—③项之和为开发成本。

(2)管理费用

指为组织和管理房地产开发经营活动的必要支出,包括房地产开发商的人员工资及福利费、办公费、差旅费等。一般为开发成本的 3%～5%,综合考虑建设规模等因素,按开发成本的 3% 进行测算。

管理费用＝开发成本×3%

(3)销售费用

指预售或销售开发完成后的房地产的必要支出,包括广告费、销售资料制作费、样板房或样板间建设费、售楼处建设费、销售人员或者销售代理费等。考虑到估价对象体量庞大且销售类别单一,本次估价单位销售费用按照房屋重新购建价格的 2% 进行测算。

销售费用＝房屋重新购建价格×2%

(4)投资利息

根据建设工期定额及估价对象项目建设工期安排,已建工期为 2.5 年,前期工程费在建设期内一次性投入,建筑安装工程费、项目内配套设施建设费、管理费用、销售费用等资金在建设期内平均投入,利率取中国人民银行 2015 年 10 月 24 日发布的一年至三年期人民币贷款基准利率 4.75%。

投资利息＝前期工程费×[(1＋4.75%)$^{2.5}$－1]＋(建筑安装工程费＋项目内配套设施建设费＋管理费用＋销售费用)×[(1＋4.75%)$^{2.5/2}$－1]

(5)销售税费

销售税费指增值税(5%)、城市维护建设税及教育费附加(按增值税的10%计)、地方教育附加(按增值税的2%计),为开发完成后价值的5.6%。

销售税费＝房屋重新购建价格÷(1＋增值税税率)×5.6%

(6)开发利润

估价人员根据调查,目前类似开发项目的年直接成本利润率为10%,本次估价对象已开发年期为2.5年,故确定估价对象房屋开发直接成本利润率为25%。

开发利润＝开发成本×25%

(7)房屋重新购建价格

上述(1)—(6)项之和为房屋重新购建价格。

房屋重新购建价格＝开发成本＋管理费用＋销售费用＋投资利息＋销售税费＋开发利润

(8)房屋折旧

估价对象为在建工程,项目尚未完工,正按照施工组织进度进行施工,主体工程保持完好,因此本次估价不计算折旧。

(9)评估价格

估价对象评估价格＝房屋重新购建价格－房屋折旧

详见表2-24。

表 2-24　房屋成本价值测算

项目编号	项目名称	计算公式	计算值(元)	费用表		
(一)	开发成本	1—3项之和	443259335.05			
1	前期工程费及专业人士费	建筑安装工程费×前期工程费及专业人士费率	45284864.00	前期工程费及专业人士费率		
				8%		
2	建筑安装工程费	已建建安工程费×建筑面积	368596800.00	建安造价(元/m²)	已完工比例(%)	已建造单价(元/m²)
				3200	67	2144
				3200	63	2016
				3200	67	2144
				3200	63	2016
3	已建配套设施费	已建宗地内配套设施费×建筑面积	29377671.05	配套费单价(元/m²)	已完工比例(%)	已完工配套单价(元/m²)
				255.5	65	166.08
(二)	管理费用	开发成本×管理费率	13297780.05	管理费率		
				3%		

项目编号	项目名称	计算公式	计算值(元)	费用表	
(三)	销售费用	房屋重新购建价格×销售费用费率	12912439.82	销售费用费率	
				2%	
(四)	投资利息	前期工程费×[(1+贷款利率)^{开发周期}—1]+(建筑安装工程费+小区内配套设施费+管理费用+销售费用)×[(1+贷款利率)$^{开发周期/2}$—1]	30904429.42	1~3年期贷款利率	开发期
				4.75%	2.5年
(五)	销售税费	房屋重新购建价格×销售税率	34433172.85	销售税率	
				5.60%	
(六)	开发利润	开发成本×利润率	110814833.76	直接成本利润率	
				25%	
(七)	房屋重新购建价格	(一)—(六)项之和	645621991		
(八)	房屋折旧		0		
(九)	评估价格	房屋重新购建价格—房屋折旧	645621991		

建筑物重置价值为 645621991 元。

3. 成本法建工程价值结果

成本法求取的估价对象总价值＝土地总价＋建筑物总价

＝690771070＋645621991

＝1336393061(元)

取整为 133639 万元。

八、估价结果确定

(一)假定未设立法定优先受偿权利下的价值

由上假设开发法求取的估价对象总价为 145915 万元,成本法求取的估价对象总价为 133639 万元。两种估价方法所得结果存在一定差异,但差异不大。经分析,两种方法的测算结果均从不同角度体现了估价对象的价值,结果差异在合理范围内,因此本次评估取两种方法的简单算术平均数作为最终评估结果,即

评估结果＝(145915＋133639)/2＝139777(万元)

(二)法定优先受偿款

根据估价人员收集到的资料,估价对象于价值时点未设定抵押,本次估价确定抵押价值时已抵押担保的债权数额按照零计算;估价对象未拖欠未支付建筑工程价款,除此之外,本次估价未发现可能存在的其他法定优先受偿款。

(三)抵押价值

根据估价人员综合评估,该房地产在价值时点(二○一八年一月十六日)的抵押价值为人民币 139777 万元整,人民币大写壹拾叁亿玖仟柒佰柒拾柒万元整;单价为 7901 元/m²,人民币大写为每平方米柒仟玖佰零壹元整。

第五部分 附件(略)

附件一:估价对象位置图

附件二:估价对象实地查勘情况和实景照片

附件三:《余杭区国有建设用地使用权出让合同》(复印件)

附件四:《国有土地使用证》(复印件)

附件五:《建设用地规划许可证》(复印件)

附件六:《建设工程规划许可证》(复印件)

附件七:《建筑工程施工许可证》(复印件)

附件八:《关于建安工程进度情况的声明》(复印件)

附件九:《关于建筑工程款支付情况的声明》(复印件)

附件十:《关于已抵押担保优先受偿权情况的声明》(复印件)

附件十一:房地产估价机构营业执照(副本复印件)

附件十二:房地产估价机构估价资质证书(复印件)

附件十三:注册房地产估价师估价资格证书(复印件)

附件十四:其他相关资料(复印件)

报告点评

具体报告点评见表 2-25、表 2-26。

表 2-25 房地产估价报告点评

点评大项	序号	点评项目	点评标准	点评意见
一、封面、致函、目录、声明、假设和限制条件	1	封面(或者扉页)	要素齐全,表述准确、清晰、简洁。	
	2	致估价委托人函	内容完整,前后一致,表述准确、清晰、简洁。	
	3	目　录	内容完整,前后一致。	附件部分最好也能统一编页码。
	4	注册房地产估价师声明。	内容全面、规范,针对性强。	
	5	估价假设和限制条件	假设和限制条件合法、合理,理由充分。	限制条件第 3 条不属于限制条件。

点评大项	序号	点评项目		点评标准	点评意见
二、估价结果报告	6	估价委托人		内容完整,表述准确。	缺少委托估价人的住所。
	7	估价机构		内容完整,表述准确。	
	8	估价目的		表述具体、准确。	
	9	估价对象		基本状况描述全面、准确,范围界定清楚。	估价对象是否包括构筑物等没有界定清楚。
	10	价值时点		确定正确,确定理由简要明确。	
	11	价值类型		价值类型正确,价值内涵或者定义准确。	
	12	估价依据		依据完整、合法有效。	
	13	估价原则		原则完整、准确。	
	14	估价方法		采用的估价方法的名称和定义准确。	最好明确假设开发法是传统方法还是现金流量折现法。
	15	估价结果		结果完整清晰,前后一致。	
	16	估价人员		人员与内容齐全、准确。	
	17	估价作业日期		表达正确,有保质完成的合理时间。	
三、估价技术报告	18	实物状况描述与分析	土地实物状况描述与分析	描述全面、翔实,分析客观、透彻。	有描述有分析,但是分析结论"不利于合理充分利用"值得推敲。
			建筑物实物状况描述与分析	描述全面、翔实,分析客观、透彻。	
	19	权益状况描述与分析		描述全面、翔实,分析客观、透彻。	是否领取预售许可证,是否签订预售协议。
	20	区位状况描述与分析		描述全面、翔实,分析客观、透彻。	区位状况未来变化趋势分析不够深入。
	21	市场背景描述与分析		宏观房地产市场、当地估价对象细分房地产市场及相关影响因素分析简明、准确、透彻,针对性强。	
	22	最高最佳利用分析		最高最佳利用判定正确,分析透彻、具体;有合法依据和市场依据。	
	23	估价方法适用性分析		技术路线表述清晰、明确;估价方法排查完整、合理,已选用估价方法理由充分,未选用估价方法理由充分	不采用基准地价修正的理由最好也进行说明。
	24	估价测算过程		数据来源依据充分,参数选取客观、合理,理论表述与实际应用有说服力;有必要的分析和过程;计算过程完整、严谨、正确。	详见估价方法点评表。
	25	估价结果确定		估价结果客观合理,确定方式恰当、理由充分,结论表述清晰(含单价、总价)。	

续表

点评大项	序号	点评项目	点评标准	点评意见
四、附件及外在质量	26	附件	附件资料齐全、完整、真实。	
	27	外在质量	报告名称、专业用语规范;文字简洁、通畅、表述严谨,逻辑性强;文本格式规范,无错别字、漏字,标点使用正确;排版整整、前后一致、装订美观大方。	估价报告有少量错别字与标点符号使用不规范,如"(一)"后面不应该加顿号"、"。局部内容存在表述不够严谨、逻辑性不强的情况。存在序号使用不规范的情况。
定性意见		重要内容缺失说明		无
		原则性错误说明		无
		重大质量缺陷说明		无

综合点评意见

项目概括描述:

  估价报告的项目名称为:××××有限公司所有的位于杭州市余杭区×××以南、×××以东(B、C1、C2、C3楼)商服用途在建工程房地产抵押估价报告。规划总建筑面积为176894m²,土地使用权面积28500m²,为在建工程房地产。价值时点为2018年1月16日,估价目的为确定房地产抵押贷款额度提供参考依据而评估房地产抵押价值。采用的估价方法为成本法与假设开发法,估价结果是人民币139777万元。

报告质量评析:

  1.估价报告格式比较规范。无重要内容缺失、无原则性错误、无重大质量缺陷。基本上采用新的估价术语。估价方法理解基本正确、运用比较熟练。

  2.估价报告中也存在一些错误与缺陷。(1)比较法测算土地现值:土地可比实例2与可比实例3面积过小,可比性差。中国地价动态监测网数据是分城市分用途的环比数据,在2018年的数据未出的情况下,把估价对象当作2017年第四季度地价指数是有瑕疵的。(2)成本法测算建筑物现值:应该把前期工程费的构成明细进行罗列,而不仅仅是名称的罗列,然后得出建筑安装工程费的8%的结论。(3)假设开发法测算:部分参数的依据不足。

表2-25-1　估价方法点评——比较法

序号	点评项目		点评标准	点评意见
1	可比实例	真实性	可比实例不少于3个,来源真实。	土地可比实例2与可比实例3面积过小,可比性差。
		客观性	成交价格内涵清楚。	
		信息完备性	信息较完整,内容清楚。	
		可比性	区位、权益、实物状况差异不大,成交日期与估价时点相隔不超过12个月。	
2	交易情况修正		交易情况清楚;与正常交易情况价格差异分析合理;修正系数合理,理由充分。	

序号	点评项目	点评标准	点评意见
3	市场状况调整	成交日期准确、价格指数与市场状况一致,取值客观、合理。	中国地价动态监测网数据是分城市分用途的环比数据,2018 年的数据未出的情况下,把估价对象当作 2017 年第四季度地价指数是有瑕疵的。
4	区位状况调整	区位比较因素及因子设置合理、完整,反映估价对象周边状况客观、充分;系数测算与分析确定过程详细、合理。	区位状况中的规划利用因素的参数确定缺乏依据。
5	权益状况调整	权益状况因素及因子设置合理、齐全,反映估价对象权益状况全面、客观;系数测算与分析确定过程详细、合理。	土地使用年限修正时,土地还原利率的确定缺乏依据。
6	实物状况调整	实物状况因素及因子设置合理、齐全,反映估价对象实物状况全面、客观;系数测算与分析确定过程详细、合理。	
7	公式运用与计算	公式应用正确,符合规范规定,取值精度合理,数值计算正确。	

表 2-25-2 估价方法点评——成本法(建筑物)

序号	点评项目		点评标准	点评意见
1	开发成本	勘察设计和前期工程费	费用构成合理;计费依据充分,费率合理。	应该把费用构成的明细进行罗列,然后得出建筑安装工程费的 8%的结论。
		建筑安装工程费	建筑工程费、装饰装修工程费、房屋设备工程费依据充分、客观合理。	3200 元/m² 的建筑安装工程费没有说明依据。
		基础设施建设费	费用构成合理,费用额度依据充分。	
		公共配套设施建设费	费用构成合理,费用额度依据充分。	
		开发期间税费	税费构成合理,税费额度依据充分。	没有该项目。
2	管理费用		费率合理,依据充分。	
3	销售费用		费率合理,依据充分。	
4	投资利息		利率选择正确;开发周期、计息期限确定合理。	前面的客观开发周期是 2.5 年,需要理由。
5	销售税费		税金构成合理,税率确定正确。	
6	开发利润		利润率内涵清楚,水平客观、合理,理由充分。	利润率参数给定理由不充分。
7	建筑物折旧		维护使用状况描述全面、客观,折旧分析深入,成新确定合理,依据充分。	
8	公式应用与计算		有必要的分析和过程;计算过程完整、严谨、正确。	

表 2-25-3　估价方法点评——假设开发法(传统方法)

序号	点评项目		点评标准	点评意见
1	开发经营方案		开发经营方案明确,符合规划条件,符合最高最佳利用要求。	开发经营方案不够具体。
2	开发完成后价值		采用市场法、收益法等科学方法求取。	采用比较法求取,其中可比实例是否为类似房地产,价格依据不充分且分析不透彻。可比实例的层数都没有交代清楚,只表述为高层。
3	取得税费		税费构成明确、合理;税费比率依据充分。	
4	开发成本	建筑安装工程费	建筑工程费、装饰装修工程费、房屋设备工程费依据充分、客观合理。	
		其他成本	依据充分,客观合理。	
5	管理费用		费用构成合理,费率确定依据充分。	
6	销售费用		费用构成完整;费率选取合理,依据充分;费用计算正确。	
7	投资利息		利率选择正确;计息期限确定合理。	
8	销售税费		税费构成明确、合理;税率、费率确定正确。	
9	后续应得利润		利润率内涵清楚,水平客观、合理,理由充分。	利润率参数给定理由不充分。
10	公式应用与计算		有必要的分析和过程;计算过程完整、严谨、正确。	

表 2-26　房地产抵押估价特殊项目点评

序号	点评项目	点评标准	点评意见
1	估价假设和限制条件	估价时点与实地查勘日期不一致时,应在假设限制条件中进行假设说明。	
2	估价原则	列明遵循谨慎原则。	
3	估价结果披露	要素披露完整。	
4	估价对象变现能力分析	内容完整,分析合理,依据充分,针对性强。	能够结合在建工程的特点进行分析。变现费用、税金的种类、数额如果能完整说明就更好了。
5	风险提示	内容完整,分析合理,针对性强。	抵押贷款期间可能产生的房地产信贷风险关注点也应该结合在建工程的特点进行完善。商务办公楼,是否已经有预售?
6	附件	应包括法定优先受偿权利等情况的书面查询资料和调查记录。	无预售承诺书。

报告三　嘉兴市梁林帆影庄×幢商××号、××号商业房地产司法鉴定估价

房地产估价报告

嘉兴市梁林帆影庄×幢商××号、××号

商业房地产司法鉴定估价

××估宁(2017)第××××号

估价委托人	×××××××法院			
估价机构	××房地产估价有限公司			
注册房地产估价师	×××	×××	×××	
	××××× ×××	××××× ××××	××××× ××××	
估价报告出具日期	二〇一七年六月五日			

致估价委托人函

×××××××法院：

　　受贵方委托,我公司组织专业估价人员于二〇一七年五月二十五日至二〇一七年六月五日按规定的估价程序对估价对象进行了评估工作。特此函告如下。

　　一、估价对象:位于嘉兴市梁林帆影庄×幢商××号、××号商业房地产,根据估价委托人提供的《房屋所有权证》《房屋所有权登记证明》(复印件)记载,权利人为×××、×××按份共有,各占50%,建筑面积共计1066.28m²,相应分摊国有土地使用权;包含相应共有及专有部分基本使用的设施、设备(如水、水表,电、电表,燃气等),不包含内部装修。

　　二、估价目的:为涉案需要对估价对象房地产市场价值提供司法鉴定意见。

　　三、价值类型:市场价值。

　　四、价值时点:二〇一七年五月二十五日。

　　五、估价方法:采用比较法与收益法。

　　六、估价结果:

　　估价对象市场价值评估总价人民币大写伍佰柒拾捌万元整(￥5780000),按房产建筑面积折算平均单价为5420.72元/m²。

七、特别提示:

(一)本报告出具价值为市场价值,估价委托人要求的司法处置价(快速变现价)另行出具。

(二)本次已考虑至 2019 年 2 月 10 日的租赁情况对估价值的影响,本次评估带租约的价值。

(三)估价委托人未提供土地相关权属资料,根据其他相关资料,本次估价假设其为商业出让用地,终止日期 2046 年 4 月 27 日。

××房地产估价有限公司

法定代表人:×××

签字

二〇一七年六月五日

以上内容均摘自估价报告书正文,欲详细了解本次估价全面情况,请认真阅读本估价报告书全文。

第一部分　注册房地产估价师声明

我们郑重声明:

一、我们在本估价报告中陈述的事实是真实和准确的,没有虚假记载、误导性陈述和重大遗漏。

二、本估价报告中的分析、意见和结论是我们自己公正的专业分析、意见和结论,但受到本估价报告中已说明的假设和限制条件的限制。

三、我们与本估价报告中的估价对象没有(或有已载明的)现实或潜在的利益关系或偏见,也与有关当事人、利害关系人没有(或有已载明的)个人利害关系或偏见。

四、我们依照中华人民共和国国家标准《房地产估价规范》(GB/T50291—2015)、《房地产估价基本术语标准》(GB/T 50899—2013)进行分析,形成意见和结论,撰写估价报告。

五、我们已对本估价报告中的估价对象于二〇一七年五月二十五日进行了实地查勘,并与估价委托人协商约定实地查勘日为本次价值时点。

实地查勘人员:×××、×××;未参与实地查勘人员:×××、×××。

六、没有人对本估价报告提供了重要专业帮助。

七、本估价报告须经注册房地产估价师签字、盖章后方能生效。

八、未经我公司允许,本估价报告的全部或部分内容不得发表于任何公开媒体上,报告解释权为本估价机构所有。

姓名、注册号	签名	签名日期
×××（注册号：××××××××××）		年　　月　　日
×××（注册号：××××××××××）		年　　月　　日
×××（注册号：××××××××××）		年　　月　　日

第二部分　估价假设和限制条件

一、估价的假设条件

（一）一般假设

1.估价委托人应当向估价机构如实提供有关情况和资料，不隐瞒或者提供虚假情况和资料。估价委托人提供了《房屋所有权证》《房屋所有权登记证明》复印件等资料，估价人员未能查看产权资料原件，同时受房产、土地管理部门对档案查询资格的限制，房地产估价师无权到上述主管部门对权属证明材料及其记载的内容进行核实。本次估价是以假设估价委托人提供的与估价对象有关的法律文件、权属证明及相关资料真实、合法、准确、完整为前提，其真实性、合法性、准确性、完整性由估价委托人负责。如因委托人提供资料有误而造成评估值失实，估价机构和估价人员不承担相应责任。

2.估价人员现场查勘对房屋安全、环境污染等影响估价对象价值的重大因素予以了关注，但由于查勘也仅限于估价对象在查勘日的外观和使用状况，并未对其结构、设备及装修等内在质量进行测试，且也无专业机构进行鉴定、检测，故不能确定其有无内部缺陷，因此本报告无理由怀疑估价对象存在安全隐患，但仍以假设估价对象符合国家有关技术、质量、验收规范，其质量足以维持正常的使用寿命为前提。

3.本次估价以假定价值时点时的房地产市场状况是公开、平等、自愿的交易市场为假设前提。

4.本次估价以估价对象产权明晰无异议，手续齐全，可在公开市场上自由转让，无法律、法规规定禁止按本次评估目的使用的其他情形为假设前提。

5.本次估价以未考虑可能与估价对象产权人有关的债权及债务情况对估价结果的影响为假设前提。

6.本报告估价结果以税费正常负担为假设前提，并未考虑可能发生的办理抵押登记、权利转移相关费用对估价对象房地产价值的影响。

7.报告以估价委托人领勘准确性为假设前提。

（二）未定事项假设

根据委托方提供的《租房合同》估价对象签订有租赁合同，目前尚在租赁期内，租赁期限为2009年2月10日至2019年2月10日。本次评估为带租约的房地产价值，但租约有可能在未来由于某种因素造成无法履行或解除租约。因此评估中假设租约按约定执行。

（三）背离事实假设

本次估价假设估价对象房地产无原有担保物权、法院查封限制。

（四）不相一致假设

本次估价无不相一致假设。

（五）依据不足假设

估价委托人未提供估价对象相关土地权属证明，根据搜集的资料，掌握同幢其他房屋的权属资料及实物情况，根据一般规律及估价经验，我们有理由假设其土地为出让土地，用途商业，终止日期至 2046 年 4 月 29 日。若实情情况不同，应对估价结果做出调整。

二、估价的限制条件

（一）本次估价以价值时点我国房地产业的政策法规、估价对象所处房地产市场状况和估价对象房地产状况为依据进行，上述因素发生重大变化会导致房地产价值发生变化，本报告估价结果也应做相应调整。

（二）估价对象的建筑面积是以《房屋所有权证》复印件上记载的为准。估价委托人未能提供土地相关资料，具体的土地使用权面积不详，但商业用房市场上均以建筑面积计价，土地面积对价值无影响，因此报告中以"国有出让分摊相应土地使用权"表示。

（三）本报告估价结果仅为本次估价目的"为涉案需要对估价对象房地产市场价值提供司法鉴定意见"之用，不得用于其他估价目的，超出该目的及范围，本报告无效。

（四）本报告仅供估价委托人使用，非为法律规定的情况，未经本机构许可，不得提供给上述以外的任何单位和个人，其全部或部分内容不得刊载于任何文件、公告或公开媒体上。本公司不承担以上使用人以外的任何单位和个人对本报告书的全文或部分内容提出的任何责任。

（五）本报告必须完整使用方为有效，仅使用本报告中部分内容而导致可能的损失，本估价机构不承担责任。

（六）本报告估价结果的有效期自报告出具日起为一年（二○一七年六月五日至二○一八年六月四日）。若报告使用期限内，房地产市场、建筑市场或估价对象自身状况发生重大变化，估价结果也需做相应调整或委托估价机构重新估价。

三、其他事项说明

（一）本次评估所采用的市场资料等评估相关资料、参数来源于估价依据所列示文件、技术规范、法律法规以及公开市场信息中的调查所得。

（二）估价人员根据国家有关法律、法规、估价规程及估价对象具体状况确定估价原则、方法及参数的选取。

（三）估价对象存在租赁情况，评估中考虑了租约对价值的影响。同时内部为承租户装修，本次评估不包含装修价值。

第三部分　估价结果报告

一、估价委托人：××××××××法院

住所：嘉兴市××路××号

二、估价机构：××房地产估价有限公司

法定代表人：×××

地址：××××××

资格证书编号：浙建房估证字〔2015〕015号

估价资格等级：一级

资质有效期：2015年9月30日至2018年9月30日

统一社会信用代码：91330402732008×××

三、估价目的

为涉案需要对估价对象房地产市场价值提供司法鉴定意见。

四、估价对象

(一)估价对象基本状况及财产范围界定

估价对象为×××、×××按份共有，各占50％所有的坐落于嘉兴市梁林帆影庄×幢商××号、××号商业房地产〔房屋建筑面积共计1066.28m² 及相应国有土地分摊使用权面积，规划、设计、登记及实际用途均为商业；包含相应共有及专有部分基本使用的设施、设备(如水、水表，电、电表，燃气等)，不包含内部装修〕。

(二)估价对象区位状况

1. 所在县市状况

嘉兴地处东南沿海，长江三角洲平原，素有鱼米之乡、丝绸之府之称。整个市域陆地面积3915km²，现有人口450.17万人，下辖南湖、秀洲两个区，平湖、海宁、桐乡三个县级市和嘉善、海盐两个县。

2016年，嘉兴全市实现生产总值3760.12亿元，按可比价格计算，增长7.0％，全年增幅与上年持平。第一产业实现增加值143.85亿元，增长0.9％；第二产业实现增加值1911.57亿元，增长5.7％；第三产业实现增加值1704.70亿元，增长9.1％。全市三个产业增加值结构由4.0：52.6：43.4调整为3.8：50.9：45.3，第三产业增加值比重提升1.9个百分点。其中，工业生产效益领先，速度保持稳定，全市规模以上工业企业实现利润总额495.72亿元，比上年增长25.9％，新兴产业发展加快，高新技术产业、装备制造业、信息制造业增加值比上年分别增长9.5％、12.8％、15.3％，增速均快于全市规模以上工业平均水平，增幅高于全省平均水平9.8个百分点。

2.位置状况

(1)坐落

嘉兴市梁林帆影庄×幢商××号、××号。

(2)方位

嘉兴市梁林帆影庄×幢位于嘉兴市梁林帆影庄小区南门××侧,东临河流,南临文昌路,西临小区入口,北临小区内部××号楼。

估价对象为嘉兴市梁林帆影庄×幢内 2—3 层商铺,临文昌路。

(3)与商业有关的重要场所距离

估价对象北距江南摩尔购物乐园 2.8km,西距蔬菜市场约 700m。

(4)临街(道路)状况

与文昌路相隔有 15m 的绿化带。

(5)楼层、朝向

所在幢为南北朝向,总层 12 层。估价对象所在 2—3 层,朝南。

3.交通状况描述

(1)道路状况

南临文昌路为人车混合型道路,流量较大,周边有梁林路等小区级支路。

(2)出入可利用交通工具

以私家汽车为主,50m 内的公交停靠站点 1 处,有 3 路公交,公共交通较少。

(3)交通管制

无交通管制。

(4)停车方便度

周边部分道路边有停车位,门前有较大面积场地,停车位充足。

4.商业繁华度

估价对象所在区域为嘉兴市区边缘地带,商业繁华度差。

5.配套设施

(1)基础设施

该区域属于嘉兴市中心城区,各类基础设施健全,土地提供“六通”条件。“六通”指通路、通电、通水、排水、通信、通气。

道路:区域内道路网密集。

电力:运行稳定。

供水:供水纳入市区水厂供水范围。

排水:污水纳入城市污水管网。

通信:区域程控电话和移动通信、电信、网通等宽带网络提供优质服务。

通气:区域内提供管道煤气。

(2)公共服务设施

周边公共服务设施较少,但与商业相配套的银行网点完善。

6.周围环境

(1)自然环境

估价对象位于一般城市街区,自然环境一般。

(2)人文环境

附近有运河实验学校、嘉兴技师学院、嘉兴秀水专修学院;所在小区为农民拆迁安置房,内部居住人员以原当地农民为主;西侧过 320 国道为市场群,外来人员混杂;东侧 400m 为运河新区新建设的住宅小区。区域内各类人群均有,人文环境一般。

(3)景观

估价对象无特别景观因素。

(三)实物状况描述

1.土地实物状况描述

(1)所在的梁林帆影庄×幢土地实物状况

估价对象所占为梁林帆影庄小区×幢楼分割土地,土地用途为商住,商业土地终止日期 2046 年 4 月 29 日、住宅土地终止日期 2076 年 4 月 29 日,东至小区主道路、南至文昌路绿化带、西至河道、北至小区内部;占地约 600m²;形状矩形;地形平坦,地势为平地;地质上属于第四纪沉积区,地质条件一般,浅层地下水有污染;宗地开发程度达到"五通一平",地上已经建成 1 幢小高层。

(2)估价对象土地实物状况

估价委托人未提供估价对象相关土地权属证明,根据搜集的资料,掌握同幢其他房屋的权属资料及实物情况,根据一般规律及估价经验,其土地我们有理由假设为出让土地,用途商业,终止日期至 2046 年 4 月 29 日。其他情况不详。

2.建筑物实物状况描述

梁林帆影庄×幢,总层 12 层(地上 11 层、地下 1 层),建成年份为 2005 年,钢筋混凝土结构,桩基与箱形基础,砼梁、柱承重,砼楼地面及平屋面,砖墙围护,内楼梯,主体外墙面为灰色防水涂料,塑钢窗,双开玻璃大门。该幢建筑工程质量一般。由小区物业管理办公室进行统一物业管理,管理水平较差。

×幢楼 1—3 层为商业,3 层以上为住宅,估价对象位于该幢 2—3 层(现场查勘估价对象所在幢的 1 层西侧门厅及楼梯与估价对象共同使用,该部分面积包含在估价对象的分摊面积内),朝向南,各层建筑面积均为 533.14m²,共计 1066.28m²;平面形状不规则,层高约 4m;通水、电,有卫生设施,设通信端口,设施总体维护良好。

估价对象 2 层平面布局:西侧为楼梯,西北侧为厨房,西南侧为女浴室及女更衣室,东侧及东南侧为多间独立房间,中央及北侧为男浴室、男更衣室及休息大厅,男浴室的东、南、西侧为走廊通道,消防通道位于平面的东北角。3 层平面布局:中央区域为客房,四周为环形走廊,走廊的东、南、北侧为客房,西侧为设备间及楼梯间,客房内均配有独立卫生间,消防通道位于平面的东北角。

内部 1 层门厅地面及楼梯面铺花岗岩地砖,墙面白色涂料,石膏板吊顶;2 层走廊及更衣室地面铺复合地板,其余为地砖,浴室内墙贴瓷砖,其余为白色涂料,走廊、休息大厅及房间顶部为石膏板吊顶,女浴室及男更衣室为塑扣板吊顶,男浴室为铝塑板吊顶;3 层走廊及客房内卫生间地面铺地砖,客房内地面铺复合地板,客房内卫生间墙面贴瓷砖,其余为白色涂料,客房内卫生间顶部为塑扣板吊顶,其余为石膏板吊顶。

现场查勘楼板没有渗水迹象、内墙没有渗雨迹象,没有发现不均匀沉降,地面、墙面、门窗保养维护较好,保温、隔音、采光等方面满足规范要求,为完好房。

估价对象规划用途为商业服务,现出租经营"××××××",使用状况良好。

估价对象权益状况

1.房屋权属状况

根据估价委托人提供的《房屋所有权登记证明》(复印件)、《房屋所有权证》(复印件)记载,房屋权属状况如下。

(1)嘉兴市梁林帆影庄×幢商××号

权属证书号	××××××××				××××××××			
房屋所有权人	×××				×××			
共有情况	按份共有,占有份额:50/100				按份共有,占有份额:50/100			
房屋坐落	嘉兴市梁林帆影庄×幢商××号							
登记日期	2012 年 4 月 26 日							
限制情况	限制							
抵押情况	抵押							
状态	登记							
房屋状况	幢号	室号	结构	总层数	所在层次	建筑面积(m²)	建成年份	用途
	×	商××	钢筋混凝土	12	2	533.14	2005	商业服务

(2)嘉兴市梁林帆影庄×幢商××号

权属证书号	××××××××				××××××××			
房屋所有权人	×××				×××			
共有情况	按份共有,占有份额:50/100				按份共有,占有份额:50/100			
房屋坐落	嘉兴市梁林帆影庄×幢商××号							
登记日期	2012 年 4 月 26 日							
限制情况	限制							
抵押情况	抵押							
状态	登记							
房屋状况	幢号	室号	结构	总层数	所在层次	建筑面积(m²)	建成年份	用途
	××	商××	钢筋混凝土	12	3	533.14	2005	商业服务

2. 土地权属状况

估价委托人未提供估价对象相关土地权属证明,根据搜集的资料,掌握同幢其他房屋的权属资料及实物情况,根据一般规律及估价经验,我们有理由推断假设其土地为出让土地,用途商业,终止日期至 2046 年 4 月 29 日。其他情况不详。

3. 他项权利设立情况

根据估价委托人提供的《房屋抵押登记证明》(复印件)记载,抵押登记状况如下:

他项权证号	×××××××××	×××××××××
房屋他项权利人	×××××××××××	
房屋所有权人	×××、×××	
房屋所有权证号	×××××××、×××××××	×××××××、×××××××
房屋坐落	嘉兴市梁林帆影庄×幢商××号	嘉兴市梁林帆影庄×幢商××号
他项权利种类	抵押权	
债权数额	653.50 万元	
登记日期	2012 年 8 月 14 日	
限制情况	限制	
状态	登记	
备注	该房屋占用范围内的土地使用权已办理抵押登记。属出让土地。属最高额抵押。收件编号:押(××)××××	

估价对象假设未设定抵押权、地役权、担保权,有租赁情况、无拖欠税费、占用、司法查封等权利限制情况,权属情况清晰,土地剩余使用年限为 30.49 年。估价对象根据法律法规及政策条件可以转让、出租、抵押或者用于其他经济活动,其合法权益受到国家法律保护。

根据租赁合同目前尚在租赁期内,租赁期限为 2009 年 2 月 10 日至 2019 年 2 月 10 日,租金一年一付,提前一个月支付,至 2018 年 2 月 9 日的租金已经支付。

五、价值时点

二〇一七年五月二十五日(实地查勘之日)。

估价委托人未对价值时点提出特别要求,经与委托方协商,本次估价我们以实地查勘之日二〇一七年五月二十五日作为价值时点。

六、价值类型

本次估价价值类型为市场价值。

市场价值是指估价对象经适当营销后,由熟悉情况、谨慎行事且不受强迫的交易双方,以公平交易方式在价值时点自愿进行交易的金额。

七、估价原则

我们在本次估价时遵循了以下原则。

(一)独立、客观、公正原则

要求站在中立的立场上,实事求是、公平正直地评估出对各方估价利害关系人均是公平合理的价值或价格的原则。

所谓独立,就是要求注册房地产估价师和房地产估价机构与估价委托人及估价利害关系人没有利害关系,在估价中不受包括估价委托人在内的任何单位和个人的影响,应凭自己的专业知识、经验和职业道德进行估价。所谓客观,就是要求注册房地产估价师和房地产估价机构在估价中不带着自己的情感、好恶和偏见,应按照事物的本来面目、实事求是地进行估价。所谓公正,就是要求注册房地产估价师和房地产估价机构在估价中不偏袒估价利害关系人中的任何一方,应坚持原则,公平正直地进行估价。

本次估价坚守独立、客观、公正原则,估价机构建立了行之有效的内部审核制度,以保证评估过程规范有序,既不受其他单位和个人的非法干预和影响,也不因房地产估价师个人好恶或主观偏见影响其分析、判断的客观性。

(二)合法原则

要求估价结果是在依法判定的估价对象状况下的价值或价格的原则。

依法是指不仅要依据有关法律、行政法规、最高人民法院和最高人民检察院发布的有关司法解释,还要依据估价对象所在地的有关地方性法规(民族自治地方应同时依据有关自治条例和单行条例),国务院所属部门颁发的有关部门规章和政策,估价对象所在地人民政府颁发的有关地方政府规章和政策,以及估价对象的不动产登记簿(房屋登记簿、土地登记簿)、权属证书、有关批文和合同等(如规划意见书、国有建设用地使用权出让招标文件、国有建设用地使用权出让合同、房地产转让合同、房屋租赁合同等)。

遵循合法原则并不意味着只有合法的房地产才能成为估价对象,而是指依法判定估价对象是哪种状况的房地产,就应将其作为那种状况的房地产来估价。

本次估价以估价对象合法用途为前提,根据委托方提供的合法权属证明等资料进行评估。

(三)价值时点原则

要求估价结果是在根据估价目的确定的某一特定时间的价值或价格的原则。

价值时点原则强调的是估价结论具有很强的时间相关性和时效性。估价结论首先具有很强的时间相关性,这主要是考虑到资金的时间价值,在不同的时间点上发生的现金流量对其价值影响是不同的。所以,在房地产估价时统一规定:如果一些款项的发生时点与价值时点不一致,应当折算为价值时点的现值。估价结论同时具有很强的时效性,这主要是考虑到房地产市场价格的波动,同一估价对象在不同时点会具有不同的市场价格。

本次估价以价值时点原则为前提,根据价值时点原则确定政府有关房地产的法律、法规、税收政策、估价标准等的发布、变更、实施日期等估价依据。估价结果是根据估价目的确定的价值时点对应的市场价值。

本次估价运用比较法时,对可比实例的期日修正体现了价值时点原则。

(四)替代原则

要求估价结果与估价对象的类似房地产在同等条件下的价值或价格偏差在合理范围内的原则。

根据经济学原理,在同一个市场上相同的商品有相同的价格。因为任何理性的买者在购买商品之前都会在市场上搜寻并"货比三家",然后购买其中效用最大(或质量、性能最好)而价格最低的,即购买"性价比"高或"物美价廉"的。卖者为了使其产品能够卖出,相互之间也会进行价格竞争。市场上买者、卖者的这些行为导致的结果,是在相同的商品之间形成相同的价格。

房地产价格的形成一般也如此,只是由于房地产的独一无二特性,使得完全相同的房地产几乎没有,但在同一个房地产市场上,相似的房地产会有相近的价格。因为在现实房地产交易中,任何理性的买者和卖者,都会将其拟买或拟卖的房地产与市场上相似的房地产进行比较,从而任何理性的买者不会接受比市场上相似的房地产的正常价格过高的价格,任何理性的卖者不会接受比市场上相似的房地产的正常价格过低的价格。这种相似的房地产之间价格相互牵制的结果,是他们的价格相互接近。

本次评估中,比较法选取具有替代性的实例就遵循了替代原则。

(五)最高最佳利用原则

要求估价结果是在估价对象最高最佳利用状况下的价值或价格的原则。

最高最佳利用必须同时满足四个条件:一是法律上允许;二是技术上可能;三是财务上可行;四是价值最大化。实际估价中在选取估价对象的最高最佳利用时,往往容易忽视"法律上允许"这个前提,甚至误以为最高最佳利用原则与合法原则有时是冲突的。实际上,最高最佳利用不是无条件的最高最佳利用,而是在法律、法规、政策以及建设用地使用权出让合同等允许范围内的最高最佳利用。因此,最高最佳利用原则与合法原则的关系是:遵循了合法原则,并不意味着会遵循最高最佳利用原则;而遵循了最高最佳利用原则,则必然符合了合法原则中对估价对象依法利用的要求,但并不意味着符合了合法原则中的其他要求。

本估价报告对估价对象的最高最佳利用进行了分析。

八、估价依据

(一)法律、法规和政策性文件

1.国家法律、法规和政策性文件

(1)《中华人民共和国城市维护建设税暂行条例》(国发〔1985〕19号,自1985年度起施行);

(2)《中华人民共和国印花税暂行条例施行细则》(财税〔1988〕255号,1988年10月1日起施行);

(3)《中华人民共和国城镇国有土地使用权出让和转让暂行条例》(国务院〔1990〕55号令,1990年5月19日起施行);

(4)《中华人民共和国契税暂行条例》(中华人民共和国国务院令第224号,1997年10月1日起施行);

(5)《中华人民共和国土地管理法》(中华人民共和国主席令第28号,自1999年1月1日起施行,2004年8月28日第二次修正);

(6)《中华人民共和国拍卖法》(中华人民共和国主席令第23号,自2004年8月28日起施行);

(7)《国务院关于修改〈征收教育费附加的暂行规定〉的决定》(中华人民共和国国务院令第 448 号,自 2005 年 10 月 1 日起施行);

(8)《中华人民共和国物权法》(中华人民共和国主席令第 62 号,自 2007 年 10 月 1 日起施行);

(9)《中华人民共和国城乡规划法》(中华人民共和国主席令第 74 号,自 2007 年 10 月 28 日起施行);

(10)《中华人民共和国城市房地产管理法》(中华人民共和国主席令第 72 号,自 1995 年 1 月 1 日起施行,2009 年 8 月 27 日第二次修正);

(11)《关于统一地方教育附加政策有关问题的通知》(财综〔2010〕98 号,自 2010 年 11 月 7 日起施行);

(12)《中华人民共和国房产税暂行条例》(国发〔1986〕90 号,自 1986 年 10 月 1 日起施行,2011 年 1 月 8 日修订);

(13)《中华人民共和国印花税暂行条例》(国务院令〔1988〕第 11 号,自 1988 年 10 月 1 日起施行,2011 年 1 月 8 日修订);

(14)《最高人民法院关于人民法院委托评估、拍卖工作的若干规定》(最高人民法院审判委员会第 1492 次会议通过,并于 2012 年 1 月 1 日起实施);

(15)《中华人民共和国土地管理法实施条例》(中华人民共和国国务院令第 256 号,自 1999 年 1 月 1 日起施行,2014 年 7 月 29 日第二次修正);

(16)《纳税人转让不动产增值税征收管理暂行办法》(国家税务总局公告 2016 年第 14 号,自 2016 年 5 月 1 日起施行);

(17)《关于全面推开营业税改征增值税试点的通知》(财税〔2016〕36 号,自 2016 年 5 月 1 日起施行);

(18)《关于营改增后契税、房产税、土地增值税、个人所得税计税依据问题的通知》(财税〔2016〕43 号,自 2016 年 5 月 1 日起施行);

(19)《中华人民共和国资产评估法》(中华人民共和国主席令第 46 号,自 2016 年 12 月 1 日起施行);

(20)《印花税管理规程(试行)》(国家税务总局公告 2016 年第 77 号,2017 年 1 月 1 日起实施)。

2.省市法律、法规和政策性文件

(1)《浙江省城乡规划条例》(浙江省人民代表大会常务委员会公告第 51 号,自 2010 年 10 月 1 日起施行);

(2)《浙江省实施〈中华人民共和国契税暂行条例〉办法》(浙江省人民政府令第 100 号,自 1997 年 10 月 1 日起施行);

(3)《浙江省地方税务局关于规范房产税若干政策问题的通知》(浙地税函〔2002〕257 号,自 2002 年 8 月 28 日起施行);

(4)《浙江省地方税务局关于扎实做好营业税改征增值税委托地税代征税款和代开增值税发票工作的通知》(浙地税函〔2016〕100 号);

(5)《浙江省地方税务局浙江省国家税务局关于贯彻落实营业税改征增值税委托地税局

代征税款和代开增值税发票有关问题的通知》(浙地税函〔2016〕99号);

(6)《浙江省财政厅关于进一步做好契税征收管理工作的通知》(浙财农税字〔2008〕14号);

(7)《浙江省土地节约集约利用办法》(浙江省人民政府令第343号,自2016年4月1日起施行);

(8)《关于发布〈浙江省地方税务局印花税核定征收管理办法〉的公告》(公告2016年第21号,自2017年1月1日起施行);

(二)技术标准、规程、规范

1.中华人民共和国《房地产估价规范》(GB/T 50291—2015,自2015年12月1日起实施);

2.《房地产估价基本术语标准》(GB/T 50899—2013,自2014年2月1日起实施);

3.《嘉兴市人民政府办公室关于公布嘉兴市区基准地价更新成果的通知》(嘉政办发〔2016〕64号)。

(三)估价委托人提供的有关资料

1.估价委托人提供的《浙江省×××××××法院价格评估委托书》(〔20××〕×××委评字第××号);

2.估价委托人提供的《房屋所有权证》《国有土地使用证》《房屋他项权证》(复印件);

3.《司法鉴定程序通则》(2015年12月24日司法部部务会议修订通过,2016年3月2日修订版发布,自2016年5月1日起施行);

4.估价委托人提供的其他资料。

(四)估价机构和估价人员掌握和搜集的有关资料

1.实地查勘、摄影和记录;

2.嘉兴市土地、房地产市场信息;

3.人民银行公布的资金存、贷款利率;

4.估价机构及估价人员掌握的其他相关信息资料。

九、估价方法

根据《房地产估价规范》(GB/T 50291—2015),通行的估价方法有比较法、收益法、成本法、假设开发法等,应根据当地房地产市场发育情况并结合估价对象的具体特点及估价目的等,选择适当的估价方法。

(一)方法选用分析

估价人员在认真分析所掌握的资料,并对估价对象进行了实地查勘以及对周边房地产市场进行调查后,根据《房地产估价规范》(GB/T 50291—2015)、《房地产估价基本术语标准》(GB/T 50899—2013),遵照国家有关法律、法规、估价技术标准,经过反复研究,我们最终使用比较法及收益法进行计算。具体分析见表3-1。

表 3-1　估价方法选用说明

估价方法	估价方法定义	适用对象	估价方法是否选择理由	是否选取
比较法	选取一定数量的可比实例,将它们与估价对象进行比较,根据其间的差异对可比实例成交价格进行处理后得到估价对象价值或价格的方法。	同类房地产数量较多、经常发生交易且具有一定可比性的房地产。	所在区域与其相似的成交可比实例(同一供需圈内、用途一致、邻近区域)较多,且资料可调查取得,故本次评估选取比较法进行估价。	选取
收益法	预测估价对象的未来收益,利用报酬率或资本化率、收益乘数将未来收益转换为价值得到估价对象价值或价格的方法。	收益性的房地产,包括住宅、写字楼、商店、旅馆等。	估价对象具有租金收入,同时该类商业房地产在估价对象区域具有客观租金实例,因此同时选用收益法。	选取

另内部装修采用适用的成本法计算。

(二)本次选用估价方法定义及基本公式

1.收益法

预测估价对象未来的正常净收益,选用适当的报酬率将其折现到价值时点后累加,以此估算估价对象的客观合理价格或价值的方法。

本次估价采用前期收益按比例增长若干年,后期有限年收益固定不变的估价模型。

收益法公式:

$$V = \frac{A_1}{(1+Y)^1} + \frac{A_2}{(1+Y)^2} + \frac{A_3}{(1+Y)^3} + \cdots + \frac{A_n}{(1+Y)^n} = \sum_{i=1}^{n} \frac{A_i}{(1+Y)^i}$$

其中 V 为房地产在价值时点的收益价格;

n 为房地产的收益年限;

$A_1, A_2, A_3, \cdots, A_n$ 分别把托委托估价标的相对于价值时点而言的未来第一期、第二期、第三期、…第 n 期末的净收益;

Y 为估价对象的报酬率。

2.比较法

选取一定数量的可比实例,将它们与估价对象进行比较,根据其间的差异对可比实例成交价格进行处理后得到估价对象价值或价格的方法。公式如下:

比较价值=可比实例价格×交易情况修正系数×市场状况调整系数×房地产状况调整系数

其中房地产状况调整包含区位状况调整、实物状况调整、权益状况调整。

(三)估价技术路线

本次估价为 2—3 层的商业,体量较大,具有可比性的比较实例市场上极其稀少,市场多数为一楼一底或单底的小型沿街商业,又以一楼一底为主,根据嘉兴市基准地价,可以推导出一层商业单价同一楼一底商业、二层商业、三层商业的差异率。另外估价对象又存在租约,租约租金比客观租金低,本次司法处置带租约处置,需要评估带租约的价值。在以上背景下,本次评估总体思路为假设在估价对象处一间具有区域代表性的无租约的一楼一底商铺,运用比较法、收益法计算其价值,根据楼层差异率调整到一层的商铺价值,再调整到二层、三层的价值,计算得到总价值;再将其调整到从价值时点到租约结束都无租金的价值;最后加上租约内可取得的租金折现;最终得到估价对象带租约价值。具体为:

1.运用收益法求取假设的一楼一底商铺价值:搜集租赁交易实例,并调查了解其建筑面积、成交日期、成交价格、付款方式等情况;从搜集的交易实例中选取三个同估价对象最为接近(交易日期、区位相近,用途、结构、权利性质相同,档次、规模相当)的作为可比实例,采用比较法计算客观租金;扣除租赁运营成本得到净收益;计算报酬率;估测收益期;运用收益法公式计算收益价值。

2.运用比较法求取假设的一楼一底商铺价值:搜集交易实例,并调查了解其建筑面积、成交日期、成交价格、付款方式等情况;从搜集的交易实例中选取三个同估价对象最为接近(交易日期、区位相近,用途、结构、权利性质相同,档次、规模相当)的作为可比实例;建立比较基础,对各个可比实例成交价进行标准化处理;对可比实例的标准化成交价格再做进一步的修正和调整,包括进行交易情况修正、市场状况调整和房地产状况调整;求取单个可比实例比准价格,进行比较分析后,得到最终比较价值。

3.综合对比分析两种计算方法的结果,最终得到房地产市场价评估值。

4.运用楼层价值差异系数得到分层价格,乘以各层面积得到评估价。

5.将其调整到从价值时点到租约结束都无租金的价值。

6.最后加上租约内可取得的租金折现,最终得到估价对象带租约价值。

十、估价结果

估价人员根据估价对象房地产特点及估价目的,本着客观、公正、公平的原则,按照规定的必要程序,采用合适的估价方法,在认真现场查勘、查阅现有资料的基础上,通过对影响房地产价值因素的综合分析,参照本地的房地产市场行情,经过恰当的测算,结合估价师执业经验,最后确定本次评估的位于嘉兴市梁林帆影庄×幢商××号、××号商业房地产(建筑面积共计1066.28m²,相应国有出让分摊土地使用权面积,不包含内部装修)在价值时点二○一七年五月二十五日的估价结果为:

估价对象市场价值评估总价人民币大写伍佰柒拾捌万元整(￥5780000),按房产建筑面积折算平均单价为5420.72元/m²。

十一、注册房地产估价师

姓名、注册号	签名	签名日期		
×××(注册号:×××××××××××)		年	月	日
×××(注册号:×××××××××××)		年	月	日
×××(注册号:×××××××××××)		年	月	日

十二、实地查勘期

二〇一七年五月二十五日。

十三、估价作业期

二〇一七年五月二十五日至二〇一七年六月五日。

××房地产估价有限公司
二〇一七年六月五日

第四部分 估价技术报告

估价对象为×××、×××按份共有,各占50%所有的坐落于嘉兴市梁林帆影庄×幢商××号、××号商业房地产[房屋建筑面积共计 1066.28m² 及相应国有土地分摊使用权面积,规划、设计、登记及实际用途均为商业;包含相应共有及专有部分基本使用的设施、设备(如水、水表,电、电表,燃气等),不包含内部装修;考虑了租约对价值的影响]。

一、区位状况描述与分析

(一)区位状况描述

1.所在县市状况

嘉兴地处东南沿海,长江三角洲平原,素有鱼米之乡、丝绸之府之称。整个市域陆地面积 3915km²,现有人口 450.17 万人,下辖南湖、秀洲两个区,平湖、海宁、桐乡三个县级市和嘉善、海盐两个县。

2016 年,全市实现生产总值 3760.12 亿元,按可比价格计算,增长 7.0%,全年增幅与上年持平。第一产业实现增加值 143.85 亿元,增长 0.9%;第二产业实现增加值 1911.57 亿元,增长 5.7%;第三产业实现增加值 1704.70 亿元,增长 9.1%。全市三大产业增加值结构由 4.0∶52.6∶43.4 调整为 3.8∶50.9∶45.3,第三产业增加值比重提升 1.9 个百分点。其中,工业生产效益领先,速度保持稳定,全市规模以上工业企业实现利润总额 495.72 亿元,比上年增长 25.9%,新兴产业发展加快,高新技术产业、装备制造业、信息制造业增加值比上年分别增长 9.5%、12.8%、15.3%,增速均快于全市规模以上工业平均水平,增幅高于全省平均水平 9.8 个百分点。

2.位置状况

(1)坐落

嘉兴市梁林帆影庄×幢商××号、××号。

(2)方位

嘉兴市梁林帆影庄×幢位于嘉兴市梁林帆影庄小区南门××侧,东临河流,南临文昌路,西临小区入口,北临小区内部××号楼。

估价对象为嘉兴市梁林帆影庄××幢内 2—3 层商铺,临文昌路。

(3)与商业有关的重要场所距离

估价对象北距江南摩尔购物乐园 2.8km,西距蔬菜市场约 700m。

(4)临街(道路)状况

与文昌路相隔有 15m 的绿化带。

(5)楼层、朝向

所在幢为南北朝向,总层 12 层。估价对象所在 2—3 层,朝南。

3.交通状况描述

(1)道路状况

南临文昌路为人车混合型道路,流量较大,周边有梁林路等小区级支路。

(2)出入可利用交通工具

以私家汽车为主,50m 内的公交停靠站点 1 处,有 3 路公交,公共交通较少。

(3)交通管制

无交通管制。

(4)停车方便度

周边部分道路边有停车位,门前有较大面积场地,停车位充足。

4.商业繁华度

估价对象所在区域为嘉兴市区边缘地带,商业繁华度差。

5.配套设施

(1)基础设施

该区域属于嘉兴市中心城区,各类基础设施健全,土地提供"六通"条件。"六通"指通路、通电、通水、排水、通信、通气。

道路:区域内道路网密集。

电力:运行稳定。

供水:供水纳入市区水厂供水范围。

排水:污水纳入城市污水管网。

通信:区域程控电话和移动通信、电信、网通等宽带网络提供优质服务。

通气:区域内提供管道煤气。

(2)公共服务设施

周边公共服务设施较少,但与商业相配套的银行网点完善。

6.周围环境

(1)自然环境

估价对象位于一般城市街区,自然环境一般。

(2)人文环境

附近有运河实验学校、嘉兴技师学院、嘉兴秀水专修学院;所在小区为农民拆迁安置房,内部居住人员以原当地农民为主;西侧过 320 国道为市场群,外来人员混杂;东侧 400m 为运河新区新建设的住宅小区。区域内各类人群均有,人文环境一般。

（3）景观

估价对象无特别景观因素。

（二）区位状况分析

估价对象位于嘉兴市边缘运河新区地带，商业气氛较差，绿化带相隔主临街道，公共交通、公共服务少，位置显著度差，所在层次 2—3 层作为商业用途物业利用的不利影响较大，故此估价对象为商业利用较弱的房地产。

二、实物状况描述与分析

（一）土地实物状况描述与分析

1. 土地实物状况描述

（1）所在的梁林帆影庄×幢土地实物状况

估价对象所占为梁林帆影庄小区×幢楼分割土地，土地用途为商住，商业土地终止日期 2046 年 4 月 29 日、住宅土地终止日期 2076 年 4 月 29 日，东至小区主道路、南至文昌路绿化带、西至河道、北至小区内部；占地约 600m²；形状矩形；地形平坦，地势为平地；地质上属于第四纪沉积区，地质条件一般，浅层地下水有污染；宗地开发程度达到"五通一平"，地上已经建成 1 幢小高层。

（2）估价对象土地实物状况

估价委托人未提供估价对象相关土地权属证明，根据搜集的资料，掌握同幢其他房屋的权属资料及实物情况，根据一般规律及估价经验，其土地我们有理由假设为出让土地，用途商业，终止日期至 2046 年 4 月 29 日。其他情况不详。

2. 土地实物状况分析

估价对象所占土地面积小，容积率较高，地形、地势、地质无不良状况，适合建房；开发程度较高；综合分析土地实物状况较好。

（二）建筑物实物状况描述与分析

1. 建筑物实物状况描述

梁林帆影庄×幢，总层 12 层（地上 11 层、地下 1 层），建成年份为 2005 年，钢筋混凝土结构，桩基与箱形基础，砼梁、柱承重，砼楼地面及平屋面，砖墙围护，内楼梯，主体外墙面为灰色防水涂料，塑钢窗，双开玻璃大门。该幢建筑工程质量一般。由小区物业管理办公室进行统一物业管理，管理水平较差。

×幢楼 1—3 层为商业，3 层以上为住宅，估价对象位于该幢 2—3 层（现场查勘估价对象所在幢的 1 层西侧门厅及楼梯与估价对象共同使用，该部分面积包含在估价对象的分摊面积内），朝向南，各层建筑面积均为 533.14m²，共计 1066.28m²；平面形状不规则，层高约4m；通水、电，有卫生设施，设通信端口，设施总体维护良好。

估价对象 2 层平面布局：西侧为楼梯，西北侧为厨房，西南侧为女浴室及女更衣室，东侧及东南侧为多间独立房间，中央及北侧为男浴室、男更衣室及休息大厅，男浴室的东、南、西侧为走廊通道，消防通道位于平面的东北角。3 层平面布局：中央区域为客房，四周为环形走廊，走廊的东、南、北侧为客房，西侧为设备间及楼梯间，客房内均配有独立卫生间，消防通道位于平面的东北角。

内部1层门厅地面及楼梯面铺花岗岩地砖,墙面白色涂料,石膏板吊顶;2层走廊及更衣室地面铺复合地板,其余为地砖,浴室内墙贴瓷砖,其余为白色涂料,走廊、休息大厅及房间顶部为石膏板吊顶,女浴室及男更衣室为塑扣板吊顶,男浴室为铝塑板吊顶;3层走廊及客房内卫生间地面铺地砖,客房内地面铺复合地板,客房内卫生间墙面贴瓷砖,其余为白色涂料,客房内卫生间顶部为塑扣板吊顶,其余为石膏板吊顶。

现场查勘楼板没有渗水迹象、内墙没有渗雨迹象,没有发现不均匀沉降,地面、墙面、门窗保养维护较好,保温、隔音、采光等方面满足规范要求,为完好房。

估价对象规划用途为商业服务,现出租经营"×××××××",使用状况良好。

2.建筑物实物状况分析

估价对象房地产为商业用途,所在的梁林帆影庄×幢及估价对象本身均符合周边规划及发展;房屋为钢混结构利于使用,层高较高,平面布局呈矩形,内部无使用上多余的梁柱,水电齐全(卫生有公共卫生设施),采光、通风等满足要求。

三、权益状况描述及分析

(一)权益状况描述

1.房屋权属状况

根据估价委托人提供的《房屋所有权登记证明》(复印件)、《房屋所有权证》(复印件)记载,房屋权属状况如下。

(1)嘉兴市梁林帆影庄×幢商××号

权属证书号	×××××××				×××××××			
房屋所有权人	×××				×××			
共有情况	按份共有,占有份额:50/100				按份共有,占有份额:50/100			
房屋坐落	嘉兴市梁林帆影庄×幢商××号							
登记日期	2012年4月26日							
限制情况	限制							
抵押情况	抵押							
状态	登记							
房屋状况	幢号	室号	结构	总层数	所在层次	建筑面积 (m²)	建成年份	用途
	××	商××	钢筋混凝土	12	2	533.14	2005	商业服务

（2）嘉兴市梁林帆影庄×幢商××号

权属证书号	××××××××		××××××××	
房屋所有权人	×××		×××	
共有情况	按份共有,占有份额:50/100		按份共有,占有份额:50/100	
房屋坐落	嘉兴市梁林帆影庄×幢商××号			
登记日期	2012 年 4 月 26 日			
限制情况	限制			
抵押情况	抵押			
状态	登记			

房屋状况	幢号	室号	结构	总层数	所在层次	建筑面积（m²）	建成年份	用途
	××	商××	钢筋混凝土	12	3	533.14	2005	商业服务

2. 土地权属状况

估价委托人未提供估价对象相关土地权属证明,根据搜集的资料,掌握同幢其他房屋的权属资料及实物情况,根据一般规律及估价经验,其土地我们有理由推断假设为出让土地,用途商业,终止日期至 2046 年 4 月 29 日。其他情况不详。

3. 他项权利设立情况

根据估价委托人提供的《房屋抵押登记证明》（复印件）记载,抵押登记状况如下:

他项权证号	××××××××	××××××××
房屋他项权利人	××××××××××	
房屋所有权人	×××、×××	
房屋所有权证号	××××××××、××××××××	××××××××、××××××××
房屋坐落	嘉兴市梁林帆影庄×幢商××号	嘉兴市梁林帆影庄×幢商××号
他项权利种类	抵押权	
债权数额	653.50 万元	
登记日期	2012 年 8 月 14 日	
限制情况	限制	
状态	登记	
备注	该房屋占用范围内的土地使用权已办理抵押登记。属出让土地。属最高额抵押。收件编号:押（××）××××	

估价对象假设未设定抵押权、地役权、担保权,有租赁情况、无拖欠税费、占用、司法查封等权利限制情况,权属情况清晰,土地剩余使用年限为 30.49 年。估价对象根据法律法规及政策条件可以转让、出租、抵押或者用于其他经济活动,其合法权益受到国家法律保护。

根据租赁合同目前尚在租赁期内,租赁期限为 2009 年 2 月 10 日至 2019 年 2 月 10 日,租金一年一付,提前一个月支付,至 2018 年 2 月 9 日的租金已经支付。

(二)权益状况分析

估价对象具有合法且独立的权属证明,权属清楚,为正常使用、权益正常的商业用房,属于法律规定可以正常转让的房地产;剩余使用期限较长;具有他项权,且处于查封状态,但报告中假设其无原有担保物权、无查封。

但估价对象有租约,且价值时点距租约结束剩余 1.72 年,其中 0.72 年时间的租金因一年一付租金已经支付,剩余 1 年租金为年租金 159382 元,对于正常价值有减值影响。

四、市场背景描述与分析

(一)全国房地产市场概览

1.政策概述

2016 年政策面可分成泾渭分明的两个时间段,在前三季度,大多数城市的政策导向仍是去库存、支持自住型购买需求,仅上海、合肥、南京等少数热点城市出现政策收紧,但对市场影响有限。中央继 2015 年"9.30"下调首付最低至 2.5 成后,2016 年 1 月进一步将不限购城市首付款比例下调至最低 20%,其后多部委联合发文调整契税、营业税,以及 5 月全面实行"营改增",交易税负较之前再降 4.8%。紧随中央脚步,上半年有 30 多个省市先后出台刺激方案,主要方式有三类:一是鼓励农民进城买房;二是调减乃至暂停土地供应;三是多数城市给予购房货币补贴。

但四季度急转直下,自"9.30"开启 22 城密集调控之后,以"四限"(限购、限贷、限价、限钱)为代表的调控政策不断在热点城市蔓延、升级。其中,限购、限贷出现频率最高,部分城市更是升级原先的限购、限贷政策。典型如南京、苏州二套房首付比例可达 80%,上海、郑州等市也在年末进入了"认房又认贷"的严限贷款模式。

新开工面积方面,受此前基数较低影响,2016 年增速由负转正,一季度累计同比增速攀升至 21.4% 的最高点,绝对量也在 6 月份创下年内高点,在短暂的高位盘整后随即逐月下滑。四季度以来,增速始终保持在 10% 以下,新开工面积增速冲高仅"昙花一现"。由此来看,在中央"去库存"大方针不变、热点城市预售证控价加严的背景之下,短期内新开工指标依然面临着较大的上行压力。

2016 年年初,部分热点城市房价率先上涨,春节之后,房价升温现象更是进一步蔓延。从 70 城房价数据来看,上半年不仅深圳、上海、南京、合肥等城市房价高涨,惠州、无锡也加入了房价快速上涨的行列,二季度房价涨幅均超过 7%。三季度房价涨幅进一步加快,多达 12 座城市单季度房价涨幅超过 10%,其中无锡更是达到 17%,高居首位。再加之 9 月份"深圳 6 平方米 88 万元天价房",人民日报《失去奋斗 房产再多我们也将无家可归》等报道的传播,更是让有关房价的舆论矛盾进一步显露和激化,并最终引发了 9 月底开始的新一轮调控。

受政策调控限制,四季度以来热点城市房价增速确实明显放缓,不过在长沙、无锡等调控相对宽松的城市,房价依旧在快速攀升,11 月房价较 9 月份涨幅达到了 6%。

从全年房价涨幅来看,热点城市依旧领先。深圳依旧以 51% 的定基涨幅高居首位,合肥、南京、厦门等热点城市以 49% 的增速紧随其后(70 城无厦门),排在前十的也大多为热点一二线城市,三线城市中,只有无锡以 35% 的增速排在第六。

2.房地产市场概述

(1)房地产开发投资完成情况

据国家统计局统计,2016 年,全国房地产开发投资 102581 亿元,比上年名义增长 6.9%(扣除价格因素实际增长 7.5%),增速比 1—11 月份提高 0.4 个百分点。其中,住宅投资 68704 亿元,增长 6.4%,增速提高 0.4 个百分点。住宅投资占房地产开发投资的比重为 67.0%(见图 3-1)。

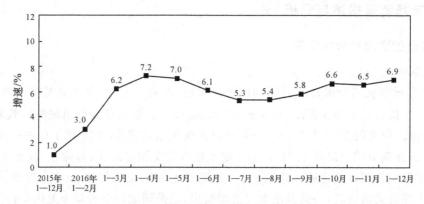

图 3-1　全国房地产开发投资增速

2016 年,房地产开发企业房屋施工面积 758975 万 m²,比上年增长 3.2%,增速比 1—11 月份提高 0.3 个百分点。其中,住宅施工面积 52124.880 万 m²,增长 1.9%。房屋新开工面积 166928 万 m²,增长 8.1%,增速提高 0.5 个百分点。其中,住宅新开工面积 115911 万 m²,增长 8.7%。房屋竣工面积 106128 万 m²,增长 6.1%,增速回落 0.3 个百分点。其中,住宅竣工面积 77185 万 m²,增长 4.6%。

2016 年,房地产开发企业土地购置面积 22025 万 m²,比上年下降 3.4%,降幅比 1—11 月份收窄 0.9 个百分点;土地成交价款 9129 亿元,增长 19.8%,增速回落 1.6 个百分点(见图 3-2)。

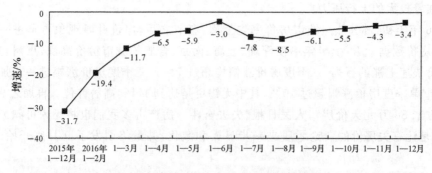

图 3-2　全国房地产开发企业土地购置面积增速

（2）商品房销售和待售情况

2016年，商品房销售面积157349万 m²，比上年增长22.5％，增速比1—11月份回落1.8个百分点。其中，住宅销售面积增长22.4％，办公楼销售面积增长31.4％，商业营业用房销售面积增长16.8％。商品房销售额117627亿元，增长34.8％，增速回落2.7个百分点。其中，住宅销售额增长36.1％，办公楼销售额增长45.8％，商业营业用房销售额增长19.5％（见图3-3）。

2016年年末，商品房待售面积69539万 m²，比11月末增加444万 m²。其中，住宅待售面积减少200万 m²，办公楼待售面积增加195万 m²，商业营业用房待售面积增加234万 m²。

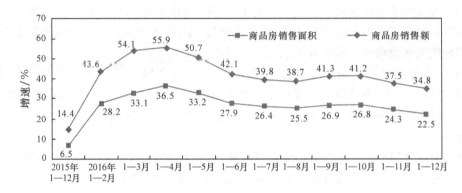

图 3-3　全国商品房销售面积及销售增速

（3）房地产开发景气指数

全国房地产开发景气指数遵循经济周期波动的理论，以景气循环理论与景气循环分析方法为依据，运用时间序列、多元统计、计量经济分析方法，以房地产开发投资为基准指标，选取了房地产投资、资金、面积、销售有关指标，剔除季节因素和随机因素的影响，采用增长率循环方法编制而成。国房景气指数选择2000年为基年，将其增长水平定为100。通常情况下，国房景气指数100是最合适的水平，95至105点之间为适度水平，95以下为较低水平，105以上为偏高水平。2016年12月份，房地产开发景气指数为94.08，比上月提高0.04点。

（4）土地市场

在"去库存"背景下，地方政府持续减少土地推出量，2016年，全国300个城市共推出土地27620宗，同比减少13％；推出土地面积103212万 m²，同比减少9％。其中，住宅类用地（含住宅用地及包含住宅用地的综合性用地）7937宗，同比减少15％，推出土地面积33651万 m²，同比减少10％；商办类用地5103宗，同比减少11％，推出土地面积13642万 m²，同比减少13％。

成交总量继续低位运行，一线城市同比降幅居前，二线热点城市有所增加。2016年，全国300个城市共成交土地22808宗，同比减少8％；成交面积85885万 m²，同比减少3％。其中，住宅用地（含住宅用地及包含住宅用地的综合性用地）6377宗，同比减少6％，成交面积28052万 m²，同比减少3％；商办类用地4124宗，同比减少6％，成交土地面积11074万 m²，同比减少 6％。

整体地价上扬拉升出让金,各季度同比均增,二线城市涨幅较明显。2016 年,全国 300 个城市土地出让金总额为 29047 亿元,同比增加 31％。其中,住宅用地(含住宅用地及包含住宅用地的综合性用地)出让金总额为 22606 亿元,同比增加 41％;商办类用地出让金总额为 4537 亿元,同比增加 4％。2016 年,经营性用地出让金在总额中占比为 93.5％,较上年同期增加约 1.7 个百分点,住宅类用地占比继续提高。全国 40 个大中城市出让金以同比增加为主,二线城市中共 10 个同比倍增,长三角区域表现较突出;一线城市因土地资源的稀缺性,供应与成交均走低,仅深圳出让金高于上年,北京、广州跌至历史同期低位。

重点城市成交活跃、地价攀升,四季度受政策影响有所回落,同比涨幅收窄。2016 年,全国 300 个城市成交楼面均价为每平方米 1904 元,同比上涨 40％。其中住宅类用地(含住宅用地及包含住宅用地的综合性用地)成交楼面均价为每平方米 3349 元,同比上涨 53％;商办类用地成交楼面均价为每平方米 2035 元,同比上涨 21％。

一、二线重点城市土地拍卖竞争较激烈,2016 年,全国 300 个城市土地平均溢价率 43％,较上年上升 27 个百分点。其中住宅类用地(含住宅用地及包含住宅用地的综合性用地)平均溢价 55％,较上年上升 34 个百分点;商办类用地平均溢价率 14％,较上年上升 7 个百分点。

整体而言,2016 年一线城市宅地资源稀缺,供不应求;二线热门城市土地拍卖火热,地价飞涨。这表明房企关注重点从一线城市发展到周边的二线城市。

(二)嘉兴市经济社会发展概况

1. 经济指标

嘉兴市 2016 年经济持续增长,居民收入提高,人口增速加快。全市实现生产总值 3760.12 亿元,按可比价格计算,增长 7.0％,全年增幅高于一季度、上半年 0.2 个百分点,与上年持平。全市城镇居民人均可支配收入 48926 元,同比名义增长 7.5％,扣除价格因素,同比实际增长 5.6％;农村居民人均可支配收入 28997 元,同比名义增长 8.0％,扣除价格因素,同比实际增长 6.1％。人口方面,根据省统计局 5％人口抽样调查核定,2016 年年末我市常住人口 461.4 万人,比 2015 年年末净增加 2.9 万人,增长 0.63％。"十二五"期间,即 2011—2015 年,常住人口分别增加 2.64 万人、1.30 万人、1.40 万人、1.20 万人和 1.50 万人,增速分别为 0.59％、0.29％、0.31％、0.26％和 0.33％。2016 年较"十二五"期间无论从增加绝对数还是增速看,均有加快趋势。

2. 产业结构优化

市社会消费品零售总额 1638.49 亿元,增长 10.8％,增速比上年回落 0.2 个百分点,低于全省平均 0.2 个百分点,扣除零售价格指数实际增长 9.3％,实际增速同比回落 1.0 个百分点。从三大产业来看,第一产业实现增加值 143.85 亿元,增长 0.9％;第二产业实现增加值 1911.57 亿元,增长 5.7％;第三产业实现增加值 1704.70 亿元,增长 9.1％。全市三次产业增加值结构由 2015 年的 4.0∶52.6∶43.4 调整为 2016 年的 3.8∶50.9∶45.3,第三产业增加值比重提升 1.9 个百分点。新兴产业发展加快,全市规模以上高新技术产业、装备制造业、信息制造业增加值比上年分别增长 9.5％、12.8％、15.3％,增速均快于全市规模以上工业平均水平。在全市经济运行平稳的前提下,新兴产业发展速度加快,脱颖而出,产业结构持续优化。

(三)嘉兴房地产市场总体状况

2016 年上半年,受国家金融、税收、区域规划、公积金等房地产利好政策影响,嘉兴住宅市场发力,涉宅土地、商品住宅价格"日新月异",商业银行个贷快速跟进,市公积金资金出现流动性紧张,下半年紧急出台公积金贷款收紧政策。到了 10 月,政府出台"嘉五条"规范房地产市场,出拳遏制房价疯涨势头。12 月起政策加大调控力度,嘉兴市本级和嘉善县先后启动限购政策,限制外地炒房投机者,抑制楼市泡沫。这次限购也是浙江省内除省会杭州外,首次出台限购政策的地级市及首个县,显示了政府对楼市的担忧和调控楼市的决心。

1.土地量价齐升,创造新高

2016 年嘉兴市本级土地共成交 99 宗,面积约 366.61 万 m²,成交金额约为 157.88 亿元。土地市场明显回暖,与往年的数据相比更是创造历史新高,土地成交面积用途主要由涉宅用地和工业用地构成(见图 3-4)。

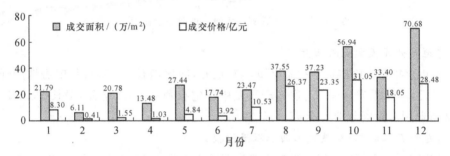

图 3-4　2016 年 1—12 月嘉兴市本级土地成交面积和金额

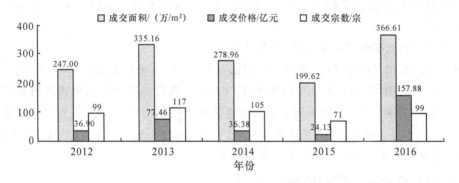

图 3-5　2012—2016 年嘉兴市本级土地成交对比分析

从具体月份来看,2016 年下半年成交面积和成交价格较上半年明显上升。2016 年的土地政策呈现"先紧后松"的规律,上半年受供应有限的影响,土地成交面积震荡下行。下半年土地供应明显增加,加上火热的楼市氛围,土地无一流拍,使得土地成交面积迅速攀升。另外,楼市的繁荣也带动了土地的成交金额,虽然 2016 年的成交面积仅稍大于 2013 年的数据,而土地成交价格创造了惊人的数字,是 2013 年的 203.82%(见图 3-5)。

涉宅用地是土地总成交量和总成交金额的主要组成部分,尤其是 2016 年一个又一个的住宅"地王"的出现,对土地市场整体有明显的推动作用。从具体数据来分析,全年成功出让涉宅用地共 32 宗,总成交面积约为 173.47 万 m²,占全年土地出让总量的 47.32%,总成交额约 139.12 亿元,占全年成交总额的 88.12%,楼面价平均值高达 3676 元/m²。工业用地则成交 46 宗,成交面积约 157.49 万 m²,成交金额约 8.83 亿元,面积占比为 42.96%,出让宗地多集中于嘉兴周边乡镇(见图 3-6)。

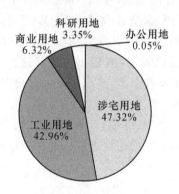

图 3-6　2016 年嘉兴市本级土地成交面积用途分布

2. 房地产开发投资止跌回升

2016 年全年全市固定资产投资 2790.16 亿元,同比增长 11.0%,其中房地产开发投资 478.40 亿元,同比上升 4.4%。房地产开发中住宅投资 334.84 亿元,增长 19.6%,而办公楼、商业营业用房投资分别下降 47.4%、27.8%。

3. 房屋新开工面积、房屋竣工面积涨降幅较大

商品房建设方面,2016 年嘉兴市本级房屋施工面积为 1647.80 万 m²,同比减少 1.3%,其中房屋新开工面积 265.46 万 m²,同比增长 18.9%;房屋竣工面积 418.28 万 m²,同比增长 134.1%。

4. 商品房销售猛增,"去库存化"效果明显

全年商品房销售面积 449.18 万 m²,同比上升 94.4%;销售额 338.57 亿元,同比增加了 104.7%;待售面积 185.38 万 m²,同比下降 26.4%。飙升的销售量和销售额得益于住宅的热销。从数据上来说,2016 年嘉兴市本级住宅销售面积 376.15 万 m²,占到了总商品房销售面积的 83.7%,是上年的两倍;销售额 291.81 亿元,同比上升 120.2%,形成了"量价齐升"的局面;待售面积 60.53 万 m²,仅为上年的一半。

(四)嘉兴商业房地产市场分析

1. 2016 年市区商业房地产开发与销售

2016 年嘉兴市本级新建商业成交量为 23.72 万 m²,相比 2015 年的 22.59 万 m²,增加了 5%,成交总额 21.48 亿元也是相对稳定。2016 年内具体月份来看,成交面积相对稳定,除了十月华府国际广场大量成交及年底各开发商冲销量使得成交量突然变大。从成交价格来看,商业的均价波动较大,主要是由于不同商圈不同楼层之间的单价差异较大,总体平稳(见图 3-7、图 3-8)。

从开发和库存的角度看,2016 年市本级商业开发投资同比减少 36.70%,待售面积 62.89 万 m²。按照 2016 年成交量进行计算,库存去化时间达到 32 个月,陷入"高库存"困境。

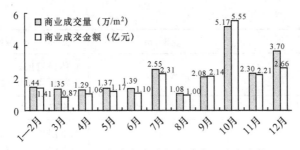

图 3-7　2016 年嘉兴市本级新建商业成交走势

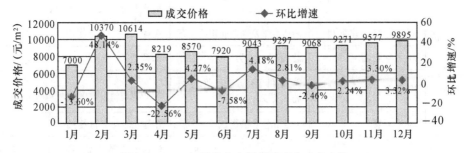

图 3-8　2016 年嘉兴市本级新建商业成交走势

近几年来嘉兴市本级建设了大量的商业中心,然而在购买力不足、同质竞争、电商冲击和实体经济疲软的局面下,一些商业项目遭受了巨大打击,甚至出现了烂尾的情况。浙江省商务研究院的调查数据显示,中小城市的人均商业面积应控制在 0.8～1m², 然而嘉兴已达到 1.56m², 位于全省第一,远远超过控制面积。面对严峻的形势,嘉兴市政府在 8 月 21 日试行《关于促进商贸综合体和专业市场规范发展的若干意见》,提高开发商"自持"比重,加强对商业房地产风险控制。对于尚未建设的项目可以调整营业用途,鼓励正在建设中的项目进行转型,对于运营困难的项目,通过以增强营销手段或者引入战略合作者等方式改善经营。总而言之,2016 年嘉兴的商业市场,不管是开发、销售还是运营,都面临前所未有的挑战。

2.市区内主要商业综合体项目分析

表 3-2 是我们统计的嘉兴市本级内的主要综合体,对于部分值得关注的综合体进行分析,可以看出,市各区块均存在房地产开发问题。

表 3-2　嘉兴市区主要商业体统计(包含但不限于)

区域	名称	规模(m²)	经营状态
市中心	江南大厦	总面积 4.4 万,商业面积 3.5 万	整体经营无空置,周末百货经营区平均人流量 50 人/层。打折促销日人流有所增长
	戴梦得购物中心	总面积 4 万,商业面积 1.8 万	整体经营无空置,周末百货经营区平均人流量 50 人/层。打折促销日人流有所增长
	华庭街购物中心	总面积 9.5 万,商业面积约 7 万	沿建国路商业无空置,内部步行街中庭南部空置率 10%、北部空置率 15%,百联服饰城空置转让率 30%

续表

区域	名称	规模(m²)	经营状态
市中心	嘉禾北京城	商业面积约 4 万	整体经营困难,沿建国路商铺无空置,内部仅零星商铺经营
	鹿都商业广场	商业面积约 7.5 万	尚未交付,处于停工状态
	旭辉广场	商业面积约 8.3 万	地下层停业,二层服装零售区域空置约 60%,三层、四层空置约 30%,仅靠部分餐饮支撑,周末百货类经营区平均人流量不足 30 人/层
	嘉兴宾馆改建项目	酒店大堂及商业面积约 4 万	在建,尚未交付使用
	月河商业街	总面积 8.8 万	未调查
	梅湾商业街	总面积 13 万,商业面积约 8.5 万	未调查
	月河印巷	5 万 m² 主题街区	在建,尚未交付使用
城西	八佰伴购物中心	商业及配套总面积 17.7 万,商业面积约 12 万	整体经营无空置,周末百货、服饰经营区平均人流量 50 人/层,男装层不足 20 人/层。七层餐饮区及四层游乐区人流较多
	江南新天地(富安中心)	商办住总面积 16.5 万,商业面积约 3.5 万	周末百货经营区平均人流量不足 30 人/层,餐饮区部分空置
	江南摩尔	项目总面积 20 万,商业面积约 10 万	商业主要集中于外部通两侧,内部步行街商业空置在 50% 以上。周末天虹百货经营区平均人流量 50 人/层。打折促销日人流有所增长
城南	乐天玛特	无资料	人流量不足,勉强经营
	体育中心	总面积 5.5 万,商业面积约 3.3 万	戴梦得购物中心租用 1.8 万 m²
	台昇国际广场	规划商业面积 10 万	尚未建
	华府广场	总面积 14.2 万,商业面积 11 万	在建已预售,尚未交付使用
	嘉城新都会	商业面积 1 万	全部停止营业
	星雅汇	总面积 2.98 万,商业面积 1.9 万	已建成交付使用,目前正在招商中
城北	杉杉生活广场	总面积 16 万,商业面积 5 万	在建已预售,尚未交付使用,预期大润发入驻
运河新区	利丰新天地	项目总面积 9.6 万商业面积 4.5 万	已交付使用,负 1 至 3 层为餐饮聚集区,空置率 30%,餐饮上座率不足 50%
	中润嘉兴中心	商业面积 15 万	尚未交付,处于停工状态
	新世界莲花广场	项目总面积 25 万,商业面积约 12 万	在建,尚未交付使用

续表

区域	名称	规模(m²)	经营状态
运河新区	环球国际中心	项目总面积17万,商业面积约5.6万,办公面积8.4万	商业由月星家居整体使用
	欧布苏商业广场	项目总面积5.9万,商业面积3.5万	资金链断裂,项目烂尾
	泰富世界城	项目总面积16.5万,商业面积6万	基本建设完成,尚未竣工交付
	颐高数码广场	项目总面积7.4万,商业面积2.5万,办公面积3.76万	已建成交付使用。
	五四文化广场	项目总面积9.5万,商业面积3万	部分完工交付使用,开发主体已经变更,部分继续建设
南湖区	中港城商贸中心	商业面积25万	大部分空置,经营困难
	老佛爷购物中心	商业面积约2.8万	正常经营
	协和广场	项目总面积4.7万,商业面积2万	空置较高
	泰富商业广场	项目总面积3.2万,商业面积2万	大部分作为餐饮及服务业
	汇金广场	商业面积1.8万	大部分作为餐饮业宾馆使用
南湖新区国际商务区	万达广场	商业面积15万	自持整体经营
	绿地新都会	商业面积6.5万,办公面积1.9万	在建,尚未交付使用
	华盛广场	商业面积约2.2万	未调查
	大树丝路彩虹	商业面积13万,办公面积13万	在建,尚未交付使用
秀洲新区	江南数码港	商业面积5万	经历主体变更后,重新开业。人流量稀少
	智富城Mall	商业面积7.6万	在建,尚未交付使用

3.电商冲击对实体商业的不利影响

(1)从商业发展历程看,电商出现是符合生产力提升的必然,商业的改型升级如不通过电商必定也会通过其他方式完成(见表3-3)。

表3-3 商业发展历程

时间	实体商业	电子商务
20世纪90年代初	从单一的百货公司柜台销售、垄断集中经营,过渡至大量沿街商业个体经营	
20世纪90年代中后期	大型超市出现,传统个体零售门店	

续表

时间	实体商业	电子商务
2000 年年初	形成专门品类零售业的集聚商业街,如服装街、手机街等	
2003—2008 年	更为集中的专业市场、Mall 式综合购物中心兴起,颐高数码广场、红星家居广场、万达百货、海宁皮革城在起源地大获成功并开始全国推广	2003 年淘宝网创立,2004 年京东开展电子商务
2008—2012 年	专业市场、Mall 式综合购物中心在全国范围内迅速扩张	2011 年年底天猫上线,专注于 B2C(商对客),打破淘宝网低价低质的传统印象
2012 年		2012 年京东以只卖正品为切入口,进一步推动 B2C 发展
2013 年		大屏幕智能手机普及,移动应用快速发展。电商入侵本地商业市场,美团、大众点评等团购网站兴起,进一步抢占实体商业人流量 天猫超市、全球购上线
2014 年		微信普及,微商出现,形成了依靠社交媒体转售产品、自产自销的"无领"阶层 网约车平台出现,如滴滴、快滴、优步等,天猫国际上线,海淘进入大众需求领域
2015 年		借助天猫国际等跨境电商网,全球购物普及
2016 年		电商着重开拓生鲜等细分市场,实现跨区域、跨境生鲜特产品采购。向日常农贸产品进军

电商替代实体商业模式,从等待客户到主动寻找客户的升级,同时也突破了地域的限制,而房地产正是依托于地域限制所产生的赢利方式,可见,电商从根本上颠覆了实体商业。

(2)电商在消费品零售总额中占比逐渐增大

艾瑞咨询最新数据显示,2015 年中国网络购物市场交易规模达 3.8 万亿元,同比增长 36.2%;国家统计局发布的数据显示,2015 年我国社会消费品零售总额达到 30.1 万亿元,网络购物在社会消费品零售总额中的占比为 12.6%,较 2014 年提高 2%(见图 3-9)。

通过对历史数据的推测,未来网络购物市场交易规模会有一个持续上涨的过程。

(3)从马斯洛需求角度分析实体商业的机会

马斯洛需求,即生理、安全、社交、尊重、自我实现。

随着电子商务的日益深入,电商完全可以满足消费者生理(价格相对低)、安全(品牌的品质保证)、社交(通过分享实现互动)、尊重(逐渐完善的售后保障)需求。同时,每一部手机都是一个虚拟的超级综合商业体,经济、便捷、高度自主选择权上优于实体商业。

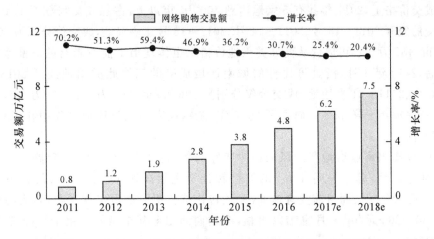

图 3-9 　2011—2018 年中国网络购物市场交易规模分析及预测

注:网络购物市场规模为 C2C 交易额和 B2C 交易额之和,本图为口径 1(详见后文)下的数据。

来源:综合企业财报及专家访谈,根据艾瑞统计模型核算。

概念界定:艾瑞统计的网络购物市场规模指国内用户在国内网站的所有零售订单的总金额。零售指企业(单位、个体户)通过交易直接售给个人、社会集团作为最终消费,而非生产、非经营用的商品的活动,包括售给居民个人和企事业单位的生活和公共消费(如办公用品),但不包括售给生产经营企业用于生产或经营的商品、售给商业单位用于转卖的商品。中国网络购物市场包含跨境进口,不包括跨境出口业务。

实体商业相比不占任何优势,原因为这么多年的实体商业已形成习惯性的赢利模式,改变较为困难。电商首先蚕食零售业市场,狙击简单的区域性"倒卖";其次通过改变客户消费习惯,从网络延伸至实体性消费已成趋势。实体与网络的重要性角色开始发生互易,实体商业应做好电商的延伸功能,当然一味强调实体商业的体验式转型,可能是小众的伪需求,线上线下互动才能发挥消费真正潜力,把竞争变为互利。

(4)电商冲击下,商铺优势不再

商铺原来经常被定义为"一铺养三代",大型商圈内的商铺租金及价格也总是保持持续性的上涨态势,一直是房地产投资品中的宠儿。

但进入 2014 年后,电商爆炸式发展全面冲击线下商业,再加上大屏幕智能手机普及改变生活消费习惯更催化了网商的发展,美团等本地服务电商壮大进一步使商业地产竞争压力加剧,商业地产的市场预期开始出现下降。2014 年至今,实体商业地产供过于求,市区主要路段商铺空置率大幅提高,商业租金面临再平衡,商业用房处置出现困难。

首先我们来看下嘉兴市本级(不含各镇)商业、商办类一级土地市场数据,见表 3-4。

表 3-4 　嘉兴市本级(不含各镇)商业、商办类出让数据汇总

年份	2011	2012	2013	2014
成交宗数	21	4	13	5
成交亩数	1040	49	274	227

可以看到 2011 年的该类土地成交量达到"天量",可见当时的火爆程度。

从成交价格上,2011 年共有 5 宗地达到 400 万/亩以上,占总成交宗数近 1/4,特别是 5 月份成交的经开 2011－13 号、2011－14 号、2011－16 号三块宗地,成交价分别为 503 万/亩、467 万/亩、487 万/亩,可以说从商办类土地价格上也体现出了前所未有的高涨态势。而事隔两年后,2013 年 6 月,极具可比性的城南区域成交的三块此类用地经开 2013－17 号、2013－20 号、2011－21 号用地,成交价仅分别为 396 万/亩、298 万/亩、294 万/亩,平均价格比 2011 三宗地年下降 32%。而到了 2014 年,全年成交的此类用地多集中在 150 万～250 万/亩范围内。

其次,以嘉兴商业房地产的风向标少年路为例,在 2013 年之前,少年路一直是一铺难求,寸土寸金之地,单单一间 40m² 的商铺转让费竟然高达 14 万～20 万元,租金一般在 300～400 元/m²·月;而目前空置增加,无须转让费招租商铺也出现了很多,有些商铺租金下调至 250～260 元/m²·月也难以出租,个别商铺租金甚至腰斩。租金下降有 25% 左右(见图 3-10)。

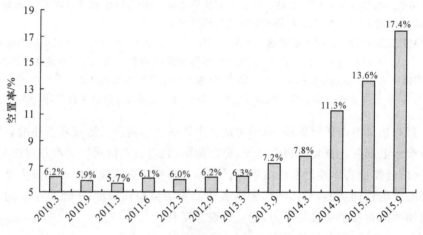

图 3-10　少年路商圈沿街底层空置率

2. 未来发展情况预测

(1)政策

预计未来货币信贷方面,央行将继续保持稳健的货币政策,维持市场资金合理充裕,并通过市场化手段引导中长期实际利率下行,降低企业融资成本,促进房地产需求持续释放。房地产政策方面,短期坚持分类指导,鼓励住房需求特别是农民工等新市民需求,长期仍有赖房地产长效机制逐步健全。

(2)市场状况

之前分析看到,电商是持续发展的态势,在电商的持续发展下,此涨彼消,实体商业(直接影响到商业房地产)必然会持续走弱。

嘉兴商业房产仍以消化高库存和超建为主要任务。

五、最高最佳利用分析

房地产估价应当以估价对象的最高最佳利用为前提进行估价。最高最佳利用是指法律上允许、技术上可能、财务上可行,并使价值得以最大的合理、可能的利用,包括最佳的用途、规模、档次等。

本次估价主要从下列方面考虑。

(一)法律上允许

对于每一种潜在的使用方式,首先检查其是否为法律所允许。如果法律是不允许的,应被淘汰。

估价对象具有合法的权属证明,规划及证载合法用途均为商业,未有其他不利行使合法权利的限制,故估价对象维持现状作为商业房地产使用是被法律所认可、允许的。

(二)技术上可能

对于法律所允许的每一种使用方式,要检查它在技术上是否能够实现,包括建筑材料性能、施工技术手段等能否满足要求。如果技术上达不到的,应被淘汰。

估价对象建筑物是根据商业经营所建造的综合房屋,其层高、跨度、荷载都符合商业条件使用要求,且已正常满足商业现状使用至今,故估价对象维持现状作为商业房地产使用在技术上是可能的。

(三)经济上可行

对于法律上允许、技术上可能的每一种使用方式,还要进行经济可行性检验,只有未来收入现值大于未来支出现值的使用方式才具有经济可行性,否则应被淘汰。

作为商业房地产使用符合估价对象所处区域内商业房地产特性,交通、产业聚集、政策均符合商业房地产的使用状态,在未来生产、利用中有效地服务于企业运营,经济收益大于支出,所以其在经济上是可行的。

(四)价值最大化

在所有具有经济可行性的使用方式中,能使估价对象的价值达到最大的使用方式,才是最高最佳的利用方式。

在用途的合法性限定下,房地产规划、设计、建造、使用均按合法用途(商业)进行,且维持现状作为商业使用与区域发展、周边物业、周边自然和人文经济环境、土地的集约使用、估价对象位置相协调,价值也达到最大化。

(五)其他利用方式分析

估价对象更新改造使用会造成浪费,无现实意义;改变用途、改变规模、重新开发再利用均无法得到法律上的许可,且与同区域发展不相适应。

综上,经分析、判断,估价对象以维持现状、继续利用最为合理,为最高最佳利用方式,因此以维持现状为前提进行估价。

六、估价方法适用性分析

根据《房地产估价规范》(GB/T 50291—2015),通行的估价方法有比较法、收益法、成本法、假设开发法等,应根据当地房地产市场发育情况并结合估价对象的具体特点及估价目的等,选择适当的估价方法。

(一)方法选用分析

估价人员在认真分析所掌握的资料,并对估价对象进行了实地查勘以及对周边房地产市场进行调查后,根据《房地产估价规范》(GB/T 50291—2015)、《房地产估价基本术语标准》(GB/T 50899—2013),遵照国家有关法律、法规、估价技术标准,经过反复研究,我们最终使用比较法及收益法进行计算。具体分析见表3-5。

表3-5 估价方法选择说明

估价方法	估价方法定义	适用对象	估价方法是否选择理由	是否选取
比较法	选取一定数量的可比实例,将它们与估价对象进行比较,根据其间的差异对可比实例成交价格进行处理后得到估价对象价值或价格的方法	同类房地产数量较多、经常发生交易且具有一定可比性的房地产	所在区域与其相似的成交可比实例(同一供需圈内、用途一致、邻近区域)较多,且资料可调查取得,故本次评估选取比较法进行估价	选取
收益法	预测估价对象的未来收益,利用报酬率或资本化率、收益乘数将未来收益转换为价值得到估价对象价值或价格的方法	收益性的房地产,包括住宅、写字楼、商店、旅馆等	估价对象具有租金收入,同时该类商业房地产在估价对象区域具有客观租金实例,因此同时选用收益法	选取
假设开发法	求得估价对象后续开发的必要支出及折现率或后续开发的必要支出及应得利润和开发完成后的价值,将开发完成后的价值和后续开发的必要支出折现到价值时点后相减,或将开发完成后的价值减去后续开发的必要支出及应得利润得到估价对象价值或价格的方法	待开发房地产	估价对象为已开发完成的商业用房,不具有开发或再开发、改造情况潜力,故不适用假设开发法	不选取
成本法	测算估价对象在价值时点的重置成本或重建成本和折旧,将重置成本或重建成本减去折旧得到估价对象价值或价格的方法	新开发房地产、旧的房地产、在建工程、计划开发房地产;另比较法、收益法使用受到限制的房地产;单独建筑物或者其装饰装修	对于活跃的市场来说,交易价格主要与宏观经济环境、市场供需状况、周边类似房地产市场价格等因素相关,而成本法所得到价格并不能真正体现市场较活跃的商铺市场价格。同时估价对象单套房屋是不可作为独立的开发建设项目进行重新开发建设的,以上原因不适用成本法测算	不选取

(二)本次选用估价方法定义及基本公式

1.收益法

预测估价对象未来的正常净收益,选用适当的报酬率将其折现到价值时点后累加,以此估算估价对象的客观合理价格或价值的方法。

本次估价采用前期收益按比例增长若干年,后期有限年收益固定不变的估价模型。

收益法公式:

$$V = \frac{A_1}{(1+Y)^1} + \frac{A_2}{(1+Y)^2} + \frac{A_3}{(1+Y)^3} + \cdots + \frac{A_n}{(1+Y)^n} = \sum_{i=1}^{n} \frac{A_i}{(1+Y)^i}$$

其中,V 为房地产在价值时点的收益价格;

n 为房地产的收益年限;

$A_1, A_2, A_3, \cdots, A_n$ 分别为委托估价标的相对于价值时点而言的未来第一期、第二期、第三期、…、第 n 期末的净收益;

Y 为估价对象的报酬率。

2.比较法

选取一定数量的可比实例,将它们与估价对象进行比较,根据其间的差异对可比实例成交价格进行处理后得到估价对象价值或价格的方法。公式如下:

比较价值＝可比实例价格×交易情况修正系数×市场状况调整系数×房地产状况调整系数

其中房地产状况调整包含区位状况调整、实物状况调整、权益状况调整

(三)估价技术路线

本次估价为 2—3 层的商业,体量较大,具有可比的比较实例市场上极其稀少,市场多数为一楼一底或单底的小型沿街商业,又以一楼一底为主,根据嘉兴市基准地价,可以推导出一层商业单价同一楼一底商业、二层商业、三层商业的差异率。另外估价对象又存在租约,租约租金比客观租金低,本次司法处置带租约处置,需要评估带租约的价值。在以上背景下,本次评估总体思路为假设在估价对象处一间具有区域代表性的无租约的一楼一底商铺,运用比较法、收益法计算其价值,根据楼层差异率调整到一层的商铺价值,再调整到二层、三层的价值,计算得到总价值;再将其调整到从价值时点到租约结束都无租金的价值;最后加上租约内可取得的租金折现;最终得到估价对象带租约价值。具体为:

1.运用收益法求取假设的一楼一底商铺价值:搜集租赁交易实例,并调查了解其建筑面积、成交日期、成交价格、付款方式等情况;从搜集的交易实例中选取三个同估价对象最为接近(交易日期、区位相近,用途、结构、权利性质相同,档次、规模相当)的作为可比实例,采用比较法计算客观租金;扣除租赁运营成本得到净收益;计算报酬率;估测收益期;运用收益法公式计算收益价值。

2.运用比较法求取假设的一楼一底商铺价值:搜集交易实例,并调查了解其建筑面积、成交日期、成交价格、付款方式等情况;从搜集的交易实例中选取三个同估价对象最为接近(交易日期、区位相近,用途、结构、权利性质相同,档次、规模相当)的作为可比实例;建立比较基础,对各个可比实例成交价进行标准化处理;对可比实例的标准化成交价格再做进一步的修正和调整,包括进行交易情况修正、市场状况调整和房地产状况调整;求取单个可比实例比准价格,进行比较分析后,得到最终比较价值。

3.综合对比分析两种计算方法的结果,最终得到假设一楼一底商铺的评估值。

4.运用楼层价值差异系数得到分层价格,乘以各层面积得到评估价。

5.将其调整到从价值时点到租约结束都无租金的价值。

6.最后加上租约内可取得的租金折现,最终得到估价对象带租约价值。

七、估价测算过程

估价对象有租约,出租经营"×××××××",租期为 2009 年 2 月 10 日至 2019 年 2 月 10 日,前三年租金为 10 万元/年,满 3 年后第四年租金每年上涨 6%。租金一年一付,下次支付提前一个月。水电费及该期间费用及税费、物业管理费由承租方负担。

价值时点距租约结束剩余 1.72 年,其中 0.72 年时间的租金因一年一付租金已经支付,剩余一年租金为年租金 159382 元,租金水平低于客观租金,对于正常价值有减值影响。

根据之前技术路线所述,假设在估价对象处一间一楼一底的商铺,开间 4.5m,进深 12m,一层层高 4m,二层层高 4m,建筑面积 120m²。无租约。

(一)比较法计算一楼一底商铺价值过程

运用比较法估价一般分为下列几个步骤进行。

(1)搜集交易实例并选取可比实例;

(2)建立比较基础(标准化处理,统一内涵和形式);

(3)进行交易情况修正;

(4)进行市场状况调整;

(5)进行房地产状况调整(包括区位状况调整、实物状况和权益状况调整);

(6)求取比较价值。

比较法计算公式

比较价值=可比实例标准化处理后价×交易情况修正系数×市场状况调整系数×房地产状况调整系数

=可比实例标准化处理后价×交易情况修正系数×市场状况调整系数×区位状况调整系数×实物状况调整系数×权益状况调整系数

$$=可比实例标准化处理后价×交易情况修正系数×\frac{估价对象市场状况指数}{可比实例市场状况指数}$$

$$×\frac{估价对象区位状况指数}{可比实例区位状况指数}×\frac{估价对象实物状况指数}{可比实例实物状况指数}×\frac{估价对象权益状况指数}{可比实例权益状况指数}$$

1.搜集并选取可比实例

选取的可比实例有四个基本要求:

(1)可比实例房地产应是估价对象房地产的类似房地产;

(2)可比实例的成交日期应与价值时点接近;

(3)可比实例的交易类型应与估价目的吻合;

(4)可比实例的成交价格应为正常市场价格或能够修正为正常市场价格。

根据上述选择实例原则,评估人员遵循上述原则,通过网络查询、走访中介及房产交易部门,调查到三套商铺交易实例作为本次估价的可比实例。

可比实例同估价对象位置图略。

实例一:嘉兴市梁林帆影庄商××号(××路)商铺。

为梁林帆影庄外围临街商铺,位于梁林路,距文昌路两间门面,一楼一底商铺,朝东;建筑面积为106.6m²,开间4m,进深12m,土地使用权终止日期为2046年4月29日;钢筋混凝土(以下简称钢混)结构,层高4m;建成于2005年。2017年2月6日二手买卖取得,成交价1100000元,正常交易,买方承担所有交易税费。实例来源:中介处调查得到。

实例二:嘉兴市文昌路××号商铺。

位于梁林路与文昌路交叉口东北侧,元一柏庄外围沿街商铺,位于街角,一楼一底商铺,朝南偏西;建筑面积为230.51m²,开间8.5m,进深12m,土地使用权终止日期为2047年3月14日;钢混结构,层高4m;建成于2010年。2016年11月10日二手买卖取得,成交价2539000元,正常交易,买方承担所有交易税费。实例来源:中介处调查得到。

实例三:嘉兴市香槟街××号商铺。

位于新文化广场楼下底层沿香槟街店面,单底商铺,单间开间8m,进深14m,钢混结构,层高4m,建成于2014年,建筑面积118.82m²,土地使用权终止日期为2051年6月28日,由新文化广场建设单位分割以二手房方式转让,卖方承担税费,2016年6月21日签订买卖合同,成交价1650000元。正常交易。原为毛坯,目前已经营开店。实例来源:项目代理中介处调查得到。

2.建立比较基准

(1)统一财产范围

(2)统一付款方式

(3)统一融资条件

(4)统一税费负担

(5)统一计价单位

①目前可比实例一、二均为净价成交,买方承担所有交易费用,嘉兴市在交易过程中应由卖方承担的税费项目为:

所得税:个人销售商业房地产按不含税房款的2%,销售办公按1.5%全额征收个人所得税。

增值税及附加:增值税为不含税购房款的5%,附加为增值税的12%(市级)、10%(县、镇)。销售非住宅的,差额征收增值税(上次契证记载价格同本次房款差额)。

印花税:印花税为买卖双方各自缴纳不含税房价的0.05%。

土地增值税:个人销售非住宅按不含税房价5%带征土地增值税。

实例一、二税费均由买家承担,均为商业用房,故涉及所得税、增值税及附加、土地增值税5%、印花税。

②根据中介介绍,实例一、二室内均有装修,但店面装修再次利用率很低,且多为承租户装修,多数在买卖时并不考虑装修价值或对房价影响较小。该因素在后面比较因素中进行细微调整处理,此处暂不处理。

③其他付款方式、融资条件、计价单位等方面均相同或仅有微小差别。不需调整。

综上所述,经过标准化处理后的比较实例的价值为:

实例1单价:本次成交单价为1100000÷106.6=10318.95(元/m²),该房屋上一次交易契税约为5000元。假设P为正常成交价,$P_原$为原来契证价,$P_净$为本次成交净价,则:

$$P = P_{净} + [(P - P_{原}) \times 5\% / (1+5\%) \times (1+12\%)] + [P \times 2\% / (1+5\%)] + [P \times 5\% / (1+5\%)] + [P \times 0.05\% / (1+5\%)]$$

可计算出：

$$P = (P_{净} - P_{原} \times 5.33\%) \div (1 - 5.33\% - 1.9\% - 4.76\% - 0.0476\%)$$
$$\approx 11428.43 (元/m^2)$$

实例 2 单价：本次成交单价为 $2539000 \div 230.51 = 11014.71 (元/m^2)$，该房屋上一次交易契税未能调查到，按照原房价的一半估算。假设 P 为正常成交价，$P_{原}$ 为原来契证价，$P_{净}$ 为本次成交净价，则：

$$P = P_{净} + [(P - P_{原}) \times 5\% / (1+5\%) \times (1+12\%)] + [P \times 2\% / (1+5\%)] + [P \times 5\% / (1+5\%)] + [P \times 0.05\% / (1+5\%)]$$
$$= P_{净} + [(P - P/2) \times 5\% / (1+5\%) \times (1+12\%)] + [P \times 2\% / (1+5\%)] + [P \times 5\% / (1+5\%)] + [P \times 0.05\% / (1+5\%)]$$
$$= P_{净} + (P \times 2.665\% + P \times 1.94\% + P \times 4.76\% + P \times 0.0476\%)$$

可计算出：$P = P_{净} \div (1 - 2.665\% - 1.94\% - 4.76\% - 0.0476\%) \approx 12153.49$ $(元/m^2)$

实例 3 单价：本次成交单价为 $1650000 \div 118.82 = 13886.55 (元/m^2)$

3. 交易情况修正

实例均为二手房正常销售，未发现有关联交易等非正常现象，无须进行交易情况修正。

4. 市场状况调整

市场状况调整：根据我公司对嘉兴市房地产市场价格的掌握，商业类房地产市场涨幅平稳，近 2 年内的年平均涨幅测算为 3.5%。本次估价按年为计算标准：

实例 1（比价值时点早 0.3 年）：$(1 + 3.5\%)^{0.3} = 1.0104$；

实例 2（比价值时点早 0.54 年）：$(1 + 3.5\%)^{0.54} = 1.0188$；

实例 3（比价值时点早 0.93 年）：$(1 + 3.5\%)^{0.93} = 1.0325$。

5. 房地产状况调整

房地产状况调整包括区位、实物、权益三方面因素。根据市场一般规律及经验，商业类房地产这三方面影响因素具体有：

(1) 区位因素：主要有区域商业繁华度、距离大型商业中心距离、接近专业市场程度、接近娱乐设施情况、接近文体设施情况、接近公共设施情况、交通便捷度、路段商铺分布状况、周边商业繁华程度、视觉环境、朝向、楼层、所临道路功能等。

(2) 实物因素：主要指建筑外观、建筑结构、设备设施、装饰装修、户型、层高、商铺临街状况、开间进深状况、建筑面积、实用面积、停车便利度、新旧程度等。

(3) 权益因素：主要指收益年限状况、建筑物权益状况，规定用途、相邻关系限制等。

再编制比较因素说明表。按 5 级修正标准制作，"一般"修正值为 0，各级修正系数按重要程度分别确定。各级修正系数根据嘉兴市商业用房各因素影响程度一般规律、掌握资料及估价人员的经验判断确定（见表 3-6）。

表 3-6　比较因素条件及修正系数说明

<table>
<tr><th colspan="2">修正因素</th><th>各级修正系数</th><th>优</th><th>较优</th><th>一般</th><th>较劣</th><th>劣</th></tr>
<tr><td rowspan="13">区位因素</td><td>所处区域商业繁华程度</td><td>3%</td><td>市中心商业区,商业繁华程度高</td><td>区级中心商业区,商业繁华程度较高</td><td>商业繁华程度一般</td><td>小区级别商业区,商业繁华程度较差</td><td>商业不繁华区域</td></tr>
<tr><td>距离大型商业中心距离</td><td>2%</td><td>200m 内</td><td>200～500m</td><td>500～800m</td><td>800～1000m</td><td>1000m 以上</td></tr>
<tr><td>附近专业市场的程度</td><td>3%</td><td>附近专业市场程度很高</td><td>附近专业市场程度较高</td><td>附近专业市场程度一般</td><td>附近专业市场程度较低</td><td>附近专业市场程度很低</td></tr>
<tr><td>附近娱乐设施情况</td><td>2%</td><td>附近娱乐设施众多</td><td>附近娱乐设施较多</td><td>附近娱乐设施情况一般</td><td>附近娱乐设施较少</td><td>附近娱乐设施很少</td></tr>
<tr><td>附近公共设施情况</td><td>2%</td><td>附近公共设施众多</td><td>附近公共设施较多</td><td>附近公共设施情况一般</td><td>附近公共设施较少</td><td>附近公共设施很少</td></tr>
<tr><td>交通便捷度</td><td>2%</td><td>50m 内有公交站点,4 条公交线路以上;机动车可通行</td><td>100m 内有公交站点,3 条公交线路以上;机动车可通行</td><td>200m 内有公交站点,1 条公交线路以上;机动车可通行</td><td>400m 内有公交站点,1 条公交线路以上;机动车可通行</td><td>无公交站点;机动车可通行</td></tr>
<tr><td>所临路段店铺分布状况</td><td>2%</td><td>双面连续分布</td><td>单面连续分布</td><td>双面不连续分布</td><td>单面不连续分布</td><td>独立分布</td></tr>
<tr><td>周边商业繁华程度</td><td>5%</td><td>商业氛围好</td><td>商业氛围较好</td><td>商业氛围一般</td><td>商业氛围较差</td><td>商业氛围差</td></tr>
<tr><td>视觉环境</td><td>0.5%</td><td>环境好</td><td>环境较好</td><td>环境一般</td><td>环境较差</td><td>环境差</td></tr>
<tr><td>朝向</td><td>1%</td><td></td><td>南</td><td>东</td><td>西</td><td>北</td></tr>
<tr><td>楼层</td><td colspan="6">1 层 100%;2 层 50%;3 层以上 25%;考虑地价因素的影响折率 60%</td></tr>
<tr><td>基础配套设施</td><td>2%</td><td>七通</td><td>六通</td><td>五通</td><td>四通</td><td>三通</td></tr>
<tr><td>临道功能</td><td>2%</td><td>步行街</td><td>商业街</td><td>人行干道</td><td>人、车混合行干道</td><td>车行干道</td></tr>
<tr><td colspan="2">特殊情况修正</td><td colspan="6">根据实际情况调整</td></tr>
<tr><td rowspan="4">实物因素</td><td>临街状况</td><td>3%</td><td>通畅人行道</td><td>拥挤人行道</td><td>通畅机动车道</td><td>拥挤机动车道</td><td>有桥墩或隔离带等阻挡</td></tr>
<tr><td>建筑外观</td><td>2%</td><td>形象好</td><td>形象较好</td><td>形象一般</td><td>形象较差</td><td>形象差</td></tr>
<tr><td>建筑结构</td><td>1%</td><td>钢混</td><td>混合</td><td>砖混</td><td>砖木</td><td>简易</td></tr>
<tr><td>设备设施</td><td>2%</td><td>水电卫、通信</td><td>水电卫</td><td>水电</td><td>电</td><td>无</td></tr>
</table>

续表

修正因素		各级修正系数	优	较优	一般	较劣	劣
实物因素	内部装饰装修	0.5%	高档	中档	一般	低档	毛坯
	层高(m)	一层以 4m 为基准,每增减 1m 调 5%;二层以 3m 为基准,每增减 1m 调 2.5%					
	独立开间(m)	以 4m 为基准,每增减 1m 调 1%					
	进深(m)	根据哈柏法则,并结合嘉兴基准地价成果报告中地价对房地产价值影响系数为 60% 进行测算					
	建筑面积(m²),体量	1%	50%～62.5%	62.5%～87.5%	87.5%～112.5%	112.5%～175%	175%～200%
	停车便利度	1%	很便利	较便利	一般	不便利	很不便利
	新旧程度	2%	2009 年后	2005—2009 年	2000—2004 年	1990—1999 年	1990 年前
	特殊情况修正	街角修正;凹、凸立面修正;有台阶或下沉式等,特殊情况修正					
权益因素	收益年限权益状况	按房地产收益年限计算:$[1-1/(1+r)^n]/[1-1/(1+r)^m]$,根据收益法计算,$r=$					4.8%
	使用管制	3%	根据实际情况调整				
	相邻关系限制	3%	根据实际情况调整				

说明:以修正因素中的"交通便捷度"为例,分为"优、较优、一般、较劣、劣"五个级别,每相差一个级别差异 2%。假如估价对象该因素评级为较优,设定指数为 100,可比实例评级为一般,差 1 个级别,则相差 2%,可比实例指数为 98。

6.结合修正因素及系数对比估价对象同可比实例,计算比较价值的测算过程

(1)估价对象和可比实例因素说明见表 3-7。

表 3-7　估价对象和可比实例因素说明

项目		估价对象	可比实例 1	可比实例 2	可比实例 3
实例情况	地址	嘉兴市梁林帆影庄×幢商××入口处假设一楼一底标准商铺	嘉兴市梁林帆影庄商××号(梁林路)商铺	嘉兴市文昌路××号商铺	嘉兴市香槟街××号商铺
	总价	—	—	—	—
	面积	120	106.6	230.51	118.82

项目		估价对象		可比实例1		可比实例2		可比实例3	
区位因素	所处区域商业繁华程度	所处于的文昌路段商业服务于两侧小区,商业繁华度不高	小区级别商业区,商业繁华程度较差	所处于的梁林路段商业服务于两侧小区,商业繁华度不高	小区级别商业区,商业繁华程度较差	所处于的文昌路段商业服务于两侧小区,商业繁华度不高	小区级别商业区,商业繁华程度较差	所处于的文昌路段商业综合集中,但西侧丽丰新天地、欧布苏等均未开出或烂尾,商业尚不繁华	小区级别商业区,商业繁华程度较差
	离区级商业中心距离	距离区级商业中心江南摩尔2.8km	1000m以上	距离区级商业中心江南摩尔2.8km	1000m以上	距离区级商业中心江南摩尔2.8km	1000m以上	距离区级商业中心八佰伴2.1km	1000m以上
	附近专业市场的程度	西距蔬菜市场700m	附近专业市场程度较高	西距蔬菜市场1400m	附近专业市场程度较高	西距蔬菜市场1400m	附近专业市场程度较高	西距蔬菜市场700m	附近专业市场程度较高
	附近娱乐设施情况	附近基本无娱乐设施	附近娱乐设施较少	附近基本无娱乐设施	附近娱乐设施较少	附近基本无娱乐设施	附近娱乐设施较少	附近基本无娱乐设施	附近娱乐设施较少
	附近文体设施情况	附近有运河实验学校、嘉兴技师学院、嘉兴秀水专修学院	附近文体设施较多	附近有运河实验学校、嘉兴技师学院、嘉兴秀水专修学院	附近文体设施较多	附近有运河实验学校、嘉兴技师学院、嘉兴秀水专修学院	附近文体设施较多	附近有二十一世纪学校	附近文体设施较少
	附近公共设施情况	周边公共服务设施较少,但与商业相配套的银行网点完善	附近公共设施情况一般	周边公共服务设施较少,但与商业相配套的银行网点完善	附近公共设施情况一般	周边公共服务设施较少,但与商业相配套的银行网点完善	附近公共设施较多	周边公共服务设施较少,但与商业相配套的银行网点完善	附近公共设施情况一般
	交通便捷度	50m内的公交停靠站点1处,有3路公交	100m内有公交站点,3条公交线路以上;机动车可通行	50m内的公交停靠站点1处,有3路公交	100m内有公交站点,3条公交线路以上;机动车可通行	50m内的公交停靠站点1处,有3路公交	50m内有公交站点,4条公交线路以上;机动车可通行	320m内公交停靠站点1处,有3路公交	400m内有公交站点,1条公交线路以上;机动车可通行
	所临路段店铺分布状况	所在路段路对面及西侧无店面分布	单面不连续分布	所在路段两侧均有店面且连续分布	双面连续分布	所在路段路对面无店面分布	单面连续分布	所在路段路对面无店面分布	单面连续分布
	周边商业繁华程度	周边以服务所在小区的超市、小吃店、理发店等较低端业态	商业氛围较差	周边以服务所在小区的超市、小吃店、理发店等较低端业态	商业氛围较差	周边以服务所在小区的超市、小吃店、理发店等较低端业态	商业氛围较差	周边以新建商业综合体项目为主,集中分布,定位较高,商业业态较为高档	商业氛围较差

续表

	项目	估价对象	可比实例1		可比实例2		可比实例3	
区位因素	视觉环境	整体规划一般。视觉一般	环境一般	整体规划一般。视觉一般	环境一般	整体规划一般。视觉一般	环境一般	整体规划一般。视觉一般	环境一般
	朝向	位于路北，朝南	南	位于路西，朝东	东	位于路北，朝西南	南	位于路东，朝西	西
	楼层	一楼一底商铺	0	一楼一底商铺	0	一楼一底商铺	0	单底商铺	0
	基础配套设施	市区成熟区域内均为六通	六通	市区成熟区域内均为六通	六通	市区成熟区域内均为六通	六通	市区成熟区域内均为六通	六通
	临道功能	所在路段以车行为主	人、车混合行干道	所在路段以人行、车行为主	人、车混合行干道	所在路段以车行为主	人、车混合行干道	所在路段以人行为主	人、车混合行干道
	特殊情况修正	西侧临河流，人行道断头	无		街角位置		无	
实物因素	临街状况	临文昌路绿化带	通畅人行道	临梁林路人行道	通畅人行道	临文昌路绿化带	通畅人行道	临香槟街人行道	通畅人行道
	建筑外观	建筑外墙普通涂料，立面普通	形象一般	建筑外墙普通涂料，立面普通	形象一般	建筑外墙局部石材，立面现代	形象较好	建筑外墙立面较好	形象较好
	建筑结构	根据查勘为钢混	钢混	根据查勘为钢混	钢混	根据查勘为钢混	钢混	根据查勘为钢混	钢混
	设备设施	设施齐全	水电卫、通信	设施齐全	水电卫、通信	设施齐全	水电卫、通信	设施齐全	水电卫、通信
	内部装饰装修	装修另外算,此处设定为毛坯	毛坯	简单装修,且商铺装修租户都需要重新装修,相当于低档	低档	简单装修,且商铺装修租户都需要重新装修,相当于低档	低档	毛坯	毛坯
	层高(m)	4	同基准4m的差异为0m,系数为1+（0×5%）=100%	4	同基准4m的差异为0m,系数为1+（0×5%）=100%	4	同基准4m的差异为0m,系数为1+（0×5%）=100%	4	同基准4m的差异为0m,系数为1+(0×5%)=100%
	独立开间(m)	4.5	同基准4m的差异为0.5m,系数为1+(0.5×1%)=100.5%	4	同基准4m的差异为0m,系数为1+（0×1%）=100%	8.5	同基准4m的差异为4.5m,系数为1+(4.5×1%)=104.5%	8	同基准4m的差异为4m,系数为1+(4×1%)=104%

项目		估价对象		可比实例1		可比实例2		可比实例3	
实物因素	进深(m)	12		12		12		14	
	建筑面积(m²),体量	100.00%	87.5%~112.5%	同估价对象建筑面积比较为88.83%	87.5%~112.5%	同估价对象建筑面积比较为192.09%	175%~200%	同估价对象建筑面积比较为99.02%	87.5%~112.5%
	停车便利度	门前有停车位,停车便利	很便利	梁林路两侧停车方便	很便利	门前有空地,停车便利	很便利	门前道路停车便利	很便利
	新旧程度	证载为2005年	2005—2009年	建于2005年	2005—2009年	建于2010年	2009年后	建于2014年	2009年后
	特殊情况修正	无		无		无	综合有一定不利影响	无	
权益因素	收益年限权益状况	土地终止日期为2046年4月29日	剩余土地使用年限为28.95年	土地终止日期为2046年4月29日	剩余土地使用年限为29.24年	土地终止日期为2047年3月14日	剩余土地使用年限为30.36年	土地终止日期为2051年6月28日	剩余土地使用年限为35.04年
	使用管制	无		无		无		无	
	相邻关系限制	无		无		无		无	

注:其中房屋剩余使用年限长于土地剩余使用年限,残值率为0,剩余使用年限按土地计算。

(2)估价对象及可比实例因素定级见表3-8。

表3-8 估价对象和可比实例因素定级

项目		估价对象	可比实例1	可比实例2	可比实例3
实例情况	地址	嘉兴市梁林帆影庄××幢商××入口处假设一楼一底标准商铺	嘉兴市梁林帆影庄商××号(梁林路)商铺	嘉兴市文昌路××号商铺	嘉兴市香槟街××号商铺
	总价	—	—	—	—
	面积	120	106.6	230.51	118.82
区位因素	所处区域商业繁华程度	较劣	较劣	较劣	较劣
	离区级商业中心距离	劣	劣	劣	劣
	附近专业市场的程度	较优	较优	较优	较优
	附近娱乐设施情况	较劣	较劣	较劣	较劣

续表

	项目	估价对象	可比实例1	可比实例2	可比实例3
区位因素	附近文体设施情况	较优	较优	较优	较劣
	附近公共设施情况	一般	一般	较优	一般
	交通便捷度	较优	较优	优	较劣
	所临路段店铺分布状况	较劣	优	较优	较优
	周边商业繁华程度	较劣	较劣	较劣	较劣
	视觉环境	一般	一般	一般	一般
	朝向	较优	一般	较优	较劣
	楼层	一般	一般	一般	一般
	基础配套设施	较优	较优	较优	较优
	临道功能	较劣	较劣	较劣	较劣
	特殊情况修正	较差	一般	较好	一般
实物因素	临街状况	优	优	优	优
	建筑外观	一般	一般	较优	较优
	建筑结构	优	优	优	优
	设备设施	优	优	优	优
	内部装饰装修	劣	较劣	较劣	劣
	层高(m)	系数为100%,设定分值为100	系数为100%,折合分值100/100%	系数为100%,折合分值100/100%	系数为100%,折合分值100/100%
	独立开间(m)	系数为100.5%,设定分值为100	系数为100%,折合分值100/100.5%	系数为104.5%,折合分值104.5/100.5%	系数为100.2%,折合分值100.2/100.5%
	进深(m)	一般	按公式计算,见具体说明	按公式计算,见具体说明	按公式计算,见具体说明
	建筑面积(m²),体量	一般	一般	劣	一般
	停车便利度	优	优	优	优

续表

项目		估价对象	可比实例1	可比实例2	可比实例3
实物因素	新旧程度	较优	较优	优	优
	特殊情况修正	一般	一般	一般	一般
权益因素	收益年限权益状况	一般	按公式计算	按公式计算	按公式计算
	使用管制	一般	一般	一般	一般
	相邻关系限制	一般	一般	一般	一般

(3)估价对象及可比实例修正指数表及比较价值

①比较实例修正说明

A.交易情况修正:根据前面说明。

B.市场状况调整:根据前面说明。

C.区位因素修正:根据比较因素条件说明表内因素情况赋值。

a.楼层因素修正

估价对象及可比实例一、二均为1—2层的商铺(各层面积相同),可比实例三为1层的商铺。根据一般规律,其他因素相同的前提下,商业用房层数越多,单价越低。

根据嘉兴最近一期的基准地价成果报告中对不同楼层商业用地的价值差异率及地价对房地产影响系数为60%的成果,可得出楼层差价系数,见表3-9。

表3-9　楼层差价系数

层数	地价	换算到房地产价	房地产价
1	1	1	$P_底$
2	0.3	$1+(0.3-1)\times60\%=0.58$	$0.58P_底$
3	0.2	$1+(0.2-1)\times60\%=0.52$	$0.52P_底$

各层面积相同的1—2层商铺有(S为各层面积):

$$P_底\times S+0.58P_底\times S=2S\times P_{(1-2层)}$$

可推导出:$0.79P_底=P_{(1-2层)}$

若估价对象为1—2层商铺,指数设定为100,则可比实例三指数为126.58。

b.特殊情况修正

估价对象西侧临河流,人行道断头处,较差。根据一般市场规律及估价经验其不利影响为2%。指数设定为100。

可比实例二位于街角位置。根据一般市场规律及估价经验,街角有利影响度约为10%,则指数为112。

可比实例一、三为102。

D. 实物因素修正:根据表 3-7 内因素情况赋值。需说明的有:

a. 内部装饰装修修正:估价对象设定为毛坯,为 100;实例一、二有简单装修,对价值影响很小,相当于低档。实例三为毛坯。

b. 进深修正:根据哈柏法则(土地单价比等于进深平方根除以进深之比),同时根据基准地价成果报告中地价对房地产影响系数为 60%。运用推导公式计算得到:

估价对象(进深 12m)为 100;

实例 1(进深 12m):$100 \times \{1 + [(\sqrt{12}/12) \div (\sqrt{12}/12) - 1] \times 60\%\} = 100$;

实例 2(进深 12m):$100 \times \{1 + [(\sqrt{12}/12) \div (\sqrt{12}/12) - 1] \times 60\%\} = 100$;

实例 3(进深 14m):$100 \times \{1 + [(\sqrt{14}/14) \div (\sqrt{12}/12) - 1] \times 60\%\} = 95.55$。

E. 权益因素修正:

a. 收益年限权益状况:计算得出各收益年限,按收益剩余年限修正指数公式计算:

$$K = \frac{1 - \dfrac{1}{(1+r)^n}}{1 - \dfrac{1}{(1+r)^m}}$$

其中,K 为剩余收益年限修正系数;

r 为还原率;

n 为比较实例收益年限;

m 为估价对象收益年限。

计算过程和计算结果见表 3-10。

表 3-10　可比实例剩余收益年限修正系数

估价对象					
价值时点为	估价对象	土地终止日期	2046 年 4 月 29 日	剩余经济寿命	28.95 年
指数	设定为 100				
可比实例 1					
交易日期为	可比实例 1	土地终止日期	2046 年 4 月 29 日	剩余经济寿命	29.24 年
指数	$[1 - 1 \div (1 + 4.8\%)^{29.24}]/[1 - 1 \div (1 + 4.8\%)^{28.95}] \times 100 = 100.47$				
可比实例 2					
交易日期为	可比实例 2	土地终止日期	2047 年 3 月 14 日	剩余经济寿命	30.36 年
指数	$[1 - 1 \div (1 + 4.8\%)^{30.36}]/[1 - 1 \div (1 + 4.8\%)^{28.95}] \times 100 = 102.22$				
可比实例 3					
交易日期为	可比实例 3	土地终止日期	2051 年 6 月 28 日	剩余经济寿命	35.04 年
指数	$[1 - 1 \div (1 + 4.8\%)^{35.04}]/[1 - 1 \div (1 + 4.8\%)^{28.95}] \times 100 = 108.61$				

b. 使用管制修正:各部分无特别管制状况;

c. 相邻关系限制修正:商业房地产,相邻用房之间无特别限制状况。

②各指数代入比较因素条件指数(见表 3-11)

表 3-11　估价对象和可比实例比较因素条件指数

	项目	估价对象	可比实例1	可比实例2	可比实例3
实例情况	地址	嘉兴市梁林帆影庄×幢商××入口处假设一楼一底标准商铺	嘉兴市梁林帆影庄商××号（梁林路）商铺	嘉兴市文昌路××号商铺	嘉兴市香槟街××号商铺
	总价	—	—	—	—
	面积	120	106.6	230.51	118.82
	单价	—	11428.43	12153.49	13886.55
市场状况（交易日期）		1.00	1.0104	1.0188	1.0325
交易情况		100	100	100	100
区位因素	所处区域商业繁华程度	100	100	100	100
	离区级商业中心距离	100	100	100	100
	附近专业市场的程度	100	100	100	100
	附近娱乐设施情况	100	100	100	100
	附近文体设施情况	100	100	100	98
	附近公共设施情况	100	100	102	100
	交通便捷度	100	100	102	96
	所临路段店铺分布状况	100	106	104	104
	周边商业繁华程度	100	100	100	100
	视觉环境	100	100	100	100
	朝向	100	99	100	98
	楼层	100	100	100	126.58
	基础配套设施	100	100	100	100
	临道功能	100	100	100	100
	特殊情况修正	100	102	112	102
实物因素	临街状况	100	100	100	100
	建筑外观	100	100	102	102
	建筑结构	100	100	100	100
	设备设施	100	100	100	100
	内部装饰装修	100	100.5	100.5	100
	层高(m)	100	100	100	100

续表

项目		估价对象	可比实例1	可比实例2	可比实例3
实物因素	独立开间(m)	100	99.5	103.98	103.48
	进深(m)	100	100	100	95.55
	建筑面积(m²)，体量	100	100	98	100
	停车便利度	100	100	100	100
	新旧程度	100	100	102	102
	特殊情况修正	100	100	100	100
权益因素	收益年限权益状况	100	100.47	102.22	108.61
	使用管制	100	100	100	100
	相邻关系限制	100	100	100	100

以上得到的市场状况指数、交易情况指数、房地产状况中的区位、实物、权益情况各分级指标指数代入修正系数表中进行计算得到各因素的修正系数。

③比较实例修正系数及比较价值，见表3-12。

表 3-12　比较因素修正系数

项目		可比实例1	可比实例2	可比实例3
实例情况	地址	嘉兴市梁林帆影庄商××号(梁林路)商铺	嘉兴市文昌路××号商铺	嘉兴市香槟街××号商铺
	总价	—	—	—
	面积	106.6	230.51	118.82
	单价	11428.43	12153.49	13886.55
市场状况(交易日期)		1.0104	1.0188	1.0325
交易情况		100/100	100/100	100/100
区位因素	所处区域商业繁华程度	100/100	100/100	100/100
	离区级商业中心距离	100/100	100/100	100/100
	附近专业市场的程度	100/100	100/100	100/100
	附近娱乐设施情况	100/100	100/100	100/100
	附近文体设施情况	100/100	100/100	100/98
	附近公共设施情况	100/100	100/102	100/100
	交通便捷度	100/100	100/102	100/96
	所临路段店铺分布状况	100/106	100/104	100/104

续表

项目		可比实例 1	可比实例 2	可比实例 3
区位因素	周边商业繁华程度	100/100	100/100	100/100
	视觉环境	100/100	100/100	100/100
	朝向	100/99	100/100	100/98
	楼层	100/100	100/100	100/126.58
	基础配套设施	100/100	100/100	100/100
	临道功能	100/100	100/100	100/100
	特殊情况修正	100/102	100/112	100/102
实物因素	临街状况	100/100	100/100	100/100
	建筑外观	100/100	100/102	100/102
	建筑结构	100/100	100/100	100/100
	设备设施	100/100	100/100	100/100
	内部装饰装修	100/100.5	100/100.5	100/100
	层高(m)	100/100	100/100	100/100
	独立开间(m)	100/99.5	100/103.98	100/103.48
	进深(m)	100/100	100/100	100/95.55
	建筑面积(m²)、体量	100/100	100/98	100/100
	停车便利度	100/100	100/100	100/100
	新旧程度	100/100	100/102	100/102
	特殊情况修正	100/100	100/100	100/100
权益因素	收益年限权益状况	100/100.47	100/102.22	100/108.61
	使用管制	100/100	100/100	100/100
	相邻关系限制	100/100	100/100	100/100
	比较价值	10737.75	9381.24	10365.86

$$比较价值=可比实例单价\times\frac{价值时点价格指数}{成交日期价格指数(100)}\times\frac{正常交易情况指数(100)}{实例成交情况指数}$$

$$\times\frac{估价对象状况指数(100)}{实例状况指数}$$

其中估价对象房地产状况又分为区位、实物、权益状况,表 3-12 中,各因素中的分项因素为连乘关系,则:

$$可比实例 1 比较价值=11428.43\times\frac{101.04}{100}\times\frac{100}{100}\times\frac{100}{100}\times\cdots\times\frac{100}{100}$$

$$=10737.75(元/m^2)。$$

可比实例 2、3 以此类推。

7. 比较法测算价值

三个可比实例,除可比实例一外(前面已做说明),单项修正均在 20％ 以内,综合修正均在 30％ 以内,测算得到的极限价格相差在 20％ 以内。

可比实例一、二与估价对象属距离、体量、用途、交易日期等与估价对象最为接近,权重取 40％;可比实例三在楼层形式、位置上,差异大些,取 20％。

综上采用加权平均方式计算估价对象比较价值为:

$(10737.75 \times 40\% + 9381.24 \times 40\% + 10365.86 \times 20\%) = 10120.77(元/m^2)$,总价为 $10120.77 \times 120 = 1214492(元)$。

(二)收益法计算房地产无租约及租金支付的价值过程

收益法操作步骤

运用收益法估价一般分为下列四个步骤进行:

(1)搜集并验证与估价对象未来预期收益有关的数据资料,如估价对象及其类似房地产的收入、费用等数据资料;

(2)预测估价对象的未来收益(如净收益);

(3)求取报酬率或资本化率、收益乘数;

(4)选用适宜的收益法公式计算收益价格。

收益模式设定

估价对象是商业物业。所处区域处于商业繁荣期,市场成熟度较高。我们根据周边商业发展过程来分析,估价对象租金前 8 年内有 3.5％ 幅度的增长,以后期限租金保持稳定。模型如下:

$$V = \frac{A_1}{r-g} \times \left[1 - \frac{1}{(1+r)^{n1}}\right] + \frac{A_2}{r} \times \left[1 - \frac{1}{(1+r)^{n2}}\right] \times \frac{1}{(1+r)^{n1}}$$

其中:n_1 为净收益增长的年限;n_2 为净收益保持稳定的年限;A_1 为净收益增长阶段首年末的净收益;A_2 为净收益稳定阶段首年末净收益;其他字母含义同前。

测算说明:根据收益法的测算公式,我们需要确定四类数据:①净收益;②租金变动趋势;③报酬率;④收益期限。

1. 求取净收益

净收益＝潜在毛租金收入－空置和收租损失＋其他收入－运营费用

(1)潜在毛租金收入。

采用比较法求取毛租金收入

①租赁实例选择

估价人员经调查估价对象在价值时点房地产同一供需圈内的类似房地产出租用房的租金情况,最终选取最相似的三个作为可比实例。

可比实例同估价对象位置图(略)

实例一:嘉兴市梁林帆影庄商××号(梁林路)商铺。

梁林帆影庄外围临街商铺,位于梁林路,距文昌路三间门面,一楼一底商铺,朝东,为比较法可比实例一北侧隔壁,建筑面积同其基本相同,为 106.6m²,开间 4m,进深 12m,钢混结构,层高 3.5m,建成于 2005 年。目前租赁经营"×××××",租赁合同开始日为 2016 年 10 月 15 日(现场调查中只调查得到是 10 月份,考虑到误差可控,按月中来处理;另一般租赁合同开始日同租约签订日相距时间不长,其误差可忽略,认为租赁合同开始日即租约签订日),租赁期两年,第一年租金 6 万元,先付后租,租金一年一付,到期前 1 个月内支付下一期租金,押金大约为一个月租金;水电费及该期间费用及房地产经营税费由承租方负担;房屋维修费、物业管理费由出租方承担。实例来源:现场调查得到。

实例二:嘉兴市文昌路××号商铺。

位于梁林路与文昌路交叉口往东第××间门面,元一柏庄外围商铺,南临文昌路人行步道,一楼一底,两开间,单间开间 4m,进深 12m(根据现场测量估算),钢混结构,层高 4m,建成于 2010 年,建筑面积 224m²(无法取得准确的建筑面积,考虑到误差可控,根据一般多层商铺套内建筑面积同建筑面积的比值推算得到),目前租赁经营"××××",租赁合同开始日为 2015 年 9 月 15 日(现场调查中只调查得到是 9 月份,考虑到误差可控,按月中来处理;另一般租赁合同开始日同租约签订日相距时间不长,其误差可忽略,认为租赁合同开始日即租约签订日),租赁期两年,第一年租金 110000 元,年增长率 3.5%,先付后租,租金半年一付,到期前 1 个月内支付下一期租金,押金大约为一个月租金;水电费及该期间费用及房地产经营税费由承租方负担;房屋维修费、物业管理费由出租方承担。实例来源:现场调查得到。

实例三:嘉兴市文昌路××号商铺。

位于梁林路与文昌路交叉口往东第××间门面,元一柏庄外围商铺,南临文昌路人行步道,一楼一底,两开间,单间开间 8m,进深 12m(根据现场测量估算),钢混结构,层高 4m,建成于 2010 年,建筑面积 224m²(无法取得准确的建筑面积,考虑到误差可控,根据一般多层商铺套内建筑面积同建筑面积的比值推算得到),目前租赁经营"××××",租赁合同开始日为 2015 年 6 月 15 日(现场调查中只调查得到是 6 月份,考虑到误差可控,按月中来处理;另一般租赁合同开始日同租约签订日相距时间不长,其误差可忽略,认为租赁合同开始日即租约签订日),租赁期三年,第一年租金 116000 元,年增长率 2%,先付后租,租金一年一付,到期前 1 个月内支付下一期租金,押金大约为一个月租金;水电费及该期间费用及房地产经营税费由承租方负担;房屋维修费、物管费由出租方承担。实例来源:现场调查得到。

②建立比较基准

A.统一财产范围

B.统一付款方式

C.统一融资条件

D.统一税费负担

E.统一计价单位

a.支付方式均为年初或者年初及年中支付,需要修正为年终支付方式(年金形式),按 4.8% 的报酬率(具体见后面累加法的测算)进行修正统一。

实例 1:$60000 \times (1+4.8\%) = 62880$(元)

实例 2:$(110000 \div 2) \times (1+4.8\%)^{0.5} + (110000 \div 2) \times (1+4.8\%)^{0.583} = 114164$(元)
(0.583 年 = 后半年提前一个月支付 7/12)

实例 3:$116000 \times (1+4.8\%) = 121568$(元)

b.财产范围。

根据调查,三个实例均为承租户装修,租金均为毛坯状态,不需调整。

c.税费均由承租方付,不需调整。

d.其他融资条件、计价单位等方面均相同。不需调整。

综上所述,经过标准化处理后的比较实例的租金:

实例1:62880÷12÷106.6=49.16[元/(m²·月)]

实例2:114164÷12÷224=42.47[元/(m²·月)]

实例3:121568÷12÷224=45.23[元/(m²·月)]

③交易情况修正

实例为正常租赁行为,未发现有关联交易等非正常现象,无须进行交易情况修正。

④市场状况调整

根据我公司对嘉兴市房地产市场价格的掌握,商业房地产市场涨幅平稳,近2年内的年平均涨幅测算为3.5%,且租赁合同中均约定了涨幅。本次估价按年为计算标准,有上涨情况的年租金可视为年中的租金水平:

实例1(租约开始日比价值时点早0.61年,未约定涨幅,价值时点在租期内):涨幅为1;

实例2(租约开始日比价值时点早1.69年,约定涨幅为3.5%,价值时点在租期内):$(1+3.5\%)^{1.69}=1.06$;

实例3(租约开始日比价值时点早1.95年,约定涨幅为2%,价值时点在租期内):$(1+2\%)^{1.95}=1.0393$。

⑤房地产状况调整

房地产状况调整包括区位、实物、权益三方面因素。根据市场一般规律及经验,商业类房地产这三方面影响因素具体有:

A.区位因素:主要有区域商业繁华度、距离大型商业中心距离、附近专业市场程度、附近娱乐设施情况、附近文体设施情况、附近公共设施情况、交通便捷度、路段商铺分布状况、周边商业繁华程度、视觉环境、朝向、楼层、所临道路功能等。

B.实物因素:主要指建筑外观、建筑结构、设备设施、装饰装修、户型、层高、商铺临街状况、开间进深状况、建筑面积、实用面积、停车便利度、新旧程度等。

C.权益因素:主要指收益年限状况、建筑物权益状况,规定用途、相邻关系限制等。

再编制比较因素说明表(见表3-13)。按5级修正标准制作,"一般"修正值为0,各级修正系数按重要程度分别确定。各级修正系数根据嘉兴市商业用房各因素影响程度一般规律、掌握资料及估价人员的经验判断确定。

表3-13 比较因素条件及修正系数说明

修正因素		各级修正系数	优	较优	一般	较劣	劣
区位因素	所处区域商业繁华程度	3%	市中心商业区,商业繁华程度高	区级中心商业区,商业繁华程度较高	商业繁华程度一般	小区级别商业区,商业繁华程度较差	商业不繁华区域

续表

修正因素		各级修正系数	优	较优	一般	较劣	劣
区位因素	距离大型商业中心距离	2%	200m内	200～500m	500～800m	800～1000m	1000m以上
	附近专业市场的程度	3%	附近专业市场程度很高	附近专业市场程度较高	附近专业市场程度一般	附近专业市场程度较低	附近专业市场程度很低
	附近娱乐设施情况	2%	附近娱乐设施众多	附近娱乐设施较多	附近娱乐设施情况一般	附近娱乐设施较少	附近娱乐设施很少
	附近公共设施情况	2%	附近公共设施众多	附近公共设施较多	附近公共设施情况一般	附近公共设施较少	附近公共设施很少
	交通便捷度	2%	50m内有公交站点,4条公交线路以上;机动车可通行	100m内有公交站点,3条公交线路以上;机动车可通行	200m内有公交站点,1条公交线路以上;机动车可通行	400m内有公交站点,1条公交线路以上;机动车可通行	无公交站点;机动车可通行
	所临路段店铺分布状况	2%	双面连续分布	单面连续分布	双面不连续分布	单面不连续分布	独立分布
	周边商业繁华程度	5%	商业氛围好	商业氛围较好	商业氛围一般	商业氛围较差	商业氛围差
	视觉环境	0.5%	环境好	环境较好	环境一般	环境较差	环境差
	朝向	1%		南	东	西	北
	楼层		1层100%;2层50%;3层以上25%;考虑地价因素的影响折率60%				
	基础配套设施	2%	七通	六通	五通	四通	三通
	临道功能	2%	步行街	商业街	人行干道	人、车混合行干道	车行干道
	特殊情况修正		根据实际情况调整				
实物因素	临街状况	3%	通畅人行道	拥挤人行道	通畅机动车道	拥挤机动车道	有桥塊或隔离带等阻挡
	建筑外观	2%	形象好	形象较好	形象一般	形象较差	形象差
	建筑结构	1%	钢混	混合	砖混	砖木	简易
	设备设施	2%	水电卫、通信	水电卫	水电	电	无

续表

修正因素		各级修正系数	优	较优	一般	较劣	劣
实物因素	内部装饰装修	0.5%	高档	中档	一般	低档	毛坯
	层高(m)	一层以4m为基准,每增减1m调5%;二层以3m为基准,每增减1m调2.5%					
	独立开间(m)	以4m为基准,每增减1m调1%					
	进深(m)	根据哈柏法则,并结合嘉兴基准地价成果报告中地价对房地产价值影响系数为60%进行测算。					
	建筑面积(m²),体量	1%	50%~62.5%	62.5%~87.5%	87.5%~112.5%	112.5%~175%	175%~200%
	停车便利度	1%	很便利	较便利	一般	不便利	很不便利
	新旧程度	2%	2009年后	2005—2009年	2000—2004年	1990—1999年	1990年前
	特殊情况修正	街角修正;凹、凸立面修正;有台阶或下沉式等,特殊情况修正					
权益因素	收益年限权益状况	租金不考虑收益年限					
	使用管制	3%	根据实际情况调整				
	相邻关系限制	3%	根据实际情况调整				

说明:以修正因素中的"交通便捷度"为例,分为"优、较优、一般、较劣、劣"五个级别,每相差一个级别差异2%。假如估价对象该因素评级为较优,设定指数为100,可比实例评级为一般,差1个级别,则相差2%,可比实例指数为98。

⑥结合修正因素及系数对比估价对象同可比实例,计算比较价值的测算过程

A. 估价对象和可比实例因素说明见表3-14。

表3-14 估价对象和可比实例因素说明

项目		估价对象	可比实例1	可比实例2	可比实例3
实例情况	地址	嘉兴市梁林帆影庄×幢商××入口处假设一楼一底标准商铺	嘉兴市梁林帆影庄商××号(梁林路)商铺	嘉兴市文昌路××号商铺	嘉兴市文昌路××号商铺
	总价	—	—	—	—
	面积	120	106.6	224	224

	项目	估价对象	可比实例1		可比实例2		可比实例3	
区位因素	所处区域商业繁华程度	所处于的文昌路段商业服务于两侧小区,商业繁华度不高	小区级别商业区,商业繁华程度较差	所处于的梁林路段商业服务于两侧小区,商业繁华度不高	小区级别商业区,商业繁华程度较差	所处于的文昌路段商业服务于两侧小区,商业繁华度不高	小区级别商业区,商业繁华程度较差	所处于的文昌路段商业服务于两侧小区,商业繁华度不高	小区级别商业区,商业繁华程度较差
	离区级商业中心距离	距离区级商业中心江南摩尔2.8km	1000m以上	距离区级商业中心江南摩尔2.8km	1000m以上	距离区级商业中心江南摩尔2.8km	1000m以上	距离区级商业中心江南摩尔2.8km	1000m以上
	附近专业市场的程度	西距蔬菜市场700m	附近专业市场程度较高	西距蔬菜市场1400m	附近专业市场程度较高	西距蔬菜市场1400m	附近专业市场程度较高	西距蔬菜市场1420m	附近专业市场程度较高
	附近娱乐设施情况	附近基本无娱乐设施	附近娱乐设施较少	附近基本无娱乐设施	附近娱乐设施较少	附近基本无娱乐设施	附近娱乐设施较少	附近基本无娱乐设施	附近娱乐设施较少
	附近文体设施情况	附近有运河实验学校、嘉兴技师学院、嘉兴秀水专修学院	附近文体设施较多	附近有运河实验学校、嘉兴技师学院、嘉兴秀水专修学院	附近文体设施较多	附近有运河实验学校、嘉兴技师学院、嘉兴秀水专修学院	附近文体设施较多	附近有运河实验学校、嘉兴技师学院、嘉兴秀水专修学院	附近文体设施较多
	附近公共设施情况	周边公共服务设施较少,但与商业相配套的银行网点完善	附近公共设施情况一般	周边公共服务设施较少,但与商业相配套的银行网点完善	附近公共设施情况一般	周边公共服务设施较少,但与商业相配套的银行网点完善	附近公共设施情况一般	周边公共服务设施较少,但与商业相配套的银行网点完善	附近公共设施情况一般
	交通便捷度	50m内的公交停靠站点1处,有3条公交	50m内有公交站点,4条公交线路以上;机动车可通行	50m内的公交停靠站点1处,有3条公交	50m内有公交站点,4条公交线路以上;机动车可通行	50m内的公交停靠站点1处,有3条公交	50m内有公交站点,4条公交线路以上;机动车可通行	50m内的公交停靠站点1处,有3条公交	50m内有公交站点,4条公交线路以上;机动车可通行
	所临路段店铺分布状况	所在路段段对面及西侧无店面分布	单面不连续分布	所在路段两侧均有店面且连续分布	双面连续分布	所在路段对面无店面分布	单面连续分布	所在路段对面无店面分布	单面连续分布
	周边商业繁华程度	周边以服务所在小区的超市、小吃店、理发店等较低端业态	商业氛围较差	周边以服务所在小区的超市、小吃店、理发店等较低端业态。梁林路为人流车流很少的支路	商业氛围较差	周边以服务所在小区的超市、小吃店、理发店等较低端业态	商业氛围较差	周边以服务所在小区的超市、小吃店、理发店等较低端业态	商业氛围较差
	视觉环境	整体规划一般,视觉一般	环境一般	整体规划一般,视觉一般	环境一般	整体规划一般,视觉一般	环境一般	整体规划一般,视觉一般	环境一般

续表

项目		估价对象		可比实例 1		可比实例 2		可比实例 3	
区位因素	朝向	位于路北，朝南	南	位于路西，朝东	东	位于路北，朝南	南	位于路北，朝南	南
	楼层	一楼一底商铺	0	一楼一底商铺	0	一楼一底商铺	0	一楼一底商铺	0
	基础配套设施	市区成熟区域内均为六通	六通	市区成熟区域内均为六通	六通	市区成熟区域内均为六通	六通	市区成熟区域内均为六通	六通
	临道功能	所在路段以车行为主	人、车混合行干道	所在路段以人行、车行为主	人、车混合行干道	所在路段以车行为主	人、车混合行干道	所在路段以车行为主	人、车混合行干道
	特殊情况修正	西侧临河流，人行道断头		无		无		无	
实物因素	临街状况	临文昌路绿化带	通畅人行道	临梁林路人行道	通畅人行道	临人行道，通行畅通	通畅人行道	所临商业内部道路车行，人行均可，人行为主。通行畅通	通畅人行道
	建筑外观	建筑外墙普通涂料，立面普通	形象一般	建筑外墙普通涂料，立面普通	形象一般	建筑外墙局部石材，立面现代	形象较好	建筑外墙局部石材，立面现代	形象较好
建筑结构	建筑结构	根据查勘为钢混	钢混	根据查勘为钢混	钢混	根据权证及查勘为钢混	钢混	根据查勘为钢混	钢混
	设备设施	设施齐全	水电卫、通信	设施齐全	水电卫、通信	设施齐全	水电卫、通信	设施齐全	水电卫、通信
	内部装饰装修	装修另外算，此处设定为毛坯	毛坯	简单装修，为承租户装修。相当于毛坯	毛坯	为承租户装修。相当于毛坯	毛坯	为承租户装修。相当于毛坯	毛坯
	层高(m)	4	同基准4m的差异为0m，系数为$1+(0\times5\%)=100\%$	4	同基准4m的差异为0m，系数为$1+(0\times5\%)=100\%$	4	同基准4m的差异为0m，系数为$1+(0\times5\%)=100\%$	4	同基准4m的差异为0m，系数为$1+(0\times5\%)=100\%$
	独立开间(m)	4.5	同基准4m的差异为0.5m，系数为$1+(0.5\times1\%)=100.5\%$	4	同基准4m的差异为0m，系数为$1+(0\times1\%)=100\%$	8	同基准4m的差异为4m，系数为$1+(4\times1\%)=104\%$	8	同基准4m的差异为4m，系数为$1+(4\times1\%)=104\%$

续表

项目		估价对象		可比实例1		可比实例2		可比实例3	
建筑结构	进深(m)	12		12		12		12	
	建筑面积(m²)、体量	100.00%	87.5%～112.5%	同估价对象建筑面积比较为88.83%	50%～62.5%	同估价对象建筑面积比较为186.67%	175%～200%	同估价对象建筑面积比较为186.67%	87.5%～112.5%
	停车便利度	门前有停车位，停车便利	一般	梁林路两侧停车方便	一般	门前有车位，停车方便	一般	门前有车位，停车方便	一般
	新旧程度	证载为2005年	2000—2004年	建于2005年	2000—2004年	建于2010年	2009年后	建于2010年	2009年后
	特殊情况修正	无		无		无		无	
权益因素	收益年限权益状况	土地终止日期为租金不考虑年限	剩余土地使用年限为年	土地终止日期为租金不考虑年限	剩余土地使用年限为年	土地终止日期为租金不考虑年限	剩余土地使用年限为年	土地终止日期为租金不考虑年限	剩余土地使用年限为年
	使用管制	无		无		无		无	
	相邻关系限制	无		无		无		无	

B. 估价对象及可比实例因素定级见表 3-15。

表 3-15　估价对象和可可比实例因素定级

项目		估价对象	可比实例1	可比实例2	可比实例3
实例情况	地址	嘉兴市梁林帆影庄×幢商××入口处假设一楼一底标准商铺	嘉兴市梁林帆影庄商××号(梁林路)商铺	嘉兴市文昌路××号商铺	嘉兴市文昌路××号商铺
	总价	—	—	—	—
	面积	120	106.6	224	224
区位因素	所处区域商业繁华程度	较劣	较劣	较劣	较劣
	离区级商业中心距离	劣	劣	劣	劣
	附近专业市场的程度	较优	较优	较优	较优
	附近娱乐设施情况	较劣	较劣	较劣	较劣
	附近文体设施情况	较优	较优	较优	较优

续表

项目		估价对象	可比实例1	可比实例2	可比实例3
区位因素	附近公共设施情况	一般	一般	一般	一般
	交通便捷度	优	优	优	优
	所临路段店铺分布状况	较劣	优	较优	较优
	周边商业繁华程度	较劣	较劣	较劣	较劣
	视觉环境	一般	一般	一般	一般
	朝向	较优	一般	较优	较优
	楼层	一般	一般	一般	一般
	基础配套设施	较优	较优	较优	较优
	临道功能	较劣	较劣	较劣	较劣
	特殊情况修正	较差	一般	较好	较好
实物因素	临街状况	优	优	优	优
	建筑外观	一般	一般	较优	较优
	建筑结构	优	优	优	优
	设备设施	优	优	优	优
	内部装饰装修	劣	劣	劣	劣
	层高(m)	系数为100%,设定分值为100	系数为100%,折合分值100/100%	系数为100%,折合分值100/100%	系数为100%,折合分值100/100%
	独立开间(m)	系数为100.5%,设定分值为100	系数为100%,折合分值100/100.5%	系数为104%,折合分值104/100.5%	系数为104%,折合分值104/100.5%
	进深(m)	一般	按公式计算,见具体说明	按公式计算,见具体说明	按公式计算,见具体说明
	建筑面积(m²),体量	一般	优	劣	一般
	停车便利度	一般	一般	一般	一般
	新旧程度	一般	一般	优	优
	特殊情况修正	一般	一般	一般	一般
权益因素	收益年限权益状况	一般	按公式计算	按公式计算	按公式计算
	使用管制	一般	一般	一般	一般
	相邻关系限制	一般	一般	一般	一般

C.估价对象及可比实例修正指数表及比较价值

a.比较实例修正说明

· 交易情况修正：实例一、二、三均为市场正常成交价格，故对交易情况不做修正。

· 市场状况调整：根据前面说明。

· 区位因素修正：根据比较因素条件说明表内因素情况赋值。需说明的有：

特殊情况修正：

估价对象西侧临河流，人行道断头处，较差。根据一般市场规律及估价经验其不利影响为2%。指数设定为100。可比实例一、二、三为正常情况，指数为102。

· 实物因素修正：根据比较因素条件说明表内因素情况赋值。需说明的有：

进深修正：根据哈柏法则（土地单价比等于进深平方根除以进深之比），同时根据基准地价成果报告中地价对房地产影响系数为60%。运用推导公式计算得到：

估价对象（进深12m）为100；

实例1（进深12m）：$100 \times \{1 + [(\sqrt{12}/12) \div (\sqrt{12}/12) - 1] \times 60\%\} = 100$；

实例2（进深12m）：$100 \times \{1 + [(\sqrt{12}/12) \div (\sqrt{12}/12) - 1] \times 60\%\} = 100$；

实例3（进深12m）：$100 \times \{1 + [(\sqrt{12}/12) \div (\sqrt{12}/12) - 1] \times 60\%\} = 100$。

· 权益因素修正：

收益年限权益状况：年租金比较不需此项。

使用管制修正：各部分无特别管制状况。

相邻关系限制修正：商业房地产，相邻用房之间无特别限制状况。

b.各指数代入比较因素条件指数见表3-16。

表3-16　估价对象和可比实例比较因素条件指数

	项目	估价对象	可比实例1	可比实例2	可比实例3
实例情况	地址	嘉兴市梁林帆影庄×幢商××入口处假设一楼一底标准商铺	嘉兴市梁林帆影庄商××号（梁林路）商铺	嘉兴市文昌路××号商铺	嘉兴市文昌路××号商铺
	总价	—	—	—	—
	面积	120	106.6	224	224
	单价	—	49.16	42.47	45.23
市场状况（交易日期）		1.00	1.00000	1.06000	1.03930
交易情况		100	100	100	100
区位因素	所处区域商业繁华程度	100	100	100	100
	离区级商业中心距离	100	100	100	100
	附近专业市场的程度	100	100	102	100
	附近娱乐设施情况	100	100	100	100
	附近文体设施情况	100	100	100	100
	附近公共设施情况	100	100	100	100

续表

	项目	估价对象	可比实例1	可比实例2	可比实例3
区位因素	交通便捷度	100	100	100	100
	所临路段店铺分布状况	100	106	104	104
	周边商业繁华程度	100	100	100	100
	视觉环境	100	100	100	100
	朝向	100	99	100	100
	楼层	100	100	100	100
	基础配套设施	100	100	100	100
	临道功能	100	100	100	100
	特殊情况修正	100	102	102	102
实物因素	临街状况	100	100	100	100
	建筑外观	100	100	102	102
	建筑结构	100	100	100	100
	设备设施	100	100	100	100
	内部装饰装修	100	100	100	100
	层高(m)	100	100	100	100
	独立开间(m)	100	99.5	103.48	103.48
	进深(m)	100	100	100	100
	建筑面积(m^2),体量	100	102	98	100
	停车便利度	100	100	100	100
	新旧程度	100	100	104	104
	特殊情况修正	100	100	100	100
权益因素	收益年限权益状况	100	100	100	100
	使用管制	100	100	100	100
	相邻关系限制	100	100	100	100
	综合修正系数		1.07	0.99	0.97

　　以上得到的市场状况指数、交易情况指数、房地产状况中的区位、实物、权益情况各分级指标指数代入修正系数表中进行计算得到各因素的修正系数。

　　c.比较实例修正系数及比较价值见表3-17。

表 3-17 比较因素修正系数

	项目	可比实例 1	可比实例 2	可比实例 3
实例情况	地址	嘉兴市梁林帆影庄商××号（梁林路）商铺	嘉兴市文昌路××号商铺	嘉兴市文昌路××号商铺
	总价	—	—	—
	面积	106.6	224	224
	单价	49.16	42.47	45.23
市场状况（交易日期）		1	1.06	1.0393
交易情况		100/100	100/100	100/100
区位因素	所处区域商业繁华程度	100/100	100/100	100/100
	离区级商业中心距离	100/100	100/100	100/100
	附近专业市场的程度	100/100	100/100	100/100
	附近娱乐设施情况	100/100	100/100	100/100
	附近文体设施情况	100/100	100/100	100/100
	附近公共设施情况	100/100	100/100	100/100
	交通便捷度	100/100	100/100	100/100
	所临路段店铺分布状况	100/106	100/104	100/104
	周边商业繁华程度	100/100	100/100	100/100
	视觉环境	100/100	100/100	100/100
	朝向	100/99	100/100	100/100
	楼层	100/100	100/100	100/100
	基础配套设施	100/100	100/100	100/100
	临道功能	100/100	100/100	100/100
	特殊情况修正	100/102	100/102	100/102
实物因素	临街状况	100/100	100/100	100/100
	建筑外观	100/100	100/102	100/102
	建筑结构	100/100	100/100	100/100
	设备设施	100/100	100/100	100/100
	内部装饰装修	100/100	100/100	100/100
	层高(m)	100/100	100/100	100/100
	独立开间(m)	100/99.5	100/103.48	100/103.48
	进深(m)	100/100	100/100	100/100
	建筑面积(m^2),体量	100/102	100/98	100/100
	停车便利度	100/100	100/100	100/100
	新旧程度	100/100	100/104	100/104
	特殊情况修正	100/100	100/100	100/100

续表

	项目	可比实例1	可比实例2	可比实例3
权益因素	收益年限权益状况	100/100	100/100	100/100
	使用管制	100/100	100/100	100/100
	相邻关系限制	100/100	100/100	100/100
	比较价值	45.25	39.45	40.37

$$比较价值 = 可比实例单价 \times \frac{价值时点价格指数}{成交日期价格指数(100)} \times \frac{正常价格指数(100)}{实际成交价格指数}$$
$$\times \frac{估价对象状况指数(100)}{实例状况指数}$$

其中估价对象房地产状况又分为区位、实物、权益状况,表3-17中,各因素中的分项因素为连乘关系,则:

$$可比实例1比较价值 = 49.16 \times \frac{100}{100} \times \frac{100}{100} \times \frac{100}{100} \times \cdots\cdots \times \frac{100}{100} = 45.25(元/m^2)。$$

可比实例2、3以此类推。

⑦比较法测算估价对象租金价值

三个可比实例与估价对象属同一市场范围内,体量、用途、交易日期等与估价对象相似或接近,实例取得客观,测算参数合理,且单项修正均在20%以内,综合修正均在30%以内,测算得到的极限价格相差在20%以内,采用算数平均的方法计算估价对象比较价值:(45.25+39.45+40.37)÷3=41.69(元/m² · 月)

(2)商铺潜在毛租金收入

41.69×12×120=60034(元,取整到元)

(3)空置率及租金损失

估价对象为周边商铺空置非常少,评估人员对周边空置商铺进行了统计调查,空置率在3%左右,本次评估按照3%测算。

由于出租房均有一定数额押金,且租金期初支付,故基本不存在租金损失。

(4)租金变动趋势

根据周边同类物业调查了解及租赁实例推测,预计前八年租金以3.5%的年上涨率上涨,以后租金稳定。

(5)其他收入

根据租赁实例及市场一般情况,同样面积大小的店面押金一般为一个月租金,估价对象也按此计算,该部分租金有利息收入,按1.5%的一年期存款利率计算。

(6)运营费用

①房产税:为有效毛租金收益的12%;但所取实例该税均由承租方负担。

②印花税:为有效毛租金收益的0.1%;但所取实例该税均由承租方负担。

③增值税及附加:增值税5%及附加(地方教育费附加2%、城市建设维护费7%、教育费附加3%);但所取实例该税均由承租方负担。

④个人所得税：月租金 0.4 万元以下 0.5%；0.4 万元以上 1%。但所取实例该税均由承租方负担。

⑤设备折旧费：基本的水电卫及通信线路，数值极小可忽略，本次计算为 0。

⑥保险费：按照当地规定，为房屋重置价的 0.2%。根据嘉兴市市场状况，与估价对象类似房屋重置价为 1800～2300 元/m²，根据估价对象建筑物特征，本次估价房屋建筑物重置价取 2050 元/m²。

⑦物业费：1 元/m²·月。

⑧维修费：一般为房屋重置价的 1%。

（7）其他费用

水电等商铺实际运营中发生的费用由承租方负担。

（8）求净收益，见表 3-18。

表 3-18　净收益测算

第一阶段		涨幅	3.50%	收益年限	8.00
序号	项目	内容	数值	单位	
1	潜在毛租金收入	500.28	60034	元/m²·年、元	
2	空置率及收租损失率	3.00%	1801	元	
3	运营费用		4392	元	
3.1	房产税	12.00%	0	元	
3.2	印花税	0.01%	0	元	
3.3	增值税及附加（0.4 万元以下不征，增值税为不含税收入 5%、城市建设维护费 7%、教育费附加 3%、地方教育费附加 2%，合计为租金的 5.33%）	5.33%	0	元	
3.4	个人所得税（0.4 万元以下 0.5%；0.4 万元以上 1%）	1.00%	0	元	
3.5	保险费。按照当地规定，为房屋重置价的 0.2%。根据嘉兴市市场状况，与估价对象类似房屋重置价为 1800～2300 元/m²，根据估价对象建筑物特征，本次估价房屋建筑物重置价取 2050 元/m²	0.20%	492	元	
3.6	物业管理费	1 元/m²·月	1440	元	
3.7	维修费。按照当地规定，为房屋重置价的 1%。根据嘉兴市市场状况，与估价对象类似房屋重置价为 1800～2300 元/m²，根据估价对象建筑物特征，本次估价房屋建筑物重置价取 2050 元/m²	1.00%	2460	元	
4	其他收入		75	元	
4.1	营业外收入（元）		0	元	
4.2	押金利息	1.50%	75	元	
5	该阶段首年净收益	1−2−3+4	53916	元	

续表

第二阶段	涨幅	0%	收益年限	20.95
序号	项目	内容	数值	单位
1	潜在毛租金收入	658.77	79053	元/m²·年、元
2	空置率及收租损失率	3.00%	2372	元
3	运营费用		4392	元
3.1	房产税	12.00%	0	元
3.2	印花税	0.01%	0	元
3.3	增值税及附加	5.60%	0	元
3.4	设备折旧费	0.00	0	元
3.5	保险费。按照当地规定,为房屋重置价的0.2%。根据嘉兴市市场状况,与估价对象类似房屋重置价为1800~2300元/m²,根据估价对象建筑物特征,本次估价房屋建筑物重置价取2050元/m²	0.20%	492	元
3.6	物业管理费	1元/m²·月	1440	元
3.7	维修费。按照当地规定,为房屋重置价的1%。根据嘉兴市市场状况,与估价对象类似房屋重置价为1800~2300元/m²,根据估价对象建筑物特征,本次估价房屋建筑物重置价取2050元/m²	1.00%	2460	元
4	其他收入		75	元
4.1	营业外收入(元)		0	元
4.2	押金利息	1.50%	75	元
5	该阶段首年净收益	1−2−3+4	72364	元

2. 报酬率的确定

累加法是将报酬率视为包含无风险报酬率和风险报酬率两大部分,然后分别求出每一部分,再将它们相加得到报酬率的方法。无风险报酬率又称安全利率,是资金的机会成本。风险报酬率是指承担额外风险所要求的补偿,即超过无风险报酬率以上部分的报酬率,具体是估价对象房地产存在的具有自身投资特征的区域、行业、市场风险的补偿。

累加法的细化公式可表达为:

报酬率=无风险报酬率+投资风险补偿+管理负担补偿+缺乏流动性补偿−投资带来的优惠

表 3-19 报酬率累加情况

项目	数值(%)	说明
无风险报酬率	1.5	无风险报酬率也称为安全利率,是无风险投资的报酬率,是资金的机会成本;一般是选用同一时期相对无风险的报酬率去替代无风险报酬率,在此选用同一时期一年期银行存款利率。
投资风险报酬率	2.5	当投资者投资收益不确定、具有一定风险性的房地产时,他必然会要求对所承担的额外风险有所补偿,否则就不会投资;商业物业相对于其他类型的房地产(办公、住宅、工业)来说,风险较大。
管理负担补偿率	0.10	一项投资所要求的操劳过多,其吸引力就会越小,从而投资者必然会要求对所承担的额外管理有所补偿,房地产要求的管理工作一般超过存款、证券。
缺乏流动性补偿率	1.70	投资人对所投入的资金由于缺乏流动性所要求的补偿。房地产与股票、债券、黄金相比,买卖要困难,变现能力弱。
投资带来的优惠率	−1.0	由于投资房地产可能获得某些额外的好处,如易于获得融资(如可以抵押贷款、抵御通胀),从而投资者会降低所要求的报酬率。
报酬率	4.8	

3.收益年限的确定

收益期限是估价对象自价值时点起至未来可获收益的时间。收益期限应根据建筑物剩余经济寿命、建设用地土地使用权剩余使用年限等来确定。

建筑物剩余经济寿命:估价对象为钢筋砼商业用房,经济耐用年限为 60 年,已使用约 12 年,剩余经济寿命 48 年。

建设用地土地使用权剩余使用年限:估价对象土地使用权终止日期 2046 年 4 月 29 日,至租约结束后剩余土地年限折算为 28.95 年。

根据《物权法》规定:"非住宅建设用地使用权期间届满后的续期,依照法律规定办理。该土地上的房屋及其他不动产的归属,有约定的,按照约定;没有约定或者约定不明确的,依照法律、行政法规的规定办理。"

根据《城市房地产管理法》规定:"土地使用权出让合同约定的使用年限届满,土地使用者未申请续期或者虽申请续期但依照前款规定未获批准的,土地使用权由国家无偿收回。"

根据《房地产估价规范》要求,土地剩余年限短于建筑物剩余经济寿命,我们取土地剩余年限为收益年限(28.95 年),同时约定到期后地上建筑物残值不予补偿。

4.根据净收益计算表中的数值代入公式计算,收益法计算结果如下

第一阶段:

$$V_1 = \frac{53916}{4.8\% - 3.5\%} \times \left[1 - \frac{(1+35\%)^8}{(1+48\%)^8} \right] = 394138(元)$$

第二阶段:

$$V_2 = \frac{72364}{4.8\%} \times \left[1 - \frac{1}{(1+4.8\%)^{20.95}} \right] \times \frac{1}{(1+4.8\%)^8} = 648048(元)$$

总价值:

$$V = V_1 + V_2 = 394138 + 648048 = 1042186(元)$$

(三)一楼一底商铺毛坯状态房地产不考虑租赁情况价值结果确定

根据《房地产估价规范》及估价对象具体情况,对估价对象分别采用了比较法和收益法进行评估。结果见表3-20。

表3-20 两种估价方法估价结果

估价方法	比较法	收益法
计算总价(元)	1214492	1042186
折合单价(元/m²)	10120.77	8684.88

以上两种方法均为较适宜的估价方法,测算过程中实例选取符合规范,参数确定合理,计算公式正确,且差异在20%以内,我们取其算术平均值为估价结果:

$(1214492＋1042186)÷2＝1128339$(元),折合单价9402.83元/m²

(四)调整到估价对象实际楼层状态价值

根据之前所述的楼层分配率可见表3-21。

表3-21 各楼层价格

楼层形式	楼层系数		单价	面积	评估价
标准一楼一底单价	系数	0.79	9402.83		
单底价	系数	1	11902.32		
二楼价	系数	0.58	6903.35	533.14	3680452
三楼价	系数	0.52	6189.21	533.14	3299715
合计				1066.28	6980167

另之前假设的一楼一底为标准临街小商铺,估价对象实际体量较大,体量修正0.9,则估价对象为$6980167×0.9＝6282150$(元)

(五)考虑租约限制的价值结果

1.假设租约内无租金调整

价值时点2017年5月25日至租约结束日2019年2月10日相距1.72年,即该1.72年的价值已无,采用收益年限公式进行修正。

$$V_1 = V - V_0$$

$$= V - V \times \left[\frac{1 - \frac{1}{(1-r)^{n_0}}}{1 - \frac{1}{(1+r)^n}} \right]$$

$$=6282150-6282150\times\left[\dfrac{1-\dfrac{1}{(1+4.8\%)^{1.72}}}{1-\dfrac{1}{(1+4.8\%)^{28.9}}}\right]$$

$$=5627583(元,取整到个位)$$

注：公式中，V 为正常市场价值；V_1 为考虑租金瑕疵的估价对象价值；V_0 为无租金收益时间段价值；r 为报酬率；n 为收益年期；n_0 为无租金收益年期。

2. 租约实际租金折现

价值时点距租约结束剩余 1.72 年，其中 0.72 年时间的租金因一年一付租金已经支付，剩余 1 年租金为年租金 159382 元，按照足月支付时间为 2018 年 1 月 10 日，距离价值时点为 0.63 年，折现为：

$$159382\div(1+4.8\%)^{0.63}=154745(元)$$

3. 结果确定

假设租约无租金的价值加租约实际租金的折现，即目前有租约限制的房地产价值：

5627583+154745≈5780000(元,取整到万)

折合平均单价 5420.72 元/m²。

八、房地产估价结果确定

根据以上测算得到估价对象结果见表 3-22。

表 3-22　估价结果

室号	建筑面积（m²）	所在层/总层	结构	建成年份	用途	房屋单价（元/m²）	评估价格（元）
商××	533.14	2/12(−1)	钢混	2005	商业服务	5420.72	5780000
商××	533.14	3/12(−1)	钢混	2005	商业服务		
评估价值合计人民币大写伍佰柒拾捌万元整(含土地使用权价值)							

第五部分　附件(略)

一、估价结果汇总表

二、估价对象位置图、内外部现状实物照片、周围环境和景观照片

三、可比实例照片(见技术报告)

四、《浙江省×××××××法院函》(复印件)

五、《房屋所有权登记证明》(复印件)

六、《房屋所有权证》(商××号复印件)

七、《房屋抵押登记证明》(复印件)

八、《租房合同》(复印件)

九、《房地产估价人员资格证书》(复印件)

十、《房地产估价机构资质证书》(复印件)

十一、房地产估价机构"企业法人营业执照"(复印件)

报告点评

具体报告点评见表 3-23。

表 3-23 房地产估价报告点评

点评大项	序号	点评项目	点评标准	点评意见
一、封面、致函、目录、声明、假设和限制条件	1	封面(或扉页)	要素齐全,表述准确、清晰、简洁。	
	2	致估价委托人函	内容完整,前后一致,表述准确、清晰、简洁。	
	3	目录	内容完整,前后一致。	
	4	注册房地产估价师声明	内容全面、规范,针对性强。	
	5	估价假设和限制条件	假设和限制条件合法、合理,理由充分。	
二、估价结果报告	6	估价委托人	内容完整,表述准确。	
	7	估价机构	内容完整,表述准确。	
	8	估价目的	表述具体、准确。	
	9	估价对象	基本状况描述全面、准确,范围界定清楚。	1.未说明估价对象具体用途;2.描述不够简明扼要,不简洁,区位状况、位置状况、权益状况描述可以省略,否则与估价技术报告中的描述重复,体现不出结果报告中的"简要"。
	10	估价时点	确定正确,确定理由简要明确。	
	11	价值类型	价值类型正确,价值内涵或者定义准确。	
	12	估价依据	依据完整、合法有效。	
	13	估价原则	原则完整、准确。	
	14	估价方法	采用的估价方法的名称和定义准确。	估价方法的适用性分析内容可以省略。
	15	估价结果	完整清晰,前后一致。	
	16	估价人员	人员与内容齐全、准确。	
	17	估价作业日期	表达正确,有保质完成的合理时间。	

续表

点评大项	序号	点评项目		点评标准	点评意见
三、估价技术报告	18	实物状况描述与分析	土地	描述全面、翔实,分析客观、透彻。	
			建筑物	描述全面、翔实,分析客观、透彻。	1.第三层平面布局未说明; 2.未充分分析估价对象相邻关系。
	19	权益状况描述与分析		描述全面、翔实,分析客观、透彻。	
	20	区位状况描述与分析		描述全面、翔实,分析客观、透彻。	未进行区位状况变化趋势分析。
	21	市场背景描述与分析		宏观房地产市场、当地估价对象细分房地产市场及相关影响因素分析简明、准确、透彻,针对性强。	
	22	最高最佳利用分析		最高最佳利用判定正确,分析透彻、具体;有合法依据和市场依据。	
	23	估价方法适用性分析		技术路线表述清晰、明确;估价方法排查完整、合理,已选用估价方法理由充分,未选用估价方法理由充分。	
	24	估价测算过程		数据来源依据充分,参数选取客观、合理,理论表述与实际应用有说服力;有必要的分析和过程;计算过程完整、严谨、正确。	详见估价方法点评表。
	25	估价结果确定		估价结果客观合理,确定方式恰当、理由充分,结论表述清晰(含单价、总价)。	
四、附件及外在质量	26	附件		附件资料齐全、完整、真实。	
	27	外在质量		报告名称、专业用语规范;文字简洁、通畅、表述严谨、逻辑性强;文本格式规范、无错别字、漏字,标点使用正确;排版规整、前后一致、装订美观大方。	
定性评审意见	重要内容缺失说明				无
	原则性错误说明				无
	重大质量缺陷说明				无

综合点评意见

该项目为商业房地产司法鉴定评估,分别采用比较法和收益法进行估价。该项目估价方案合理,估价技术路线可行,整体质量较好。存在的主要问题有:(1)比较法价格修正因素不够全面,部分因素缺少针对性,部分修正系数不合理,子因素权重未考虑;(2)租金统一付款方式采用的折现率不合理;(3)收益模式与市场状况描述不一致。

表 3-23-1 估价方法点评——比较法

序号	点评项目		点评标准	点评意见
1	可比实例	真实性	可比实例不少于 3 个,来源真实。	1.可比实例来源说明不够具体; 2.缺可比实例照片; 3.可比实例 3 由卖方承担税费表述不够严谨。
		客观性	成交价格内涵清楚。	
		信息完备性	信息较完整,内容清楚。	
		可比性	区位、权益、实物状况差异不大,成交日期与估价时点相隔不超过 12 个月。	
2	交易情况修正		交易情况清楚;与正常交易情况价格差异分析合理;修正系数合理,理由充分。	
3	市场状况调整		成交日期准确、价格指数与市场状况一致,取值客观、合理。	平均涨幅确定依据不够充分。
4	区位状况调整		区位比较因素及因子设置合理、完整,反映估价对象周边状况客观、充分;系数测算与分析确定过程详细、合理。	1.区位因素选择缺少分析; 2.部分因素缺少针对性; 3.部分修正系数不大合理,例如作为小型商业设施,距离大型商业中心不一定越近越好; 4.子因素权重未考虑。
5	权益状况调整		权益状况因素及因子设置合理、齐全,反映估价对象权益状况全面、客观;系数测算与分析确定过程详细、合理。	1.土地还原利率取值依据不充分; 2.子因素权重未考虑。
6	实物状况调整		比较因素及因子设置合理、齐全,反映估价对象实物状况全面、客观;系数测算与分析确定过程详细、合理。	1.部分因素缺少针对性,例如前文表述室内装饰装修对成交价格没有影响,但修正时仍然考虑; 2.子因素权重未考虑。
7	公式运用与计算		公式应用正确,符合规范规定,取值精度合理,数值计算正确。	

表 3-23-2 估价方法点评——收益法

序号	点评项目			点评标准	点评意见
1	有效毛收入	出租型	租金水平	选取的租赁实例真实、客观,信息较完整,可比性强;租金收入分析深入。	统一租金付款方式时采用的折现率应当是当期利率而非房地产投资报酬率。
			租约限制	租约限制处理合理,理由充分。	
			有效出租面积或者可出租面积比率	有效出租面积或者可出租面积比率确定过程清楚,数据合理。	
			空置率与租金损失	空置率与租金损失确定过程清楚,数据合理;市场依据充分。	
		自营型	经营收入	商业经营业态或者生产性质明确;经营收入与支出内容全面,数据来源依据充分;经营收入确定合理。	

序号	点评项目	点评标准	点评意见
2	其他收入	其他收入来源明确说明。	
3	运营费用	费用项目正确、齐全；费用估算或者确定过程清楚，数据来源依据充分，取值合理，全部符合正常客观费用标准或者符合政策规定要求。	
4	净收益	前后一致、计算正确。	
5	变化趋势分析	净收益流量类型分析合理，升降幅度预测数值依据充分。	收益模式设定中，市场成熟度较高与前8年收益增长的假设不一致。
6	报酬率（或者资本化率）	报酬率确定方法和确定过程正确；数据来源依据充分；针对估价对象类型、档次、区位、估价时点的状况等合理取值。	
7	收益期限	收益期限确定正确，依据充分。	
8	公式应用与计算	计算公式选用正确；有必要的分析和测算过程；测算过程完整、严谨、正确。	不计超过土地使用权剩余年限的建筑物价值不合理。

报告四　杭州市滨江区××号××室办公房地产抵押价值评估

房地产抵押估价报告

估价项目名称:杭州市滨江区××号××室办公房地产抵押价值评估

估价委托人:×××、×××、×××

房地产估价机构:×××房地产评估有限公司

注册房地产估价师:×××(注册号:×××)

×××(注册号:×××)

估价报告出具日期:二〇一七年九月十三日

估价报告编号:×××(2017)估字第×××号

第一部分　致估价委托人函

×××、×××、×××:

本公司接受委托,已组织专业估价人员对贵方所有的杭州市滨江区×××××××××××号××××××室办公房地产(建筑面积163.40m²,土地使用权面积10.1m²)进行了评估,估价目的:为估价委托人确定房地产抵押贷款额度提供价格参考依据而评估房地产抵押价值,价值时点为2017年9月12日,价值类型为抵押价值。估价人员按照必要的估价程序,本着客观、独立、公正、科学的原则,采用比较法及收益法,经周密、细致的分析测算,并结合估价经验,确定该房地产在未设立法定优先受偿权利下的市场价值为人民币288万元(人民币大写贰佰捌拾捌万元,取整)。估价师知悉的估价对象法定优先受偿款为零,确定抵押价值为人民币288万元(人民币大写贰佰捌拾捌万元,取整),单价为人民币17626元/m²。

特此函告!

×××房地产评估有限公司

二〇一七年九月十三日

第二部分　估价师声明

我们郑重声明：

1.我们在估价报告中对事实的说明是真实和准确的，没有虚假记载、误导性陈述和重大遗漏。

2.估价报告中的分析、意见和结论是我们独立、客观、公正的专业分析、意见和结论，但受到估价报告中已说明的估价假设和限制条件的限制。

3.我们与估价报告中的估价对象没有现实或潜在的利益，与估价委托人及估价利害关系人没有利害关系。也对估价对象、估价委托人及估价利害关系人没有偏见。

4.我们依照中华人民共和国国家标准 GB/T50291—2015《房地产估价规范》、GB/T50899—2013《房地产估价基本术语标准》以及相关专项标准进行分析，形成意见和结论，撰写估价报告。

5.注册房地产估价师已对本估价报告中的估价对象进行了实地查勘，但仅限于对估价对象的外观和使用状况。

6.没有人对本估价报告提供了重要的专业帮助。

第三部分　估价的假设和限制条件

(一)一般假设

1.根据估价委托人提供的估价对象权属资料，我们对权属证书上记载的权属、面积、用途等资料进行了审慎检查，但未予以核实，在无理由怀疑其合法性、真实性、准确性和完整性的情况下，假定估价委托人提供的资料合法、真实、准确、完整。

2.注册房地产估价师已对房屋安全、质量缺陷、环境污染等影响估价对象价值的重大因素给予了关注，在无理由怀疑估价对象存在安全隐患且无相应的专业机构进行鉴定、检测的情况下，假定估价对象能正常安全使用。

3.估价对象产权明晰、手续齐全，可在公开市场上自由转让。

4.市场供求关系、市场结构保持稳定、未发生重大变化或实质性改变。

5.估价对象与其他生产要素相结合，能满足其剩余使用年期内的正常使用要求，并得到有效使用。

6.估价对象在价值时点的房地产市场为公开、平等、自愿的交易市场，即能满足以下条件：

(1)交易双方自愿地进行交易；

(2)交易双方无任何利害关系，交易目的是追求各自利益的最大化；

(3)交易双方了解交易对象、知晓市场行情；

(4)交易双方有较充裕的时间进行交易；

(5)不存在特殊买者的附加出价。

(二)未定事项假设

未定事项假设是对估价所必需的尚未明确或不够明确的土地用途、容积率等事项所做的合理的、最可能的假定。本次估价无未定事项假设。

(三)背离事实假设

背离事实假设是因估价目的的特殊需要、交易条件设定或约定,对估价对象状况所做的与估价对象的实际状况不一致的合理假定。

根据权证记载,至价值时点估价对象已设定抵押权,本次估价不考虑估价对象抵押因素的影响。

(四)不相一致假设

不相一致假设是在估价对象的实际用途、登记用途、规划用途等用途之间不一致,或不同权属证明上的权利人之间不一致,估价对象的名称或地址不一致等情况下,对估价所依据的用途或权利人、名称、地址等的合理假定。本次估价无不相一致假设。

(五)依据不足假设

依据不足假设是在估价委托人无法提供估价所必需的反映估价对象状况的资料以及注册房地产估价师进行了尽职调查仍然难以取得该资料的情况下,对缺少该资料及对相应的估价对象状况的合理假定。本次估价无依据不足假设。

(六)估价报告使用限制

1.本报告估价结果仅为估价委托人确定房地产抵押贷款额度提供参考依据,估价结果仅对本次估价目的负责,超出此范围使用,本估价机构不负法律责任。

2.未经本公司同意,任何单位及个人不得将本估价报告用于公开的文件、通告及其他书面形式中。

3.本报告必须经估价机构加盖公章、注册房地产估价师签字后方可使用,估价机构仅对本报告的原件承担责任,对任何形式的复印件概不认可且不承担责任。

4.本估价报告由×××房地产评估有限公司负责解释。

5.本估价报告有效期为自估价报告出具之日起半年。

第四部分　房地产估价结果报告

一、估价委托人

委托人名称:×××、×××、×××
联系方式:×××××××
住　　址:×××××××
法定代表人:×××××

二、房地产估价机构

估价机构名称:×××房地产评估有限公司

办公地址:杭州市×××

法定代表人:×××

资质等级:×××

证书编号:×××

有效期限:×××

营业执照注册号:×××

联系电话:×××

三、估价目的

为估价委托人确定房地产抵押贷款额度提供价格参考依据而评估房地产抵押价值。

四、估价对象

(一)估价对象范围

本次估价对象为杭州市滨江区×××号××室办公房地产,建筑面积 163.40m²,土地使用权面积 10.1m²。

(二)估价对象区位状况

滨江区位于杭州市南,钱塘江下游,距杭州市中心约 7km。杭州高新开发区(滨江)总规划面积 85.64km²,其中江(钱塘江)北区块 11.4km²,毗邻众多高等院校和科研单位,是高新技术的创新源和中小科技企业的孵化器。江南区块 73km²,沿钱塘江而建,与西湖隔江相望,是杭州未来的城市副中心和科技城。

高新区(滨江)具有四个方面特点:一是体制创新。杭州高新区作为国家级高新开发区,享有国家特殊的优惠政策。两区管理体制调整后,高新区(滨江)按照"小机构、大服务"和"精简、统一、效能"原则设置党政机构,将原两区叠加的 37 个机构精简到 25 个,原两区的优惠政策得到叠加。二是区位优越。沿江依桥,交通便捷,至杭州萧山国际机场仅 15km 路程,沪杭甬高速公路擦境而过。高新区(滨江)成为杭州市实现钱塘江两岸共同繁荣的战略要地。三是人才云集。滨江区与浙江大学等高等院校、中国科学院等科研院所建立了长期友好合作关系。滨江区已经成为各类人才创新创业的一方热土,既涌现出如士兰微电子、恒生电子、信雅达等一批国内科技人员创办的上市企业,也涌现了以全国最大的留学人员创办企业——UT 斯达康为代表的一批留学人员创办的高科技企业。四是产业集聚。滨江区已成为浙江省最有影响的科技创新基地、高新技术产业基地和最具活力的经济增长区域。软件产业基地、集成电路设计产业化基地、留学人员创业园、动画产业基地、电子信息产业基地等先后成为国家级的产业基地。

×××位于杭州市滨江区核心地段,毗邻滨江区政府,东临×××,南临滨盛路,西临××× ,北近科技馆街。区域地理位置优越,交通便利,138 路、195 路、340 路等公交线路及在建的地铁 6 号线在附近设有停靠站点。区域基础设施完善,公服配套设施齐全,有武警医院、滨江区文化中心、滨江公园、星光国际广场、银行(杭州银行、招商银行)等。×××周边集聚双城国际、信雅达国际、萧宏大厦等众多写字楼及凯瑞金座、君尚金座、汉峰峰公馆等众多商住综合楼,商务、居住氛围浓厚,发展前景良好。

×××为杭州×××新开发建成,项目总建筑面积约 5 万 m²,纯 LOFT 物业,每三层有超高室内空中内庭院。大厦物业管理及配套设施齐全,整体商务、居住条件良好。

(三)估价对象实物状况

1. 土地实物状况

土地面积:土地使用权面积 10.1m²。

四至:东临×××,南临滨盛路,西临×××,北近科技馆街。

形状:估价对象宗地形状规则,呈正方形。

地形、地势:地形较平坦,地势与周边地块持平。自然排水状况良好,无洪水淹没可能。

地质条件:地基地质条件适于建筑,无不良地质现象。

土壤:没有迹象表明土地受过污染。

开发程度:至价值时点,该宗地红线外基础设施达到"五通",宗地内达到"五通一平"(即通路、供电、供水、排水、通信及红线内"场地平整")。

土地利用状况:宗地内建筑物、地下管网等均已建成,目前处于正常使用中。

2. 建筑物实物状况

估价对象×××室,位于第 11 层,朝南、西边套。估价对象朝西北向可见小部分钱塘江景观。

建筑物外观:整幢建筑物总楼层 23 层(含地下 2 层),大厦一楼设置大堂,大厦中间设置公共走廊,办公室分布在南北两侧。建筑物外墙采用石材及玻璃幕墙饰面,铝合金窗。

建造年代:约建成于 2011 年。

建筑结构:钢混结构。

层高:层高 3.5m。

内部格局:房屋内部 LOFT 户型,已按需要分隔成办公室、按摩室、卧室、卫生间等使用。布局合理,利用状况良好。

室内装修:室内一般装修,地面铺设地毯(部分刷耐磨漆),墙面刷乳胶漆、木质隔墙等,顶刷乳胶漆;内置中央空调等设施设备。

设施设备:该大楼内部配置有中央空调、设有电梯、自动喷淋消防系统、宽带网络,供电、供水、排水系统完善。

维护情况和完损状况:现场查看没有发现建筑物不均匀沉降,地面、墙面、门窗保养维护正常。建筑物结构构件完好,设备基本完好,管道通畅,现状良好。建筑物功能符合使用要求,建筑物以外无不利因素影响建筑物价值减损,房屋属完好房。

(四)估价对象权益状况

根据委托方提供的杭房权证高新移字第×××号、第×××号、第×××号《房屋所有权证》复印件,房屋所有权人:×××、×××、×××,共有情况:按份共有,房屋坐落:×××号××室,规划用途:非住宅,建筑面积:163.40m²,附记:规划批建为办公,×××98%按份共有,×××1%按份共有、×××1%按份共有。

根据委托方提供的杭滨国用×××号《国有土地使用证》复印件,土地使用权人:×××

等,地号:×××,地类(用途):综合(办公),使用权类型:出让,土地使用权终止日期:2057年7月6日,土地使用权面积:10.1m²。

至价值时点,估价对象出租使用中,根据权证记载已设定抵押权,尚未注销。

五、价值时点

二〇一七年九月十二日(实地查勘之日)

六、价值类型

本报告提供的房地产价值是满足上述假设限制条件下于价值时点的抵押价值,是根据市场价值标准而确定,等于假定未设立法定优先受偿权利下的市场价值减去注册房地产估价师知悉的法定优先受偿款。

市场价值,是估价对象经适当营销后,由熟悉情况、谨慎行事且不受强迫的交易双方,以公平交易方式在价值时点自愿进行交易的金额。

法定优先受偿款为假定在价值时点实现抵押权时,法律规定优先于本次抵押贷款受偿的款额,包括发包人拖欠承包人的建筑工程价款,已抵押担保的债权数额及其他法定优先受偿款。

七、估价依据

(一)本次估价所依据的有关法律、法规和政策

1.《中华人民共和国城市房地产管理法》;

2.《中华人民共和国土地管理法》;

3.《中华人民共和国资产评估法》;

4.《中华人民共和国物权法》;

5.《中华人民共和国担保法》;

6.其他有关法律、法规和政策及地方性法规、政策。

(二)本次估价采用的估价标准

1.《房地产估价规范》GB/T50291—2015;

2.《房地产估价基本术语标准》GB/T50899—2013;

3.《房地产抵押估价指导意见》建住房〔2006〕8号;

4.其他有关估价标准。

(三)估价委托人提供的有关资料

1.估价委托书;

2.《房屋所有权证》《国有土地使用证》等相关资料;

3.与本次估价相关的其他基本情况资料。

(四)注册房地产估价师实地查勘、调查掌握和搜集的相关资料

(五)房地产估价机构掌握和搜集的相关估价资料

八、估价原则

本次估价时,我们遵循了以下估价原则。

1.独立、客观、公正原则:要求站在中立的立场上,实事求是、公平正直地评估出对各方估价利害关系人均是公平合理的价值或价格的原则。

2.合法原则:要求估价结果是在依法判定的估价对象状况下的价值或价格的原则。

3.价值时点原则:要求估价结果是在根据估价目的确定的某一特定时间的价值或价格的原则。

4.替代原则:要求估价结果与估价对象的类似房地产在同等条件下的价值或价格偏差在合理范围内的原则。

5.最高最佳利用原则:要求估价结果是在估价对象最高最佳利用状况下的价值或价格的原则。

6.谨慎原则:要求在影响估价对象价值或价格的因素存在不确定性的情况下对其做出判断时,应充分考虑其导致估价对象价值或价格偏低的一面,慎重考虑其导致估价对象价值或价格偏高的一面的原则。

九、估价方法

根据《房地产估价规范》,房地产估价方法通常有比较法、收益法、成本法、假设开发法等四种估价方法。比较法适用于同类房地产交易案例较多的房地产估价;收益法适用于有收益或有潜在收益的房地产估价;成本法适用于无市场依据或市场依据不充分而不宜采用比较法、收益法、假设开发法的情况下的房地产估价;假设开发法适用于具有投资开发或再开发潜力的房地产估价。

估价对象为综合(办公)用房,该区域类似房地产的交易实例较多,适宜采用比较法;该区域同类用房出租情况较多,租金收入和出租费用较透明,可以采用收益法;而估价对象属于已建成办公用房,无更新改造的必要,又非在建工程,故不宜采用假设开发法;同时该区域属于成熟市区,其房地产的真实市场价值很难通过成本累加得到,成本法不宜采用。故在充分收集评估所需资料基础上,本次估价采用比较法及收益法。

比较法是选取一定数量的可比实例,将它们与估价对象进行比较,根据其间的差异对可比实例成交价格进行处理后得到估价对象价值或价格的方法。

收益法是预测估价对象的未来收益,利用报酬率或资本化率、收益乘数将未来收益转换为价值得到估价对象价值或价格的方法。

十、估价结果

根据估价目的,遵循估价原则,采用比较法及收益法,通过认真地对影响房地产价值因素的分析,经过测算并结合估价经验,确定该房地产抵押价值为人民币 288 万元(人民币大写贰佰捌拾捌万元,取整),单价为人民币 17626 元/m²。

项目及结果		估价对象
		滨江区×××号××室
1.假定未设立法定优先受偿权下的价值	总价(万元,取整)	288
	单价(元/m²)	17626
2.估价师知悉的法定优先受偿款(已抵押担保的债权数额、拖欠的建设工程价款、其他法定优先受偿款等)	总额(万元)	0
3.抵押价值	总价(万元,取整)	288
	单价(元/m²)	17626

十一、注册房地产估价师

姓名	注册号	签名及盖章	签名日期
×××	×××		
×××	×××		

十二、实地查勘期

自进入估价对象现场之日至完成实地查勘之日止,即 2017 年 9 月 12 日起,2017 年 9 月 12 日止。

十三、估价作业期

2017 年 9 月 12 日至 2017 年 9 月 13 日

十四、变现能力分析和风险提示

(一)变现能力分析

变现能力是指假定在价值时点实现抵押权时,在没有过多损失的条件下,将抵押房地产转换为现金的可能性。

1.通用性:是指是否常见、是否普遍使用。通常某一类型的房地产只适合于一部分特定的购买者,若房地产的用途越专业化,使用者的范围就越窄,越不容易找到买者,其变现能力越弱。估价对象为办公用途房地产,结构为钢混,空间布局较好,通用性较强。

2.独立使用性:能否单独地使用而不受限制。通常情况下,独立使用性越差的房地产,越妨碍房地产的使用,变现能力会越弱。在价值时点抵押房地产整体作为办公用房的独立使用性较强。

3.可分割转让性:是指在物理上和经济上是否可以分割开来使用。由于价值越大的房地产变现能力越弱,因此容易分割转让的房地产变现能力较强,反之变现能力较弱。估价对象作为办公用房,根据建筑物设计,不可分割转让。

4. 区位：通常情况下，所处位置越偏僻、越不成熟区域的房地产变现能力越弱，反之所处位置越好、城市功能越齐备的区域房地产的变现能力就越强。估价对象位于杭州市滨江区核心地段，毗邻滨江区政府，区位状况良好。

5. 开发程度：通常情况下，开发程度越低的房地产，不确定因素越多，变现能力越弱。估价对象已完成开发，变现能力较强。

6. 价值大小：通常情况下，价值越大的房地产，购买所需要的资金越多，越不容易找到购买者，变现能力越弱，反之越强。估价对象作为办公用房，价值量较小，潜在的购买者较多，变现能力较强。

7. 房地产市场状况：房地产市场越不景气，出售房地产就越困难，房地产的变现能力就越弱。目前房地产市场状况稳中有升，房地产变现能力较强。

8. 根据估价对象性质，其变现方式一般为公开拍卖，假定在价值时点拍卖或者变卖估价对象时，因存在短期内强制处分、潜在购买群体受到限制及心理排斥因素影响，最可能实现的价格一般比公开市场价格要低。根据现行房地产市场行情及快速变现因素，以拍卖方式处置，其变现率为市场价格的 $60\%\sim70\%$，变现时间为 $6\sim12$ 个月。

9. 处置房地产时，其变现的时间长短及费用、税金的种类和清偿顺序与处置方式和营销策略等因素有关。一般说来，以拍卖方式处置房地产时，变现时间较短，但变现价格一般较低，在变现过程中，变现成本较高，要支付诉讼费用（按财产价值分段最高为 4%）、执行费用（一般为 $0.1\%\sim0.5\%$）、估价费用（分段累计，最高为 0.42%）、拍卖费用（最高 5%）、增值税及附加（5.6%）、印花税（0.05%）以及交易手续费等其他税费。本次评估价值中没有扣除变现时可能产生的费用。

10. 实现抵押权时，处置抵押房地产所得金额应依以下顺序分配：处置抵押房地产的费用（诉讼费、评估费等）、抵押房地产应缴纳的各种税金（增值税及附加、印花税、交易费等）、抵押债权本息及支付违约金、赔偿由债务人违反合同而对抵押权人造成的伤害，剩余款项交还抵押人。

（二）风险提示

1. 本报告的法定优先受偿款是指假定在价值时点实现抵押权时，法律规定优先于本次抵押贷款受偿的款额，包括发包人拖欠承包人的建筑工程价款，已抵押担保的债权数额，以及其他法定优先受偿款；但不包括实现抵押权时抵押房地产应缴纳的税费，该部分税费由抵押权人确定抵押贷款额度时予以考虑。

2. 房地产抵押价值未来下跌的风险：国家宏观经济政策的变化、估价对象状况和房地产市场状况变化、未来处置的风险、抵押期间的房地产损耗、房地产抵押权实现时产生的相关税费等都可能导致房地产抵押价值下跌。评估续贷房地产的抵押价值时，应对房地产市场已经发生的变化予以充分考虑；定期或者在房地产市场价格变化较快时对房地产抵押价值进行再评估等。

3. 抵押期间可能产生的房地产信贷风险关注点：(1)估价对象是否发生转让、灭失或损坏、是否存在过度使用；(2)估价对象所在区位是否出现规划调整、行政建制变化、房地产市场的显著波动和市场泡沫；(3)是否存在其他法定优先受偿款；(4)是否存在其他债权等。

4. 合理使用评估价值：提请注意的是，报告使用人应在本报告估价结果的基础上，考虑抵押权设定时点(价值时点)到处分时点期间的市场变化风险、抵押人资信状况、还贷能力、贷款额度、贷款期限、变现能力、抵押物处置的税费、是否还存在其他法定优先受偿款、是否存在其他债权等因素确定合理的抵押贷款额度。

5.抵押期间价值的损耗:房地产抵押期间,抵押房地产仍由抵押方占有、使用。在抵押期较长或抵押物耐用经济年限较短时会造成抵押物的耗损,引起价值的变化。

6.抵押物状况和房地产市场状况会随着时间的变化而变化,因此,建议报告使用者定期或者在房地产市场价格变化较快时对房地产抵押价值进行再评估。

第五部分　房地产抵押估价技术报告

一、估价对象实物状况

(一)土地实物状况

土地面积:土地使用权面积 10.1m²。

四至:东临×××,南临滨盛路,西临×××,北近科技馆街。

形状:估价对象宗地形状规则,呈正方形。

地形、地势:地形较平坦,地势与周边地块持平。自然排水状况良好,无洪水淹没可能。

地质条件:地基地质条件适于建筑,无不良地质现象。

土壤:没有迹象表明土地受过污染。

开发程度:至价值时点,该宗地红线外基础设施达到"五通",宗地内达到"五通一平"(即通路、供电、供水、排水、通信及红线内"场地平整")。

土地利用状况:宗地内建筑物、地下管网等均已建成,目前处于正常使用中。

(二)建筑物实物状况

估价对象×××室,位于第 11 层,朝南、西边套。估价对象朝西北向可见小部分钱塘江景观。

建筑物外观:整幢建筑物总楼层 23 层(含地下 2 层),大厦一楼设置大堂,大厦中间设置公共走廊,办公室分布在南北两侧。建筑物外墙采用石材及玻璃幕墙饰面,铝合金窗。

建造年代:约建成于 2011 年。

建筑结构:钢混结构。

层高:层高 3.5m。

内部格局:房屋内部 LOFT 户型,已按需要分隔成办公室、按摩室、卧室、卫生间等使用。布局合理,利用状况良好。

室内装修:室内一般装修:地面铺设地毯(部分刷耐磨漆),墙面刷乳胶漆、木质隔墙等,顶刷乳胶漆;内置中央空调等设施设备。

设施设备:该大楼内部配置有中央空调、设有电梯、自动喷淋消防系统、宽带网络,供电、供水、排水系统完善。

维护情况和完损状况:现场查看没有发现建筑物不均匀沉降,地面、墙面、门窗保养维护正常。建筑物结构构件完好,设备基本完好,管道通畅,现状良好。建筑物功能符合使用要求,建筑物以外无不利因素影响建筑物价值减损,房屋属完好房。

二、估价对象权益状况

根据委托方提供的杭房权证高新移字第×××号、第×××号、第×××号《房屋所有权证》复印件,房屋所有权人:×××、×××、×××,共有情况:按份共有,房屋坐落:××号××室,规划用途:非住宅,建筑面积:163.40m²,附记:规划批建为办公,×××98%按份共有,×××1%按份共有、×××1%按份共有。

根据委托方提供的杭滨国用×××号《国有土地使用证》复印件,土地使用权人:×××等,地号:×××,地类(用途):综合(办公),使用权类型:出让,土地使用权终止日期:2057年7月6日,土地使用权面积:10.1m²。

至价值时点,估价对象出租使用中,根据权证记载已设定抵押权,尚未注销。

三、估价对象区位状况

滨江区位于杭州市南,钱塘江下游,距杭州市中心约7km。杭州高新开发区(滨江)总规划面积85.64km²,其中江(钱塘江)北区块11.4km²,毗邻众多高等院校和科研单位,是高新技术的创新源和中小科技企业的孵化器。江南区块73km²,沿钱塘江而建,与西湖隔江相望,是杭州未来的城市副中心和科技城。

高新区(滨江)具有四个方面特点:一是体制创新。杭州高新区作为国家级高新开发区,享有国家特殊的优惠政策。两区管理体制调整后,高新区(滨江)按照"小机构、大服务"和"精简、统一、效能"原则设置党政机构,将原两区叠加的37个机构精简到25个,原两区的优惠政策得到叠加。二是区位优越。沿江依桥,交通便捷,至杭州萧山国际机场仅15km路程,沪杭甬高速公路擦境而过。高新区(滨江)成为杭州市实现钱塘江两岸共同繁荣的战略要地。三是人才云集。滨江区与浙江大学等高等院校、中国科学院等科研院所建立了长期友好合作关系。滨江区已经成为各类人才创新创业的一方热土,既涌现出如士兰微电子、恒生电子、信雅达等一批国内科技人员创办的上市企业,也涌现了以全国最大的留学人员创办企业——UT斯达康为代表的一批留学人员创办的高科技企业。四是产业集聚。滨江区已成为浙江省最有影响的科技创新基地、高新技术产业基地和最具活力的经济增长区域。软件产业基地、集成电路设计产业化基地、留学人员创业园、动画产业基地、电子信息产业基地等先后成为国家级的产业基地。

×××位于杭州市滨江区核心地段,毗邻滨江区政府,东临×××,南临滨盛路,西临×××,北近科技馆街。区域地理位置优越,交通便利,138路、195路、340路等公交线路及在建的地铁6号线在附近设有停靠站点。区域基础设施完善,公服配套设施齐全,有武警医院、滨江区文化中心、滨江公园、星光国际广场、银行(杭州银行、招商银行)等。×××周边集聚双城国际、信雅达国际、萧宏大厦等众多写字楼及凯瑞金座、君尚金座、汉峰峰公馆等众多商住综合楼,商务、居住氛围浓厚,发展前景良好。

×××为杭州×××新开发建成,项目总建筑面积约5万m²,纯LOFT物业,每三层有超高室内空中内庭院。大厦物业管理及配套设施齐全,整体商务、居住条件良好。

四、市场背景分析

(一)市场综述

在中国经济经历了 2015 年严重股灾,经济下行压力持续加大的背景下,中央政府确定了 2016 年中国房地产市场的政策主导方向——去库存,以刺激房地产市场,稳定经济增长。

2016 年 2 月 2 日,央行出台降低首付政策,即在不限购的城市,居民购买首套普通住房首付款比例降至最低 20%;2 月 19 日,财政部出台新政,降低不限购城市契税、营业税;2 月 29 日,央行宣布自 3 月 1 日起下调存款准备金率 0.5%。短短 1 个月时间内,中央出台了大力度的急切的救市去库存政策,迅速刺激了中国房地产市场。2016 年 2 月 29 日,杭州出台楼市新政“杭十条”,全力去库存。2016 年上半年,杭州楼市并没有成为二线城市中上涨的急先锋,而是呈现温和的恢复性的上涨。

2016 年下半年,房地产市场暴涨的势头由二线城市“四小龙”(南京、苏州、厦门、合肥)向杭州蔓延,又恰逢杭州成功举办 G20 峰会,受到全球关注,因此杭州楼市被迅速激活,住宅市场成交量暴增。为此,杭州政府出台楼市调控新政。9 月 18 日,杭州市区商品住宅实行限购措施;9 月 27 日,杭州市区购买二套房的贷款首付比例提至 5 成,并暂停杭州市区范围内购房入户政策;11 月 9 日,杭州楼市限购限贷升级,外地人购买住房全面限购,二套房首付比例提高至 6 成,并暂停第三套及以上住房贷款。

2016 年的杭州写字楼市场经历了快速发展,在商品住宅限购限贷政策的重启之下,写字楼市场不仅成为调控市场的避风港,也成为住宅市场购买力外溢的承接者。据不完全统计,截至 2016 年 11 月杭州市区写字楼已累计成交 69.7 万 m²,成交套数超过 3700 套,总金额超过 100 亿元,均超过 2015 全年,创下历史新高。

(二)需求与成交数据分析

1.需求、成交房源占比

从图 4-1 可以看出,客户需求和成交的房源均集中在滨江、江干、西湖、拱墅这四个区域,萧山区因 G20 峰会的举办,将其带入了新的关注制高点,成交量是 2015 年的三倍。再者是市中心区域(上城区、下城区),排名最后的是余杭区。

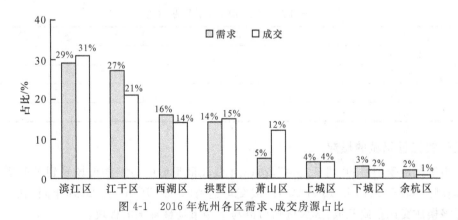

图 4-1 2016 年杭州各区需求、成交房源占比

滨江区作为新生写字楼林立的高新区域,区内办公房源充足,且政府对于企业的办公租房优惠政策相对其他区域较大,所以其区内房源需求量大、成交量也名列前茅。江干区的钱江新城作为新兴的发展板块,各价位写字楼充足,且商业配套齐全,交通便利,加上江干区下沙板块有大量房源的同时,也具有高教园区里大批需求办公空间的创业者,所以江干的写字楼需求、成交量也是居高不下。西湖、拱墅作为比市中心房源库存量足,租金又较低,比边缘区域各方面发展齐全的两区,也吸引着较多的企业入驻。而萧山区本年度需求、成交排名第五,G20 峰会对其的冲击作用功不可没,随着峰会的举办结束,杭州楼市火爆之时,萧山钱江世纪城的楼盘进入了新的关注制高点,区内写字楼需求成交也在峰会之后进入爆发期。

2.需求、成交房源租金占比

客户需求的房源和最终成交客户的房源各价段租金占比有较高匹配度,需求主力都是在 1~3 元/(m²·日)的房源。1 元以下/(m²·日)和 3 元以上/(m²·日)房源都较少需求。而分开对比来看,需求房源的价位相对成交价位较高,1 元以下和 1~2 元的房源需求占比明显低于成交占比(见表 4-1)。

表 4-1　需求、成交房源租金占比

租金(元/m²·日)	需求占比(%)	成交占比(%)
1 以下	1	4
1~2	46	56
2~3	39	29
3 及以上	14	11

总体可以看出,需求客户对于杭州写字楼市场较为了解,租赁写字楼的公司能够考虑员工办公时的感受,不再倾向于低价房源,而是喜欢价格合适的办公空间。

3.需求、成交房源面积占比

从客户需求的房源和成交的房源的面积段占比可以看出,200m² 以下房源是客户需求成交的主力,其中 100m² 以下的房源比例需求小于成交,100~200m² 的房源占比需求大于成交,而 200m² 以上的房源需求占比也相对大于成交,可以看出大部分客户对于办公空间面积预估大于实际需求(见表 4-2)。

表 4-2　需求、成交房源面积占比

面积(m²)	需求占比(%)	成交占比(%)
100 以下	28	37
100~200	31	34
200~300	16	15
300 及以上	25	14

(三)钱江世纪城的崛起

作为杭州最受瞩目的"明日之星",2016 年钱江世纪城的写字楼市场受到了前所未有的关注和青睐。截至 2016 年 10 月 25 日,成交量达到 19.87 万 m²,是 2015 年同期的 3 倍,占市区写字楼成交比重逾三成,成为杭州市区写字楼市场最耀眼的板块。

钱江世纪城写字楼成交活跃度已经超过钱江新城和西溪蒋村。2016 年 1—10 月,钱江世纪城写字楼成交量达到 19.87 万 m²，远高于钱江新城的 9.86 万 m² 和西溪蒋村的 10.82 万 m²。

从钱江世纪城写字楼购买者情况来看，2013—2016 年钱江世纪城写字楼市场个人名义购买比例为 55%，企业客户购买比例为 45%，企业客户购买比例略高于杭州市区整体比例。

从钱江世纪城写字楼购买客户情况来看，大单客户主要以机械设备、金融、保险和建筑等行业企业为主，且企业经济实力雄厚，购买时选择一次性付款的比例高达 73%。

(四)杭州写字楼市场的发展机遇

1. 需求释放期。2016 年杭州写字楼"量高价稳"，反映出真实的市场需求，比住宅市场更加健康。随着杭州第三产业在经济上比重提升至 60%，写字楼的实际需求将进一步提升。

2. 调控政策的"避风港"趋势。住宅限购之后商业地产迎来了购买力外溢的机会，其中写字楼是主要的承接者。

3. 土地供应剧减背景下的存量去化。市区写字楼去化周期 38 个月，其中萧山只要 23 个月，供需关系有望优化。

4. 钱江世纪城发展机遇期。板块内写字楼成交大幅上涨，活跃度超过钱江新城，未来租金极具想象空间。

5. 亚运会对写字楼市场的提振期。城市红利在亚运会申办初期及举办当年，写字楼涨幅远远超过楼市平均涨幅。

五、最高最佳使用分析

最高最佳使用原则要求房地产估价结果是在估价对象最高最佳使用下的价值。最高最佳使用是指法律上许可、技术上可能、经济上可行，经过充分合理的论证，能够使估价对象价值达到最大化的一种最可能的使用。判断最高最佳使用时，可考虑以下假设前提：(1)保持现状前提；(2)装饰、装修改造前提；(3)改变用途前提；(4)重新开发前提；(5)上述情形的某种组合。估价对象规划用途为商服办公，改变用途和重新开发前提不符合法律规定，因此保持现状继续使用最为有利，故以保持现状继续使用为前提估价。

六、估价方法选用

根据《房地产估价规范》，房地产估价方法通常有比较法、收益法、成本法、假设开发法等四种估价方法。比较法适用于同类房地产交易案例较多的房地产估价；收益法适用于有收益或有潜在收益的房地产估价；成本法适用于无市场依据或市场依据不充分而不宜采用比较法、收益法、假设开发法的情况下的房地产估价；假设开发法适用于具有投资开发或再开发潜力的房地产估价。

估价对象为综合(办公)用房，该区域类似房地产的交易实例较多，适宜采用比较法；该区域同类用房出租情况较多，租金收入和出租费用较透明，可以采用收益法；而估价对象属于已建成办公用房，无更新改造的必要，又非在建工程，故不宜采用假设开发法；同时该区域属于成熟市区，其房地产的真实市场价值很难通过成本累加得到，成本法不宜采用。故在充分收集评估所需资料基础上，本次估价采用比较法及收益法。

比较法是选取一定数量的可比实例，将它们与估价对象进行比较，根据其间的差异对可比实例成交价格进行处理后得到估价对象价值或价格的方法。

收益法是预测估价对象的未来收益,利用报酬率或资本化率、收益乘数将未来收益转换为价值得到估价对象价值或价格的方法。

七、估价测算过程

(一)比较法

1. 可比案例选择

根据估价人员对市场的调查了解,估价对象所在区域有较多类似房地产,本次评估选取案例一、案例二、案例三。

【案例一】 ×××,18/23F(含一2F),建筑面积 163.50m²,朝南、西边套,一般装修,成交单价为 18192 元/m²,成交日期为 2017 年 8 月;

【案例二】 ×××,20/23F(含一2F),建筑面积 50.00m²,朝南、中间套,一般装修,成交单价为 19616 元/m²,成交日期为 2017 年 7 月;

【案例三】 ×××,12/23F(含一2F),建筑面积 51.00m²,朝南、中间套,一般装修,成交单价为 18252 元/m²,成交日期为 2017 年 7 月。

各交易实例的因素条件详见比较因素条件说明表。

2. 比较因素的选择

根据估价对象的宗地条件,影响估价对象价格的主要因素有:

(1)交易情况:是否为正常、公开、公平、自愿的交易;

(2)交易日期:确定可比案例在其成交日期至估价时点的价格调整幅度;

(3)区位因素:主要有商务氛围、周边配套设施、交通便捷度、环境质量、位置、区域规划等;

(4)实物因素:主要有建成年份、建筑结构、物业服务水平、停车位配置、商务配套设施、楼层、朝向、景观、建筑面积、装修情况等;

(5)权益因素:主要有剩余使用年限、租约限制等。

3. 比较因素条件说明

估价对象与比较实例的比较因素条件详述见表 4-3。

表 4-3　比较因素条件说明

比较因素		估价对象	案例一	案例二	案例三
坐落位置		×××××	×××	×××	×××
交易价格(元/m²)		待估	18192	19616	18252
交易情况		正常	正常	正常	正常
交易日期		—	2017.8	2017.7	2017.7
区位因素	商务氛围	好	好	好	好
	周边配套设施	齐全	齐全	齐全	齐全
	交通便捷度	便捷	便捷	便捷	便捷
	环境质量	好	好	好	好
	位置	好	好	好	好
	区域规划	好	好	好	好

续表

比较因素		估价对象	案例一	案例二	案例三
实物因素	建成年份	2011	2011	2011	2011
	建筑结构	钢混	钢混	钢混	钢混
	物业服务水平	较高	较高	较高	较高
	停车位配置	较充裕	较充裕	较充裕	较充裕
	商务配套设施	齐全	齐全	齐全	齐全
	楼层	11/23F(含—2F)	18/23F(含—2F)	20/23F(含—2F)	12/23F(含—2F)
	朝向、边套	朝南、西边套	朝南、西边套	朝南、中间套	朝南、中间套
	景观	可见小部分钱塘江景观	可见小部分钱塘江景观	可见小部分钱塘江景观	可见小部分钱塘江景观
	建筑面积(m²)	163.40	163.50	50.00	51.00
	装修情况	一般装修	一般装修	一般装修	一般装修
权益因素	剩余使用年限(年)	39.82	39.82	39.82	39.82
	租约限制	有一定限制	有一定限制	有一定限制	有一定限制

4.比较因素条件说明

根据估价对象与比较实例各种因素具体情况,编制比较因素条件指数表。比较因素指数确定如下:

(1)估价对象与三个实例的交易情况均是正常买卖价格,不做修正;

(2)交易日期,由于三个可比案例成交时间与价值时点较接近,该时间段内杭州市办公用房价格变化不大,因此本次评估不做修正;

(3)区位、实物及权益因素调整分值

区位、实物及权益因素条件采用可比案例与估价对象直接对比,其标准如下。

①区位因素

A.商务氛围:分为不浓厚、一般、较浓厚、浓厚四个等级,以估价对象为100,以估价对象所处区域的商务氛围为100,每上升或下降一个等级,分值上升或下降5;

B.周边配套设施:分为差、较差、一般、较好、好五个等级,以估价对象周边的配套设施配置情况为100,每上升或下降一个等级,分值上升或下降3;

C.交通便捷度:按照周边道路通达程度和公共交通便捷度及距公交车站距离分为不便捷、一般、较便捷、便捷四个等级,以估价对象交通便捷度为100,每上升或下降一个等级,分值上升或下降3;

D.环境质量:分为差、较差、一般、较好、好五个等级,以估价对象为100,每上升或下降一个等级,指数上升或下降2;

E.位置:分为差、一般、较好、好四个等级,以估价对象所处位置为100,每上升或下降一个等级,指数上升或下降5;

F.区域规划:分为差、一般、好三个等级,以估价对象所处区域规划状况为100,每上升或下降一个等级,指数上升或下降 5。

②实物因素

A. 建成年份:以估价对象为 100,估价对象与可比案例为同一项目,建成年份相同,故不做修正;

B. 建筑结构:以估价对象为 100,根据估价对象及可比案例建筑结构、建筑质量确定指数分值;

C. 物业服务水平:分为差、一般、好三个等级,以估价对象为 100,每上升或下降一个等级,指数上升或下降 2;

D. 停车位配置:分为紧缺、一般、较充裕、充裕四个等级,以估价对象为 100,每上升或下降一个等级,指数上升或下降 3;

E. 商务配套设施:包括会务、各色餐饮配套、保安及安全系统、邮件递送和植物租赁等;分为不齐全、较齐全、齐全三个等级,以估价对象为 100,每上升或下降一个等级,指数上升或下降 2;

F. 楼层:以估价对象为 100,楼层每上升或下降 1 层,指数上升或下降 0.5;

G. 朝向、边套:根据估价对象、比较实例的建筑形态,朝向分为南、东南、东、西南、西、东北、北、西北八个等级,以估价对象朝向状况为 100,每上升或下降一个等级,指数上升或下降 1;考虑采光条件好坏,依次分为中间套、西边套、东边套三档,以估价对象为 100,每上升或下降一档指数上升或下降 1;

H. 景观:根据估价对象和可比实例具体景观情况,确定修正指数;

I. 建筑面积(m^2):建筑面积过大会影响房地产价值,以估价对象为 100,根据建筑面积大小对价值的客观影响程度确定指数分值;

J. 装修情况:将装修情况分为毛坯(简单装修)、一般装修、中档装修、高档装修、豪华装修 5 个等级,以估价对象装修状况为 100,每上升或下降一个等级,指数上升或下降 3。

③权益因素

A. 剩余使用年限:剩余年限修正,利用剩余年限修正指数公式:

$$K = \frac{1 - 1/(1+r)^m}{1 - 1/(1+r)^n} \times 100$$

式中:K 为剩余年限修正系数;r 为还原率;

n 为估价对象使用年限;m 为比较实例剩余使用年限。

B. 租约限制:根据租约内租金、剩余租期、违约成本分为无限制、有一定限制、限制较强、强限制四个等级,以估价对象租赁情况为 100,每上升或下降一个等级,指数上升或下降 1。

据以上比较因素指数的说明,编制比较因素条件指数表,详见表 4-4。

表 4-4　比较因素条件指数

比较因素	估价对象	案例一	案例二	案例三
交易价格(元/m^2)	待估	18192	19616	18252
交易情况	100	100	100	100
交易日期	100	100	100	100

比较因素		估价对象	案例一	案例二	案例三
区位因素	商务氛围	100	100	100	100
	周边配套设施	100	100	100	100
	交通便捷度	100	100	100	100
	环境质量	100	100	100	100
	位置	100	100	100	100
	区域规划	100	100	100	100
实物因素	建成年份	100	100	100	100
	建筑结构	100	100	100	100
	物业服务水平	100	100	100	100
	停车位配置	100	100	100	100
	商务配套设施	100	100	100	100
	楼层	100	103.5	104.5	100.5
	朝向、边套	100	100	99	99
	景观	100	100	100	100
	建筑面积(m^2)	100	100	102	102
	装修情况	100	100	100	100
权益因素	剩余使用年限(年)	100	100	100	100
	租约限制	100	100	100	100

5.编制因素比较修正系数表

根据比较因素条件指数表,编制因素比较修正系数,见表4-5。

表4-5　比较因素条件指数修正计算

比较因素		案例一	案例二	案例三
交易价格(元/m^2)		18192	19616	18252
交易情况		100 / 100	100 / 100	100 / 100
交易日期		100 / 100	100 / 100	100 / 100
区位因素	商务氛围	100 / 100	100 / 100	100 / 100
	周边配套设施	100 / 100	100 / 100	100 / 100
	交通便捷度	100 / 100	100 / 100	100 / 100
	环境质量	100 / 100	100 / 100	100 / 100
	位置	100 / 100	100 / 100	100 / 100
	区域规划	100 / 100	100 / 100	100 / 100

续表

比较因素		案例一	案例二	案例三
实物因素	建成年份	100 / 100	100 / 100	100 / 100
	建筑结构	100 / 100	100 / 100	100 / 100
	物业服务水平	100 / 100	100 / 100	100 / 100
	停车位配置	100 / 100	100 / 100	100 / 100
	商务配套设施	100 / 100	100 / 100	100 / 100
	楼层	100 / 103.5	100 / 104.5	100 / 100.5
	朝向、边套	100 / 100	100 / 99	100 / 99
	景观	100 / 100	100 / 100	100 / 100
	建筑面积(m²)	100 / 100	100 / 102	100 / 102
	装修情况	100 / 100	100 / 100	100 / 100
权益因素	剩余使用年限(年)	100 / 100	100 / 100	100 / 100
	租约限制	100 / 100	100 / 100	100 / 100
比准价格(元/m²)		17577	18589	17985

6. 实例修正后的价格计算

以上三个可比案例与估价对象位于同一区域内,交易日期比较接近,且比准价格较接近,故取三个比准价格简单算术平均数作为评估单价:

估价对象单价＝(17577＋18589＋17985)÷3＝18050(元/m²)(取整)

(二)收益法

1. 客观租金确定

通过近期出租的类似房地产进行搜集整理分析,挑选出三个租赁案例作为本次估价的可比实例,租金按权证记载建筑面积计算,内涵为净租金出租(承租方承担物业管理费、水、电、日常维护等正常使用费用及相关租赁税费,出租方承担其他费用),估价对象租金及租金案例均无租赁保证金或押金的利息等其他收入。

租金比较因素条件说明表、租金比较因素指数表和租金因素比较修正系数表见表4-6、表4-7、表4-8,由于租金和售价之间关联性,因此,比较因素条件选择及比较因素指数确定原则参照比较法。

(1)比较因素条件说明见表4-6

表4-6 比较因素条件说明

比较因素	估价对象	案例一	案例二	案例三
坐落位置	×××	×××	×××	×××
日租金(元/m²)	待估	1.80	2.00	1.90
租赁情况	正常	正常	正常	正常

比较因素		估价对象	案例一	案例二	案例三
租赁日期		—	2015.2	2015.5	2015.3
区位因素	商务氛围	好	好	好	好
	周边配套设施	齐全	齐全	齐全	齐全
	交通便捷度	便捷	便捷	便捷	便捷
	环境质量	好	好	好	好
	位置	好	好	好	好
	区域规划	好	好	好	好
实物因素	新旧程度	较新	较新	较新	较新
	建筑结构	钢混	钢混	钢混	钢混
	物业服务水平	较高	较高	较高	较高
	停车位配置	较充裕	较充裕	较充裕	较充裕
	赠送因素	无	无	无	无
	楼层	11/23F(含－2F)	13/23F(含－2F)	12/23F(含－2F)	14/23F(含－2F)
	朝向、边套	朝南、西边套	朝南、中间套	朝南、中间套	朝南、中间套
	建筑面积(m²)	163.40	163.5	162	163.5
	装修情况	一般装修	一般装修	一般装修	一般装修
权益因素	剩余使用年限(年)	39.82	39.82	39.82	39.82
	综合租赁条件	较好	较好	较好	较好

(2)比较因素条件指数见表 4-7

表 4-7 比较因素条件指数

比较因素		估价对象	案例一	案例二	案例三
日租金(元/m²)		待估	1.80	2.00	1.90
租赁情况		100	100	100	100
租赁日期		100	100	100	100
区位因素	商务氛围	100	100	100	100
	周边配套设施	100	100	100	100
	交通便捷度	100	100	100	100
	环境质量	100	100	100	100
	位置	100	100	100	100
	区域规划	100	100	100	100

续表

比较因素		估价对象	案例一	案例二	案例三
实物因素	新旧程度	100	100	100	100
	建筑结构	100	100	100	100
	物业服务水平	100	100	100	100
	停车位配置	100	100	100	100
	赠送因素	100	100	100	100
	楼层	100	101	100.5	101.5
	朝向、边套	100	99	99	99
	建筑面积(m^2)	100	100	100	100
	装修情况	100	100	100	100
权益因素	剩余使用年限(年)	100	100	100	100
	综合租赁条件	100	100	100	100
比准价格($元/m^2$)			1.8	2.01	1.89
平均比准价格($元/m^2$)		1.9			

（3）根据表 4-7，编制因素比较修正系数见表 4-8

表 4-8　比较因素条件指数修正计算

比较因素		案例一	案例二	案例三
日租金($元/m^2$)		1.80	2.00	1.90
租赁情况		100 / 100	100 / 100	100 / 100
租赁日期		100 / 100	100 / 100	100 / 100
区位因素	商务氛围	100 / 100	100 / 100	100 / 100
	周边配套设施	100 / 100	100 / 100	100 / 100
	交通便捷度	100 / 100	100 / 100	100 / 100
	环境质量	100 / 100	100 / 100	100 / 100
	位置	100 / 100	100 / 100	100 / 100
	区域规划	100 / 100	100 / 100	100 / 100
实物因素	新旧程度	100 / 100	100 / 100	100 / 100
	建筑结构	100 / 100	100 / 100	100 / 100
	物业服务水平	100 / 100	100 / 100	100 / 100
	停车位配置	100 / 100	100 / 100	100 / 100
	赠送因素	100 / 100	100 / 100	100 / 100

续表

	比较因素	案例一	案例二	案例三
实物因素	楼层	100 / 101	100 / 100.5	100 / 101.5
	朝向、边套	100 / 99	100 / 99	100 / 99
	建筑面积(m²)	100 / 100	100 / 100	100 / 100
	装修情况	100 / 100	100 / 100	100 / 100
权益因素	剩余使用年限(年)	100 / 100	100 / 100	100 / 100
	综合租赁条件	100 / 100	100 / 100	100 / 100
比准价格(元/m²)		1.8	2.01	1.89
平均比准价格(元/m²)			1.9	

(4)实例修正后的价格计算

以上三个可比实例与估价对象位于同一区域内,交易日期比较接近,且比准价格较接近,故取三个比准价格简单算术平均数作为评估单价:

估价对象租金单价＝(1.80＋2.01＋1.89)÷3＝1.9(元/m²)(保留一位小数)

(5)根据估价人员市场调查资料,该区域类似办公用房多数在1.8～2元/(m²·日),上述比较法测算估价对象租金单价1.9元/(m²·日),符合该区域类似办公用房租赁行情。

2.估价对象年收益

经估价人员实地查勘,估价对象出租使用。委托方尚未提供租赁合同,根据估价人员调查了解,合同租金与市场租金相近,因此本次估价以市场客观租金水平进行测算。根据估价人员对该区域类似办公用房租赁情况的调查,该区域类似办公用房的租金在1.8～2.0元/(m²·日)。综合考虑估价对象的楼层、装修、朝向等情况,确定其客观平均租金为1.9元/(m²·日)。估价对象可出租面积比率为100％,计算在出租过程中的空置损失,其出租率确定为95％:

估价对象年收益＝1.9×163.40×100％×95％×365＝107652(元)

3.年运营总费用

(1)年维修费

年维修费主要指为建筑物正常使用进行必要的维修养护而花费的费用,如基础、墙体、屋面的维修养护。根据当地市场行情,结合该建筑物本身设计特点,本次评估其年维修费率取1.5％,其计费依据为建筑物重置价格(3200元/m²)及相应的建筑面积(163.40m²),经测算该项费用总计＝3200×163.40×1.5％＝7843(元)。

(2)年管理费

该项费用根据不同类型的房地产,费率一般为年收益的2％～5％,参考杭州同类房地产,本次估价费率确定为2％,计算基数为估价对象年有效收益为:

年管理费＝107652×2％＝2153(元)。

（3）保险费

根据杭州市政策标准，该项费用为其建筑物现值的 1.5‰，计算基数为估价对象建筑物现值，估价对象房屋重置价格为 3200 元/m²，建筑物成新率为 98%，其测算结果＝3200×163.40×0.15%×98%＝769（元）。

（4）房产税、增值税等相关税费

税率根据出租方的性质确定，为租金的 17.55%（单位、企业）、14.6%（个人），由于本次测算，所取租金为净租金，因此，该部分税费＝0 元。

（5）累计以上四项费用，则年运营总费用为 10765 元。

4. 第一年净收益

年净收益＝107652－10765＝96887（元）

5. 报酬率

采用累加法确定报酬率。

累加法是将报酬率视为包含无风险报酬率和风险报酬率两大部分，然后分别求出每一部分，再将它们相加得到报酬率的方法。无风险报酬率又称安全利率，是资金的机会成本。风险报酬率是指承担额外风险所要求的补偿，即超过无风险报酬率以上部分的报酬率，具体是估价对象房地产存在的具有自身投资特征的区域、行业、市场风险的补偿。

累加法的公式为：

报酬率＝无风险报酬率＋投资风险补偿率＋管理负担补偿率＋缺乏流动性补偿率－投资带来的优惠率

综合市场情况，并考虑估价对象在风险因素及管理负担等各项因素中所占比重，估价人员确定估价对象该部分的报酬率为 4.0%（见表 4-9）。

表 4-9　报酬率累加情况

项目	数值	说明
无风险投资的报酬率	0.015	现实中不存在完全无风险的投资，一般是选用同一时期相对无风险的报酬率，在此选用同一时期一年期银行存款利率 1.5%。
对投资风险的补偿	0.02	当投资者投资于收益不确定、具有风险性的房地产时，必然会要求对所承担的额外风险有补偿，否则就不会投资，办公房地产相对于住宅来说风险较大。另由于估价对象地理位置较优越，其市场需求和收益的保障程度较高，从这点来看其风险又相对较小，综合分析对投资风险的补偿取 2%。
对管理负担的补偿	0.005	指一项投资要求的关心和监管越多，其吸引力就会越小，从而投资者必然会要求对所承担的额外管理有补偿。房地产要求的管理工作远超存款、证券。估价对象规模较小，管理相对较容易，综合分析对管理负担的补偿取 0.5%。
对缺乏流动性的补偿	0.01	指投资者对所投入的资金由于缺乏流动性所要求的补偿。房地产与股票、债券相比，买卖较困难，交易费用也较高，缺乏流动性，综合分析对缺乏流动性的补偿取 1.0%。
投资带来的优惠率	－0.01	投资带来的优惠率，是指由于投资房地产可以获得某些额外的好处，从而投资者会降低所要求的报酬率，估价对象可以抵押获得银行等金融机构的融资。综合分析投资带来的优惠率取 1%。
报酬率	0.04	—

6.确定预期收益年限

本次价值时点为 2017 年 9 月 12 日,土地使用权终止日期为 2057 年 7 月 6 日,估价对象土地剩余使用年限为 39.82 年,根据估价人员实地查勘,估价对象经济寿命约 46 年,长于土地剩余使用年限,因土地出让合同约定土地使用权期间届满后无偿收回地上建筑物,确定其收益年限为 39.82 年,报酬率保持不变。

7.确定收益价值

由于该区块在地理位置方面具有发展潜力,估价人员结合估价对象现状特点,分析其未来趋势后,采用净收益先递增后不变,取净收益前 10 年每年递增 5%,收益率不变的计算公式:

$$V=\frac{A}{Y-S}\times\left[1-\frac{(1+S)^n}{(1+Y)^n}\right]+\frac{A\times(1+S)^n}{Y\times(1+Y)^n}\times\left(1-\frac{1}{(1+Y)^{(N-n)}}\right)$$

经计算,估价对象价值为 2810764 元(取整)

估价对象单价=2810764÷163.40=17202(元/m²)(取整)

(三)估价对象价值确定

估价人员经综合分析,认为上述两种估价方法从不同侧面反映出估价对象房地产的价值,因此,本次估价采取算术平均值作为最终结果,得到:

估价对象单价=(18050+17202)÷2=17626(元/m²)(取整)

估价对象总价=17626×163.40=288(万元)(取整)

(四)法定优先受偿额

根据权证记载,估价对象已设定抵押权,至价值时点尚未注销,本报告须抵押注销后方可生效,故本次评估不考虑已设定的抵押价值,因此,估价师知悉的法定优先受偿款为零。

(五)估价对象抵押价值

估价对象抵押价值=未设立法定优先受偿权利下的市场价值-房地产估价师知悉的法定优先受偿款

=288 万元-0

=288 万元

八、估价结果确定

根据估价目的,遵循估价原则,采用比较法及收益法,通过认真地对影响房地产价值因素的分析,经过测算并结合估价经验,确定该房地产在未设立法定优先受偿权利下的房地产市场价值为人民币 288 万元(人民币大写贰佰捌拾捌万元,取整)。估价师知悉的估价对象法定优先受偿款为零,确定抵押价值为人民币 288 万元(人民币大写贰佰捌拾捌万元,取整),单价为人民币 17626 元/m²。

第六部分　附件(略)

1.《估价委托协议书》复印件;

2.估价对象位置示意图;

3.估价对象照片;

4.可比实例位置图和外观照片;

5.法定优先受偿款调查表;

6.《房屋所有权证》复印件;

7.《国有土地使用证》复印件;

8.估价机构营业执照复印件;

9.估价机构资质证书复印件;

10.估价人员资格证书复印件。

报告点评

具体报告点评见表 4-10、表 4-11。

表 4-10　房地产估价报告点评

点评大项	序号	点评项目	点评标准	点评意见
一、封面、致函、目录、声明、假设和限制条件	1	封面(或扉页)	要素齐全,表述准确、清晰、简洁。	
	2	致估价委托人函	内容完整,前后一致,表述准确、清晰、简洁。	1.估价对象财产范围如是否包括装饰装修等不够清楚; 2.未表述谨慎原则。
	3	目录	内容完整,前后一致。	附件名称未列示。
	4	注册房地产估价师声明	内容全面、规范,针对性强。	未说明实地勘察的估价师姓名。
	5	估价假设和限制条件	假设和限制条件合法、合理,理由充分。	
二、估价结果报告	6	估价委托人	内容完整,表述准确。	
	7	估价机构	内容完整,表述准确。	
	8	估价目的	表述具体、准确。	
	9	估价对象	基本状况描述全面、准确,范围界定清楚。	估价对象财产范围如是否包括装饰装修等不够清楚。
	10	估价时点	确定正确,确定理由简要明确。	
	11	价值类型	价值类型正确,价值内涵或者定义准确。	
	12	估价依据	依据完整、合法有效。	

点评大项	序号	点评项目		点评标准	点评意见
二、估价结果报告	13	估价原则		原则完整、准确。	
	14	估价方法		采用的估价方法的名称和定义准确。	
	15	估价结果		完整清晰,前后一致。	
	16	估价人员		人员与内容齐全、准确。	
	17	估价作业日期		表达正确,有保质完成的合理时间。	
三、估价技术报告	18	实物状况描述与分析	土地	描述全面、翔实,分析客观、透彻。	1.估价对象土地状况和其所在宗地状况应有所区别; 2.实物状况有描述无分析。
			建筑物	描述全面、翔实,分析客观、透彻。	建筑物状况有描述无分析。
	19	权益状况描述与分析		描述全面、翔实,分析客观、透彻。	权益状况有描述无分析,无租赁合同主要条款。
	20	区位状况描述与分析		描述全面、翔实,分析客观、透彻。	区位状况分析不够深入。
	21	市场背景描述与分析		宏观房地产市场、当地估价对象细分房地产市场及相关影响因素分析简明、准确、透彻,针对性强。	1.缺少国家和本地宏观经济政策分析; 2.分析思路不够清晰,缺少针对性。
	22	最高最佳利用分析		最高最佳利用判定正确,分析透彻、具体;有合法依据和市场依据。	
	23	估价方法适用性分析		技术路线表述清晰、明确;估价方法排查完整、合理,已选用估价方法理由充分,未选用估价方法理由充分。	
	24	估价测算过程		数据来源依据充分,参数选取客观、合理,理论表述与实际应用有说服力;有必要的分析和过程;计算过程完整、严谨、正确。	详见估价方法点评表。
	25	估价结果确定		估价结果客观合理,确定方式恰当、理由充分,结论表述清晰(含单价、总价)。	
四、附件及外在质量	26	附件		附件资料齐全、完整、真实。	缺租赁合同复印件。
	27	外在质量		报告名称、专业用语规范;文字简洁、通畅,表述严谨,逻辑性强;文本格式规范、无错别字、漏字,标点使用正确;排版规整、前后一致、装订美观大方。	1.页码首页应从正文开始编号; 2.格式排版等不够规范。

续表

点评大项	序号	点评项目	点评标准	点评意见
定性评审意见		重要内容缺失说明		无
		原则性错误说明		无
		重大质量缺陷说明		无

综合点评意见

该估价报告较完整规范。基本做到报告名称、专业用语规范;文字简洁、通畅,逻辑性强;文本格式整齐、基本没有发现错别字、漏字;排版规整、前后一致。封面各要素齐全,描述正确;致估价委托人函内容完整,估价结果明确。估价师声明内容完整,针对性强。估价范围界定清晰,估价对象描述全面。估价目的描述清晰,价值类型和价值内涵表述正确。价值时点确定正确,有理有据。估价方法选用比较法和收益法恰当可行。

有待改进的地方主要表现在:一是估价结果报告中涉及估价对象描述、权益状况描述内容不简洁,区位状况、位置、估价方法适用性分析等可以省略;二是致函和估价技术报告中的估价结果表述没有采用规范 7.0.17-3 表格列示;三是目录中的附件缺少二级目录;四是缺少划分比较因子优劣等级的依据;五是可比实例来源不够明确具体。

表 4-10-1 估价方法点评——比较法

序号	点评项目		点评标准	点评意见
1	可比实例	真实性	可比实例不少于 3 个,来源真实。	1.可比实例来源未说明; 2.可比实例价格内涵不够清晰; 3.可比实例信息不够完整清楚; 4.案例二、案例三规模不符合规范要求。
		客观性	成交价格内涵清楚。	
		信息完备性	信息较完整,内容清楚。	
		可比性	区位、权益、实物状况差异不大,成交日期与估价时点相隔不超过 12 个月。	
2	交易情况修正		交易情况清楚;与正常交易情况价格差异分析合理;修正系数合理,理由充分。	交易情况说明不清楚。
3	市场状况调整		成交日期准确、价格指数与市场状况一致,取值客观、合理。	
4	区位状况调整		区位比较因素及因子设置合理、完整,反映估价对象周边状况客观、充分;系数测算与分析确定过程详细、合理。	1.比较因素不够细化; 2.条件说明表过于简单; 3.条件指数确定依据不够充分。
5	权益状况调整		权益状况因素及因子设置合理、齐全,反映估价对象权益状况全面、客观;系数测算与分析确定过程详细、合理。	1.比较因素不够全面; 2.条件说明表过于简单; 3.条件指数确定依据不够充分。
6	实物状况调整		比较因素及因子设置合理、齐全,反映估价对象实物状况全面、客观;系数测算与分析确定过程详细、合理。	1.比较因素不够全面; 2.比较因子不够细化; 3.条件说明表过于简单; 4.条件指数确定依据不够充分。
7	公式运用与计算		公式应用正确,符合规范规定,取值精度合理,数值计算正确。	

表 4-10-2　估价方法点评——收益法

序号	点评项目			点评标准	点评意见
1	有效毛收入	出租型	租金水平	选取的租赁实例真实、客观,信息较完整,可比性强;租金收入分析深入。	1.租赁税费均由承租方承担、无租赁保证金或押金等不符合市场惯例; 2.租赁实例信息不完整、租金影响因素不全面、修正和调整确定依据不充分; 3.估价对象前 3 年租金和运营费用未说明。
			租约限制	租约限制处理合理,理由充分。	
			有效出租面积或者可出租面积比率	有效出租面积或者可出租面积比率确定过程清楚,数据合理。	
			空置率与租金损失	空置率与租金损失确定过程清楚,数据合理;市场依据充分。	依据不充分。
		自营型	经营收入	商业经营业态或者生产性质明确;经营收入与支出内容全面,数据来源依据充分;经营收入确定合理。	
2	其他收入			其他收入来源明确说明。	没有计算,至少有押金利息收入。
3	运营费用			费用项目正确、齐全;费用估算或者确定过程清楚,数据来源依据充分,取值合理,全部符合正常客观费用标准或者符合政策规定要求。	1.费用或费率取值依据不充分; 2.费用或费率取值未体现谨慎原则; 3.成新率确定依据不充分。
4	净收益			前后一致、计算正确。	
5	变化趋势分析			净收益流量类型分析合理,升降幅度预测数值依据充分。	依据不充分。
6	报酬率（或者资本化率）			报酬率确定方法和确定过程正确;数据来源依据充分;针对估价对象类型、档次、区位、估价时点的状况等合理取值。	房地产投资期限通常超过一年,无风险报酬率取同期一年期银行存款利率不合理。
7	收益期限			收益期限确定正确,依据充分。	理由不充分、不合理。
8	公式应用与计算			计算公式选用正确;有必要的分析和测算过程;测算过程完整、严谨、正确。	公式字母没有注明含义,没有演变步骤。

表 4-11　房地产抵押估价特殊项目点评

序号	点评项目	点评标准	点评意见
1	估价假设和限制条件	估价时点与实地查勘日期不一致时,应在假设限制条件中进行假设说明。	

续表

序号	点评项目	点评标准	点评意见
2	估价原则	列明遵循谨慎原则。	
3	估价结果披露	要素披露完整。	
4	估价对象变现能力分析	内容完整,分析合理,依据充分,针对性强。	
5	风险提示	内容完整,分析合理,针对性强。	风险提示缺乏针对性。
6	附件	应包括法定优先受偿权利等情况的书面查询资料和调查记录。	

报告五　杭州市江干区华联时代大厦 A 幢××01 室—××04 室四套综合(办公)房地产抵押价值评估

房地产抵押估价报告

估价项目名称:杭州市江干区华联时代大厦 A 幢××01 室—××04 室四套综合(办公)房地产抵押价值评估

估价委托人:杭州××实业有限公司

房地产估价机构:浙江××房地产土地评估有限公司

注册房地产估价师:×××(注册号 33201300××)

　　　　　　　　×××(注册号 33200700××)

估价报告出具日期:2017 年 5 月 24 日

估价报告编号:浙××估(2017)字第 17050××号

致估价委托人函

杭州××实业有限公司:

受贵方委托,我公司对位于杭州市江干区华联时代大厦 A 幢××01 室至××04 室四套综合(办公)房地产的抵押价值进行了评估。估价目的是为确定房地产抵押贷款额度提供参考依据。价值时点为 2017 年 5 月 19 日。

估价对象为位于杭州市江干区华联时代大厦 A 幢××01 室—××04 室综合(办公)用房,建筑总面积 1459.64m²,土地使用权总面积 81.6m²,不动产权利人杭州××实业有限公司,已取得四本《不动产权证书》(证载内容详见表 5-1)。

经过实地查看和市场调查,遵照《中华人民共和国城市房地产管理法》《中华人民共和国资产评估法》,国家标准《房地产估价规范》《房地产抵押估价指导意见》等法律法规和技术标准,遵循独立、客观、公正、合法、谨慎的原则,选用比较法和收益作为本次评估的估价方法,对估价对象进行了分析、测算和判断,确定估价对象在满足估价的假设和限制条件及报告使用说明下于价值时点的抵押价值估价结果为人民币大写伍仟零柒拾叁万元整(￥50730000),平均单价:34755 元/m²。分项价值详见表 5-1。

报告使用人在使用本报告之前须对报告全文,特别是"估价的假设和限制条件"认真阅读,以免使用不当造成损失!

浙江××房地产土地评估有限公司

法定代表人:××

二〇一七年五月二十四日

表 5-1 房地产抵押价值估价结果汇总 　　　　　币种:人民币

估价对象		华联时代大厦 A 幢××01 室	华联时代大厦 A 幢××02 室	华联时代大厦 A 幢××03 室	华联时代大厦 A 幢××04 室	汇总
不动产权证编号		浙(2017)杭州市不动产权第01×××9号	浙(2017)杭州市不动产权第01××××1号	浙(2017)杭州市不动产权第01××××7号	浙(2017)杭州市不动产权第01××××5号	
1. 假定未设立法定优先受偿权下的价值	总价(万元)	1304	1291	1213	1265	5073
	单价(元/m²)	35732	35375	33231	34660	34755
2. 估价师知悉的法定优先受偿款	总价(万元)	0	0	0	0	0
2.1 已抵押担保的债权数额	总价(万元)	0	0	0	0	0
2.2 拖欠的建设工程价款	总价(万元)	0	0	0	0	0
2.3 其他法定优先受偿款	总价(万元)	0	0	0	0	0
3. 抵押价值	总价(万元)	1304	1291	1213	1265	5073
	单价(元/m²)	35732	35375	33231	34660	34755

备注:本表仅作为浙××估(2017)字第17050××号报告附件,不得单独使用。

估价师声明

对本报告我们特做如下郑重声明:

1. 我们在本估价报告中对事实的说明是真实和准确的,没有虚假记载、误导性陈述和重大遗漏。

2. 本估价报告中的分析、意见和结论是我们独立、客观、公正的专业分析、意见和结论,但受到本估价报告中已说明的估价假设和限制条件的限制。

3. 我们与本估价报告中的估价对象没有现实或潜在的利益,与估价委托人及估价利害关系人没有利害关系,也与估价对象、估价委托人及估价利害关系人没有偏见。

4.我们是按照《中华人民共和国资产评估法》、GB/T50899—2013《房地产估价基本术语标准》、GB/T50291—2015《房地产估价规范》和相关专项标准《房地产抵押估价指导意见》的规定进行估价工作,撰写估价报告。

5.注册房地产估价师×××、×××已于 2017 年 5 月 19 日对本估价报告中的估价对象的室内外状况进行了实地查勘并进行记录。

6.没有人对本估价报告提供重要的专业帮助。

7.注册房地产估价师:

姓名	注册号	签名	签名日期
×××	33201300××		2017 年 5 月 24 日
×××	33200700××		2017 年 5 月 24 日

估价假设和限制条件

一、一般假设

1.估价对象产权明晰,手续齐全,可在公开市场上自由转让。

2.估价委托人提供了估价对象的《不动产权证书》,我们对权属证书上记载的权属、面积、用途等资料进行了审慎检查,在无理由怀疑其合法性、真实性、准确性和完整性的情况下,假定估价委托人提供的资料合法、真实、准确和完整。

3.市场供应关系、市场结构保持稳定、未发生重大变化或实质性改变。

4.注册房地产估价师已对房屋安全、环境污染等影响估价对象价值的重大因素给予了关注,在无理由怀疑估价对象存在隐患且无相应的专业机构进行鉴定、监测的情况下,假定估价对象能够正常安全使用。

5.估价对象在价值时点的房地产市场为公开、平等、自由的交易市场,即能够满足以下条件:(1)自愿销售的卖方和自愿购买的买方;(2)交易双方无任何利害关系,交易的目的是追求各自利益的最大化;(3)交易双方了解交易对象、知晓市场行情;(4)交易双方有较充裕的时间进行交易;(5)不存在特殊买者的附加出价。

二、未定事项假设

1.本报告出具的价格包含了国有土地使用权出让金。若至估价时点止,原产权人尚有任何有关估价对象的应缴未缴税费,应按照规定缴纳或从评估价值中相应扣减。

2.本次估价测算的预期实现抵押权的处置税金为估价对象于价值时点以抵押价值进入市场转让时,卖方需负担的正常税费,仅供参考,其预期实现抵押权的处置税金应以有关税务部门计算的为准。

三、背离事实假设

1.估价结果是反映估价对象在本次估价目的下的市场价格参考,估价时没有考虑国家宏观经济政策发生变化、市场供应关系变化、市场结构转变、遇有自然力和其他不可抗力等因素对房地产价值的影响,也没有考虑估价对象将来可能承担违约责任的事宜,以及特殊交易方式下的特殊交易价格等对评估价值的影响。当上述条件发生变化时,估价结果一般亦会发生变化。

2.估价结果未考虑估价对象及所有权人已承担的债务,或有债务及经营决策失误或市场运作失当对其价值的影响。

四、不相一致假设

无。

五、依据不足假设

无。

六、估价报告使用限制

1.本报告仅为委托人进行抵押贷款提供价格参考依据,如果改变估价目的或若用于其他用途对使用者造成的损失,我公司不承担任何责任。

2.本评估报告估价结果为2017年5月19日的市场价格,随时间推移及市场情况的变化,该价值需做相应调整。本估价报告有效期为半年,我公司对逾期使用评估报告所造成的损失不承担任何责任。

3.本报告专为估价委托人所使用,未经估价机构同意,不得向估价委托人和报告审查部门之外的单位和个人提供;本报告全部或部分及任何参考资料均不允许在任何公开发表的文件、通告或申明中引用,亦不得以其他任何方式公开发表。

4.本报告由浙江××房地产土地评估有限公司负责解释。

5.本报告必须经估价机构加盖公章、注册房地产估价师签字后方可使用,估价机构仅对本报告的原件承担责任,对任何形式的复印件概不认可且不承担责任。

房地产估价结果报告

一、估价委托人:杭州××实业有限公司

委托人地址:华联时代大厦A幢××室
联系人:×先生
联系电话:×××

二、房地产估价机构:浙江×××房地产土地评估有限公司

单位地址:杭州市×××北路×××号×××室
法定代表人:×××
资质级别:壹级

资质证书编号:建房估证字〔2015〕×××号

资质证书有效期:2015 年 7 月 1 日至 2018 年 7 月 1 日

工商营业执照注册号:×××

联系人:×××

联系电话:××××

三、估价目的

为确定房地产抵押贷款额度提供参考依据而评估房地产抵押价值。

四、估价对象

(一)估价对象范围

估价对象为位于杭州市江干区华联时代人厦 A 幢××01 室—××04 室四套综合(办公)用房,地块东至剧院路,南至新业路,西至四季路,北至迪凯国际中心。

本次估价范围为杭州市江干区华联时代大厦 A 幢××01 室—××04 室四套综合(办公)用房,建筑总面积 1459.64m²,土地使用权总面积 81.6m² 以及分享的配套设施使用权价值。但不包含动产、债权债务、特许经营权等其他财产权益。

房屋规划用途为非住宅,不动产证记载用途为综合(办公)/非住宅,实际用途为综合(办公),土地以出让方式取得。

(二)土地基本状况

1. 名称:杭州市江干区华联时代大厦 A 幢××01 室—××04 室。

2. 宗地四至:根据《不动产权证书》,宗地东至剧院路,南至新业路,西至四季路,北至迪凯国际中心。

3. 土地面积:根据《不动产权证书》,项目宗地土地使用权面积 1459.64m²,估价对象分摊土地总面积 81.6m²,四套综合(办公)用房分摊土地面积见表 5-2。

4. 用途:土地证载用途为综合(办公),实际用途为综合(办公),用途合法一致。

5. 土地形状:宗地形状呈规则矩形。

6. 地势:该宗地与相邻土地、道路齐平。

7. 土壤:宗地周边均为建设用地,地质条件较好,土壤没有受过污染。

8. 地形:地形平坦,无明显的坡度,有利于宗地内排水。

9. 土地开发程度:至价值时点,该宗地红线外基础设施达到“六通”(即通路、供电、供水、排水、通信、网络),宗地内达到“六通一平”(即通路、供电、供水、排水、通信、网络)及红线内“场地平整”。

(三)建筑物基本状况

1. 物业整体概况

华联时代大厦是由 A、B 两幢超高层商务写字楼组成的 H 型双塔建筑,建成于 2010 年,总高 138m,占地面积 1459.64m²,建筑面积 122781m²,办公楼层面积 1465m²。总层数 34 层(地上 32 层,地下 2 层),地下 1—2 层提供 500 个车位,1—4 层用作商业、餐饮、会议等高端商务配套,5—32 层为办公用房。华联 UDC 写字楼由德国 GMP 担纲设计,外立面采用全落地中空安全 LOW-E 中空夹胶三层玻璃幕墙。以大块落地玻璃为基本格局,在落地玻璃中间镶嵌箱形单元窗,窗户开启设计有平开和内倒两种方式。15m 挑高大堂,内部设置有服务前台、茶水间、银行等全方位配套设施,大堂及其他公共部位为精装修。每幢配备 8 部瑞士迅达高速载客电梯和一部货梯,写字楼每隔两层各设置一 8m 高的阳光暖房。大楼配备 5A 智能化系统:办公智能化、楼宇智能化系、消防控制系统、智能安防监控系统、通信智能化。物业由华联物业提供专业的物业管理服务,收费标准为 15 元/m²·月。

2. 具体查勘状况

根据现场查勘实际情况,估价对象系 A 幢之××01 室—××04 室四套综合(办公)物业,层高 3.2m,楼层平面布局为一层四户回廊式格局。大楼过道铺设地毯、集成吊顶,电梯间铺设大理石。

具体勘察情况如下:

××01 室:位于楼层东南部,建筑面积 364.91m²。内部格局系大开间,可见城市阳台、杭州国际会议中心和杭州大剧院城市等标志性建筑,并可见钝角角度钱塘江景观,视野开阔。该室目前空置。室内内墙系乳胶漆粉刷,地面铺设地毯,集成吊顶、玻璃窗、玻璃推拉门,房屋保养良好。

××02 室:位于楼层西南部,建筑面积 364.91m²。内部格局系大开间,可见城市阳台、杭州国际会议中心和杭州大剧院城市等标志性建筑,并可见锐角角度钱塘江景观,视野开阔。该室目前短期出租作办公使用,室内内墙系乳胶漆粉刷,地面铺设地砖,吊顶装饰,玻璃窗、玻璃推拉门,房屋保养良好。

××03 室:位于楼层西北部,建筑面积 364.91m²。内部格局系大开间,可见城市阳台、杭州国际会议中心和杭州大剧院城市等标志性建筑,不可见钱塘江景,视野一般。该室目前短期出租作办公使用,室内内墙系乳胶漆粉刷,地面铺设地毯,集成吊顶、玻璃窗、玻璃推拉门,房屋保养良好。

××04 室:位于楼层东北部,建筑面积 364.91m²。内部格局系大开间,可见城市阳台、杭州国际会议中心和杭州大剧院城市等标志性建筑,并可见钝角角度钱塘江景观,视野一般。该室目前空置。室内呈毛坯状,水泥砂浆地面,玻璃窗、玻璃推拉门,房屋保养良好。

(四)估价对象权属状况

1. 不动产权属状况

估价对象坐落于杭州市江干区华联时代大厦 A 幢××01 室—××04 室,权利人(房屋所有权和土地使用权)为杭州××实业有限公司,持有四本《不动产权证书》;土地所有权属于国家;房屋总层数 34 层(含地下 2 层),建筑结构钢筋混凝土结构,建成年份 2010 年;不动产单元号 3301040050××GB×××9F××;设计用途非住宅,土地用途为综合(办公)/非住宅;权利性质:出让/存量房产,使用期限至 2056 年 12 月 17 日止。分项证载内容详见表5-2。

表 5-2 估价对象证载信息

序号	权利人	坐落	不动产权证编号	建筑面积(m²)	土地使用权总面积(m²)
1	杭州×× 实业有限公司	华联时代大厦 A 幢 ××01 室	浙(2017)杭州市不动产权第 0110××9 号	364.91	20.4
2		华联时代大厦 A 幢 ××02 室	浙(2017)杭州市不动产权第 0133××1 号	364.91	20.4
3		华联时代大厦 A 幢 ××03 室	浙(2017)杭州市不动产权第 0133××7 号	364.91	20.4
4		华联时代大厦 A 幢 ××04 室	浙(2017)杭州市不动产权第 0133××5 号	364.91	20.4
合计		/		1459.64	81.6

2.有无法定优先受偿款等情况确定

根据委托方提供的资料,以及估价师对房地产权属了解,至价值时点估价对象未发现估价师知悉的他项权利价值。亦无长期出租及其他特殊情况。

(五)估价对象区位状况

1.位置状况

(1)坐落、方位:杭州市江干区华联时代大厦 A 幢××01 室—××04 室,位于杭州市中心南侧钱江新城核心区块。

(2)距离:距离市民中心约 0.5km。

(3)临街(路)状况:三面临街,东临剧院路,南临新业路,西临四季路。

(4)朝向:××01 室东南朝向;××02 室西南朝向;××03 室西北朝向;××04 室东北朝向。

(5)楼层:总层数 34 层,估价对象位于 27 层。

2.交通状况

(1)道路状况:区域内有庆春东路、钱江路、之江路、秋石高架、富春路、新业路、四季路等城市主次干道构成交通路网,道路通达度良好。

(2)出入可利用交通工具:附近有市民中心、富春路丹桂街口公交车站,有 106 路、71 路、264 路、96 路、B2、B 支 1 路等多路公交车通过;距地铁 4 号线市民中心站和锦江路站约 500m,公共交通便利。周边路网密集,自驾出行便利。

(3)交通管制:除车速外无其他限制。

(4)停车便利度:附近有市民中心停车场,且自配车位充足,停车便利。

3.环境状况

(1)自然环境:南距钱塘江约 200m,自然环境好。

(2)人文环境:位于钱江新城中央商务区内、人文环境好。

(3)景观:可见城市阳台、杭州国际会议中心和杭州大剧院城市等标志性建筑,其中部分可见钱塘江景。

4.外部配套设施状况

（1）基础设施

估价对象地处杭州市钱江新城核心区域，交通、通信、电力、供水、排污、网络"六通"条件，基础设施配套齐全，保障度良好。

（2）公共配套设施

该区域属钱江新城核心区块，区域内有市民中心、杭州大剧院、万象城购物中心、银泰百货（杭州庆春店）、凯德置地杭州来福士广场、砂之船国际生活广场、杭州瑞立江河汇酒店、杭州钱江新城万豪酒店、杭州柏悦酒店、杭州天元大厦、杭州钱江新城万怡酒店商业配套设施，繁华度高；有汉嘉国际大厦、迪凯国际中心，万银国际、宏程国际大厦、尊宝大厦等商务物业，类似物业集聚。

五、价值时点

二〇一七年五月十九日

由于本次估价目的为确定房地产抵押贷款额度提供参考依据而评估房地产抵押价值。根据《房地产抵押估价指导意见》第十条规定，估价房地产抵押价值时点，原则上为完成估价对象实地查勘之日。我公司实地查勘之日为 2017 年 5 月 19 日，故确定价值时点为 2017 年5 月 19 日。

六、价值类型

本次估价采用市场价值标准。

房地产抵押价值为房地产在估价时点的市场价值，等于假定未设立法定优先受偿权利下的市场价值减去房地产估价师知悉的法定优先受偿款。

法定优先受偿款是指假定在估价时点实现抵押权时，法律规定优先于本次抵押贷款受偿的款额，包括发包人拖欠承包人的建筑工程价款、已抵押担保的债权数额，以及其他法定优先受偿款。

七、估价原则

本次估价遵循独立、客观、公正原则，合法原则，价值时点原则，替代原则，最高最佳利用原则和谨慎原则等房地产估价原则。

遵循独立、客观、公正原则：评估价值应为对各方估价利害关系人均是公平合理的价值或价格。

遵循合法原则：评估价值应为在依法判定的估价状况下的价值和价格。

遵循最高最佳利用原则：评估价值应为估价对象最高最佳利用状况下的价值或价格。

遵循替代原则：评估价值与估价对象的类似房地产在同等条件下的价值或价格偏差应在合理范围内。

遵循价值时点原则：评估价值应为在根据估价目的确定的某一特定时间的价值或价格。

遵循谨慎原则：评估价值应为在充分考虑导致估价对象价值或价格偏低的因素，慎重考虑导致估价对象价值或价格偏高的因素下的价值或价格。

八、估价依据

(一)法律、法规和政策性文件

1.《中华人民共和国房地产管理办法》

2.《中华人民共和国资产评估法》

3.《中华人民共和国土地管理法》

4.《中华人民共和国物权法》

5.《中华人民共和国担保法》

6.《城市房地产抵押管理办法》

7.杭州市政府及杭州市住房保障和房产管理局有关规定

(二)技术标准、规程、规范

1.国家标准 GB/T50291—2015《房地产估价规范》

2.国家标准 GB/T50899—2013《房地产估价基本术语标准》

3.建住房(2006)8 号《房地产抵押估价指导意见》

(二)委托人提供的相关资料

1.《不动产权证书》

2.委托人提供的其他相关资料

(四)估价人员调查搜集的相关资料

1.估价人员现场查勘和估价机构掌握的其他相关资料

2.估价对象所在区域的房地产市场状况、同类房地产市场交易等数据资料

九、估价方法

(一)估价方法选用

根据《房地产估价规范》(GB/T50291—2015),房地产估价通常的估价方法有比较法、收益法、成本法、假设开发法、基准地价修正法等。根据对实地查勘以及对周边房地产市场进行调查,估价对象同一供求圈内近期类似物业交易案例较多,比较法为首选估价方法;同时估价对象类似房地产出租市场也比较活跃,租赁资料易于搜集,收益法可作为另一种估价方法;但估价对象作为一整体物业中一部分,各项成本资料难以搜集,故成本法不宜采用;且估价对象为正在合法使用的建成物业,根据抵押估价谨慎性原则,抵押估价以保持现状使用为前提,故无重新改造或重新开发必要,即假设开发法不宜采用。

综上所述,本次评估采用比较法及收益法进行测算,再依据《房地产估价规范》、估价对象的特点及本次估价目的,遵照国家有关法律、法规、估价技术标准,选用合理的权重,从而得到估价对象较为客观、合理的估价结果。

(二)估价方法定义

1.比较法

比较法是将估价对象房地产与在近期已经发生了交易的类似房地产加以比较对照,从

已经发生了交易的类似房地产的已知价格,修正得出估价对象房地产的一种估价方法。比较法公式:估价对象价格＝可比实例价格×交易日期修正×交易情况修正×个别因素修正×区域因素修正。

2.收益法

预计估价对象未来正常收益,选用适当的资本化率将其折现到价值时点后累加,以此估算估价对象客观合理价格或价值的方法。

收益法有限年递增公式:

$$V = A \div (R-S) \times \{1-[(1+S) \div (1+R)]^{n1}\}$$

收益法有限年不变公式:

$$V = A/R \times [1-1 \div (1+R)^{n2}]$$

十、估价结果

估价人员根据估价目的,遵循估价原则,按照估价工作程序,运用科学的估价方法,仔细考察估价对象的建筑特征及使用和维护情况,经过全面细致的测算,并结合估价经验和对影响价值因素的分析,确定估价对象(建筑总面积 1459.64m²,土地使用权总面积 81.6m²)在价值时点的估价结果为人民币大写伍仟零柒拾叁万元整(￥50730000),平均单价:34755元/m²。分项价值详见表 5-1。

十一、注册房地产估价师

姓名	注册号	签名	签名日期
×××	33201300××		
×××	33200700××		

十二、协助估价的人员

无

十三、实地查勘期

2017 年 5 月 19 日至 2017 年 5 月 19 日

十四、估价作业日期

2017 年 5 月 19 日至 2017 年 5 月 24 日

十五、房地产变现能力分析

变现能力是指假定在估价时点实现抵押权时,在没有过多损失的条件下,将抵押房地产转换为现金的可能性。

1.通用性:估价对象为钢筋混凝土结构综合(办公)用房,结构形式和平面布局合理,外观新颖、功能先进,通用性良好。

2.独立使用性:估价对象为大楼中的一部分,与大楼中其他用户共用公共部位以及共用公共配套,除此之外估价对象可独立使用。

3.可分割转让性:根据合法用途和产权状况,估价对象只能按套转让,不能再进行分割转让。

4.估价对象的变现时间。一般地说,价值越大的房地产,购买所需要的资金越多,越不容易找到买者,变现时间较长。估价对象每套作为办公用房,价值量一般,且为钱江新城核心区块,地理位置优越,故变现能力较好,一般要半年左右。

5.根据估价对象性质,其变现方式有挂牌、招标或拍卖等,根据现行房地产市场行情及快速变现因素,一般以拍卖方式处置,假定在估价时点拍卖或者变卖估价对象时,因存在短期内强制处分、潜在购买群体受到限制及心理排斥因素影响,最可能实现的价格一般比公开市场价格要低。根据估价对象物业的特点、所处区域的现行状况和发展趋势,我公司认为其快速变现率为市场价格的 70%～80%。

6.估价对象如果进行变现,变现过程中涉及的税费种类及范围见表 5-3。

表 5-3　假设估价对象在价值时点的变现费用

	物业名称	华联时代大厦 A 幢××01 室—××04 室		备注
		原购买的房地产(非住宅)在估价期日发生变现的变现价值		
1	评估总价	50730000 元		
2	购入价	48982050 元		
3	购入时税费	契税	购入价×3%	1469462 元	
		印花税	购入价×0.05%	24491 元	
		手续费		50 元	
		小计		1494003 元	
4	变现费用	拍卖佣金	评估总价×1%～5%	1521900 元	取平均值
		诉讼费	评估总价×0.5%	253650 元	
		执行费	评估总价×0.1%	50730 元	
		律师费	评估总价×0.05%～0.1%	38048 元	取平均值
		评估费	评估费×0.012%～0.42%	52288 元	
		小计		1916615 元	
5	转让时税费	登记手续费	50 元/套	50 元	
		印花税	评估总价×0.05%	25365 元	
		增值税	(评估总价－原购买价)/(1+0.05)×5%	83236 元	
		城建税	增值税×7%	5827 元	
		教育附加费	增值税×3%	2497 元	
		地方教育附加费	增值税×2%	1665 元	
		小计		118639 元	

续表

6	扣除项目	2＋3＋4＋5	52511307 元	
7	增值额	1—6	0	
8	土地增值税	7×适用税率	0	超额累进
9	企业所得税	／	0	
10	优先受偿款		0	

7.清偿顺序

拍卖、变卖变现所得价款的清偿顺序,当事人有特殊约定按约定执行,没有特殊约定的,变现所得价款的清偿顺序为:(1)实现抵押权的费用,包括诉讼费、执行费、律师费、拍卖费、评估费用等;(2)应缴交国家有关税费,包括增值税、城市维护建设税、教育费附加、补缴土地出让金等;(3)拖欠的建筑工程价款(不含工程垫资费用);(4)主债权;(5)利息;(6)违约金;(7)赔偿金;(8)剩余金额交还抵押人。

十六、风险提示说明

1.估价对象可能因区域规划、功能定位、市政建设、交通条件、生态环境、使用状况等因素变化导致抵押价值减损。

2.房地产抵押期间,抵押房地产仍由抵押人占有、使用。若抵押人人为使用不当,如擅自拆改建筑物,破坏建筑结构等,将会加速建筑物的物理折旧,导致房地产的贬值。

3.估价对象可能因房地产市场变化、国家宏观政策和经济形势变化、房地产相关税费和银行利率调整等因素导致估价对象的价值减损。

4.抵押权人需定期或者在房地产市场价格变化较快时对房地产抵押价值进行再评估。

浙江×××房地产土地评估有限公司

二〇一七年五月二十四日

房地产估价技术报告

一、估价对象描述与分析

(一)土地实物状况描述与分析

1.名称:杭州市江干区华联时代大厦 A 幢××01 室—××04 室。

2.宗地四至:根据《不动产权证书》,宗地东至剧院路,南至新业路,西至四季路,北至迪凯国际中心。

3.土地面积:根据《不动产权证书》,项目宗地土地使用权面积 1459.64m²,估价对象分摊土地总面积 81.6m²,四套综合(办公)用房分摊土地面积见表 5-4。

表 5-4　估价对象证载信息

序号	权利人	坐落	不动产权证编号	建筑面积 (m²)	土地使用权总面积(m²)
1		华联时代大厦 A 幢 ××01 室	浙(2017)杭州市不动产权第 0110××9 号	364.91	20.4
2	杭州×× 实业有限公司	华联时代大厦 A 幢 ××02 室	浙(2017)杭州市不动产权第 0133××1 号	364.91	20.4
3		华联时代大厦 A 幢 ××03 室	浙(2017)杭州市不动产权第 0133××7 号	364.91	20.4
4		华联时代大厦 A 幢 ××04 室	浙(2017)杭州市不动产权第 0133××5 号	364.91	20.4
合计		/		1459.64	81.6

4.用途:土地证载用途为综合(办公),实际用途为综合(办公),用途合法一致。

5.土地形状:宗地形状呈规则矩形。

6.地势:该宗地与相邻土地、道路齐平。

7.土壤:宗地周边均为建设用地,地质条件较好,土壤没有受过污染。

8.地形:地形平坦,无明显的坡度,有利于宗地内排水。

9.土地开发程度:至价值时点,该宗地红线外基础设施达到"六通"(即通路、供电、供水、排水、通信、网络),宗地内达到"六通一平"(即通路、供电、供水、排水、通信、网络)及红线内"场地平整"。

分析:宗地三面临街,可视性、可及性较好,进出便利;宗地地势与周边用地基本齐平,地形平坦,自然排水状况较好,无洪水淹没的可能性;宗地形状规则,便于土地开发利用;宗地内外均为"六通"开发程度,基础配套齐全。

(二)建筑物实物状况描述与分析

1.物业整体概况

华联时代大厦是由 A、B 两幢超高层商务写字楼组成的 H 型双塔建筑,建成于 2010 年,总高 138m,占地面积 1459.64m²,建筑面积 122781m²,办公楼层面积 1465m²。总层数 34 层(地上 32 层,地下 2 层),地下 1—2 层提供 500 个车位,1—4 层用作商业、餐饮、会议等高端商务配套,5—32 层为办公用房。华联 UDC 写字楼由德国 GMP 担纲设计,外立面采用全落地中空安全 LOW-E 中空夹胶三层玻璃幕墙。以大块落地玻璃为基本格局,在落地玻璃中间镶嵌箱形单元窗,窗户开启设计有平开和内倒两种方式。15m 挑高大堂,内部设置有服务前台、茶水间、银行等全方位配套设施,大堂及其他公共部位为精装修。每幢配备 8 部瑞士迅达高速载客电梯和一部货梯,写字楼每隔两层各设置一 8m 高的阳光暖房。大楼配备 5A 智能化系统:办公智能化、楼宇智能化系统、消防控制系统、智能安防监控系统、通信智能化。物业由华联物业提供专业的物业管理服务,收费标准为 15 元/m²·月。

2.具体查勘状况

根据现场查勘实际情况,估价对象系 A 幢之××01—××04 室四套综合(办公)物业,楼层平面布局为一层四户回廊式格局。大楼过道铺设地毯、集成吊顶,电梯间铺设大理石。

具体查勘情况如下:

××01室:位于楼层东南部,建筑面积364.91m²。内部格局系大开间,可见城市阳台、杭州国际会议中心和杭州大剧院城市等标志性建筑,并可见钝角角度钱塘江景观,视野开阔。该室目前空置。室内内墙系乳胶漆粉刷,地面铺设地毯,集成吊顶,玻璃窗,玻璃推拉门,房屋保养良好。

××02室:位于楼层西南部,建筑面积364.91m²。内部格局系大开间,可见城市阳台、杭州国际会议中心和杭州大剧院城市等标志性建筑,并可见锐角角度钱塘江景观,视野开阔。该室目前短期出租作办公使用,室内内墙系乳胶漆粉刷,地面铺设地砖,吊顶装饰,玻璃窗,玻璃推拉门,房屋保养良好。

××03室:位于楼层西北部,建筑面积364.91m²。内部格局系大开间,可见城市阳台、杭州国际会议中心和杭州大剧院城市等标志性建筑,不可见钱塘江景,视野一般。该室目前短期出租作办公使用,室内内墙系乳胶漆粉刷,地面铺设地毯,集成吊顶,玻璃窗,玻璃推拉门,房屋保养良好。

××04室:位于楼层东北部,建筑面积364.91m²。内部格局系大开间,可见城市阳台、杭州国际会议中心和杭州大剧院城市等标志性建筑,并可见钝角角度钱塘江景观,视野一般。该室目前空置。室内呈毛坯状,水泥砂浆地面,玻璃窗,玻璃推拉门,房屋保养良好。

分析:估价对象为钢筋混凝土结构5A级综合(办公)用房,外观新颖、结构形式和平面布局合理,通用性良好;单套建筑面积一般,易于变现;所处楼层较高,视野大多较好,室内通风采光较好。

(三)权属状况描述与分析

1.不动产权属状况

估价对象坐落于杭州市江干区华联时代大厦A幢××01室—××04室,权利人(房屋所有权和土地使用权)为杭州××实业有限公司,持有四本《不动产权证书》;土地所有权属于国家;房屋总层数34层(含地下2层),建筑结构钢筋混凝土结构,建成年份2010年;不动产单元号3301×××××××F××××××21;设计用途非住宅,土地用途为综合(办公)/非住宅;权利性质:出让/存量房产,使用期限至2056年12月17日止。分项证载内容详见表5-5。

2.有无法定优先受偿款等情况确定

根据委托方提供的资料,以及估价师对房地产权属了解,至价值时点估价对象未发现估价师知悉的他项权利价值。亦无长期出租租约限制及其他特殊情况。权属完整、清晰。

(四)估价对象区位状况描述与分析

1.位置状况

(1)坐落、方位:杭州市江干区华联时代大厦A幢××—××室,位于杭州市中心南侧钱江新城核心区块。

(2)距离:距离市民中心约0.5km。

(3)临街(路)状况:三面临街,东临剧院路,南临新业路,西临四季路。

(4)朝向：××01 室东南朝向；××02 室西南朝向；××03 室西北朝向；××04 室东北朝向。

(5)楼层：总层数 34 层,估价对象位于 27 层。

2.交通状况

(1)道路状况：区域内有庆春东路、钱江路、之江路、秋石高架、富春路、新业路、四季路等城市主次干道构成交通路网,道路通达度良好。

(2)出入可利用交通工具：附近有市民中心、富春路丹桂街口公交车站,有 106 路、71 路、264 路、96 路、B2、B 支 1 路等多路公交车通过;距地铁 4 号线市民中心站和锦江路站约 500m,公共交通便利。周边路网密集,自驾出行便利。

(3)交通管制：除车速外无其他限制。

(4)停车便利度：附近有市民中心停车场,且自配车位充足,停车便利。

3.环境状况

(1)自然环境：南距钱塘江仅 200m,自然环境好。

(2)人文环境：位于钱江新城中央商务区内,人文环境好。

(3)景观：可见城市阳台、杭州国际会议中心和杭州大剧院等城市标志性建筑,其中部分可见钱塘江景。

4.外部配套设施状况

(1)基础设施

估价对象地处杭州市钱江新城核心区域,交通、通信、电力、供水、排污、网络"六通"条件,基础设施配套齐全,保障度良好。

(2)公共配套设施

该区域属钱江新城核心区块,区域内有市民中心、杭州大剧院、万象城购物中心、银泰百货(杭州庆春店)、凯德置地杭州来福士广场、砂之船国际生活广场、杭州瑞立江河汇酒店、杭州钱江新城万豪酒店、杭州柏悦酒店、杭州天元大厦、杭州钱江新城万怡酒店商业配套设施,繁华度高;有汉嘉国际大厦、迪凯国际中心,万银国际、宏程国际大厦、尊宝大厦等商务物业,类似物业集聚。

5.区域状况未来发展趋势分析

钱江新城的核心区块即中央商务区占地面积 4km², 可建建筑面积约为 650 万 m², 包括八个功能区,即行政办公区、金融办公区、商务办公区、商贸会展区、文化休闲区、商业娱乐综合区、办公园区和滨江休闲游游憩区。平行于钱塘江的富春江路将作为核心区商务发展轴,将是钱江新城最繁华的景观大道。钱江新城区块是杭州市新规划的行政中心板块,以甲级和超甲级写字楼为主,是未来杭州新的中心级商务圈。

二、市场背景描述与分析

(一)本地整体房地产市场分析

据杭州透明售房网数据统计,2016 年全年杭州市区新建商品房共成交 20.5 万套,总面积 2081.4 万 m²,总金额 3596.7 亿元。经统计,与上年商品房成交相比增加了 72086 套,其涨幅约为 54.2%,签约面积位居全国前列。年签约均价 17280 元/m²,比 2015 年上涨

8.1％。根据统计,2016 年 11 月杭州全市新建商品住宅价格同比上涨 30.1％,涨价排名全国第 6 位,上半年上涨幅度处于合理范围区间,基本是对前面近 5 年时间房价的补涨,整体价格体系稳定。此后随着 G20 的举办,外地购房者的涌入,新建商品住宅价格的上涨速度在第三季度有所加快,随着限购限贷重启后,四季度价格环比增幅出现下降,但房价仍处于高位。根据杭州市相关网站统计数据分析,自 2016 年 9 月份以来杭州市二手房处于稳中有升。

(二)本地本类房地产形势分析

杭州写字楼主要集中在滨江、江干、西湖、拱墅热点四区,萧山区位列第五,其次是市中心两区,余杭区需求成交量最小。

滨江区作为新生写字楼林立的高新区域,区内办公房源充足,且政府对于企业的办公租房优惠政策相对其他区域较大,所以其区内房源需求量大、成交量也名列前茅。江干区的钱江新城作为新兴的发展板块,且商业配套齐全,交通便利,加上江干区下沙板块有大量房源的同时,也具有高教园区里大批需求办公空间的创业者,所以江干的写字楼需求、成交量也是居高不下。西湖、拱墅作为比市中心房源库存量足,租金又较低,比边缘区域各方面发展齐全的两区,也吸引着较多的企业入驻。而萧山区本年度需求、成交排名第五,G20 峰会对其的冲击作用功不可没,随着峰会的举办结束,杭州楼市火爆之时,萧山钱江世纪城的楼盘进入了新的关注制高点,区内写字楼需求成交也在峰会之后进入爆发期。其中黄龙、钱江新城(未来的钱江世纪城)这些写字楼性价比较高的板块,深受要求高,需求大的客户追捧和关注。

从写字楼销售市场来看,杭州写字楼市场成交出现明显回暖,新房平均售价为 30000 元/m²,价格比较平稳。2016 年上半年,杭州写字楼成交量大幅攀升,共成交 2733 套,成交面积达 43.79 万 m²,其中,尤以萧山区域的成交较为活跃,大宗交易占比近 30％。虽然市场成交量大幅攀升,但截至 2016 年 6 月,杭州写字楼存量达到 299.23 万 m²,去化周期仍在 40 个月以上。从租赁市场来看,杭州写字楼平均租金报价为 4.38 元/(m²·日),环比上涨约 5％,态势稳健。

(三)国家及本地宏观经济政策因素分析

回顾 2016 年,中国经济正处于 L 形探底阶段,经济增长率从原来的两位数一路跌至今年前三季度的 6.7％,经济有企稳态势但仍不牢固,消费贡献率有较大提升,全社会固定资产投资和民间投资增速止跌,但企稳基础不牢。人民币贬值压力加大,外企外迁与资本外逃风险依然存在。用工成本持续上升,劳动力市场用工需求疲弱,银行不良贷款比例虽企稳,但上升压力仍存在。

2016 年宽松向好的房地产宏观环境有效促进了全国房地产市场的量价齐升。

中央层面政策:

2016 年 2 月 2 日,商贷二套房首付可下调 5％,二套房最低首付比例降至三成。中国人民银行和银监会联合发布《关于调整个人住房贷款政策有关问题的通知》。通知规定,在不实施限购措施的城市,居民家庭首次限购普通住宅的商业个人贷款,原则上最低首付比例为 25％,各地可向下浮动 5 个百分点;对拥有 1 套住宅且相应购房贷款未结清的居民家庭,为改善居住条件申请商业性个人住房贷款,最低首付比例调整为不低于 30%。对于实施限购的城市,按原规定实行。

2016 年 2 月 17 日,财政部、国税总局和住建部联合发布《关于调整房地产交易环节契税、营业税优惠政策的通知》:(1)对个人购买家庭唯一住房(家庭成员范围包括购房人、配偶以及未成年子女,下同),面积为 90m² 及以下的,减按 1% 的税率征收契税;面积为 90m² 以上的,减按 1.5% 的税率征收契税。(2)个人将购买不足 2 年的住房对外销售的,全额征收营业税;个人将购买 2 年以上(含 2 年)的住房对外销售的,免征营业税。

3 月 1 日,中国人民银行下调存款准备金率 0.5%。

4 月 14 日,国土资源部发布《国土资源"十三五"规划纲要》,提出要结合房地产去库存,实施有效用地调节政策,保持房地产平稳运行。

7 月 14 日,发改委建议部分城市采取分类措施、因城措施等控制房价措施。

12 月 16 日,中央经济工作会议提出,重视住房居住属性,加快住房租赁市场立法。

地方层面政策:

2016 年年初,在中央去库存精神的指导下,地方政策环境比较宽松,9 月份开始,部分城市开始收紧政策,特别是国庆节后,热点城市集中出台限购、限贷措施,此后有多个城市调控升级,与此同时,限购政策逐步蔓延至热点城市周围的县城城市。

三、最高最佳利用分析

房地产估价要以估价对象为最高最佳利用状况下的价值或价格。最高最佳利用状况包括最佳的用途、规模和档次,应按法律上允许、技术上可能、财务上可行,价值最大化的次序进行分析、筛选和判断确定。最高最佳利用前提主要有维持现状利用前提、更新改造前提、改变用途前提、改变规模前提、重新开发前提、上述前提的某种组合。

1.法律上的允许性(规划及相关政策法规许可)。即不受现时使用状况的限制,而依照法律、城市规划发展的规定。

2.技术上的可能性。即不能把技术上无法做到的使用当作最高最佳使用,要按照可达到的建筑材料、施工技术等方面的要求确定。

3.财务上的可行性。即在各种可能的使用方式中,选择收入现值大于支出现值的方式,寻求以经济上有限的投入而能获得最大收益的使用方式。

4.价值最大性。使估价对象的价值在具有财务可行性的使用方式中达到最大的一种。

5.土地与建筑物的均衡性。即以房地产内部构成要素的组合是否均衡来判定。估价时,把建筑物与土地区位是否相匹配,是否具有投资集约度的因素考虑进去。

6.与外部环境的协调性。应按房地产与其周围环境相协调,能获得最佳外部经济效益的用途估价。

7.可持续发展性。研究房地产市场的发展变动趋势、使未来利益最大化的使用方式。

估价对象证载用途为综合(办公),实际用途综合(办公),则估价对象目前使用状态是法律法规允许的;建筑物钢筋混凝土结构,属建筑的一种常见结构,技术操作可行;估价对象地处杭州市江干区钱江新城核心区块,周边综合(办公)物业集聚,类似物业房地产市场状况良好,作为综合(办公)用途经济上是可行的。综上所述,并结合抵押的谨慎性原则,抵押物一般以保持现状合法使用为前提,故估价对象保持现状使用为最高最佳利用。

四、估价方法适用性分析

(一)估价技术路线

根据建设部、中国人民银行、中国银行监督管理委员会发布的《房地产抵押估价指导意见》,房地产抵押价值为抵押房地产在估价时点的市场价值,等于假定未设立法定优先受偿权利下的市场价值减去房地产估价师知悉的法定优先受偿款。计算公式为:

房地产抵押价值=未设立法定优先受偿权利下的市场价值−估价人员知悉的法定优先受偿款

(二)估价方法选用

1.成本法是求取估价对象在估价时点的重置价格或重建价格,扣除折旧,以此估算估价对象的客观合理价格或价值的方法。估价对象为一整体物业中一部分,各项成本资料难以搜集,故成本法不宜采用。

2.假设开发法是将估价对象房地产的预期开发后的价值,扣除其预期的正常开发成本、税金和利润等,以此估算估价对象的客观合理价格或价值的方法。估价对象为已建成的综合(办公)物业,规划及设计用途明确,根据抵押估价谨慎性原则,抵押估价以保持现状使用为前提,故无重新改造或重新开发必要,即假设开发法不宜采用。

3.比较法是将估价对象与在价值时点近期有过交易的类似房地产进行比较,对这些类似房地产的已知价格做适当的修正,以此估算估价对象的客观合理价格或价值的方法。估价对象所在区域同一供求圈内近期类似物业交易案例较多,结合估价经验,比较法为首选估价方法。

4.收益法是预计估价对象未来的正常净收益,选用适当的资本化率将其折现到估价时点后累加,以此估算估价对象的客观合理价格或价值的方法。估价对象收益性物业,同一供求圈内类似物业租赁市场活跃,收益资料易于搜集,故收益法作为另一种估价方法。

综上所述,本次评估选用比较法及收益法进行测算,再根据《房地产估价规范》、估价对象的特点及本次估价目的,遵照国家有关法律、法规、估价技术标准,选用合理的权重,从而得到估价对象较为客观、合理的估价结果。

五、估价测算过程

因估价对象××01至××04为位于同一楼层四套办公用房,除朝向、景观、装修外,其他因素相同,故本次估价首先采用比较法和收益测算××01室的市场价值,以此为基准再通过朝向、景观、装修系数修正出其他三套价值。

(一)比较法

1.公式

$$V = V_成 \times A \times B \times C$$

式中:V 为房地产价值时点比较价格;

$V_成$ 为可比案例成交价格;

A 为交易情况修正系数;

B 为市场状况调整系数；

C 为房地产状况调整系数。

2. 选取可比实例

估价人员根据现场查勘,通过对中介公司调查走访,搜集多个与估价对象类似房地产交易实例见表 5-5。

表 5-5　交易可比案例调查

可比案例	地址	成交单价 (元/m²)	建筑面积 (m²)	成交日期	所在层	建成年份	交易情况	价格内涵	室内装修	朝向	案例来源
可比案例 1	华联时代大厦 20 楼	32885	364.91	2017/3/2	20/34F	2010	正常	税费正常负担	普通装修	南(西)	中介调查
可比案例 2	尊宝大厦 33 楼	35173	213.23	2017/1/15	33/39F	2011	正常	税费正常负担	精装修	东(北)	中介调查
可比案例 3	迪凯国际 17 楼	32642	382.94	2017/4/5	17/43F	2010	正常	税费正常负担	普通装修	西(北)	中介调查

3. 比较因素的选择

根据估价对象的实际情况,影响价格的主要因素有:

(1)市场状况:估价对象和比较案例的交易时间。

(2)交易情况:是否为正常、公开、公平、自愿的交易。

(3)区域状况:主要有位置状况(距区域中心距离、商业繁华度、临街状况、朝向、楼层);配套设施完善程度(公共配套、基础配套设施);交通状况(道路状况、出入可利用交通工具、交通管制、停车便利度)、环境质量与周围景观(自然环境、人文环境、景观)等。

(4)实物状况:主要有楼盘品质、物业管理、建成年份、结构、面积规模、装修水平、内部格局、层高、设施设备、维护保养等。

(5)权属状况:主要有土地使用权期限、租赁状况、其他特殊权属情况等。

4. 比较因素的说明

估价对象与可比实例的比较因素条件详述见表 5-6。

表 5-6　比较因素条件说明

比较因素		待估物业	可比实例 1	可比实例 2	可比实例 3
物业地址		华联时代大厦 A 幢××01 室	华联时代大厦 20 楼	尊宝大厦 33 楼	迪凯国际 17 楼
交易价格		待估	32885	35173	32642
交易时间(年月日)		2017-05-19	2017-03-02	2017-01-15	2017-04-05
交易情况	付款条件	一次性付款优惠条件、有无集团购买等非正常市场因素	正常	正常	正常	正常

续表

比较因素			待估物业	可比实例1	可比实例2	可比实例3
区域状况	位置状况	距区域中心距离	中心	中心	中心	中心
		商业繁华度	区域核心区块,繁华度高	区域核心区块,繁华度高	区域核心区块,繁华度高	区域核心区块,繁华度高
		临路状况	三面临街	三面临街	两面临街	两面临街
		朝向	南(东)	南(西)	东(北)	西(北)
		层数	27/34	20/34	33/39	17/43
	配套设施完善程度	公共配套	齐全	齐全	齐全	齐全
		基础配套设施	六通	六通	六通	六通
	交通状况	道路状况	主次干道密集,道路状况好	主次干道密集,道路状况好	主次干道密集,道路状况好	主次干道密集,道路状况好
		出入可利用交通工具(便捷度)	附近有5条以上公交、地铁线路,出入便利	附近有5条以上公交、地铁线路,出入便利	附近有5条以上公交、地铁线路,出入便利	附近有5条以上公交、地铁线路,出入便利
		交通管制	无	无	无	无
		停车便利度	附近有市民中心停车场,且自配车位充足,停车便利	附近有市民中心停车场,且自配车位充足,停车便利	附近有市民中心停车场,且自配车位充足,停车便利	附近有市民中心停车场,且自配车位充足,停车便利
	环境质量、周围景观	自然环境	距离钱塘江近,自然环境好	距离钱塘江近,自然环境好	距离钱塘江近,自然环境好	距离钱塘江近,自然环境好
		人文环境	钱江新城中央商务区,人文环境好	钱江新城中央商务区,人文环境好	钱江新城中央商务区,人文环境好	钱江新城中央商务区,人文环境好
		景观(可视钱塘江景)	钝角江景	锐角江景	无江景	无江景
实物状况		楼盘品质	5A智能化,楼盘品质好	5A智能化,楼盘品质好	5A智能化,楼盘品质好	5A智能化,楼盘品质好
		物业管理	完善(华联物业)	完善(华联物业)	完善(南都物业)	完善(世邦魏理仕)
		建成年份	2010	2010	2011	2010
		结构	钢筋混凝土	钢筋混凝土	钢筋混凝土	钢筋混凝土
		面积规模(m²)	364.91	364.91	213.23	382.94
		装修水平	普通装修	普通装修	精装修	普通装修
		内部格局	规整(大开间格局)	规整(大开间格局)	规整(大开间格局)	规整(大开间格局)

续表

	比较因素	待估物业	可比实例1	可比实例2	可比实例3
实物状况	层高(m)	3.2	3.2	3.3	3.2
	设施设备	齐全	齐全	齐全	齐全
	维护、保养	好	好	好	好
权属状况	土地使用权期限	2056 年 12 月 17 日	2056 年 12 月 17 日	2055 年 9 月 11 日	2056 年 3 月 30 日
	租赁状况	无租约限制	无租约限制	无租约限制	无租约限制
	其他特殊权属情况	无	无	无	无

5. 编制比较因素条件指数表

根据估价对象与各可比实例的差异,编制比较因素修正指数表,确定估价对象相对各可比实例的修正系数。比较因素修正指数编制说明见表 5-7(各因素等级和修正系数按从高到低原则编制)。

表 5-7　比较因素条件指数修正说明

比较因素		修正说明
市场状况	交易时间	根据相关统计资料及报告中房地产市场背景分析,在此短期内价格稳定,故指数均为 100。
交易情况	交易情况	估价对象测算市场价格即正常交易情况下的市场价,可比实例亦为正常成交价格,故指数均为 100。
区域状况	距区域中心距离	分为中心、近、较近、远四个等级,以估价对象的等级为 100,每相差一个等级修正 2%,估价对象与可比案例一致,故指数均为 100。
	商业繁华度	分为高、较高、一般、低四个等级,以估价对象房屋的等级为 100,每相差一个等级修正 2%,估价对象与可比案例一致,故指数均为 100。
	临路状况	分为四面临街、三面临街、二面临街、一面临街、不临街五个等级,以估价对象的等级为 100,每相差一个等级修正 1%,则估价对象与可比实例 1、2、3 的指数分别为 100、100、99、99。
	朝向	根据表 5-8,估价对象与可比案例 1、2、3 指数分别为 100、99、98.5、97。
	层数	根据表 5-9,高层建筑一般每相差一层价格修正 0.5%,则估价对象与可比案例 1、2、3 指数分别为 100、96.5、103.5、95。
	公共配套	分为齐全、较齐全、一般、欠缺四个等级,以估价对象的等级为 100,每相差一个等级修正 2%,估价对象与可比案例一致,故指数均为 100。
	基础配套设施	分为六通、五通、四通、三通四个等级,以估价对象的等级为 100,每相差一个等级修正 2%,估价对象与可比案例一致,故指数均为 100。
	道路状况	分为好、较好、一般、差四个等级,以估价对象为 100,每相差一个等级修正 2%;估价对象与可比案例一致,故指数均为 100。

续表

比较因素		修正说明
区域状况	出入可利用交通工具(便捷度)	分为便捷、较便捷、一般、差四个等级,以估价对象为100,每相差一个等级修正2%,估价对象与可比案例一致,故指数均为100。
	交通管制	分为无、有两等级,以估价对象为100,每相差一个等级修正1%,估价对象与可比案例一致,故指数均为100。
	停车便利度	分为便利、较便利、一般、不便四个等级,以估价对象为100,每相差一个等级修正1%,估价对象与可比案例一致,故指数均为100。
	自然环境	分为好、较好、一般、差四个等级,以估价对象为100,每相差一个等级修正2%,估价对象与可比案例一致,故指数均为100。
	人文环境	分为好、较好、一般、差四个等级,以估价对象为100,每相差一个等级修正2%,估价对象与可比案例一致,故指数均为100。
	景观(可视钱塘景观)	分为一线江景、钝角江景、锐角江景、无江景,以估价对象为100,每相差一个等级修正2%,则估价对象与可比案例1、2、3指数分别为100、98、96、96。
实物状况	楼盘品质	作为写字楼物业,楼盘品质直接影响其价格,一般不同品质楼盘不可比较;估价对象与可比案例均为5A智能化写字楼,则估价对象与可比案例一致,故指数均为100。
	物业管理	分为完善、较完善、一般、差四个等级,以估价对象为100,每相差一个等级修正1%,估价对象与可比案例一致,故指数均为100。
	建成年份	每相差一年修正0.5%,则估价对象与可比案例1、2、3指数分别为100、100、100.5、100。
	结构	不同建筑结构一般不可比较,估价对象与可比案例一致,故指数均为100。
	面积规模	根据写字楼市场的需求,一般分为200m² 以内、200~400m²、400m² 以上三个等级,面积越小受众面越大,价格越高,以估价对象为100,每相差一个等级修正2%,则估价对象与可比案例1、2、3指数分别为100、100、102、100。
	装修水平	分为精装、中装、普通装修、毛坯四个等级,估价对象为100,每相差一个等级修正2%,则估价对象与可比案例1、2、3指数分别为100、100、104、100。
	内部格局	分为规整、较规整、一般、畸形四个等级,以估价对象为100,每相差一个等级修正1%,估价对象与可比案例一致,故指数均为100。
	层高	楼层高度影响室内的舒适性,一般层高每增加0.1m,价格修正+0.5%,则估价对象与可比案例1、2、3指数分别为100、100、100.5、100。
	设施设备	分为齐全、较齐全、一般、无四个等级,以估价对象的等级为100,每相差一个等级修正1%,估价对象与可比案例一致,故指数均为100。
	维修、保养	分为良好、较好、一般、差四个等级,以估价对象为100,每相差一个等级修正1%,估价对象与可比案例一致,故指数均为100。
权属状况	土地使用权期限	新建钢砼结构办公楼建筑物的剩余使用年限一般长于土地的剩余年限,所以土地的剩余年限决定房地产的剩余经济寿命,根据年限修正系数 $K=1-1/(1+R)^n$,以估价对象为100,则估价对象与可比案例1、2、3指数分别为100、100、99.22、99.56。
	租赁状况	短期租约不考虑,长租一般按租金收取状况和实际租金与市场租金的大小单列考虑计算,估价对象与可比案例均为无租约限制,故指数均为100。
	其他特殊权属情况	估价对象与可比案例均无其他特殊权属情况,则估价对象与可比实例的指数均为100。

表 5-8　朝向修正率标准

结构主方向	部位	差价率(%)
朝东	南	0.5
	中、北	−0.5
朝南	东	+1
	中、西	0
朝西	南	−1
	中、北	−2
朝北	东	−1
	中、西	−1.5

注:1.朝向是指房屋采光、通风部位的方向;

　2.结构主方向是指本幢住房正方向各 45 度范围内的方向;

　3.条式住房按主方向和住房所处部位,以套为单位计算增减差价;

　4.点式住房的西侧部位套房,如其东南方向受本幢房屋阻挡,主方向改作朝西方向计算。

表 5-9　层次修正率标准

总楼层	层次							
	1	2	3	4	5	6	7	8
1	−1%							
2	−1%	0						
3	−1%	0	0					
4	−1%	0	1%	0				
5	−1%	0	1%	1%	0			
6	−1%	0	1%	2%	1%	−1%		
7	−1%	0	1%	2%	1%	0	−2%	
8	−1%	0	1%	2%	1%	0	−2%	−3%
9 层以上 (含 9 层)	以六楼为 0,每增减一层,每层相应增减 0.5%							

注:1.楼层为估价对象所在的垂直楼层;

　2.此标准中的 8 层及以下楼层是指无电梯设备的房屋。有电梯设备的参照 9 层以上房屋的楼层差价率确定。

　　库房比较因素条件指数修正说明基本参照表 5-7,因其仅存在楼层差异,故估价对象与比较案例仅楼层修正指数差异,分别为 100、99、100.5、96.5。

　　根据表 5-7 编制比较因素指数(见表 5-10)。

表 5-10 比较因素指数

比较因素			待估房地产	可比实例 1	可比实例 2	可比实例 3
交易价格			待估	32885	35173	32642
交易日期修正指数			100	100	100	100
交易情况			100	100	100	100
区域状况	位置状况	距区域中心距离	100	100	100	100
		商业繁华度	100	100	100	100
		临路状况	100	100	99	99
		朝向	100	99	98.5	97
		层数	100	96.5	97.5	95
	配套设施完善程度	公共配套	100	100	100	100
		基础配套设施	100	100	100	100
	交通状况	道路状况	100	100	100	100
		出入可利用交通工具(便捷度)	100	100	100	100
		交通管制	100	100	100	100
		停车便利度	100	100	100	100
	环境质量、周围景观	自然环境	100	100	100	100
		人文环境	100	100	100	100
		景观(可视钱塘景观)	100	98	96	96
实物状况		楼盘品质	100	100	100	100
		物业管理	100	100	100	100
		建成年份	100	100	100.5	100
		结构	100	100	100	100
		面积规模(m²)	100	100	102	100
		装修水平	100	100	104	100
		内部格局	100	100	100	100
		层高(m)	100	100	100.5	100
		设施设备	100	100	100	100
		维护、保养	100	100	100	100
权属状况		土地使用权期限	100	100	99.22	99.56
		租赁状况	100	100	100	100
		其他特殊权属情况	100	100	100	100

6.编制因素比较修正系数表

根据比较因素条件指数表,编制因素比较修正系数,详见表 5-11。

表 5-11 比较因素修正系数

比较因素			可比实例 1	可比实例 2	可比实例 3
交易价格			32885	35173	32642
交易日期修正指数			100/100	100/100	100/100
交易情况			100/100	100/100	100/100
区域状况	位置状况	距区域中心距离	100/100	100/100	100/100
		商业繁华度	100/100	100/100	100/100
		临路状况	100/100	100/99	100/99
		朝向	100/99	100/98.5	100/97
		层数	100/96.5	100/103.5	100/95
	配套设施完善程度	公共配套	100/100	100/100	100/100
		基础配套设施	100/100	100/100	100/100
	交通状况	道路状况	100/100	100/100	100/100
		出入可利用交通工具(便捷度)	100/100	100/100	100/100
		交通管制	100/100	100/100	100/100
		停车便利度	100/100	100/100	100/100
	环境质量、周围景观	自然环境	100/100	100/100	100/100
		人文环境	100/100	100/100	100/100
		景观(可视钱塘景观)	100/98	100/96	100/96
实物状况		楼盘品质	100/100	100/100	100/100
		物业管理	100/100	100/100	100/100
		建成年份	100/100	100/100.5	100/100
		结构	100/100	100/100	100/100
		面积规模(m²)	100/100	100/102	100/100
		装修水平	100/100	100/104	100/100
		内部格局	100/100	100/100	100/100
		层高(m)	100/100	100/100.5	100/100
		设施设备	100/100	100/100	100/100
		维护、保养	100/100	100/100	100/100

续表

	比较因素	可比实例1	可比实例2	可比实例3
权属状况	土地使用权期限	100/100	100/99.22	100/99.56
	租赁状况	100/100	100/100	100/100
	其他特殊权属情况	100/100	100/100	100/100
	比较价格(元/m²)	35124	34833	37436

通过比较修正后,三个比较价值的差距在合理范围之内,比较接近正常的市场价格,故取三个比较价值的简单算术平均值作为比较法评估估价对象房地产的比较价格,即

$$××01\ 室比较单价=(35124+34831+37436)÷3$$
$$=35797(元/m^2)$$

(二)收益法

收益法操作步骤:运用收益法估价一般分为以下五个步骤:(1)选择具体估价方法,即是选用报酬资本化法还是直接资本化法,报酬资本化中是选用持有加转售模式还是全剩余寿命模式;(2)测算收益期或持有期;(3)测算未来收益;(4)确定报酬率或资本化率、收益乘数;(5)计算收益价值。

1.选择具体估价方法

(1)收益法模式

收益法分为报酬资本化法和直接资本化法,其中报酬资本化又分为持有加转售模式和全剩余寿命模式。

根据《房地产估价规范》4.3.2"当收益期较长、难以预测该期限内各年净收益时,宜选用持有加转型模式"。而估价对象为钱江新城核心区块5A智能化写字楼,收益比较稳定,所以本次估价采用报酬资本化中全剩余寿命模式。

(2)收益模式及递增比例

租金水平递增方案除了与经营业态的种类、项目规模档次、经营管理水平、所在地区经济发展水平、人口数量、所处商圈特点等诸多因素有关外,还与物业升值潜力、周边竞争对手等密切相关。估价对象位于钱江新城核心区块,据了解,该区域综合(办公)房地产租赁市场需求量大,租金发展空间较大,未来客观租金水平将会保持稳中有升的趋势,根据市场背景分析,"杭州写字楼平均租金报价为4.38元/(m²·日),环比上涨约5%,态势稳健"。故本次采用有限年限的净收益按5%比率递增的收益法计算公式求取估价对象收益价格,其具体计算公式如下:

收益法的计算公式为:

$$V=[A/(R-G)]×[1-(1+G)^n/(1+R)^N]$$

其中:V 为收益价格;

　　　A 为年净收益;

　　　R 为报酬率;

　　　G 为净收益递增比率;

N 为收益年限。

2. 测算收益期

估价对象中建筑物为钢筋混凝土结构,正常使用年限为 60 年,2010 年建成,至估价时点建筑物剩余经济寿命约 53 年;土地使用权终止日期 2056 年 12 月 17 日,至估价时点土地使用权剩余期限 39.58 年,取二者的最小值作为收益年限,故收益年限为 39.58 年。

3. 租金价格的确定

(1)可比实例选择及因素说明

估价人员根据现场查勘,通过对中介公司调查走访,选取以下三宗可比实例作为租金的可比实例(见表 5-12)。

表 5-12　租赁案例调查

可比案例	地址	成交单价(元/m²)	建筑面积(m²)	成交日期	所在层	建成年份	交易情况	价格内涵	室内装修	朝向	案例来源
可比案例 1	华联时代×幢大厦25 楼	4.4	364.91	2017/4/1	25/34F	2010	正常	运营费用由出租人负担	精装修	东(北)	中介调查
可比案例 2	华联时代×幢大厦29 楼	4.1	364.91	2016/12/15	29/39F	2010	正常	运营费用由出租人负担	普通装修	西(北)	中介调查
可比案例 3	华联时代×幢大厦19 楼	4.3	364.91	2017/5/1	19/43F	2010	正常	运营费用由出租人负担	普通装修	东(北)	中介调查

(2)比较因素的选择

根据估价对象的实际情况,影响价格的主要因素有:

①市场状况:估价对象和比较案例的交易时间。

②交易情况:是否为正常、公开、公平、自愿的交易。

③区域状况:主要有位置状况(距区域中心距离、商业繁华度、临街状况、朝向、楼层);配套设施完善程度(公共配套、基础配套设施);交通状况(道路状况、出入可利用交通工具、交通管制、停车便利度)、环境质量与周围景观(自然环境、人文环境、景观)等。

④实物状况:主要有楼盘品质、物业管理、建成年份、结构、面积规模、装修水平、内部格局、层高、设施设备、维护保养等。

⑤权属状况:租赁期限、租金支付状况、其他特殊权属情况等。

(3)编制比较因素的说明表

估价对象与可比实例的比较因素条件详述见表 5-13。

表 5-13　比较因素条件说明

比较因素	待估物业	可比实例 1	可比实例 2	可比实例 3
物业地址	华联时代大厦A 幢××01 室	华联时代大厦 25 楼	华联时代大厦 29 楼	华联时代大厦 19 楼
交易单价(元/m²)	待估	4.4	4.1	4.3

续表

比较因素			待估物业	可比实例 1	可比实例 2	可比实例 3
交易时间（年月日）			2017-05-19	2017-04-01	2016-12-15	2017-05-01
交易情况	付款条件	一次性付款优惠条件、有无集团购买等非正常市场因素	正常	正常	正常	正常
区域状况	位置状况	距区域中心距离	中心	中心	中心	中心
		商业繁华度	区域核心区块，繁华度高	区域核心区块，繁华度高	区域核心区块，繁华度高	区域核心区块，繁华度高
		临路状况	三面临街	三面临街	三面临街	三面临街
		朝向	南（东）	东（北）	西（北）	东（北）
		层数	27/34	25/34	29/39	19/43
	配套设施完善程度	公共配套	齐全	齐全	齐全	齐全
		基础配套设施	六通	六通	六通	六通
	交通状况	道路状况	主次干道密集，道路状况良好	主次干道密集，道路状况良好	主次干道密集，道路状况良好	主次干道密集，道路状况良好
		出入可利用交通工具（便捷度）	附近有 5 条以上公交、地铁线路，出入便利	附近有 5 条以上公交、地铁线路，出入便利	附近有 5 条以上公交、地铁线路，出入便利	附近有 5 条以上公交、地铁线路，出入便利
		交通管制	无	无	无	无
		停车便利度	附近有市民中心停车场，且自配车位充足，停车便利	附近有市民中心停车场，且自配车位充足，停车便利	附近有市民中心停车场，且自配车位充足，停车便利	附近有市民中心停车场，且自配车位充足，停车便利
	环境质量、周围景观	自然环境	距离钱塘江近，自然环境好	距离钱塘江近，自然环境好	距离钱塘江近，自然环境好	距离钱塘江近，自然环境好
		人文环境	钱江新城中央商务区，人文环境好	钱江新城中央商务区，人文环境好	钱江新城中央商务区，人文环境好	钱江新城中央商务区，人文环境好
		景观（可视钱塘景观）	钝角江景	钝角江景	无江景	钝角江景
实物状况	楼盘品质		5A 智能化	5A 智能化	5A 智能化	5A 智能化
	物业管理		好（华联物业）	好（华联物业）	好（华联物业）	好（华联物业）
	建成年份		2010	2010	2010	2010
	结构		钢筋混凝土	钢筋混凝土	钢筋混凝土	钢筋混凝土
	面积规模（m²）		364.91	364.91	364.91	364.91
	装修水平		普通装修	精装修	普通装修	普通装修

续表

	比较因素	待估物业	可比实例1	可比实例2	可比实例3
实物状况	内部格局	规整 (大开间格局)	规整 (大开间格局)	规整 (大开间格局)	规整 (大开间格局)
	层高(m)	3.2	3.2	3.2	3.2
	设施设备	齐全	齐全	齐全	齐全
	维护、保养	好	好	好	好
权属状况	租期长短	一年一签的短租	一年一签的短租	一年一签的短租	一年一签的短租
	租金支付方式	季度支付,先付后租	季度支付,先付后租	季度支付,先付后租	季度支付,先付后租
	其他特殊权属情况	无	无	无	无

(4)编制比较因素条件指数表

根据估价对象与各可比实例的差异,编制比较因素修正指数表,确定估价对象相对各可比实例的修正系数。

比较因素修正指数编制说明基本同比较法中表 5-7 其不同点为市场状况和权属状况,修正指数说明见表 5-14。

表 5-14　市场状况和权属状况比较因素条件指数修正说明

市场状况	办公	根据市场调查及上述递增比例的选取,杭州市写字楼以年 5% 的递增比例稳健增长,折现为月即 0.1435% 环比上涨,则当月指数为 $(1+0.1435\%)^n$,根据市场修正系数 K=比较案例指数/估价对象指数,以估价对象为 100,则估价对象和比较案例的指数分别为 100、100.14、100.72、100。
	库房	分析同上办公,以估价对象为 100,则估价对象和比较案例的指数分别为 100、100.72、100、100.29。
权属状况	租期长短	租期长短一般分为 1～3 年、3～5 年、5 年以上三个等级,租期越长其租赁价格一般越低,通常每相差一个等级修正 3%。估价对象与比较案例一致,则估价对象与比较案例修正指数均为 100。
	租金支付方式	租金的支付方式直接影响其实际收益,通常按资金的时间价值进行折算。估价对象与比较案例一致,则估价对象与比较案例修正指数均为 100。
	其他特殊权属情况	估价对象与可比案例均无其他特殊权属情况,则估价对象与可比实例的指数均为 100。

根据比较法中表 5-7 编制比较因素指数见表 5-15。

表 5-15　比较因素指数(办公租金)

比较因素	待估房地产	可比实例1	可比实例2	可比实例3
交易单价(元/m²)	待估	4.4	4.1	4.3
交易日期修正指数	100	100.14	100.72	100

续表

比较因素			待估房地产	可比实例1	可比实例2	可比实例3
交易情况			100	100	100	100
区域状况	位置状况	距区域中心距离	100	100	100	100
		商业繁华度	100	100	100	100
		临路状况	100	100	100	100
		朝向	100	98.5	97	98.5
		层数	100	99	101	96
	配套设施完善程度	公共配套	100	100	100	100
		基础配套设施	100	100	100	100
	交通状况	道路状况	100	100	100	100
		出入可利用交通工具（便捷度）	100	100	100	100
		交通管制	100	100	100	100
		停车便利度	100	100	100	100
	环境质量、周围景观	自然环境	100	100	100	100
		人文环境	100	100	100	100
		景观（可视钱塘景观）	100	100	96	100
实物状况		楼盘品质	100	100	100	100
		物业管理	100	100	100	100
		建成年份	100	100	100	100
		结构	100	100	100	100
		面积规模（m²）	100	100	100	100
		装修水平	100	106	100	100
		内部格局	100	100	100	100
		层高（m）	100	100	100	100
		设施设备	100	100	100	100
		维护、保养	100	100	100	100
权属状况		租期长短	100	100	100	100
		租金支付方式	100	100	100	100
		其他特殊权属情况	100	100	100	100

（5）编制因素比较修正系数表

根据比较因素条件指数表，编制因素比较修正系数，详见表5-16。

表 5-16　比较因素修正系数

比较因素			可比实例1	可比实例2	可比实例3
交易单价(元/m²)			4.4	4.1	4.3
交易日期修正指数			100.14/100	100.72/100	100/100
交易情况			100/100	100/100	100/100
区域状况	位置状况	距区域中心距离	100/100	100/100	100/100
		商业繁华度	100/100	100/100	100/100
		临路状况	100/100	100/100	100/100
		朝向	100/98.5	100/97	100/98.5
		层数	100/99	100/101	100/96
	配套设施完善程度	公共配套	100/100	100/100	100/100
		基础配套设施	100/100	100/100	100/100
	交通状况	道路状况	100/100	100/100	100/100
		出入可利用交通工具(便捷度)	100/100	100/100	100/100
		交通管制	100/100	100/100	100/100
		停车便利度	100/100	100/100	100/100
	环境质量、周围景观	自然环境	100/100	100/100	100/100
		人文环境	100/100	100/100	100/100
		景观(可视钱塘景观)	100/100	100/96	100/100
实物状况		楼盘品质	100/100	100/100	100/100
		物业管理	100/100	100/100	100/100
		建成年份	100/100	100/100	100/100
		结构	100/100	100/100	100/100
		面积规模(m²)	100/100	100/100	100/100
		装修水平	100/106	100/100	100/100
		内部格局	100/100	100/100	100/100
		层高(m)	100/100	100/100	100/100
		设施设备	100/100	100/100	100/100
		维护、保养	100/100	100/100	100/100
权属状况		租期长短	100/100	100/100	100/100
		租金支付方式	100/100	100/100	100/100
		其他特殊权属情况	100/100	100/100	100/100
比较价格(元/m²)			4.5	4.1	4.6

通过比较修正后,三个比较价值的差距在合理范围之内,比较接近正常的市场价格,故取三个比较价值的简单算术平均值作为估价对象房地产的日租金比较价格,即

$$××01室日租金比较单价=(4.5+4.1+4.6)÷3$$
$$=4.4(元/m^2)$$

4.出租率分析

估价对象位于钱江新城核心区块,该区域综合(办公)房地产租赁市场需求量大,空置较小,据市场调查,该区域写字楼平均空置5%,故本次取5%,即出租率为95%。

5.**房地年有效毛收入**

(1)年有效租金收入

$$××01室年有效租金毛收入=日租金×365×出租率$$
$$=4.4×365×95\%$$
$$=1525.7(元/m^2)$$

(2)其他收入

根据调查,当类似物业在出租时一般缴一个月租金标准的租赁保证金,估价时点的一年期存款利率为1.5%,则其产生的利息收入:

$$××01室年其他收入=4.4×365/12×1.5\%$$
$$=2.0(元/m^2)$$

(3)年有效毛收入

$$××01室年有效毛收入=1525.7+2=1527.7(元/m^2)$$

6.**房地年出租运营费用**

$$运营费用=管理费+保险费+维修、保养费+税金$$

(1)管理费:指房地产正常租赁经营所需的日常管理费用。目前同类房地产出租所需的管理费用占租金的2%~4%,结合估价对象实际情况,本次取平均值按租金的3%作为管理费。

(2)保险费:指建筑物意外损失的财产保险费用,一般按建筑物重置价的1‰~3‰计取,结合估价对象实际情况,取建筑物重置价格的2‰作为年保险费用。

根据当前杭州市同类建筑造价行情信息,结合估价对象建筑造价资料,按现时同档次物业的重置价格约3500元/m²。

(3)维修、保养费:即维持房地产正常运转所需的房屋和设施的维修、保养费用,一般按建筑物重置价的1%~3%计取。根据估价对象建筑物和设备、设施状况,按房屋建安造价的2%计算年维修和保养费用。

(4)税金

根据相关政策规定,房地产出租涉及的税金有:房产税、增值税、城建维护税、印花税、教育费附加,具体税率如下。

①房产税:根据《中华人民共和国房产税暂行条例》规定,商业出租型房地产一般按年有效毛收入12%;

②增值税:根据《关于全面推开营业税改征增值税试点的通知(财税〔2016〕36号)》规定,税率暂为5%,计税依据为出租房地产的有效毛租金收入;

③城市维护建设费:根据《中华人民共和国城市维护建设税暂行条例》(国发〔1985〕第19

号)规定,税率 7％,计税依据增值税额;

④教育费附加:根据相关税法规定,税率 3％,计税依据增值税;

⑤地方教育费附加:根据相关税法规定,税率 2％,计税依据增值税。

以上合计,增值税及附加为年有效租金收入的 5.33％[＝5％/(1＋5％)×(1＋7％＋3％＋2％)]。

(5)运营费用

营运费用计算过程及结果见表 5-17。

表 5-17　运营费用测算

房号	管理费	维修、保养费	保险费	税金	合计
××01 室	45.83 (＝1527.7×3％)	70 (＝3500×2％)	7 (＝3500×0.2％)	264.75 (＝1527.7×17.33％)	387.58

7. 房地产年净收益

房地产年净收益＝房地年毛收入－年运营费用

××01 室年净收益＝1527.7－387.58＝1140.12(元/m²)

8. 报酬率的确定

报酬率也称回报率、收益率,在报酬资本化中采用,是通过折现的方式将房地产的预期收益转换为价值的比率,它是与利率、内部收益率同性质的比率。可以通过投资者在有同等风险的投资上所要求的收益率来确定。

本次采用安全利率加风险调整值法求取报酬率

报酬率＝无风险报酬率＋投资风险报酬率＋管理负担补偿率＋缺乏流动性补偿率－投资带来的优惠率

(1)无风险报酬率:指无风险的资本投资收益率,选取同一时期银行一年期定期存款基准利率为无风险报酬率。至价值时点,中国人民银行公布的人民币一年定期存款基准利率为 1.5％。

(2)投资风险补偿:根据物业类型不同,结合通胀因素和市场现状,房地产投资风险通常分低、中、高、投机四个档次,相应的调整值分别为 0～2％、2％～5％、5％～8％、8％以上。近两年年综合(办公)房地产市场涨幅不大,估价人员认为其风险中档,本次估价的风险调整值确定为中风险档次,取投资风险补偿为 4％。

(3)管理负担补偿:指一项投资要求的关心和监管越多,其吸引力就会越小,从而投资者必然会要求对所承担的额外管理有所补偿。房地产要求的管理工作一般超过存款、证券、管理负担补偿取 0.5％。

(4)缺乏流动性补偿:指投资者对所投入的资金由于缺乏流动性所要求的补偿。房地产与股票、证券、黄金相比,买卖要困难,变现能力弱,缺乏流动性补偿取 0.5％。

(5)投资带来的优惠率:指由于投资房地产可能获得某些额外的好处。如易于获得融资,从而投资者会降低要求的报酬率,取 0.5％作为投资带来的优惠率。

报酬率＝无风险报酬率＋投资风险补偿率＋管理负担补偿率＋缺乏流动性补偿率－投资带来的优惠率

$$=1.5\%+4\%+0.5\%+0.5\%-0.5\%=6\%$$

9. 房地产收益价值

$$\times\times 01\,室:V_1=A_1/(R-S)[1-(1+S)^{n1}/(1+R)^{n1}]$$

$$=1140.12\div(6\%-5\%)\times\{1-[(1+5\%)\div(1+6\%)]^{39.58}\}$$

$$=35666(元/m^2)$$

六、估价结果确定

(一)估价对象市场价值的确定

根据以上测算,估价对象$\times\times 01$室办公用房采用比较法和收益法测算结果分别为35797元/m^2和35666元/m^2,两者比较接近,均能反映估价对象市场价值,故以简单算术平均值法确定估价对象市场价值,见表5-18。

表5-18 比较法和收益法测算结果   单位:元/m^2

估价方法	$\times\times 01$室
比较法	35797
收益法	35666
市场价值	35732

因估价对象$\times\times 01$至$\times\times 04$为位于同一楼层四套办公用房,除朝向、景观、装修外,其他因素相同,故以$\times\times 01$室测算为基准再通过系数修正出其他三套价值。估价对象分项价值测算见表5-19。

表5-19 估价对象分项价值测算

序号	坐落	建筑面积（m^2）	基准单价（元/m^2）	朝向	修正指数	装修	修正指数	景观	修正指数	综合修正系数	单价（元/m^2）	价值（万元）
1	$\times\times 01$室	364.91	35732	南(东)	100	普通装修	100	钝角江景	100	1.00	35732	1304
2	$\times\times 02$室	364.91	35732	南(西)	99	中档装修	102	锐角江景	98	0.99	35375	1291
3	$\times\times 03$室	364.91	35732	西(北)	97	普通装修	100	无江景	96	0.93	33231	1213
4	$\times\times 04$室	364.91	35732	东(北)	98.5	毛坯	98	钝角江景	100	0.97	34660	1265
合计		1459.64										5073

备注:修正系数参照比较法中表5-7。

(二)抵押价值确定

根据建设部、中国人民银行、中国银行业监督委员会发布的《房地产抵押估价指导意见》,房地产抵押价值为抵押房地产在价值时点的市场价值,等于未设立法定优先受偿权利下的市场价值减去房地产估价师知悉的法定优先受偿款。计算公式为:

房地产抵押价值＝未设立法定优先受偿权利下的市场价值－估价人员知悉的法定优先受偿款

房地产估价师知悉的法定优先受偿款为零。

　　　房地产抵押价值＝5073.00－0＝5073.00(万元)

(三)估价结果

　　我们依据有关法律法规、政策、技术标准和估价规范的要求,遵循公认的估价原则,按照严谨的估价程序,选用比较法和收益作为本次评估的估价方法,对估价对象进行了分析、测算和判断,确定估价对象在满足估价的假设和限制条件及报告使用说明下于价值时点的估价结果为人民币大写伍仟零柒拾叁万元整(¥50730000),平均单价:34755 元/m²。分项价值详见表 5-20。

表 5-20　房地产抵押价值估价结果汇总　　　　　　　币种:人民币

估价对象		华联时代大厦A 幢××01 室	华联时代大厦A 幢××02 室	华联时代大厦A 幢××03 室	华联时代大厦A 幢××04 室	汇总
不动产权证编号		浙(2017)杭州市不动产权第01×××9 号	浙(2017)杭州市不动产权第01×××1 号	浙(2017)杭州市不动产权第01×××7 号	浙(2017)杭州市不动产权第01×××5 号	汇总
1.假定未设立法定优先受偿权下的价值	总价(万元)	1304	1291	1213	1265	5073
	单价(元/m²)	35732	35375	33231	34660	34755
2.估价师知悉的法定优先受偿款	总价(万元)	0	0	0	0	0
2.1 已抵押担保的债权数额	总价(万元)	0	0	0	0	0
2.2 拖欠的建设工程价款	总价(万元)	0	0	0	0	0
2.3 其他法定优先受偿款	总价(万元)	0	0	0	0	0
3.抵押价值	总价(万元)	1304	1291	1213	1265	5073
	单价(元/m²)	35732	35375	33231	34660	34755

　　备注:本表仅作为浙××估(2017)字第 17050××号报告附件,不得单独使用。

附件(略)

1.《房地产评估委托合同》

2.《不动产权证书》复印件

3.估价对象现场照片

4.可比案例照片

5.法定优先受偿款承诺书

6.估价对象地理位置图

7.估价人员资格证书复印件

8.浙江××房地产土地评估有限公司资格证书复印件

9.浙江××房地产土地评估有限公司营业执照复印件

报告点评

具体报告点评见表 5-21、表 5-22。

表 5-21 房地产估价报告点评

点评大项	序号	点评项目		点评标准	点评意见
一、封面、致函、目录、声明、假设和限制条件	1	封面(或扉页)		要素齐全,表述准确、清晰、简洁。	
	2	致估价委托人函		内容完整,前后一致,表述准确、清晰、简洁。	
	3	目录		内容完整,前后一致。	
	4	注册房地产估价师声明		内容全面、规范,针对性强。	
	5	估价假设和限制条件		假设和限制条件合法、合理,理由充分。	未定事项假设第 2 条不属于必要的假设。
二、估价结果报告	6	估价委托人		内容完整,表述准确。	
	7	估价机构		内容完整,表述准确。	
	8	估价目的		表述具体、准确。	
	9	估价对象		基本状况描述全面、准确,范围界定清楚。	
	10	估价时点		确定正确,确定理由简要明确。	
	11	价值类型		价值类型正确,价值内涵或者定义准确。	"本次估价采用市场价值标准",价值内涵与定义表述不够准确。
	12	估价依据		依据完整、合法有效。	
	13	估价原则		原则完整、准确。	
	14	估价方法		采用的估价方法的名称和定义准确。	估价方法定义时,"比较法"与"市场法"混用。
	15	估价结果		完整清晰,前后一致。	
	16	估价人员		人员与内容齐全、准确。	
	17	估价作业日期		表达正确,有保质完成的合理时间。	
三、估价技术报告	18	实物状况描述与分析	土地	描述全面、翔实,分析客观、透彻。	
			建筑物	描述全面、翔实,分析客观、透彻。	缺少层高。
	19	权益状况描述与分析		描述全面、翔实,分析客观、透彻。	02、03 室目前是出租的,在权益状况分析时应该明确租赁合同主要条款。
	20	区位状况描述与分析		描述全面、翔实,分析客观、透彻。	对未来变化趋势分析不够深入。

续表

点评大项	序号	点评项目	点评标准	点评意见
三、估价技术报告	21	市场背景描述与分析	宏观房地产市场、当地估价对象细分房地产市场及相关影响因素分析简明、准确、透彻、针对性强。	分析数据应统一到2016年年底,而不是有的到11月底,有的到6月底。
	22	最高最佳利用分析	最高最佳利用判定正确,分析透彻、具体;有合法依据和市场依据。	
	23	估价方法适用性分析	技术路线表述清晰、明确;估价方法排查完整、合理,已选用估价方法理由充分,未选用估价方法理由充分。	技术路线在该部分没有表述。
	24	估价测算过程	数据来源依据充分,参数选取客观、合理,理论表述与实际应用有说服力;有必要的分析和过程;计算过程完整、严谨、正确。	详见估价方法点评表。
	25	估价结果确定	估价结果客观合理,确定方式恰当、理由充分,结论表述清晰(含单价、总价)。	
四、附件及外在质量	26	附件	附件资料齐全、完整、真实。	
	27	外在质量	报告名称、专业用语规范;文字简洁、通畅、表述严谨、逻辑性强;文本格式规范、无错别字、漏字,标点使用正确;排版规整、前后一致、装订美观大方。	专业术语使用有不规范之处,如"可比案例";存在漏字等情况,如致估价委托人函中"比较法和收益",应为"比较法和收益法";序号使用不规范;存在错别字,语句不通的情况。
定性评审意见	重要内容缺失说明			无
	原则性错误说明			无
	重大质量缺陷说明			无

综合点评意见

　　项目概括描述:估价报告名称为杭州市江干区华联时代大厦A幢××01室—××04室四套综合(办公)房地产抵押价值评估。估价对象总建筑面积为1459.64m²,土地使用权总面积为81.6m²(出让土地)。估价目的为确定房地产抵押贷款额度提供参考依据,价值时点为2017年5月19日。采用比较法与收益法,估价结果为人民币大写伍仟零柒拾叁万元整(￥50730000)。

　　报告质量评析:

　　1.估价报告格式比较规范。无重要内容缺失、无原则性错误、无重大质量缺陷。基本上采用新的估价术语。估价方法理解基本正确,运用比较熟练。

　　2.估价报告中也存在一些错误与缺陷:(1)比较法测算时,02、03室的现状是出租的,在没有估价假设而且没有说明租期的情况下,直接作为无租约限制是有问题的。在土地剩余年限修正中,不应该在没有土地还原利率的情况下直接给出结果。(2)比较法测算时,测算保险费用、维修费用时,重置价格确定缺乏过程,直接给定3500元/m²,依据不足。参数取值没有考虑谨慎原则。(3)专业术语使用有不规范之处,如"可比案例"。存在漏字等情况,如致估价委托人函中"比较法和收益",应为"比较法和收益法"。序号使用不规范。存在错别字,语句不通的情况。

表 5-21-1 估价方法点评——比较法

序号	点评项目		点评标准	点评意见
1	可比实例	真实性	可比实例不少于 3 个,来源真实。	最好明确可比实例的具体坐落并附可比实例外观照片;成交价格的内涵没有完全交代清楚,如是否带租约,是否一次性付款。
		客观性	成交价格内涵清楚。	
		信息完备性	信息较完整,内容清楚。	
		可比性	区位、权益、实物状况差异不大,成交日期与估价时点相隔不超过 12 个月。	
2	交易情况修正		交易情况清楚;与正常交易情况价格差异分析合理;修正系数合理,理由充分。	
3	市场状况调整		成交日期准确、价格指数与市场状况一致,取值客观、合理。	
4	区位状况调整		区位比较因素及因子设置合理、完整,反映估价对象周边状况客观、充分;系数测算与分析确定过程详细、合理。	
5	权益状况调整		权益状况因素及因子设置合理、齐全,反映估价对象权益状况全面、客观;系数测算与分析确定过程详细、合理。	02、03 室的现状是出租的,在没有估价假设而且没有说明租期的情况下,直接作为无租约限制是有问题的。在土地剩余年限修正中,不应该在没有土地还原利率的情况下直接给出结果。
6	实物状况调整		比较因素及因子设置合理、齐全,反映估价对象实物状况全面、客观;系数测算与分析确定过程详细、合理。	结构因素,既然估价师认为"不同建筑结构一般不可比较",那么就不应该设置这个因素。
7	公式运用与计算		公式应用正确,符合规范规定,取值精度合理,数值计算正确。	

表 5-21-2 估价方法点评——收益法

序号	点评项目			点评标准	点评意见
1	有效毛收入	出租型	租金水平	选取的租赁实例真实、客观,信息较完整,可比性强;租金收入分析深入。	最好明确可比实例的具体坐落。租金的内涵要说明清楚。
			租约限制	租约限制处理合理,理由充分。	有租约存在,应该充分分析后做相应处理。
			有效出租面积或者可出租面积比率	有效出租面积或者可出租面积比率确定过程清楚,数据合理。	
			空置率与租金损失	空置率与租金损失确定过程清楚,数据合理;市场依据充分。	
		自营型	经营收入	商业经营业态或者生产性质明确;经营收入与支出内容全面,数据来源依据充分;经营收入确定合理。	

续表

序号	点评项目	点评标准	点评意见
2	其他收入	其他收入来源明确说明。	
3	运营费用	费用项目正确、齐全;费用估算或者确定过程清楚,数据来源依据充分,取值合理,全部符合正常客观费用标准或者符合政策规定要求。	测算保险费用、维修费用时,重置价格确定缺乏过程,直接给定3500 元/m²,依据不足。参数取值没有考虑谨慎原则。
4	净收益	前后一致、计算正确。	
5	变化趋势分析	净收益流量类型分析合理,升降幅度预测数值依据充分。	
6	报酬率(或者资本化率)	报酬率确定方法和确定过程正确;数据来源依据充分;针对估价对象类型、档次、区位、估价时点的状况等合理取值。	报酬率确定的过程不完善,容易被认为依据不足。
7	收益期限	收益期限确定正确,依据充分。	
8	公式应用与计算	计算公式选用正确;有必要的分析和测算过程;测算过程完整、严谨、正确。	

表 5-22　房地产抵押估价特殊项目点评

序号	点评项目	点评标准	点评意见
1	估价假设和限制条件	估价时点与实地查勘日期不一致时,应在假设限制条件中进行假设说明。	
2	估价原则	列明遵循谨慎原则。	
3	估价结果披露	要素披露完整。	
4	估价对象变现能力分析	内容完整,分析合理,依据充分,针对性强。	
5	风险提示	内容完整,分析合理,针对性强。	抵押期间可能产生的房地产信贷风险关注点不够完整;风险提示针对性较差。
6	附　件	应包括法定优先受偿权利等情况的书面查询资料和调查记录。	缺租赁合同。

报告六　杭州经济技术开发区白杨街道××号大街××号的工业房地产抵押价值评估

房地产抵押估价报告

估价报告编号:×××(2018)字第 1351 号

估价项目名称:×××有限公司位于杭州经济技术开发区白杨街道××号大街××号的工业房地产抵押价值评估

估价委托人:×××有限公司

估价机构:×××评估有限公司

注册房地产估价师:×××　　　注册号:××××

　　　　　　　　×××　　　　注册号:××××

估价报告出具日期:二○一八年三月二十五日

致估价委托人函

×××有限公司:

本公司接受贵方委托,选派注册房地产估价师对位于杭州经济技术开发区白杨街道××号大街××号的工业房地产(以下简称估价对象)进行了价值评估。

估价对象:×××有限公司位于杭州经济技术开发区白杨街道××号大街××号的 1—4 幢工业房地产,估价范围为估价对象的房屋所有权及相应的土地使用权,包括与估价对象房屋不可分割的基本固定装修及保证房屋正常使用功能的附属配套设施,但不包含动产、债权债务、特许经营权等其他资产。估价对象的房地产权利人为×××有限公司,房屋总建筑面积 16272.64m²,规划用途非住宅,土地使用权面积 33333m²,地类(用途)为工业用地,土地使用权类型为出让,土地使用权终止日期至 2048 年 6 月 7 日。

估价目的:为确定房地产抵押贷款额度提供参考依据而评估房地产抵押价值。

价值时点:二○一八年三月二十一日

价值类型:本次评估确定的估价结果为估价对象的抵押价值,即未设立法定优先受偿权下的市场价值减去房地产估价师知悉的法定优先受偿款后的价值。

估价方法:成本法和收益法

估价结果:注册房地产估价师根据本次估价目的,遵循公认的估价原则,按照严谨的估价程序,在对影响估价对象价值因素进行综合分析的基础上进行了专业分析、测算和判断,在满足估价的假设和限制条件下最终确定估价对象在价值时点的估价结果如下:

估价对象未设立法定优先受偿权下的市场价值

房地产总价为人民币 5357 万元,折合单价为 3292 元/m²。

人民币大写伍仟叁佰伍拾柒万元整

注册房地产估价师知悉的法定优先受偿款

根据估价委托人提供的资料及注册房地产估价师调查掌握的信息,于价值时点,注册房地产估价师知悉的法定优先受偿款为 0 元。

估价对象的房地产抵押价值

房地产总价为人民币 5357 万元,折合单价为 3292 元/m²。

人民币大写伍仟叁佰伍拾柒万元整

特此函告!

×××评估有限公司

法定代表人:×××

二〇一八年三月二十五日

第一部分　估价师声明

我们郑重声明:

1.我们在本估价报告中陈述的事实是真实的、准确的。

2.本估价报告中的分析、意见和结论是我们自己公正的专业分析、意见和结论,但受到本估价报告中已说明的假设和限制条件的限制。

3.我们与本估价报告中的估价对象没有利害关系,与有关当事人也没有个人利害关系或偏见。

4.我们依照中华人民共和国国家标准《房地产估价规范》《房地产估价基本术语标准》以及相关房地产估价专项标准进行分析,形成意见和结论,撰写本估价报告。

5.注册房地产估价师×××、×××已于二〇一八年三月二十一日对本估价报告中的估价对象进行了实地查勘、拍照和记录,但仅限于估价对象建筑物的外观、内部状况、使用及维修保养状况、周边环境、交通状况、配套设施等。因受专业限制,估价人员不承担对估价对象建筑结构质量进行调查的责任,也不承担对其他被遮盖未暴露及难于接触到的部分进行勘查的责任。

6.没有人对本估价报告提供重要专业帮助。

7.本估价报告结果仅作为估价委托人在本次估价目的下使用,不得做其他用途。未经本估价机构书面同意,本报告的全部或部分内容均不得向估价委托人、报告使用者、报告审查部门以外的单位和个人提供,也不得以任何形式公开发表。

8.本估价报告由×××评估有限公司负责解释。

9.参加本次估价的注册房地产估价师签章:

姓名	注册证号	签名	签名日期
×××	××××		年 月 日
×××	××××		年 月 日

第二部分 估价的假设和限制条件

一、本次估价的一般假设

1.估价对象在价值时点的房地产市场为公开、平等、自愿的交易市场,即

(1)存在较多的自愿卖方和买方;

(2)交易双方拥有足够长的交易时间;

(3)市场供应关系、市场结构保持稳定,未发生重大变化和实质性改变;

(4)交易双方都具有完全市场信息,对交易对象具有必要的专业知识,不考虑特殊买家的附加出价;

(5)买方并非出于特别兴趣而急于购买;

(6)卖方并非出于特别目的而急于出售。

2.估价对象拥有完整的物质实体状况和权益状况。

3.估价对象的房地产权利状况真实合法,产权明晰,手续齐全,法律上允许可在公开市场上自由转让和可进行抵押登记。

4.估价对象所属土地上的建筑物抵押时,该建筑物占用范围内的国有土地使用权一并抵押。

5.估价对象能按其最高最佳利用方式使用并在未来合法使用年限内得以持续。

6.本次估价所涉及估价对象的土地使用权人、土地坐落、用途、使用权类型、面积、终止日期、房屋所有权人、房屋坐落、建筑面积、他项权利状况等均以估价委托人提供的权属证书为依据。注册房地产估价师对估价委托人提供的估价对象权属证书及相关资料进行了检查,未发现怀疑其合法性、真实性、准确性和完整性的理由;另外受房产、土地管理部门对档案查询资格的限制,注册房地产估价师未能向政府主管部门核实估价对象的房地产权属状况。在此情况下,我们假设估价委托人提供的以上权属证书及相关资料合法、真实、准确、有效。

7.估价人员实地查勘时,对房屋质量安全、环境污染等影响估价对象价值或价格的重大因素给予了关注,但由于受到专业的限制,注册房地产估价师未对其做建筑物基础、房屋结构上的测量和实验。在无理由怀疑估价对象存在安全隐患且无相应的专业机构进行鉴定、检测的情况下,本次估价假设其无建筑物基础、结构等方面的重大质量问题,不存在影响估价对象价值或价格的房屋安全、环境污染等重大不利因素。

8.房地产抵押价值等于在未设立法定优先受偿权利下的市场价值减去房地产估价师知悉的法定优先受偿款,经注册房地产估价师掌握的信息,本次估价对象的法定优先受偿款为零。如存在其他未了解到的法定优先受偿款,则房地产抵押价值作相应调整。

二、未定事项假设

估价对象的房屋剩余经济寿命超过土地使用权剩余使用年限,在采用收益法估价测算时,理论上估价对象的房屋在土地使用权使用年限届满时尚有剩余价值。由于估价委托人提供的土地出让合同等资料中未明确当土地使用权期限届满后是否无偿收回土地使用权及地上建筑物,因此根据估价目的,本次估价遵循谨慎原则,假设当估价对象土地使用权期限届满后无偿收回土地使用权及地上建筑物,即不考虑收益法测算过程中收益期结束后的房屋剩余价值。

三、背离事实假设

无背离事实假设。

四、不相一致假设

无不相一致假设。

五、依据不足假设

无依据不足假设。

六、估价报告的使用限制

1.本次估价结果仅限于为估价委托人向金融机构申请抵押贷款提供价值参考依据,若有其他用途,需根据指定目的另行评估。

2.本估价报告书,作为一个整体和由此得出的估价结论,仅提供给估价委托人,并为本报告书所列明的目的而使用。除此之外,不论是报告整体,还是其部分内容,或是涉及我公司或报告签署人的任何提示,在得到我公司事先书面认可前,都不得在任何文件中引述,包括任何公告、登记证明、招股说明书、导购书、其他鉴定书、其他协议。如果估价委托人及有关当事人在将来的与估价对象有关的文件中需涉及我公司,我们将保留对文中相关措辞进行审阅和认可的权利。

3.根据《房地产估价规范》的相关规定,本估价报告使用期限为半年,自估价报告出具之日起计算(自二〇一八年三月二十五日至二〇一八年九月二十四日),请报告使用人在报告应用有效期内使用,否则,本估价结果无效。随着时间的推移和房地产市场的变动、国家法律政策的调整等,估价结果应作相应调整。

4.本报告须由估价机构及注册房地产估价师签字盖章后方为有效,估价报告的全部或部分复印件均无效。

第三部分　估价结果报告

一、估价委托人

名称:×××有限公司

地址:××市××区××路 218 号

联系人:×××

联系电话:×××

二、估价机构

机构名称:×××评估有限公司

机构地址:××××区××路××号×××室

法定代表人:×××

备案等级:壹级

备案证书编号:浙建房估证字〔20××〕××号

联系电话:×××

三、估价目的

为确定房地产抵押贷款额度提供参考依据而评估房地产抵押价值。

四、估价对象概况

(一)估价对象的界定

估价对象为杭州经济技术开发区白杨街道××号大街××号工业房地产,房屋总建筑面积 16272.64m²,土地使用权面积 33333m²。估价范围为估价对象的房屋所有权及相应的土地使用权,包括与估价对象房屋不可分割的基本固定装修及保证房屋正常使用功能的附属配套设施,但不包含动产、债权债务、特许经营权等其他资产。

(二)房地产权益状况

1.房屋权利状况

根据估价委托人提供的《房屋所有权证》复印件记载,估价对象房屋所有权人为×××,房屋权利状况具体见表 6-1。

表 6-1　估价对象房屋证载信息

序号	房屋坐落	《房屋所有权证》证号	所在层数/总层数	建筑面积/m²	规划用途	建筑结构	建筑年份
1	××号大街××号 1 幢	×房权证经移字第×××号	1—3/3	12358.07	非住宅	钢混	2000
2	××号大街××号 2 幢	×房权证经移字第×××号	1—4/4	2926.09	非住宅	钢混	2000
3	××号大街××号 3 幢	×房权证经移字第×××号	1/1	909.74	非住宅	混合	2000
4	××号大街××号 4 幢	×房权证经移字第×××号	1/1	78.74	非住宅	混合	2000
	合计			16272.64		/	

2.土地权利状况

根据估价委托人提供的《国有土地使用证》复印件记载,估价对象土地使用权人为×××××,估价对象土地具体权利状况见表 6-2。

表 6-2　估价对象土地证载信息

序号	坐落	《国有土地使用证》证号	使用权类型	地类（用途）	使用权面积/m²	终止日期
1	杭州经济技术开发区白杨街道××号大街××号	×经国用(2013)第×××号	出让	工业用地	33333	2048 年 6 月 7 日

3.他项权利状况

根据注册房地产估价师的调查了解,估价对象至价值时点未设立抵押权、租赁权、担保等他项权利,产权清晰。

(三)房地产实物状况

1.土地实物状况

估价对象土地坐落为杭州经济技术开发区白杨街道××号大街××号,土地使用权面积 33333m²,地类(用途)工业用地,土地出让使用期限至 2048 年 6 月 7 日。宗地四至:东临××号大街,南临××号大街,西接××××有限公司,北为××××有限公司。宗地形状呈矩形,宗地实际开发程度为红线外"五通"(通路、通电、通水、排水、通信)及红线内场地平整。

2.建筑物状况

估价对象为杭州经济技术开发区××号大街××号的工业厂房,共计 4 幢,房屋总建筑面积 16272.64m²,现整体用作"××××"使用,具体状况如下:

1 幢(对应×房权证经移字第×××号《房屋所有权证》):房屋总层数 3 层(局部 2 层),钢筋混凝土结构,建筑面积 12358.07m²,建成于 2000 年。房屋外墙玻璃幕墙及涂料饰面,室内地面铺设地砖,墙面刷涂料,顶棚涂料、局部石膏板吊顶,塑钢窗,配备货梯一部。该房屋水电卫等设施齐全,整体使用维护情况较好,属完好房。

2 幢(对应×房权证经移字第×××号《房屋所有权证》):房屋总层数 4 层(局部 2 层),钢筋混凝土结构,建筑面积 2926.09m²,建成于 2000 年。房屋外墙防水涂料饰面,室内地面铺设地砖(部分木地板),墙面刷涂料(部分贴面砖),顶棚涂料,塑钢窗。该房屋水电卫等设施齐全,整体使用维护情况较好,属完好房。

3 幢(对应×房权证经移字第×××号《房屋所有权证》):房屋总层数 1 层,混合结构,建筑面积 909.74m²,建成于 2000 年。房屋外墙防水涂料饰面,室内水泥地面(部分地板),墙面、顶棚刷涂料,塑钢窗。该房屋水电卫等设施齐全,整体使用维护情况较好,属完好房。

4 幢(对应×房权证经移字第×××号《房屋所有权证》):房屋总层数 1 层,混合结构,建筑面积 78.74m²,建成于 2000 年。房屋外墙涂料饰面,室内地面铺设地砖,墙面、顶棚刷涂料,塑钢窗。该房屋通电、无水卫,整体使用维护情况较好,属完好房。

五、价值时点

二〇一八年三月二十一日(完成估价对象实地查勘之日)

六、价值类型

本次评估的房地产价值为估价对象在价值时点(二〇一八年三月二十一日)的抵押价值。

抵押价值:

估价对象假定未设立法定优先受偿权下的市场价值减去注册房地产估价师知悉的法定优先受偿款后的价值。

未设立法定优先受偿权下的市场价值:

估价对象经适当营销后,由熟悉情况、谨慎行事且不受强迫的交易双方,以公平交易方式在价值时点自愿进行交易的金额。

法定优先受偿款:

假定在价值时点实现抵押权时,已存在的依法优先于本次抵押贷款受偿的款额,包括已抵押担保的债权数额、发包人拖欠承包人的建设工程价款、其他法定优先受偿款。

七、估价依据

(一)本次估价所依据的有关法律、法规和政策

1.《中华人民共和国城市房地产管理法》;

2.《中华人民共和国土地管理法》;

3.《中华人民共和国物权法》;

4.《中华人民共和国担保法》;

5.《中华人民共和国资产评估法》;

6.《城市房地产抵押管理办法》;

7. 建设部、人民银行、银监会建住房〔2006〕8 号《关于规范与银行信贷业务相关的房地产抵押估价管理有关问题的通知》及其附录《房地产抵押估价指导意见》;

8.《商业银行房地产贷款风险管理指引》(银监发〔2004〕57 号);

9. 浙江省和杭州市的相关房地产法规、政策。

(二)本次估价采用的国家技术规程和技术标准

1. 中华人民共和国国家标准 GB/T 50291—2015《房地产估价规范》;

2. 中华人民共和国国家标准 GB/T 50899—2013《房地产估价基本术语标准》。

(三)估价委托人提供的有关资料

1. 房地产估价委托书;

2. 房地产权属证明复印件;

3. 法定受偿权利的情况说明;

4. 估价所需的其他资料。

（四）本估价机构内部制定的技术规程、估价参数，以及房地产估价师掌握和搜集的有关资料

八、估价原则

本报告遵循以下估价原则。

（一）独立、客观、公正原则

要求房地产估价师站在中立的立场上，实事求是、公平正直地评估出对各方估价利害关系人均是公平合理的价值或价格。

（二）合法原则

要求估价结果是在依法判定的估价对象状况下的价值或价格。

（三）价值时点原则

要求估价结果是在根据估价目的确定的某一特定时间的价值或价格。

（四）替代原则

要求估价结果与估价对象的类似房地产在同等条件下的价值或价格偏差在合理范围内。

（五）最高最佳利用原则

要求估价结果是在估价对象最高最佳利用状况下的价值或价格。最高最佳利用是指房地产在法律上允许、技术上可能、财务上可行并使价值最大的合理、可能的利用，包括最佳的用途、规模、档次等。

九、估价方法

根据《房地产估价规范》的规定，在进行房地产估价时，应根据估价的实际情况充分考虑掌握的资料、选择最适宜的方法进行评估，力求得到客观、公正、科学、合理的房地产价格。房地产估价方法通常有比较法、收益法、成本法、假设开发法、基准地价系数修正法等方法。

估价对象为整体已建成投入正常使用的工业房地产，根据估价目的和估价对象的实际特点，结合估价人员搜集的相关估价资料，经综合分析后本次评估确定采用成本法和收益法进行估价。

成本法是求取估价对象在价值时点时的重新构建价格，然后扣除折旧，以此估算估价对象的客观合理价格或价值的方法，其计算公式为：房地产价值＝土地重置成本＋建筑物现值

其中：建筑物现值＝建筑物重置价格－建筑物折旧

建筑物重置价格＝建筑物开发成本＋建筑物管理费用＋建筑物销售费用＋建筑物投资利息＋建筑物开发利润＋建筑物税费

建筑物折旧＝建筑物重置价格×（1－建筑物成新率）

土地重置成本采用成本法进行估价测算（其中土地取得成本采用比较法计算），成本法是一种以获取土地和开发土地所需耗费的各项费用之和为主要依据，考虑一定的投资利息和利润。其基本公式为：

土地重置成本＝土地取得成本＋土地开发成本＋土地管理费＋土地销售费用＋土地投资利息＋土地开发利润＋土地销售税费

收益法是预计估价对象未来的正常租金净收益,选用适当的报酬率将其折现到价值时点后累加,以此估算得出估价对象的房地产收益价格,其计算公式为:

房地产收益价值 $V=[A/(R-G)]\times[1-(1+G)^n/(1+R)^n]$

其中,A 指未来年的净收益,R 指报酬率,G 指净收益递增比率,n 指未来可获收益的年限。

十、估价结果

本公司注册房地产估价师根据本次估价目的,遵循公认的估价原则,按照严谨的估价程序,在对影响估价对象价值因素进行综合分析的基础上进行了专业分析、测算和判断,在满足估价的假设和限制条件下最终确定估价对象在价值时点(二○一八年三月二十一日)的估价结果如下:

估价对象未设立法定优先受偿权下的市场价值

房地产总价为人民币 5357 万元,折合单价为 3292 元/m²。

人民币大写伍仟叁佰伍拾柒万元整

注册房地产估价师知悉的法定优先受偿款

根据估价委托人提供的资料及注册房地产估价师调查掌握的信息,于价值时点,注册房地产估价师知悉的法定优先受偿款为 0 元。

估价对象的房地产抵押价值

房地产总价为人民币 5357 万元(人民币大写伍仟叁佰伍拾柒万元整),折合单价为 3292 元/m²。

十一、注册房地产估价师

姓名	注册证号	签名	签名日期
×××	××××		年 月 日
×××	××××		年 月 日

十二、实地查勘期

二○一八年三月二十一日

十三、估价报告作业期

二○一八年三月二十一日至二○一八年三月二十五日

第四部分 估价对象变现能力分析与风险提示

一、变现能力分析

变现能力是指假定在价值时点实现抵押权时,在没有过多损失的条件下,将抵押房地产转换为现金的可能性。

通用性：估价对象为工业房地产，土地性质为工业出让用地，房屋功能设计作为工业生产、办公管理和员工生活配套使用，按标准化厂房建造，作为工业用房其通用性较强。

独立使用性：估价对象为工业房地产，内外相关配套设施齐全，具备独立使用功能，独立使用性较好。

可分割转让性：估价对象功能使用的整体性较强，且产权须整体转让，具有不可分割性，故可分割转让性差。

快速变现价值：假定在价值时点强制处分估价对象，因卖方手续费、竞价空间、双方无合理的谈判周期、快速变现的付款方式及目前拍卖市场成交活跃程度等因素，将会产生一定的价格减损。根据估价对象的具体情况，预计估价对象可实现的快速变现价值为市场价值的60%～70%。

变现时间、费用、税金：在当前市场条件下，估价对象变现时间长短以及变现费用、税金的种类、数额与处置方式和营销策略等因素有关。在变现过程中，变现成本较高，要支付诉讼费用（按财产价值分段最高为4%）、执行费用（一般为0.1%～0.5%）、估价费用（分段累计，最高0.42%）、拍卖费用（最高5%）、增值税（5%）、城建税（增值税的7%）、教育费附加（增值税的3%）、地方教育附加（增值税的2%）、契税（3%）、印花税（0.05%）以及交易手续费等其他税费。估价对象为工业房地产，规模较大，总价值较高，市场承接力较弱，故变现能力一般，变现时间较长。评估人员预测其变现时间为1～2年，变现的费用及税金为20%左右。

变现清偿顺序：估价对象变现清偿顺序为：（1）变现过程中应付的费用及税金，费用包括诉讼费、执行费、律师费、拍卖费、评估费用等；税金包括增值税、城市维护建设税、教育费附加、地方教育附加、印花税等；（2）已抵押担保债权数额，包括主债权、利息、违约金、赔偿金；（3）其他法定优先受偿款；（4）剩余金额交还抵押人。

二、抵押风险分析及报告使用提示

1.关注房地产抵押价值未来下跌的风险，近几年来，国家及地方政府针对房地产相继出台多项调控政策，房地产抵押价值未来下跌存在一定的风险。另外因区域规划、功能定位、市政建设、交通条件、生态环境、使用状况等因素变化都可能导致房地产抵押价值下跌或减损。

2.随着时间的变化，估价对象可能因自身的状况、房地产市场状况、国家宏观政策和经济形势、房地产相关税费的变化及银行利率调整等因素导致估价对象的抵押价值减损。

3.在抵押期间，估价对象会产生一定的经济折旧和功能折旧，以及有可能产生非正常损坏，办理房地产抵押时请注意办理相关财产保险。

4.在抵押期间，抵押房地产仍由抵押人占有、使用。若抵押人人为使用不当，如擅自拆改建筑物，破坏建筑结构等，将会加速建筑物的物理折旧，导致房地产的贬值。如果未来遭遇不可抗力的因素（如火灾、地震、水灾等），也会对建筑物产生破坏作用，进而导致建筑物折旧加速，使房地产价值下降。

5.在抵押期间，可能产生的房地产信贷风险关注点有：利率变化、通货膨胀因素、信贷政策变化风险、债务违约等,报告使用人应充分予以考虑。

6.估价报告使用人应合理使用评估价值。关注处置房地产时快速变现费用变化对估价对象抵押价值的影响,关注估价报告出具之后至抵押登记期间是否会出现其他的法定优先受偿权利。另外,房地产快速变现价值可能低于房地产市场价值,金融机构在确定贷款额度时须在评估抵押价值基础上确定合理的折扣率。

7.估价报告使用人应定期或者在房地产市场价格变化较快时对房地产抵押价值进行再评估。

第五部分　估价技术报告

一、实物状况描述与分析

1.土地实物状况

估价对象土地为杭州经济技术开发区白杨街道××号大街××号的工业用地。宗地四至:东临××号大街,南临××号大街,西接××××有限公司,北为××××有限公司,进出道路通畅,对外交通便捷。宗地土地使用权面积 33333m²,约为 50 亩,面积较大,适用于较大规模的企业。土地用途为工业用地,使用权类型为出让,使用期限至 2048 年 6 月 7 日,与相邻地块用途一致,能在局部形成一定的工业聚集效应,达到最高最佳利用状态。宗地形状呈矩形,地形平坦无高低起伏,地势与外部道路齐平,土壤地基较稳固,具有较高的承载力,地质、水文条件较好,有利于工业建筑的规划布局。宗地实际开发程度为红线外"五通"(通路、通电、通水、排水、通信)及红线内场地平整,地上已建有建筑物。

2.建筑物实物状况

估价对象建筑物为杭州经济技术开发区××号大街××号的工业厂房,共计 4 幢,房屋总建筑面积 16272.64m²,现整体作×××公司的生产、办公及配套员工生活使用。建筑物具体状况如下:

1 幢(对应×房权证经移字第×××号《房屋所有权证》):房屋总层数 3 层(局部 2 层),建筑总高 10.8m,钢筋混凝土结构,建筑面积 12358.07m²,房屋建成于 2000 年。建筑物外形呈长方形,外墙玻璃幕墙及涂料饰面。实地查勘时,1 层北侧为办公楼大厅,南侧为快递分拣流水线,西侧部分加建钢棚;2—3 层为办公间。室内地面铺设地砖,墙面为涂料,顶棚涂料、局部石膏板吊顶,塑钢窗,配备货梯一部。该房屋层高 3.6m,整体通风及采光条件较好,水电卫和通信等设施齐全,整体使用维护情况较好,属完好房。

2 幢(对应×房权证经移字第×××号《房屋所有权证》):房屋总层数 4 层(局部 2 层),建筑总高 14m,钢筋混凝土结构,建筑面积 2926.09m²,房屋建成于 2000 年。建筑物外形呈长方形,外墙防水涂料饰面。实地查勘时,房屋 1—2 层部分为员工食堂,其余均为职工宿舍,内廊式布局,中间为走道,两侧为宿舍套房。室内地面铺地砖(部分木地板),墙面刷涂料(部分贴面砖),顶棚涂料,塑钢窗。该房屋层高 3.5m,整体通风及采光条件较好,水电卫和通信等设施齐全,整体使用维护情况较好,属完好房。

3 幢(对应×房权证经移字第×××号《房屋所有权证》):房屋总层数 1 层,层高 7.5m,

混合结构,建筑面积 909.74m²,房屋建成于 2000 年。建筑物外形呈长方形,外墙防水涂料饰面。实地查勘时,该房屋作配电用房及仓库使用,水泥地面(部分地板),墙面、顶棚涂刷料,塑钢窗。该房屋整体通风及采光条件一般,通水电、通信,整体使用维护情况较好,属完好房。

4 幢(对应×房权证经移字第×××号《房屋所有权证》):房屋总层数 1 层,层高 3.5m,混合结构,建筑面积 78.74m²,房屋建成于 2000 年。建筑物外形基本呈正方形,外墙涂料饰面。实地查勘时,该房屋用作厂区大门保安室,地面铺地砖,墙面、顶棚涂料,塑钢窗。该房屋整体通风及采光条件一般,通电、通信,整体使用维护情况较好,属完好房。

二、权益状况描述与分析

1. 房屋权利状况

根据估价委托人提供的《房屋所有权证》复印件记载,估价对象房屋所有权人为×××,房屋权利状况具体见表 6-3。

表 6-3 估价对象房屋证载信息

序号	房屋坐落	《房屋所有权证》证号	所在层数/总层数	建筑面积/m²	规划用途	建筑结构	建筑年代
1	××号大街××号 1 幢	×房权证经移字第×××号	1—3/3	12358.07	非住宅	钢混	2000
2	××号大街××号 2 幢	×房权证经移字第×××号	1—4/4	2926.09	非住宅	钢混	2000
3	××号大街××号 3 幢	×房权证经移字第×××号	1/1	909.74	非住宅	混合	2000
4	××号大街××号 4 幢	×房权证经移字第×××号	1/1	78.74	非住宅	混合	2000
合计				16272.64		/	

估价对象房屋于价值时点由产权人自用,为生产厂房、办公及配套用房,未设立抵押权、租赁权、担保等他项权利。估价对象房屋产权清晰,不存在权属纠纷、被占用及其他特殊状况等影响建筑物价值的情况。

2. 土地权利状况

根据估价委托人提供的《国有土地使用证》复印件记载,估价对象土地为国有出让土地,其所有权属于国家,土地使用权人为×××有限公司,估价对象土地具体权利状况见表 6-4。

表 6-4 估价对象土地证载信息

序号	坐落	《国有土地使用证》证号	使用权类型	地类(用途)	使用权面积/m²	终止日期
1	杭州经济技术开发区白杨街道××号大街××号	×经国用(2013)第×××号	出让	工业用地	33333	2048 年 6 月 7 日

于价值时点估价对象土地由使用权人自用,目前作工业用途使用,未设立抵押权、租赁权、担保等他项权利。宗地四至界限清晰,不存在权属纠纷、土地使用管制及其他特殊状况等影响土地价值的情况。

三、区位状况描述与分析

(一)区域位置

1.坐落:估价对象地处杭州经济技术开发区白杨街道,东临××号大街,南临××号大街,西接××××有限公司,北邻××××有限公司。

2.方位:估价对象位于杭州市东北部,杭州经济技术开发区××号大街和××号大街交叉口的西北侧,南面邻近钱塘江。

3.距离:估价对象距离杭州经济技术开发区管委会约5km,距离德胜快速路约3km,距离杭州绕城高速入口约4km,距离杭州萧山机场约26km。

4.建筑物朝向和楼层:1幢建筑物东西朝向,总层数3层。2幢建筑物南北朝向,总层数4层。3幢建筑物南北朝向,总层数1层。4幢建筑物南北朝向,总层数1层。

(二)交通状况

1.道路状况

区域内城市主次干道有××号大街、××号大街、××号大街、××号大街等,道路通达,路面状况良好。车辆进出方便,有利于企业的日常运营。

2.出入可利用交通工具

自行车、电动车:开发区内道路通畅,马路均设有非机动车道,可供自行车、电动车行驶。另外政府在开发区内配建有多个公共自行车租赁点,多个共享单车租赁企业也在开发区内有较多数量单车的投放,并配有专人管理,自行车、电动车较方便。

公交:开发区内有××、××、××路多条公交线路停靠,公共交通便捷度较高。

货车:开发区内路网发达,路面状况良好,路网与外部道路连接通畅,对货车通行无特别管制。

私家车:开发区内道路四通八达,路面状况良好,私家车出入便利。

3.交通管制

目前周边道路均为双向通行道路,对车速限制程度一般,无其他特别的交通管制情况。

4.停车便利度

厂区内配有一定数量的专用停车位和临时泊位,目前车辆与泊位的配比尚属合理,停车较方便。

(三)环境状况

1.自然环境:估价对象所在区域为工业聚集区,有轻微的空气、噪音污染,自然环境一般。

2.人文环境:该区域为工业聚集区,工业企业较多,外来务工人员较多,务工人员文化水平及素质参差不齐,人文环境一般。

3.工业环境:所在区域基础设施条件完备,交通便利,工业聚集规模优势明显,工业环境良好。

4.景观:该区域为工业聚集区,景观一般。

（四）外部配套设施状况

1.基础设施：区域内基础设施完善程度高，估价对象宗地红线外已达"五通"（通路、供电、供水、排水、通信）。

道路：区域内道路网密集，周边均为城市主、次干道。

电力：由国家电网供电，运行稳定。

供水：供水纳入市政供水管网。

排水：污水纳入城市污水管网，雨水纳入集中管网向外排放。

通信：区域内程控电话和移动通信能提供优质服务。

2.公共服务设施：距离估价对象 1km 范围内有工商银行、加油站和便利超市，公共服务设施完善度一般。

（五）区位状况未来变化趋势

估价对象所在的杭州经济技术开发区是 1993 年 4 月经国务院批准设立的国家级开发区，是全国唯一集工业园区、高教园区、出口加工区于一体的国家级开发区，区内基础设施完备，对外交通便捷，入驻企业众多且形成了良好的聚集效应。经过多年的建设运营，目前该开发区已趋于饱，工业氛围成熟，区域城市功能规划短期内无重大变化调整，预计未来较短的时期内其区位状况将保持稳定。

四、市场背景分析

（一）国家宏观经济政策因素分析

据国家统计局网站公布的信息，2017 年全年国内生产总值 827122 亿元，比上年增长 6.9%。其中，第一产业增加值 65468 亿元，增长 3.9%；第二产业增加值 334623 亿元，增长 6.1%；第三产业增加值 427032 亿元，增长 8.0%。第一产业增加值占国内生产总值的比重为 7.9%，第二产业增加值比重为 40.5%，第三产业增加值比重为 51.6%。全年最终消费支出对国内生产总值增长的贡献率为 58.8%，资本形成总额贡献率为 32.1%，货物和服务净出口贡献率为 9.1%。全年人均国内生产总值 59660 元，比上年增长 6.3%。全年国民总收入 825016 亿元，比上年增长 7.0%。

2017 年全部工业增加值 279997 亿元，比上年增长 6.4%。规模以上工业增加值增长 6.6%。在规模以上工业中，分经济类型看，国有控股企业增长 6.5%；集体企业增长 0.6%，股份制企业增长 6.6%，外商及港澳台商投资企业增长 6.9%；私营企业增长 5.9%。分门类看，采矿业下降 1.5%，制造业增长 7.2%，电力、热力、燃气及水生产和供应业增长 8.1%。

2017 年房地产开发投资 109799 亿元，比上年增长 7.0%。其中住宅投资 75148 亿元，增长 9.4%；办公楼投资 6761 亿元，增长 3.5%；商业营业用房投资 15640 亿元，下降 1.2%。

（二）本地宏观经济政策因素分析

据杭州市统计局网站公布的信息，2017 年杭州市全市实现地区生产总值 12556 亿元，比上年增长 8.0%。其中第一产业增加值 312 亿元，第二产业增加值 4387 亿元，第三产业增加值 7857 亿元,分别增长 1.9%、5.3% 和 10.0%。全市常住人口人均 GDP 为 134607 元,比上年提高 10321 元,增长 5.4%。按国家公布的年平均汇率折算,为 19936 美元。三次产业结构调整为 2.5∶34.9∶62.6,服务业占 GDP 比重比上年提高 1.7 个百分点。

2017 年全市实现工业增加值 3982 亿元,增长 6.5%,其中规模以上工业增加值 3205 亿元,增长 7.0%。规模以上工业企业中高新技术产业、战略性新兴产业、装备制造业增加值分别增长 13.6%、15.0% 和 11.0%,占规模以上工业的 50.1%、30.6% 和 43.2%,比上年提高 4.1、3.4 和 1.3 个百分点;八大高耗能行业增加值占比 24.6%,下降 1.5 个百分点。新产品产值率为 37.7%。工业产品产销率为 98.5%。

2017 年全市房地产开发投资 2734 亿元,增长 4.9%,其中住宅投资 1713 亿元,增长 9.8%。开发企业施工房屋面积 11523 万 m²,下降 0.3%;新开工面积 2177 万 m²,增长 1.9%;竣工面积 2086 万 m²,增长 8.5%。商品房销售面积 2054 万 m²,下降 11.7%。

(三)本地整体房地产市场形势分析

1. 房地产开发投资

房地产开发投资同比增长,增速上升。2017 年 1—11 月,杭州全市完成房地产开发投资 2412.1 亿元,同比增长 6.2%,增速比去年同期上升 5.3 个百分点。其中住宅开发投资 1511.4 亿元,同比增长 10.1%,增速比去年同期下降 5.8 个百分点。

房屋开竣工面积均同比增长。2017 年 1—11 月,全市房屋施工面积 11297.6 万 m²,同比增长 1.1%,其中住宅施工面积 5853.7 万 m²,同比增长 0.3%。房屋新开工面积 1901.7 万 m²,同比增长 5.9%,其中住宅新开工面积 1139.4 万 m²,同比增长 7.2%。房屋竣工面积 1607.7 万 m²,同比增长 38.1%,其中住宅竣工面积 943.1 万 m²,同比增长 33.3%。

2. 新建商品住房市场

新建商品住房批准预售量同比略有下降。2017 年全市批准预售新建商品住房 99376 套,面积 1121.4 万 m²,同比分别下降 3.3% 和 1.5%。从新建商品住房成交区域分布看,余杭区成交占比最大,占总成交量的 21.2%,其次为萧山区,成交占比为 17.9%。

外地购房者占比为近三年来最低。2017 年 3 月份杭州市进一步调整限购政策后,外地购房者成交占比显著降低。首次购房者占比近六成。

新建商品住房板块间价格差异较大。2017 年,市区城区板块间新建商品住房价格差异较大。主城区内,随着 5 号线的动工建设以及区域内商业配套的升级,申花板块价值优势凸显,新建商品住房成交均价达到 42511 元/m²。萧山区方面,2017 年钱江世纪城、市北开发区以及萧山新区三个板块共同发力,带动市场热度持续走高。余杭区方面,2 号线西北段的年底通车,未来科技城的产业推动,大大提升了未来科技城板块和良渚板块的价值。富阳和大江东方面,受到区位条件的限制,距离杭州市中心稍远,交通通勤时间长,价格整体相对较低。

3. 二手住房市场

二手住房成交量同比小幅下降。2017 年全市二手住房成交 118557 套,成交面积 1177.4 万 m²,同比分别下降 1.8% 和 3.3%。80~90m² 刚需户型市场占比稳定增长。从二手住房成交面积分布来看,80~90m² 户型占比最大,为 22.3%,占比连年增长。60m² 以下户型占比第二,为 21.6%。60~80m² 户型占比第三,为 16.9%。

4. 住房租赁市场

流动人口租房占比超过70%。据不完全统计,市场规模年均增长速度在10%左右。截至2017年9月1日,市区流动人口545.5万人,其中租房居住人口399.0万人,流动人口租房占比73.1%。主城区流动人口262.8万人,其中租房居住人口188.8万人,流动人口租房占比71.8%。

市场交易量和租金水平持续增长。根据杭州主要房地产租赁经纪机构提供数据,2017年住房租赁市场交易量较上一年同期增加9.0%;市场平均租金3722元/(套·月),较2016年同期上涨7.5%;市场需求持续高位。

长租公寓快速发展,但市场占比仍然较小。近年来,由专业企业运营的长租公寓,因其租赁关系相对稳定、装修和管理标准化以及契合年轻租房群体社交需求等优势,在我市租赁市场蓬勃发展:

(1)开发商企业旗下的如万科泊寓和德信随寓等;

(2)互联网创业公司旗下的如魔方、YOU+等;

(3)中介企业为代表的如链家自如、爱上租等;

(4)酒店管理公司推出的公寓品牌,如如家的逗号公寓。

以上产品充分发挥互联网优势,整合租赁产业链,实施精准化开发和精细化管理,给住房租赁产业带来活力和创新力量。但目前杭州住房租赁市场中,租赁房源供应主体仍然相对单一,私人租赁房源仍占绝大多数,专业租赁企业运营房源市场占有率远低于发达国家成熟住房租赁市场约30%的占比水平。

5. 土地市场

市区土地成交金额首破2000亿元。2017年,杭州市区(含萧山、余杭、富阳、大江东,不含临安,下同)共出让土地168宗,其中涉宅地(含1宗租赁住房用地,下同)93宗,商业用地65宗,其他类型用地10宗。合计出让面积586万 m^2,同比2016年增长4.9%;成交金额2025.4亿元,同比增长24.7%。

涉宅地总可建面积同比基本持平。2017年,杭州市区共出让93宗涉宅地[含1宗租赁住房用地彭埠单元R21—20(2)地块,可建面积9.0万 m^2],可建面积981.5万 m^2,同比2016年增长2.0万 m^2,占市区土地总可建面积的73.0%。商业用地出让65宗,可建面积346.7万 m^2,同比2016年增长60.2万 m^2,占比25.8%。分区域来看,市区出让的涉宅地块主要分布在主城的申花、祥符、城东新城、丁桥、三墩板块,余杭的良渚、崇贤板块以及萧山的市北、南部新区板块,地块分布较广。其中拱墅区出让10宗涉宅地块,可建面积75.8万 m^2,占主城区涉宅地总可建面积的24.1%,区域内申花板块为目前主城区内地价最高板块之一。

表 6-5   2017 年杭州市区各类型土地成交情况

用途	成交宗数	出让面积/万 m²	可建面积/万 m²	成交金额/亿元
涉宅地	93	445.4	981.5	1756.8
商用地	65	120.7	346.7	261.5
其他	10	19.9	15.8	7.0
合计	168	586.0	1344.0	2025.4

2017 年,杭州市区共出让 93 宗涉宅地块,其中有 54 宗地块达到地价上限且含部分自持比例,占比 58.1%。54 宗地块总可建面积 568.2 万 m²,其中自持部分总可建面积 122.1 万 m²,平均自持比例 21.5%。

从 2017 年杭州市区自持涉宅地的自持比例来看,54 宗地块中杭州宏立竞得的大江东地块自持比例达 100%。另外有 2 宗地块自持比例在 50%~70%,有 13 宗地块在 30%~50%,有 12 宗地块在 20%~30%,有 16 宗地块在 10%~20%,有 10 宗地块在 10% 以内。涉宅地自持比例主要集中在 10%~30%,超过 50% 的仅 3 宗,且自持 50% 以上的地块基本属于总价在 10 亿元以内的低总价地块,房企资金压力相对较小。

(四)杭州市工业房地产过去、现在和未来状况分析

杭州市的工业土地在多年前便已基本采用"招拍挂"的出让方式供地,但在 2007 年以前,其出让地价受本地各级政府的产业政策因素影响明显,实际成交价格普遍较低。2006 年年底,《全国工业用地出让最低价格标准》颁布实施,明确提出要建立工业用地出让最低价标准统一公布制度,国家根据土地等级、区域土地利用政策等,统一制订并公布各地工业用地出让最低价标准。根据《标准》有关规定,工业用地必须实行"招拍挂"出让,"协议出让"方式将淡出,工业用地最低标准不得低于土地取得成本、土地前期开发成本和。自此,随着土地"闸门"进一步收紧,土地资源的稀缺性更趋明显,工业出让地价有了明显的提升。另外,由于众多企业进入各个开发区和经济园区的意愿强烈,导致各个开发区和经济园区不断提高门槛和接受标准,这些条件通常包括投资密度、外资比例、实收资本、鼓励行业、容积率、产出效能、社会效益等,这样致使地价进一步节节升高。

纵观杭州市 2007—2017 年的工业土地出让成交市场,工业土地价格持续上涨,但由于各行政区政策方面的因素,各区涨幅不尽相同,杭州市主城区及富阳、临安、桐庐、建德、淳安等地的涨幅保持在一个较为平缓的水平,萧山区和余杭区的工业出让地价则在 2015 年后有了一个较为明显的跃升。今后随着国家经济的发展,土地资源的稀缺性将变得越来越明显,杭州市的工业房地产价值将继续维持稳步上涨的态势。

五、最高最佳利用分析

房地产估价遵循最高最佳利用原则,要求估价结果是在估价对象依法最高最佳利用前提下的房地产价值。最高最佳利用是指房地产在法律上允许、技术上可能、财务上可行并使价值最大的合理、可能的利用,包括最佳的用途、规模、档次等。针对房地产的利用,最高最佳利用分析应从以下四方面标准依次进行判断衡量：

1.法律上允许。首先判断房地产的利用方式是否符合规划要求及相关法规政策的许可。

2.技术上可能。在法律上允许的前提下，判断技术上能否实现，包括建筑材料、施工技术等方面的要求。

3.财务上可行。在满足法律上允许且技术上可能的条件后，还需进行财务可行性评价，衡量该利用方式的收支情况，是否能够盈利。

4.价值最大化。在所有法律上允许、技术上可能且具有财务可行性的利用方式中，能够使估价对象价值最大化的利用方式才能达到最高最佳利用。

估价对象所在区域属工业集聚区，所在环境布置、建筑物的设计布局均按照工业功能要求完成。目前估价对象实际利用为工业，满足合法性要求，且与周边环境的协调性较好，建筑物维护使用状况较好，装修改造后增值效果不明显，拆除重建将导致生产的停止，重建后也并不能有效提升生产效益，在经济上不可行。因此，本次估价认为估价对象的现状用途已达最高最佳利用，并以维持现状继续利用为估价前提。

六、估价方法适用性分析

根据《房地产估价规范》的规定，在进行房地产估价时，应根据估价的实际情况充分考虑掌握的资料、选择最适宜的方法进行评估，力求得到客观、公正、科学、合理的房地产价格。房地产估价方法通常有比较法、收益法、成本法、假设开发法、基准地价系数修正法等方法。估价方法的选择应当按照估价的技术标准，结合估价对象的具体条件、用途及估价目的，综合估价人员搜集的有关资料，考虑到当地房地产市场的发展程度，选择适当的估价方法。按照规定，估价对象的同类房地产有较多交易的应选用比较法；收益性房地产的估价，应选用收益法为其中的一种估价方法；具有投资开发或再开发潜力的房地产的估价，应选用假设开发法作为其中的一种估价方法；在无市场依据或市场依据不充分而不宜采用上述三种估价方法的情况下，可采用成本法作为主要估价方法；政府近期公布了基准地价的地区估价，应选用基准地价系数修正法。

本次估价对象为整体已建成投入使用的工业房地产，根据估价委托人提供的有关资料，结合估价对象的具体条件和估价目的，以及估价人员实地查勘收集的资料，经综合分析估价对象为工业房地产，在同一供需圈内该区域内同类整体房地产市场成交实例较少，交易案例不足，不宜采用比较法评估。

假设开发法主要适用于具有投资开发或再开发潜力的房地产，估价对象属已建成的房地产，且已正常使用，根据估价人员现场查勘及对周边房地产市场分析及预测，认为估价对象不具有投资再开发的潜力和必要性，因此不宜使用假设开发法。

杭州市基准地价标准自2004年公布后至今未有新的标准出台，由于时间间隔久远，杭州土地市场行情已发生了巨大变化，该基准地价标准已完全不能体现当前的地价水平，因此本次评估无法采用基准地价系数修正法进行地价测算。

经过评估调查和分析，估价对象所在区域近期工业土地取得的有关成本资料和类似估价对象建筑物的预算定额、建设成本、行业利润等资料较易获取，满足成本法测算的条件，因此可采用成本法进行估价测算。

估价对象为工业房地产,可出租使用并获得较为稳定的租金收入,属于收益性房地产,且周边和同类区域类似工业房地产的出租市场较为活跃,其租金水平和租赁成本资料可以通过调查获得,因此也可以选用收益法作为一种估价方法。

根据以上估价方法适用性分析,本次估价确定采用成本法和收益法进行评估测算。

估价技术路线:

1.采用成本法和收益法分别测算估价对象的房地产市场价值。成本法采用房地分估路径,土地重置成本中的土地取得费选用市场购置方式并采用比较法测算确定。收益法中的客观租金水平采用比较法测算确定。

2.对两种估价方法测算得出的结果进行综合分析,采用加权平均法得到估价对象未设立优先受偿权利下的房地产市场价值。

3.估价对象未设立优先受偿权利下的房地产市场价值减去房地产估价师知悉的法定优先受偿款,最终得到估价对象的房地产抵押价值。

七、估价测算过程

(一)成本法测算过程

成本法是测算估价对象在价值时点的重置成本或重建成本和折旧,将重置成本或重建成本减去折旧得到估价对象价值或价格的方法。其公式如下:

    房地产价值＝土地重置成本＋建筑物重置价格－建筑物折旧

1.求取土地重置成本

    土地重置成本＝土地取得成本＋土地开发费＋管理费＋销售费用＋投资利息＋开
              发利润＋销售税费

(1)土地取得成本

经估价人员市场调查了解,近年来估价对象所在区域内工业用地均通过挂牌出让的方式购置取得,工业土地的出让市场较为活跃,因此本次估价按估价对象土地的取得方式为市场购置取得进行测算。土地取得成本包含土地的购置取得费用及相关税费。土地的购置取得费用采用比较法测算,具体测算过程如下。

①可比实例选择

通过估价人员对估价对象周边相似工业用地挂牌出让案例的调查筛选,选取与估价对象处于同一区域的以下三个成交实例作为可比实例。

可比实例 A:经济技术开发区,杭政工出〔2017〕××号地块,用途为工业用地,用地面积31597m²,东至空地,南至××号大街,西至××号大街,北至××号大街,宗地形状较规则,宗地地质条件一般,基础设施开发程度达到宗地红线外"五通"(通路、通电、供水、排水、通信)及红线内"场地平整",容积率2.0,交易方式为挂牌出让成交,成交日期为2018年1月5日,成交价格为955元/m²(本成交信息摘自中国搜地网,图略)。

可比实例 B:经济技术开发区(北元××地块),杭政工出〔2017〕××号地块,用途为工业用地,用地面积29680m²,东至××路,南至××绿化,西至××××有限公司、××××有限公司,北至空地,宗地形状较规则,宗地地质条件一般,基础设施开发程度达到宗地红线外"五通"(通路、通电、供水、排水、通信)及红线内"场地平整",容积率 2.2,交易方式为挂牌出让成交,成交日期为 2017 年 9 月 1 日,成交价格为 952 元/m²(本成交信息摘自中国搜地网,图略)。

可比实例 C:经济技术开发区,杭政工出〔2017〕××号地块,用途为工业用地,用地面积 40567m²,东至空地,南至××规划绿化,西至××路,北至新建河规划绿化,宗地形状较规则,宗地地质条件一般,基础设施开发程度达到宗地红线外"五通"(通路、通电、供水、排水、通信)及红线内"场地平整",容积率 2.2,交易方式为挂牌出让成交,成交日期为 2017 年 4 月 20 日,成交价格为 950 元/m²。(本成交信息摘自中国搜地网,图略)

②比较因素条件说明表的编制

估价对象为工业土地,根据《房地产估价规范》规定,结合估价人员的估价经验,工业土地选择的比较因素主要有:交易情况、市场状况、土地状况(区位状况、权益状况、实物状况)等。将以上案例与估价对象进行比较分析,并作具体的因素条件说明,见表 6-6。

表 6-6　比较因素条件说明

<table>
<tr><td colspan="2" rowspan="2">比较项目</td><td rowspan="2">估价对象</td><td>实例 A</td><td>实例 B</td><td>实例 C</td></tr>
<tr><td>〔2017〕××号
地块</td><td>〔2017〕××号
地块</td><td>〔2017〕××号
地块</td></tr>
<tr><td colspan="2">成交单价(元/m²)</td><td>待估</td><td>955</td><td>952</td><td>950</td></tr>
<tr><td colspan="2">交易情况</td><td>—</td><td>挂牌出让</td><td>挂牌出让</td><td>挂牌出让</td></tr>
<tr><td colspan="2">交易日期</td><td>2018 年 3 月</td><td>2018 年 1 月</td><td>2017 年 9 月</td><td>2017 年 4 月</td></tr>
<tr><td rowspan="7">区位状况</td><td>区域位置</td><td>较好</td><td>较好</td><td>较好</td><td>较好</td></tr>
<tr><td>对外交通运输条件</td><td>较好</td><td>较好</td><td>较好</td><td>较好</td></tr>
<tr><td>产业聚集度</td><td>较高</td><td>较高</td><td>较高</td><td>较高</td></tr>
<tr><td>临路状况</td><td>较好</td><td>较好</td><td>一般</td><td>一般</td></tr>
<tr><td>基础设施状况</td><td>好</td><td>好</td><td>好</td><td>好</td></tr>
<tr><td>公共配套设施状况</td><td>较完善</td><td>较完善</td><td>较完善</td><td>较完善</td></tr>
<tr><td>环境状况</td><td>一般</td><td>一般</td><td>一般</td><td>一般</td></tr>
<tr><td rowspan="9">权益状况</td><td>规划条件</td><td>有一定规划
条件限制</td><td>有一定规划
条件限制</td><td>有一定规划
条件限制</td><td>有一定规划
条件限制</td></tr>
<tr><td>土地剩余使用年限</td><td>30.24 年</td><td>50 年</td><td>50 年</td><td>50 年</td></tr>
<tr><td>土地管制情况</td><td>无</td><td>无</td><td>无</td><td>无</td></tr>
<tr><td>容积率</td><td>0.5</td><td>2</td><td>2.2</td><td>2.2</td></tr>
<tr><td>用益物权设立情况</td><td>未设立</td><td>未设立</td><td>未设立</td><td>未设立</td></tr>
<tr><td>担保物权设立情况</td><td>未设立</td><td>未设立</td><td>未设立</td><td>未设立</td></tr>
<tr><td>租赁或占用情况</td><td>无租赁</td><td>无租赁</td><td>无租赁</td><td>无租赁</td></tr>
<tr><td>拖欠税费情况</td><td>无税费拖欠</td><td>无税费拖欠</td><td>无税费拖欠</td><td>无税费拖欠</td></tr>
<tr><td>查封情况</td><td>未查封</td><td>未查封</td><td>未查封</td><td>未查封</td></tr>
</table>

续表

比较项目		估价对象	实例 A 〔2017〕××号 地块	实例 B 〔2017〕××号 地块	实例 C 〔2017〕××号 地块
实物状况	宗地面积/m²	33333	31597	29680	40567
	宗地形状	较规则	较规则	较规则	较规则
	地形地势	平坦	平坦	平坦	平坦
	地质	较好	较好	较好	较好
	土壤	无污染	无污染	无污染	无污染
	开发程度	五通一平	五通一平	五通一平	五通一平

③因素条件指数确定

交易情况:估价对象与可比实例 A、可比实例 B 和可比实例 C 的交易情况均为正常交易,其修正指数均取 100。

市场状况:根据估价师对估价对象所在区域工业用地出让市场行情的调查和了解,从 2017 年 4 月到价值时点所在的 2018 年 3 月,所在区域的工业出让用地的市场行情基本保持平稳,因此可比实例 A、可比实例 B 和可比实例 C 的修正指数均取 100。

区位状况:

A.区域位置:主要是地块所处的位置,分为好、较好、一般、较差、差 5 个等级,以估价对象为 100,每上升或下降一个等级,指数上升或下降 3,估价对象和 3 个可比实例区域位置相同,故修正指数均取 100。

B.对外交通运输条件:主要以产品的运输方便程度来划分,分为好、较好、一般、较差、差 5 个等级,以估价对象为 100,每上升或下降一个等级,指数上升或下降 3,估价对象和可比实例周边道路路况较好,且不限制重车通行,因此估价对象与可比实例 A、可比实例 B、可比实例 C 修正指数均取 100。

C.产业聚集度:主要以工业企业的所形成的规模来划分,分为高、较高、一般、较低、低 5 个等级,以估价对象为 100,每上升或下降一个等级,指数上升或下降 3,估价对象和可比实例周边企业形成的规模大体相当,因此估价对象与可比实例 A、可比实例 B、可比实例 C 修正指数均取 100。

D.临路状况:分为好、较好、一般、较差、差 5 个等级,以估价对象为 100,每上升或下降一个等级,指数上升或下降 2,估价对象和可比实例 A 均相邻 2 条主干道,可比实例 B 和可比实例 C 相邻一条主干道,故可比实例 A 修正指数为 100,可比实例 B 和可比实例 C 为 98。

E.基础设施状况:分为好、较好、一般、较差、差 5 个等级,以估价对象为 100,每上升或下降一个等级,指数上升或下降 2,估价对象和 3 个可比实例的基础设施完善,故修正指数均取 100。

F.公共配套设施:分为完善、较完善、一般、较差、差 5 个等级,以估价对象为 100,每上升或下降一个等级,指数上升或下降 2,估价对象和 3 个可比实例公共配套较完善,故修正指数均取 100。

G.环境状况:分为好、较好、一般、较差、差 5 个等级,以估价对象为 100,每上升或下降一个等级,指数上升或下降 1,估价对象和 3 个可比实例环境状况一般,故修正指数均取 100。

权益状况:

A.规划条件:估价对象和 3 个可比实例地块均有一定的规划限制,故修正指数均取 100。

B.土地使用年限:可比实例 A、可比实例 B、可比实例 C 均为挂牌出让,土地剩余使用年限为 50 年,估价对象土地用途为工业,出让性质,终止日期至 2048 年 6 月 7 日,截至价值时点(2018 年 3 月 21 日)剩余土地年限 n 为 30.24 年。其年限修正系数=$[1-1/(1+r)^n]/[1-1/(1+r)^m]$,其中 n 为剩余土地年限 30.24 年,m 为工业土地法定最高使用年限 50 年,r 为土地还原率,本次估价取值 6%,则年限修正系数=$[1-1/(1+6\%)^{30.24}]/[1-1/(1+6\%)^{50}]$=0.876,故可比实例 A、可比实例 B、可比实例 C 修正指数均为 $1/0.876×100$=114.2。

C.土地管制情况:估价对象及 3 个可比实例均为出让工业用地,无特别管制情况,故可比实例 A、可比实例 B、可比实例 C 修正指数均取 100。

D.容积率:估价对象现状容积率为 0.5,可比实例 A、可比实例 B、可比实例 C 的规划容积率分别为 2、2.2、2.2,有一定的差异。根据估价人员市场调查,工业土地容积率的高低对其价格有一定的影响,但影响并不显著,具体如表 6-7 所示。

表 6-7　容积率调整指数

容积率	≤1.5	1.5~2.5	≥2.5
土地价格调整指数	97	100	103

以估价对象为 100,则可比实例 A、可比实例 B、可比实例 C 的修正指数均取 $100/97×100$=103。

E.用益物权设立情况:分为有设立用益物权和未设立用益物权 2 种情形,因估价对象和 3 个可比实例均未设立担保物权,故此修正指数均取 100。

F.担保物权设立情况:分为有设立担保物权和未设立担保物权 2 种情形,因估价对象和 3 个可比实例均未设立担保物权,故此修正指数均取 100。

G.租赁或占用情况:分为自用和出租 2 种情形,因估价对象和 3 个可比实例均为自用,未出租,故此修正指数均取 100。

H.拖欠税费情况:分为有税费拖欠和无税费拖欠 2 种情形,因估价对象和 3 个可比实例均无拖欠税费情况,故此修正指数均取 100。

I.查封情况:分为有查封和无查封 2 种情形,因估价对象和 3 个可比实例均无查封情况,故此修正指数均取 100。

实物状况:

A.宗地面积:分为大、较大、适中、较小、小 5 个等级,以估价对象为 100,每上升或下降一个等级,指数上升或下降 2,估价对象和 3 个可比实例面积大体相当,故此修正指数均取 100。

B. 宗地形状:分为规则、较规则、不规则 3 个等级,以估价对象为 100,每上升或下降一个等级,指数上升或下降 2,估价对象和 3 个可比实例宗地形状均为较规则,故此修正指数均取 100。

C. 地形地势:分为平坦、较平坦、坡度较大、坡度大 4 个等级,以估价对象为 100,每上升或下降一个等级,指数上升或下降 2,估价对象和 3 个可比实例宗地地势均平坦,故此修正指数均取 100。

D. 地质:分为好、较好、一般、较差、差 5 个等级,以估价对象为 100,每上升或下降一个等级,指数上升或下降 2,估价对象与可比实例 A、可比实例 B 和可比实例 C 地质较好,故修正指数均取 100。

E. 土壤:估分为无污染、轻度污染、严重污染 3 个等级,以估价对象为 100,每上升或下降一个等级,指数上升或下降 2,估价对象与可比实例 A、可比实例 B 和可比实例 C 土地无污染,故修正指数均取 100。

F. 开发程度:根据土地的实际情况,以估价对象为 100,每上升或下降一个"一通",指数上升或下降 2,估价对象和 3 个可比实例宗地均为"五通一平",故此修正指数均取 100。

④因素条件指数表编制

根据上述对因素条件说明表中的估价对象与三个可比实例的因素情况对比分析并量化比较因素条件指数,编制比较因素条件指数见表 6-8。

表 6-8　比较因素条件指数

比较项目		估价对象	实例 A	实例 B	实例 C
成交单价(元/m²)		—	955	952	950
交易情况		100	100	100	100
交易日期		100	100	100	100
区位状况	区域位置	100	100	100	100
	对外交通运输条件	100	100	100	100
	产业聚集度	100	100	100	100
	临路状况	100	100	98	98
	基础设施状况	100	100	100	100
	公共配套设施状况	100	100	100	100
	环境状况	100	100	100	100
权益状况	规划条件	100	100	100	100
	土地剩余使用年限	100	114.2	114.2	114.2
	土地管制情况	100	100	100	100
	容积率	100	103	103	103

	比较项目	估价对象	实例 A	实例 B	实例 C
权益状况	用益物权设立情况	100	100	100	100
	担保物权设立情况	100	100	100	100
	租赁或占用情况	100	100	100	100
	拖欠税费情况	100	100	100	100
	查封情况	100	100	100	100
实物状况	宗地面积/m²	100	100	100	100
	宗地形状	100	100	100	100
	地形地势	100	100	100	100
	地质	100	100	100	100
	土壤	100	100	100	100
	开发程度	100	100	100	100

⑤比较因素修正系数表

根据上述因素条件指数表,编制比较因素修正系数见表 6-9。

表 6-9 比较因素修正系数

	比较项目	实例 A	实例 B	实例 C
	成交单价(元/m²)	955	952	950
	交易情况	100/100	100/100	100/100
	交易日期	100/100	100/100	100/100
区位状况	区域位置	100/100	100/100	100/100
	对外交通运输条件	100/100	100/100	100/100
	产业聚集度	100/100	100/100	100/100
	临路状况	100/100	100/98	100/98
	基础设施状况	100/100	100/100	100/100
	公共配套设施状况	100/100	100/100	100/100
	环境状况	100/100	100/100	100/100
权益状况	规划条件	100/100	100/100	100/100
	土地剩余使用年限	100/114.2	100/114.2	100/114.2
	土地管制情况	100/100	100/100	100/100
	容积率	100/103	100/103	100/103
	用益物权设立情况	100/100	100/100	100/100

续表

比较项目		实例 A	实例 B	实例 C
权益状况	担保物权设立情况	100/100	100/100	100/100
	租赁或占用情况	100/100	100/100	100/100
	拖欠税费情况	100/100	100/100	100/100
	查封情况	100/100	100/100	100/100
实物状况	宗地面积(m²)	100/100	100/100	100/100
	宗地形状	100/100	100/100	100/100
	地形地势	100/100	100/100	100/100
	地质	100/100	100/100	100/100
	土壤	100/100	100/100	100/100
	开发程度	100/100	100/100	100/100
比较价值(元/m²)		812	826	825

⑥确定比较价格

由以上计算过程得出的三个比较单价相差不大,本次评估确定将三个比较单价的简单算术平均数作为估价对象的市场购置取得单价,即(812+826+825)/3=821(元/m²)。

⑦确定土地取得成本

土地取得成本包括土地购置取得费和土地购置税费,土地购置税费主要为契税,根据当地税收政策,契税为土地取得费的3%,则:

土地取得成本=土地购置费用+土地购置税费

$$=821+821×0.03=846(元/m²)$$

(2)土地开发费

土地开发费指宗地内部的开发费用,包括土地平整、宗地内基础设施建设的费用。根据估价人员实地查勘、市场调查及委托人提供的情况和资料,同时结合开发区整体的开发情况,确定估价对象宗地在估价设定开发程度下的土地开发费为80元/m²。

(3)管理费

管理费是指为了组织和管理土地开发经营过程活动所必需的费用,包括土地开发者的人员工资及福利费、办公费用、差旅费等,一般为土地开发费的3%～5%,根据谨慎原则,本次估价管理费取3%。则:

管理费=(土地取得成本+土地开发费)×3%=(846+80)×0.03

$$=27.78(元/m²)$$

(4)销售费用

销售费用包括销售代理及广告宣传费等,以开发完成后的土地价值为基数乘以费率,类似当地工业土地项目销售费用费率一般为1%～2%,根据谨慎原则,本次估价按1%计取,设土地价值 V,则销售费用$=0.01V$ 元/m²。

（5）投资利息

投资利息是估价时考虑资金的时间价值，按照该估价对象宗地开发规模，该估价对象客观开发期约 1 年，假设开发成本、管理费用和销售费用为建设期中均匀投入，按复利计算，利率取中国人民银行公布的现行一年期贷款基准利率 4.35%。

$$投资利息 = 846×[(1+0.0435)^1-1]+(80+27.78+0.01V)×[(1+0.0435)^{0.5}-1]$$
$$=39.12+0.0002V$$

（6）开发利润

房地产商进行房地产开发投资，承受一定的投资风险，同时需要获得与之相等的报酬，即开发利润，开发利润的表达方式有几种，例如直接成本利润、成本利润、投资利润、销售利润，本次估价取成本利润，基数为投入的土地取得成本、土地开发成本、土地管理费、土地销售费用和土地投资利息，根据当地工业房地产的平均成本利润率，并结合估价对象实际情况，确定其土地的开发利润率（成本利润率）为 6%。

$$开发利润 = (846+80+27.78+0.01V+39.12+0.0002V)×0.06$$
$$=59.57+0.0006V$$

（7）销售税费

销售税费是指预售或销售开发完成后的房地产应由卖方缴纳的税费，增值税率为 $1/1.05×0.05=4.762\%$，城建税取 7%，教育费附加取 3%，地方教育费附加取 2%，即销售税金比率为 $4.762\%×(1+7\%+3\%+2\%)=5.333\%$；印花税率为 0.5‰，合计 5.34%。

$$销售税费 = 0.0534V$$

（8）土地重置成本

$$土地重置成本 = 土地取得成本+土地开发费+管理费+销售费用+投资利息+开发利润+销售税费$$
$$=846+80+27.78+0.01V+39.12+0.0002V+59.57+0.0007V+0.0534V$$

解公式得到　　$V=1125（元/m^2）（取整）$

土地重置成本 $=1125 元/m^2×33333m^2=3750 万元（取整至万元）$

2. 求取建筑物重置价格

$$建筑物重置价格 = 建筑物开发成本+管理费用+销售费用+投资利息+开发利润+销售税费$$

（1）建筑物开发成本

建筑物开发成本是指在取得房地产开发用地上进行基础设施和房屋建设所必需的直接费用、税金等，本次估价分为前期勘察设计和前期工程费、建筑安装工程费、基础设施建设费、公共配套设施建设费及开发期间税费。

①建筑安装工程费：包括土建工程费、安装工程费、装饰装修工程费及附属工程等费用。根据《浙江省建筑工程预算定额》《浙江省建设工程施工费用定额》及《浙江省安装工程预算定额》并结合杭州建筑市场行情，同时考虑估价对象实际情况，确定估价对象建筑安装工程费如下。

1 幢建筑安装工程费=1250 元/m²

2 幢建筑安装工程费=1100 元/m²

3 幢建筑安装工程费=950 元/m²

4 幢建筑安装工程费=800 元/m²

②前期勘察设计和前期工程费:包括市场调研、可行性研究、项目策划、工程勘察、环境影响评价、交通影响评价、规划及建筑设计、建设工程招标等费用。根据《工程勘察设计收费标准》并结合杭州市类似工程的费用行情,确定前期勘察设计和前期工程费为建安费用的5%左右,本次估价按 5%计取。

1 幢勘察设计和前期工程费=1250×5%=62.5(元/m²)

2 幢勘察设计和前期工程费=1100×5%=55(元/m²)

3 幢勘察设计和前期工程费=950×5%=47.5(元/m²)

4 幢勘察设计和前期工程费=800×5%=40(元/m²)

③基础设施建设费:包括城市规划要求配套的道路、给水、排水、电力、通信、燃气、供热等设施建设费用。根据杭价费〔2014〕32 号《关于调整杭州城市市政基础设施配套费标准的通知》,杭州城市规划区内的建设项目按住宅每平方米 150 元、非住宅每平方米 220 元的标准收取城市市政基础设施配套费。

1—4 幢基础设施建设费=220 元/m²

④公共配套设施建设费:包括城市规划要求配套的教育、医疗卫生、文体体育、社区服务、市政公用、绿化景观设施等非营业性设施的建设费用。本次估价对象为工业厂房,根据当地类似建设项目的相关费用情况,在此仅考虑绿化设施建设费 20 元/m²。

⑤开发期间税费:包括有关税收和地方政府或其有关部门收取的费用,如工程监理费、人防工程费、测绘费、登记费等。本次估价对象为工业厂房,根据当地类似建设项目的相关费用情况,人防工程费不计,该项费包括工程监理费 20 元/m²、测绘费和登记费 1.5 元/m²,合计 21.5 元/m²。

⑥建筑物开发成本

1 幢建筑物开发成本合计=1250+62.5+220+20+21.5=1574(元/m²)

2 幢建筑物开发成本合计=1110+55+220+20+21.5=1416.5(元/m²)

3 幢建筑物开发成本合计=950+47.5+220+20+21.5=1259(元/m²)

4 幢建筑物开发成本合计=800+40+220+20+21.5=1101.5(元/m²)

(2)管理费用

管理费用是指房地产开发企业为组织和管理房地产开发经营活动的必要支出,包括房地产开发商的人员工资及福利费、办公费用、差旅费等,根据当地房地产行业日常总结一般为其开发成本的 2%～5%,本次估价管理费用取 2%。则建筑物管理费=建筑物开发成本×2%,可得:

1 幢建筑物管理费用=1574×0.02=31.48(元/m²)

2 幢建筑物管理费用=1416.5×0.02=28.33(元/m²)

3 幢建筑物管理费用=1259×0.02=25.18(元/m²)

4 幢建筑物管理费用=1101.5×0.02=22.03(元/m²)

（3）销售费用

销售费用是指预售或销售开完成后的房地产的必要支出,估价对象为工业厂房,根据估价人员当地的调查,该类物业销售费用一般为售价的 $1\%\sim2\%$,本次估价按 1% 计取,设 1 幢建筑物重置价格为 K_1 、K_2 幢建筑物重置价格为 K_2 、K_3 幢建筑物重置价格为 K_3 、K_4 幢建筑物重置价格为 K_4 。则：

$$1\text{ 幢建筑物销售费用}=0.01K_1 \text{ 元/m}^2$$
$$2\text{ 幢建筑物销售费用}=0.01K_2 \text{ 元/m}^2$$
$$3\text{ 幢建筑物销售费用}=0.01K_3 \text{ 元/m}^2$$
$$4\text{ 幢建筑物销售费用}=0.01K_4 \text{ 元/m}^2$$

（4）投资利息

投资利息是估价时考虑资金的时间价值,按照该估价对象宗地开发规模,该估价对象客观开发期约 1 年,假设前期勘察设计和前期工程费一次性投入；开发成本、管理费用和销售费用为建设期中均匀投入,按复利计算,当前中国人民银行公布的最新一年期贷款基准利率为 4.35% 。

$$\begin{aligned}1\text{ 幢建筑物投资利息}&=62.5\times[(1+0.0435)^1-1]+(1250+220+20+21.5+\\&\quad 31.48+0.01K_1)[(1+0.0435)^{0.5}-1]\\&=35.92+0.0002K_1\end{aligned}$$

$$\begin{aligned}2\text{ 幢建筑物投资利息}&=55\times[(1+0.0435)^1-1]+(1100+220+20+21.5+28.33\\&\quad +0.01K_2)[(1+0.0435)^{0.5}-1]\\&=32.3+0.0002K_2\end{aligned}$$

$$\begin{aligned}3\text{ 幢建筑物投资利息}&=47.5\times[(1+0.0435)^1-1]+(950+220+20+21.5+25.18\\&\quad +0.01K_3)[(1+0.0435)^{0.5}-1]\\&=28.68+0.0002K_3\end{aligned}$$

$$\begin{aligned}4\text{ 幢建筑物投资利息}&=40\times[(1+0.0435)^1-1]+(800+220+20+21.5+22.03+\\&\quad 0.01K_4)[(1+0.0435)^{0.5}-1]\\&=25.06+0.0002K_4\end{aligned}$$

（5）开发利润

房地产商进行房地产开发投资,承受一定的投资风险,同时需要获得与之相等的报酬,即开发利润,开发利润的表达方式有几种,例如直接成本利润、成本利润、投资利润、销售利润,本次估价的开发利润选用成本利润,基数为投入的开发成本、管理费、销售费用和投资利息。根据当地估价对象类似建设项目的平均成本利润水平,确定估价对象建筑物的开发成本利润率为 5% ,各幢建筑物的开发利润为：

$$\begin{aligned}1\text{ 幢建筑物开发利润}&=(1574+31.48+0.01K_1+35.92+0.0002K_1)\times5\%\\&=82.07+0.0005K_1\end{aligned}$$

$$\begin{aligned}2\text{ 幢建筑物开发利润}&=(1416.5+28.33+0.01K_2+32.3+0.0002K_2)\times5\%\\&=73.86+0.0005K_2\end{aligned}$$

$$\begin{aligned}3\text{ 幢建筑物开发利润}&=(1259+25.18+0.01K_3+28.68+0.0002K_3)\times5\%\\&=65.64+0.0005K_3\end{aligned}$$

$$4 \text{幢建筑物开发利润} = (1101.5 + 22.03 + 0.01K_4 + 25.06 + 0.0002K_4) \times 5\%$$
$$= 57.43 + 0.0005K_4$$

（6）销售税费

销售税费是指预售或销售开发完成后的房地产应由卖方交纳的税费，增值税率为 $1/1.05 \times 0.05 = 4.762\%$，城建税取 7%，教育费附加取 3%，地方教育费附加取 2%，销售税金比率为 $4.762\% \times (1 + 7\% + 3\% + 2\%) = 5.333\%$；印花税率为 $0.5‰$，合计 5.38%（保留百分比小数后两位）。

1 幢建筑物销售税费 $= 0.0538K_1$

2 幢建筑物销售税费 $= 0.0538K_2$

3 幢建筑物销售税费 $= 0.0538K_3$

4 幢建筑物销售税费 $= 0.0538K_4$

（7）确定建筑物重置价格

建筑物重置价格＝建筑物开发成本＋管理费用＋销售费用＋投资利息＋开发利润＋销售税费，即

$$K_1 = 1574 + 31.48 + 0.01K_1 + 35.92 + 0.0002K_1 + 82.07 + 0.0005K_1 + 0.0538K_1$$

$$K_2 = 1416.5 + 28.33 + 0.01K_2 + 32.3 + 0.0002K_2 + 73.86 + 0.0005K_2$$
$$+ 0.0538K_2$$

$$K_3 = 1259 + 25.18 + 0.01K_3 + 28.68 + 0.0002K_3 + 65.64 + 0.0005K_3 + 0.0538K_3$$

$$K_4 = 1101.5 + 22.03 + 0.01K_4 + 25.06 + 0.0002K_4 + 57.43 + 0.0005K_4$$
$$+ 0.0538K_4$$

解方程式：$K_1 = 1842$ 元/m²，$K_2 = 1657$ 元/m²，$K_3 = 1473$ 元/m²，$K_4 = 1289$ 元/m²

3. 确定建筑物成新率

（1）物质折旧

物质折旧又称物质磨损、有形损耗，是建筑物在实体方面的损耗所造成的价值损失。经估价人员实地查勘发现，估价对象房屋维护保养状况良好，使用状况正常，无意外的破坏损毁，也无延迟维修的损坏残存，但存在自然老化及正常使用的磨损，估价需要考虑估价对象房屋的物质折旧。

（2）功能折旧

功能折旧又称精神磨损、无形损耗，是指建筑物成本效用的相对损失所引起的价值损失。估价对象房屋按照标准厂房设计、建造，内部设施设备齐全、运行状况良好，功能上完全满足工业生产、办公的需要，建筑物功能方面没有明显的相对残缺、落后或不适用，估价对象房屋功能折旧方面基本可以不予考虑。

（3）经济折旧

经济折旧又称外部性折旧，是指建筑物本身以外的各种不利因素所造成的价值损失。估价对象为杭州经济技术开发区，为国家级开发区，开发区内城市规划布局合理，各项配套设施齐全，招商政策稳定，外部环境、城市规划及相关政策等均未发生明显变化，估价对象房屋经济折旧方面基本也可以不予考虑。

（4）综合成新率

经上述（1）—（3）项的分析，估价对象房屋的功能折旧、经济折旧基本可以不予考虑，本次估价仅考虑估价对象房屋的物质折旧。

估价对象房屋均建成年份均为 2000 年，使用状况正常，维护保养状况良好，至价值时点房屋已使用 18.23 年。1 幢、2 幢为钢混结构，一般生产和办公用房，确定经济耐用年限为 50 年，残值率为 0，理论上剩余的经济耐用年限为 31.77 年；3 幢、4 幢为混合结构，非生产用房，确定经济耐用年限为 50 年，残值率为 2%，理论上剩余的经济耐用年限为 31.77 年。由于估价对象土地剩余使用年限为 30.24 年，短于估价对象房屋理论上剩余的经济耐用年限，根据孰短原则，估价对象房屋的剩余经济耐用年限均采用其土地的剩余使用年限（即为 30.24 年），残值均不予考虑，因此估价对象房屋成新率计算如下：

成新率＝[1－已使用年限/（已使用年限＋可使用年限）×（1－残值率）]×100%，即
建筑物成新率＝[1－18.23/（18.23＋30.24）×（1－0）]×100%＝62.4%

4.确定建筑物现值

1 幢建筑物现值＝12358.07×1842×62.4%
＝1420（万元）（取整至万元）

2 幢建筑物现值＝2926.09×1657×62.4%
＝303（万元）（取整至万元）

3 幢建筑物现值＝909.74×1473×62.4%
＝84（万元）（取整至万元）

4 幢建筑物现值＝78.74×1289×62.4%
＝6（万元）（取整至万元）

建筑物现值合计 1420＋303＋84＋6＝1813（万元）

5.确定房地产价值

房地产价值＝土地重置价值＋建筑物现值＝3750＋1813＝5563（万元）

（二）收益法测算过程

本次估价假设估价对象正常出租使用，采用收益法测算其收益价值。收益法是预计估价对象未来的正常租金净收益，选用适当的报酬率将其折现到价值时点后累加，以此估算得出估价对象的房地产收益价格，其计算公式为：

房地产收益价值 $V=[A/(R-G)]\times[1-(1+G)^n/(1+R)^n]$

其中，A 指未来年的净收益，R 指报酬率，G 指净收益递增比率，n 指未来可获收益的年限。

1.年出租收益

（1）估价对象的客观租金水平

①可比实例的选择

估价对象为工业房地产，建筑物基本按照标准工业厂房设计和建造，周边近期有同类房地产的出租案例，通过估价人员对估价对象周边相似房地产出租案例的调查，选取以下三个出租实例作为可比实例，具体详见表 6-10。

表 6-10 租金可比实例

名　称	可比实例 A	可比实例 B	可比实例 C
成交信息来源	估价人员市场调查取得	估价人员市场调查取得	估价人员市场调查取得
房屋坐落	白杨街道××号大街××号	白杨街道××号大街××号	白杨街道××号大街××号
房屋实景照片	略	略	略
房屋面积/m²	10467	18262	16137
房屋用途	工业	工业	工业
房屋结构	钢混、混合	钢混、混合	钢混、混合
房屋建成年份	2001 年	2000 年	2001 年
房屋楼层	3	6	4
房屋内部装修	简单装修	简单装修	简单装修
租金水平[元/(m²·日)]	0.6(含税)	0.58(含税)	0.65(含税)
交易情况	正常交易	正常交易	正常交易
付款方式	按年一次性支付，另押金为三个月房租	按年一次性支付，另押金为三个月房租	按年一次性支付，另押金为三个月房租
成交时间	2018 年 3 月	2018 年 1 月	2018 年 1 月

②比较因素条件说明表的编制

估价对象为工业土地，根据《房地产估价规范》规定，结合估价人员的估价经验，工业房地产选择的比较因素主要有：交易情况、市场状况、房地产状况（区位状况、权益状况、实物状况）等。将以上案例与估价对象进行比较分析，并作具体的因素条件说明，见表 6-11。

表 6-11 估价对象和可比实例因素条件说明

比较项目	估价对象	实例 A 白杨街道××号大街××号	实例 B 白杨街道××号大街××号	实例 C 白杨街道××号大街××号
成交单价[元/(m²·日)]	待估	0.6	0.58	0.65
交易情况	—	正常	正常	正常
交易日期	—	2018 年 3 月	2018 年 3 月	2018 年 3 月

比较项目		估价对象	实例A 白杨街道××号 大街××号	实例B 白杨街道××号 大街××号	实例C 白杨街道××号 大街××号
区位状况	区域位置	较好	较好	较好	较好
	对外交通运输条件	较好	较好	较好	较好
	产业聚集度	较高	较高	较高	较高
	临路状况	较好	较好	较好	较好
	基础设施状况	好	好	好	好
	公共配套设施状况	较完善	较完善	较完善	较完善
	环境状况	一般	一般	一般	一般
权益状况	规划条件	有一定规划限制	有一定规划限制	有一定规划限制	有一定规划限制
	土地管制情况	无	无	无	无
	用益物权设立情况	无	无	无	无
	担保物权设立情况	无	无	无	无
	拖欠税费情况	无	无	无	无
实物状况	规模	较大	适中	较大	较大
	房屋结构	钢混、混合	钢混、混合	钢混、混合	钢混、混合
	装饰装修	简单装修	简单装修	简单装修	简单装修
	设施设备	一般	一般	一般	一般
	新旧程度	较新	较新	较新	较新

③因素条件指数确定

交易情况：估价对象与可比实例A、可比实例B和可比实例C的交易情况均为正常交易，其修正指数均取100。

市场状况：根据估价人员对该区域内工业用房租赁市场的调查和了解，工业用房租赁价格基本保持平稳，因此可比实例A、可比实例B和可比实例C的修正指数均取100。

区位状况：

A. 区域位置：主要是地块所处的位置，分为好、较好、一般、较差、差5个等级，以估价对象为100，每上升或下降一个等级，指数上升或下降2，估价对象和3个可比实例区域位置一般，故修正指数均取100。

B. 对外交通运输条件：主要以产品的运输方便程度来划分，分为好、较好、一般、较差、差5个等级，以估价对象为100，每上升或下降一个等级，指数上升或下降5，估价对象和可比实例周边道路路况较好，且不限制重车通行，因此估价对象与可比实例A、可比实例B、可比实例C修正指数均取100。

C. 产业聚集度：主要以工业企业的所形成的规模来划分，分为高、较高、一般、较低、低5

个等级,以估价对象为100,每上升或下降一个等级,指数上升或下降5,估价对象和可比实例周边企业形成的规模大体相当,因此估价对象与可比实例A、可比实例B、可比实例C修正指数均取100。

D.临路状况:分为好、较好、一般、较差、差5个等级,以估价对象为100,每上升或下降一个等级,指数上升或下降2,估价对象和3个可比实例均相邻2条主干道,故3个可比实例修正指数均为100。

E.基础设施状况:分为好、较好、一般、较差、差5个等级,以估价对象为100,每上升或下降一个等级,指数上升或下降2,估价对象和3个可比实例基础设施完善,故修正指数均取100。

F.公共配套设施:分为完善、较完善、一般、较差、差5个等级,以估价对象为100,每上升或下降一个等级,指数上升或下降2,估价对象和3个可比实例公共配套较完善,故修正指数均取100。

G.环境状况:分为好、较好、一般、较差、差5个等级,以估价对象为100,每上升或下降一个等级,指数上升或下降2,估价对象和3个可比实例环境状况一般,故修正指数均取100。

权益状况:

A.规划条件:估价对象和3个可比实例地块均有一定的规划限制,故修正指数均取100。

B.土地管制情况:估价对象及3个可比实例均为工业用地,无特别管制情况,估本项不做修正。

C.用益物权设立情况:分为有和无2种情况,因估价对象和3个可比实例均无设立用益物权,故此修正指数均取100。

D.担保物权设立情况:分为有和无2种情况,因估价对象和3个可比实例均无设立担保物权,故此修正指数均取100。

E.拖欠税费情况:分为有和无2种情况,因估价对象和3个可比实例均无拖欠税费情况,故此修正指数均取100。

实物状况:

A.规模:分为较大、适中、较小3个等级,以估价对象为100,每上升或下降一个等级,指数上升或下降5,可比实例A面积相对估价对象较小;可比实例B、可比实例C面积与估价对象大体相当,故可比实例A此修正指数为105,可比实例B、可比实例C此修正指数均取100。

B.房屋结构:分为钢混、混合、砖木、钢4个等级,以估价对象为100,每上升或下降一个等级,指数上升或下降1,估价对象和3个可比实例结构均为钢混、混合,故此修正指数均取100。

C.装饰装修:分为毛坯、简单装修、中档装修、高档装修4个等级,以估价对象为100,每上升或下降一个等级,指数上升或下降5,估价对象和3个可比实例均为简单装修,故此修正指数均取100。

D.设施设备:分为好、较好、一般、较差、差5个等级,以估价对象为100,每上升或下降一个等级,指数上升或下降2,估价对象与可比实例A、可比实例B和可比实例C设施设备均一般,故修正指数均取 100。

E. 新旧程度:分为新、较新、一般、较老旧、老旧 5 个等级,以估价对象为 100,每上升或下降一个等级,指数上升或下降 2,估价对象与可比实例 A、可比实例 B 和可比实例 C 均较新,故修正指数均取 100。

④因素条件指数表编制

根据上述对因素条件说明表中的估价对象与三个可比实例的因素情况对比分析并量化比较因素条件指数,编制因素条件指数见表 6-12。

表 6-12　比较因素条件指数

	比较项目	估价对象	实例 A	实例 B	实例 C
	成交单价(元/m²)	—	0.6	0.58	0.65
	交易情况	100	100	100	100
	交易日期	100	100	100	100
区位状况	区域位置	100	100	100	100
	对外交通运输条件	100	100	100	100
	产业聚集度	100	100	100	100
	临路状况	100	100	100	100
	基础设施状况	100	100	100	100
	公共配套设施状况	100	100	100	100
	环境状况	100	100	100	100
权益状况	规划条件	100	100	100	100
	土地管制情况	100	100	100	100
	用益物权设立情况	100	100	100	100
	担保物权设立情况	100	100	100	100
	拖欠税费情况	100	100	100	100
实物状况	规模	100	105	100	100
	房屋结构	100	100	100	100
	装饰装修	100	100	100	100
	设施设备	100	100	100	100
	新旧程度	100	100	100	100

⑤比较因素修正系数表

根据上述因素条件指数表,编制比较因素修正系数见表 6-13。

表 6-13　比较因素修正系数

比较项目		实例 A	实例 B	实例 C
成交单价(元/m²)		0.6	0.58	0.65
交易情况		100/100	100/100	100/100
交易日期		100/100	100/100	100/100
区位状况	区域位置	100/100	100/100	100/100
	对外交通运输条件	100/100	100/100	100/100
	产业聚集度	100/100	100/100	100/100
	临路状况	100/100	100/100	100/100
	基础设施状况	100/100	100/100	100/100
	公共配套设施状况	100/100	100/100	100/100
	环境状况	100/100	100/100	100/100
权益状况	规划条件	100/100	100/100	100/100
	土地管制情况	100/100	100/100	100/100
	用益物权设立情况	100/100	100/100	100/100
	担保物权设立情况	100/100	100/100	100/100
	拖欠税费情况	100/100	100/100	100/100
实物状况	规模	100/105	100/100	100/100
	房屋结构	100/100	100/100	100/100
	装饰装修	100/100	100/100	100/100
	设施设备	100/100	100/100	100/100
	新旧程度	100/100	100/100	100/100
比较价值[元/(m²·日)]		0.57	0.58	0.65

⑥确定比较价格

由以上计算过程得出的三个比较单价相差不大,本次评估确定将三个比较单价的简单算术平均数作为估价对象的市场购置单价,即(0.57+0.58+0.65)÷3=0.6[元/(m²·日)]。

(2)租约限制情况

根据估价委托人提供的相关资料及估价人员周边的调查走访情况表明,估价对象在价值时点前一直由产权人自用,故本次估价确定估价对象无租约限制。

(3)有效出租面积确定

通过对周边工业房地产租赁市场的调查和了解,工业用房的出租方式按房屋建筑面积出租,故本次测算确定估价对象有效出租面积为1—4幢房屋总建筑面积16272.64m²。

(4)空置率及租金损失的确定

估价人员通过对估价对象所处区域工业市场的调查发现,区域内工业用房租赁市场较活跃,工业用房租赁需求较旺盛,工业租赁市场空置率及租金损失水平为 5%～10%。由于估价对象面积较大,整体出租难度相对较高,遵循谨慎原则,确定估价对象空置率及租金损失为租赁价格的 10%。

(5)年有效毛租金收入的确定

$$年有效毛租金收入=建筑面积\times 日租金\times 365\,天\times (1-空置率及租金损失)$$
$$=16272.64\times 0.6\times 365\times (1-10\%)=3207337(元/年)$$

(6)其他收入

其他收入为押金利息收入,利率按中国人民银行公布的一年定期存款年利率。经估价师调查,周边出租工业房地产的押金为 3 个月的租金,押金期限为整个租赁期,一年期定期存款基准利率为 1.5%。则:

$$年其他收入=押金\times 一年定期存款年利率$$
$$=16272.64\,m^2\times 0.6\,元/(m^2\cdot 日)\times 90\,天\times 1.5\%$$
$$=13181(元/年)$$

(7)确定估价对象的年总收益

$$年总收益=年有效毛租金收入+年其他收入$$
$$=3207337+13181$$
$$=3220518(元/年)$$

2. 年运营费用

(1)房地产出租税金:税金是指房屋出租经营活动中应交纳的各种税收,根据当地的相关规定,房地产出租税金包括房产税(12%)、增值税及其附加(5.33%),合计为 17.33%。则:

$$房地产出租税金=年租金\times 综合税率=3220518\times 17.33\%=558116(元/年)$$

(2)管理费:指出租方为保证房屋正常出租而需付出的经营、管理成本,通常为年租金收入的 2%～3%,根据估价对象实际情况本次评估按 2% 计算,则:

$$管理费=3220518\times 2\%=64410(元/年)$$

(3)维修费:指为保证房屋正常使用而需每年支付的小修费用,通常按房屋重置价的 1%～2% 计算,根据估价对象建筑物的实际情况,本次评估按建筑物重置价的 1% 计算。则:

$$维修费=2824\,万元\times 1\%=282400(元/年)$$

(4)保险费:指房产所有人为使自有房产避免意外损失而向保险公司支付的费用,保险费率一般为房屋重置价的 1‰～2‰,本次按建筑物重置价的 2‰ 计算,根据前面成本法测算的结果,估价对象建筑物的重置价格为 2905 万元,则:

$$年保险费=2905\,万元\times 2‰=58100(元/年)$$

(5)年运营费用

$$年运营费用=房地产出租税金+管理费+维修费+保险费$$
$$=558116+64410+282400+58100$$
$$=963026(元/年)$$

3. 年净收益

$$年净收益=年总收益-年运营费用$$

$$=3220518-963026$$
$$=2257492(元/年)$$

4. 净收益变化趋势分析

经估价人员市场调查及查询同类物业近年租赁合同的租金水平变化情况,类似物业在租赁期间的租金年增长率一般为1%～3%,且当前市场上同类型工业物业的出租运营费用变化与租金变化大致成等比例,结合估价对象所在区域的同类物业供求状况,本次评估取年净收益递增比率为1%。

5. 报酬率

报酬率即折现率,是与利率、内部收益率同类性质的比率,为投资回报与所投入资本的比率,报酬率的求取一般有三种基本方法:累加法、市场提取法、投资报酬率排序插入法。本次评估采用累加法确定估价对象的报酬率。

累加法公式:报酬率=安全利率+投资风险补偿率+管理负担补偿率+缺乏流动性补偿—投资带来的优惠率

其中:(1)安全利率是指没有风险或极小风险的投资报酬率,本次评估安全利率取中国人民银行公布的现行一年期存款基准利率1.50%。(2)投资风险补偿率是指当投资者投资于收益不确定、具有一定风险性的房地产时,他必然会要求对所承担的额外风险有所补偿,否则就不会投资。根据市场结构分析以及估价对象所处的市场状况和市场经验数据比较,投资风险补偿率取值为1%。(3)管理负担补偿率是指一项投资所要求的操劳越多,其吸引力就会越小,从而投资者必然会要求对所承担的额外管理有所补偿。房地产要求的管理工作一般超过存款、证券。根据市场结构的分析,以及估价对象所处的市场状况和市场经验数据比较得出管理负担补偿率为0.5%。(4)缺乏流动性补偿是指投资者对所投入的资金由于缺乏流动性所要求的补偿。房地产与存款、股票、债权、黄金相比,买卖要困难,变现能力弱。根据市场结构的分析,以及估价对象所处的市场状况和市场经验数据比较为0.5%。(5)投资带来的优惠率是指由于投资房地产可能获得某些额外的好处,例如易于获得融资,从而投资者会降低所要求的报酬率。因此,针对投资估价对象可以获得的额外好处,投资者之间竞争者的结果也会要求作相应的扣减。主要为易于获得融资额优惠率和所得税抵扣的优惠率,根据估价对象获得融资的难易程度确定其取值为0.5%。

报酬率=安全利率+投资风险补偿率+管理负担补偿率+缺乏流动性补偿—投资带来的优惠率
$$=1.5\%+1\%+0.5\%+0.5\%-0.5\%=3\%$$

6. 收益年限

收益年限是估价对象自价值时点起至未来可以获得收益的时间,收益年限一般以建筑物自然寿命、土地使用权剩余年限、合同约定、房地产剩余经济寿命等通过综合分析来确定,一般情况下,房地产的收益年限为其剩余经济寿命。建筑物经济寿命主要由市场决定,同类建筑物在不同地区的经济寿命可能不同,一般是在建筑物设计使用年限的基础上,根据建筑物施工、使用、维护和更新改造等状况,以及周围环境、房地产市场状况等进行综合分析判断得出的。

估价对象建筑物建成年份均为2000年,至价值时点已使用18.23年。1幢、2幢为钢混结构,生产、办公用房,经济耐用年限为 50 年,剩余经济耐用年限为 31.77 年;3 幢、4 幢为混合结构,非生产用房,经济耐用年限为 50 年,剩余经济耐用年限为 31.77 年。土地剩余使用年限为 30.24 年。估价对象土地剩余使用年限短于建筑物剩余经济寿命,因此按照土地剩余使用年限 30.24 年计算。本次估价假设土地使用期限届满后其建筑物残余价值不可获得相应补偿,即不考虑收益期结束后的建筑物残余价值。

7.估价对象房地产收益价格的测算

计算公式:$V=[A/(R-G)]\times[1-(1+G)^n/(1+R)^n]$

其中:A 为年净收益;R 为报酬率;G 为净收益递增比率;n 为收益年限;V 为房地产收益价格。

则 $V=[A/(R-G)]\times[1-(1+G)^n/(1+R)^n]$
$=[2257492/(3\%-1\%)]\times[1-(1+1\%)^{30.24}/(1+3\%)^{30.24}]$
$=5049(万元)(取整至万元)$

八、估价结果的确定

根据估价目的及估价对象的实际情况,本次评估分别采用成本法和收益法进行了测算。通过成本法求得估价对象的房地产总价为 5563 万元,通过收益法求得估价对象的房地产总价为 5049 万元,两个估价结果存在一定的差异。

估价方法针对估价对象的适用程度分析:

成本法是以开发建设估价对象房地产所需的各项必要费用之和为基础,再加上正常的利润和税金得出的计算结果,是从客观成本的角度去测算估价对象的房地产价值。收益法是预计估价对象未来的正常租金净收益,然后选用适当的报酬率将其折现到价值时点后累加,以此估算得出估价对象的房地产收益价格,是从未来收益能力的角度估算估价对象的房地产价值。两种估价方法从不同的估价角度测算得出了估价对象的房地产价值水平,通过前述的估价方法适用性分析,两种估价方法均符合房地产估价技术规范的要求,因此在理论上均具有一定的可信度。不过,由于估价对象为工业房地产,成本法是估价师评估工业房地产价值通常选用的首要估价方法,其针对估价对象的适用程度要高于收益法。另外,本次估价对象的容积率仅为 0.5,土地利用强度偏低,而估价对象的出租收益能力则是以可出租的建筑面积为基础,因此收益法的测算结果未能充分体现土地资产的价值。

估价测算参数的可靠性分析:

成本法测算中,土地取得费用、建筑费用、管理费用、销售费用、开发利润、投资利息等参数均通过市场调查后依据价值时点所在时期类似建设项目的平均建设成本数据分析确定,各项规费、税金等参数则根据政策规定取值,客观地体现了估价对象房地产的成本价值。收益法则是房地产估价师通过价值时点时的客观租金水平,根据预期原理,预测估价对象未来的净收益能力(包括租金水平、租金变化趋势和出租成本),并选用价值时点时适当的报酬率将估价对象未来每年的净收益折现到价值时点后累加,以此估算得出估价对象的房地产收益价格。其中,估价对象未来的年租金水平、年租金变化趋势、出租成本和报酬率均存在一定的不确定性。

综上分析,根据本次估价目的,遵循谨慎原则并结合估价经验,本次估价最终确定成本

法测算结果的权重值取 60%,收益法测算结果的权重值取 40%,采用加权平均得出最终的估价结果(取整至万元),即

$$估价对象房地产市场价值=5563×0.6+5049×0.4=5357(万元)$$

1. 确定估价对象的房地产市场价值

估价对象在未设立法定优先受偿权利下的房地产市场价值为 5357 万元,折合单价 3292 元/m²。

2. 确定估价对象的法定优先受偿款

本次估价中注册房地产估价师知悉的法定优先受偿款(包括已抵押担保的债权数额、拖欠的工程建设价款和其他法定优先受偿款)为零。

3. 确定估价对象的房地产抵押价值

$$估价对象的房地产抵押价值=未设立法定优先受偿权利下的房地产市场价值-注$$
$$册房地产估价师知悉的法定优先受偿款$$
$$=5357(万元)$$

折合单价 3292 元/m²。

第六部分　附件(略)

1. 房地产估价委托书复印件
2. 估价对象权属证明复印件
3. 估价委托人提供的法定优先受偿款情况说明
4. 估价对象位置示意图
5. 估价对象实景照片
6. 房地产估价师注册证书影印件
7. 估价机构备案证书影印件
8. 估价机构营业执照影印件

报告点评

具体报告点评见表 6-14、表 6-15。

表 6-14　房地产估价报告点评

点评大项	序号	点评项目		点评标准	点评意见
一、封面、致函、目录、声明、假设和限制条件	1	封面(或扉页)		要素齐全,表述准确、清晰、简洁。	
	2	致估价委托人函		内容完整,前后一致,表述准确、清晰、简洁。	
	3	目录		内容完整,前后一致。	
	4	注册房地产估价师声明		内容全面、规范,针对性强。	
	5	估价假设和限制条件		假设和限制条件合法、合理、理由充分。	一般假设第 4 条是法规的规定,属于不必要的假设。第 8 条也属于不必要的假设。
二、估价结果报告	6	估价委托人		内容完整,表述准确。	
	7	估价机构		内容完整,表述准确。	
	8	估价目的		表述具体、准确。	
	9	估价对象		基本状况描述全面、准确,范围界定清楚。	
	10	估价时点		确定正确,确定理由简要明确。	
	11	价值类型		价值类型正确,价值内涵或者定义准确。	
	12	估价依据		依据完整、合法有效。	
	13	估价原则		原则完整、准确。	抵押估价缺少谨慎原则。
	14	估价方法		采用的估价方法的名称和定义准确。	
	15	估价结果		完整清晰,前后一致。	
	16	估价人员		人员与内容齐全、准确。	
	17	估价作业日期		表达正确,有保质完成的合理时间。	
三、估价技术报告	18	实物状况描述与分析	土地	描述全面、翔实,分析客观、透彻。	工业厂区,其厂区内的构筑物、附属物属于估价范围,对使用功能和价格影响较大,因此对一些重要构筑物、附属物需要进行描述。
			建筑物	描述全面、翔实,分析客观、透彻。	工业厂房跨度、楼地面承重对其造价影响很大,需要描述。

续表

点评大项	序号	点评项目	点评标准	点评意见
三、估价技术报告	19	权益状况描述与分析	描述全面、翔实,分析客观、透彻。	
	20	区位状况描述与分析	描述全面、翔实,分析客观、透彻。	交通状况中"对车速限制程度一般",可以采用更精确的表述。
	21	市场背景描述与分析	宏观房地产市场、当地估价对象细分房地产市场及相关影响因素分析简明、准确、透彻,针对性强。	宏观经济数据中有个别不准确。所有的数据都应该统一到2017年12月,而报告中当地房地产开发投资的数据是到2017年11月。对工业房地产市场未来趋势分析过于简单了。
	22	最高最佳利用分析	最高最佳利用判定正确,分析透彻、具体;有合法依据和市场依据。	
	23	估价方法适用性分析	技术路线表述清晰、明确;估价方法排查完整、合理,已选用估价方法理由充分,未选用估价方法理由充分。	估价技术路线表述不够完整详细。
	24	估价测算过程	数据来源依据充分,参数选取客观、合理,理论表述与实际应用有说服力;有必要的分析和过程;计算过程完整、严谨、正确。	详见估价方法点评表。
	25	估价结果确定	估价结果客观合理,确定方式恰当、理由充分,结论表述清晰(含单价、总价)。	
四、附件及外在质量	26	附件	附件资料齐全、完整、真实。	
	27	外在质量	报告名称、专业用语规范;文字简洁、通畅、表述严谨,逻辑性强;文本格式规范、无错别字、漏字,标点使用正确;排版规整、前后一致、装订美观大方。	有个别语句不通顺的地方。也有前后数据矛盾之处。
定性评审意见	重要内容缺失说明			估价原则缺少谨慎原则。
	原则性错误说明			无
	重大质量缺陷说明			无

综合点评意见

项目概括描述:

估价报告的项目名称为:×××有限公司位于杭州经济技术开发区白杨街道××号大街××号的工业房地产抵押价值评估。房屋所有权人为×××有限公司,建筑面积为16272.64m²,土地使用权面积33333m²,土地使用权终止日期至2048年6月7日,为出让土地上的工业房地产。价值时点为2018年3月21日,估价目的为确定估价对象房地产抵押价值提供参考依据。采用成本法、收益法,最终结果为5357万元,单价3292元/m²。

报告质量评析：

1.该估价报告能够按照房地产估价规范进行组织,格式基本符合要求,无重要内容缺失、无原则性错误、无重大质量缺陷。

2.估价报告中也存在一些错误与缺陷:(1)估价原则缺少谨慎原则。(2)采用成本法(土地)时,土地开发费 80 元/m² 依据不足。(3)采用成本法(建筑物)时,土地与建筑物的销售税费构成一样,土地的为5.34%,而建筑物的为 5.38%,两者有一个是错的。建筑物的开发利润与土地的开发利润率不一致,而且没有说明理由。直线折旧要结合现场维修保养情况综合确定成新率。当建筑物尚可使用年限 n_1 长于土地剩余使用权年限 n_2 时,如果土地使用期限届满建筑物由国家无偿收回,计算折旧时尚可使用年限取n_2,若不是无偿收回,则尚可使用年限取 n_1。(4)采用收益法时,测算维修费时建筑物重置价格为 2824万元,而测算保险费时建筑物重置价格为 2905 万元,前后矛盾。

表 6-14-1　估价方法点评——收益法

序号	点评项目			点评标准	点评意见
1	有效毛收入	出租型	租金水平	选取的租赁实例真实、客观,信息较完整,可比性强;租金收入分析深入。	可比实例 B 与 C 成交日期前后不一致,分别为 2018 年 1 月与 3 月。权益状况应该要适当考虑容积率的差异。
			租约限制	租约限制处理合理,理由充分。	
			有效出租面积或者可出租面积比率	有效出租面积或者可出租面积比率确定过程清楚,数据合理。	
			空置率与租金损失	空置率与租金损失确定过程清楚,数据合理;市场依据充分。	空置率及租金损失确定理由不充分。
		自营型	经营收入	商业经营业态或者生产性质明确;经营收入与支出内容全面,数据来源依据充分;经营收入确定合理。	
2	其他收入			其他收入来源明确说明。	
3	运营费用			费用项目正确、齐全;费用估算或者确定过程清楚,数据来源依据充分,取值合理,全部符合正常客观费用标准或者符合政策规定要求。	测算维修费时建筑物重置价格为2824 万元,而测算保险费时建筑物重置价格为 2905 万元,前后矛盾。保险类的计算基数为建筑物的现值。
4	净收益			前后一致、计算正确。	
5	变化趋势分析			净收益流量类型分析合理,升降幅度预测数值依据充分。	变化趋势分析不透彻,与前面对市场趋势的判断不完全吻合。
6	报酬率(或者资本化率)			报酬率确定方法和确定过程正确;数据来源依据充分;针对估价对象类型、档次、区位、估价时点的状况等合理取值。	
7	收益期限			收益期限确定正确,依据充分。	
8	公式应用与计算			计算公式选用正确;有必要的分析和测算过程;测算过程完整、严谨、正确。	

表 6-14-2　估价方法点评——成本法(建筑物)

序号	点评项目		点评标准	点评意见
1	开发成本	勘察设计和前期工程费	费用构成合理;计费依据充分,费率合理。	
		建筑安装工程费	建筑工程费、装饰装修工程费、房屋设备工程费依据充分、客观合理。	建筑安装工程费的依据不充分。
		基础设施建设费	费用构成合理,费用额度依据充分。	
		公共配套设施建设费	费用构成合理,费用额度依据充分。	
		开发期间税费	税费构成合理,税费额度依据充分。	
2	管理费用		费率合理,依据充分。	
3	销售费用		费率合理,依据充分。	
4	投资利息		利率选择正确;开发周期、计息期限确定合理。	
5	销售税费		税金构成合理,税率确定正确。	土地与建筑物的销售税费构成一样,土地的为 5.34%,而建筑物的为 5.38%。两者有一个是错的。
6	开发利润		利润率内涵清楚,水平客观、合理,理由充分。	建筑物的开发利润与土地的开发利润率不一致,需要说明理由。
7	建筑物折旧		维护使用状况描述全面、客观;折旧分析深入,成新确定合理,依据充分。	直线折旧要结合现场维修保养情况综合确定成新率。
8	公式应用与计算		有必要的分析和过程;计算过程完整、严谨、正确。	

表 6-14-3　估价方法点评——成本法(土地)

序号	点评项目		点评标准	点评意见
1	土地取得费用	市场购置土地取得	土地取得方式明晰;土地取得成本构成合理,依据充分;土地取得成本调整符合市场情况。	
		征收集体土地取得		
		征收国有土地取得		
2	土地取得税费		税费构成合理,税费确定合理。	
3	土地开发费		开发费用构成完整,依据充分;取值客观合理,土地开发周期确定合理。	土地开发费 80 元/m² 依据不足。

序号	点评项目	点评标准	点评意见
4	管理费用	费用构成合理,费率确定依据充分。	
5	销售费用	费用构成合理,费率确定依据充分。	
6	投资利息	利率选择正确;开发周期、计息期限确定合理。	开发周期确定的理由不充足。
7	销售税费	税金内容构成完整,税率确定正确。	
8	开发利润	利润率内涵清楚,水平客观、合理,理由充分。	
9	公式应用与计算	有必要的分析和过程;计算过程完整、严谨、正确。	

表 6-15　房地产抵押估价特殊项目点评

序号	点评项目	点评标准	点评意见
1	估价假设和限制条件	估价时点与实地查勘日期不一致时,应在假设限制条件中进行假设说明。	
2	估价原则	列明遵循谨慎原则。	遗漏谨慎原则。
3	估价结果披露	要素披露完整。	
4	估价对象变现能力分析	内容完整,分析合理,依据充分,针对性强。	前面认为估价对象通用性好,后面认为变现时间需要1~2年,没有阐述理由。
5	风险提示	内容完整,分析合理,针对性强。	"抵押期间可能产生的房地产信贷风险关注点"应该要针对估价对象的特点展开论述。
6	附件	应包括法定优先受偿权利等情况的书面查询资料和调查记录。	

报告七 杭州市萧山区萧山经济技术开发区××区块×××路×××号工业房地产抵押价值估价项目

房地产抵押估价报告

估价项目名称:杭州市萧山区萧山经济技术开发区××区块×××路×××号工业房地产抵押价值估价项目

估价委托人:杭州×××公司

估价机构:×××房地产估价有限公司

注册房地产估价师:×××(注册号×××)

×××(注册号×××)

估价报告编号:浙×××字(2017)第××号

估价报告出具日期:2017 年 6 月 6 日

致估价委托人函

杭州×××公司:

受贵方的委托,我公司估价人员于 2017 年 5 月 5 日至 2017 年 6 月 6 日对杭州市萧山区萧山经济技术开发区××区块×××路×××号工业房地产进行抵押价值评估。

估价目的:为确定房地产抵押贷款额度提供参考依据而评估房地产抵押价值。

估价对象:杭州市萧山区萧山经济技术开发区××区块×××路×××号工业房地产,所有权人为杭州×××公司,建筑面积合计 45119.99m²,土地使用权面积为 30858m²,地类(用途)为工业用地,使用权类型为出让,终止日期为 2058 年 2 月 27 日。

价值时点:2017 年 5 月 5 日

价值类型:抵押价值,是指估价对象假定未设立法定优先受偿权下的价值减去注册房地产估价师知悉的法定优先受偿款后的价值。

估价方法:本次估价采用成本法和收益法

估价结果:本公司估价人员根据本次估价目的,遵循独立、客观、公正、合法、谨慎的估价原则,按照严谨的估价程序,依据有关法律法规和规范标准,进行了分析、测算和判断,确定估价对象在满足全部假设和限制条件下于价值时点的估价结果如下(币种:人民币)。

1. 假定未设立法定优先受偿权下的房地产价值(V_1)

未设立法定优先受偿权下的市场价值:人民币 10526 万元(保留万位取整)

人民币大写壹亿零伍佰贰拾陆万元整

单价：2332.89 元/m²（保留两位小数）

2.注册房地产估价师知悉的各项法定优先受偿款(V_2)：

无。

3.确定估价对象的房地产抵押价值（$V=V_1-V_2$）：

房地产抵押价值：人民币 10526 万元（保留万位取整）

人民币大写壹亿零伍佰贰拾陆万元整

单价：2332.89 元/m²（保留两位小数）

特别提示：本报告使用期限为一年。即估价目的在报告完成后的一年内实现，估价结果可作估价对象实现估价目的的价格参考，超过一年，需重新进行估价。

以上内容摘自房地产估价报告书，欲全面了解本评估项目情况，应认真阅读报告书全文。

×××房地产估价有限公司

法定代表人：×××

二〇一七年六月六日

一、注册房地产估价师声明

我们郑重声明：

1.我们在本估价报告中陈述的事实是真实的和准确的，没有虚假记载、误导性陈述和重大遗漏。

2.本估价报告中的分析、意见和结论是我们自己公正的专业分析、意见和结论，但受到本估价报告中已说明的假设和限制条件的限制。

3.我们与本估价报告中的估价对象没有现实或潜在的利益，与估价委托人及估价利害关系人没有利害关系，也对估价对象、估价委托人及估价利害关系人没有偏见。

4.我们依照中华人民共和国国家标准 GB/T 50291—2015《房地产估价规范》、中华人民共和国国家标准 GB/T 50899—2013《房地产估价基本术语标准》及建设部、中国人民银行、中国银行业监督管理委员会联合颁布的《房地产抵押估价指导意见》进行分析，形成意见和结论，撰写本估价报告。

5.我们已委派注册房地产估价师×××于 2017 年 5 月 5 日对本估价报告中的估价对象进行了实地查勘，但仅限于对估价对象外观和使用状况。估价人员不承担对估价对象建筑结构、质量进行调查的责任和其他被遮盖、未暴露及难于接触到部分进行检视的责任。

6.没有人对本估价报告提供了重要的专业帮助。

7.我们对估价委托人提供的相关权属资料及法律性文件无专业上的能力鉴别真伪，其真实性与可靠性由估价委托人负责。如因估价委托人提供的资料失实或报告使用方忽视本估价报告揭示的相关事实所引起的相关法律责任，本估价机构及估价人员不承担相应责任。

8.参加本次估价的注册房地产估价师

姓名	注册号	签名	签名日期
×××	×××		2017 年 6 月 6 日
×××	×××		2017 年 6 月 6 日

二、估价假设和限制条件

(一)一般假设

1.估价对象在可预知的法律、经济和技术条件许可的范围内处于正常、合理、合法的使用及维护状况,允许在市场上正常交易。

2.价值时点的房地产市场为公开、平等、自愿的交易市场。

3.本次估价结果未考虑国家宏观经济政策发生重大变化以及遇有自然力和其他不可抗力对估价结论的影响。

4.估价委托人提供的资料是此次估价的重要依据,注册房地产估价师对估价对象的权属、面积、用途等资料进行了检查,在无理由怀疑其合法性、真实性、准确性和完整性的情况下,假设委托估价人提供的资料合法、真实、准确且完整。

注册房地产估价师对估价对象房屋安全、环境污染等影响估价对象价值的重大因素给予了关注,在无理由怀疑估价对象存在安全隐患且无相应的专业机构进行鉴定、检测的情况下,假定估价对象是安全的。

(二)未定事项假设

无未定事项假设。

(三)背离事实假设

无背离事实假设。

(四)不相一致假设

无不相一致假设。

(五)依据不足假设

无依据不足假设。

(六)估价报告使用限制

本次估价未考虑除已披露事项外可能与估价对象产权人有关的债权及债务情况对估价结果的影响,亦没有考虑快速变现、税费转嫁等特殊的交易方式,以及可能发生的办理抵押登记、权利转移相关费用对估价对象房地产价值的影响,如上述条件发生变化,估价结果需做相应调整。

1.本估价报告仅作为估价委托人在本次估价目的下使用,不得做其他用途。若估价目的发生变化,估价结果亦应做相应调整。

2.本次估价所得出的估价结果,仅供抵押双方参考。抵押贷款数额由抵押双方根据国家信贷政策、市场风险、变现难易及政府规定的相关税费等情况最终确定。

3.未经我公司书面同意,本估价报告的全部或任何一部分内容均不得向估价委托人、报告使用者和报告审查部门之外的单位和个人提供,不得在任何公开发表的文件、通告或声明中引用,亦不得以其他任何方式发表。

4.本报告必须完整使用方为有效,对仅使用本报告中部分内容而可能导致的损失,本估价机构不承担责任。

5.本次估价结果受价值时点的限制,且本估价报告使用期限自估价报告出具之日 2017 年 6 月 6 日起为壹年。若报告使用期限内,房地产市场、建筑市场或估价对象自身状况发生重大变化,估价结果亦应做相应调整或委托估价机构重新估价。

三、估价结果报告

(一)估价委托人

估价委托人:杭州×××公司

住所:萧山区萧山经济技术开发区××区块×××路×××号

法定代表人:×××

联系电话:×××

(二)房地产估价机构

机构名称:×××房地产估价有限公司

住所:杭州×××路×××号

法定代表人:×××

资格级别:一级

证书编号:建房估证字〔20××〕×××号

(三)估价目的

为确定房地产抵押贷款额度提供参考依据而评估房地产抵押价值。

(四)估价对象

1.估价范围

本次估价对象的范围为杭州市萧山区萧山经济技术开发区××区块×××路×××号工业房地产,包括 45119.99m² 房屋建筑物,30858m² 工业土地使用权,以及厂区内的基础配套设施和围墙、道路等其他附属工程。不包括室内动产、债权债务及其他特许经营权等。

2.估价对象权益状况

(1)估价对象房屋权属登记状况

表 7-1　估价对象房屋证载信息

房屋所有权证号	杭房权证萧字第××号	杭房权证萧字第××号	杭房权证萧字第××号	杭房权证萧字第××号	杭房权证萧字第××号	杭房权证萧字第××号	杭房权证萧字第××号
房屋所有权人	杭州×××公司						
房屋坐落	萧山区萧山经济技术开发区××区块×××路×××号						

续表

房屋所有权证号	杭房权证萧字第××号	杭房权证萧字第××号	杭房权证萧字第××号	杭房权证萧字第××号	杭房权证萧字第××号	杭房权证萧字第××号	杭房权证萧字第××号
登记时间	2012 年 12 月 23 日						
规划用途	工业厂房	工业附房	工业附房	工业仓储	工业厂房	工业厂房	工业厂房
总层数	4	3	1	1	1	2	10
建筑面积/m²	19719.7	906.6	98.34	242.76	1177	9048	13927.59
套内建筑面积/m²	19719.7	906.6	98.34	242.76	1177	9048	13927.59

(2)估价对象土地权利登记状况

表 7-2   估价对象土地证载信息

土地使用证编号	杭萧国用(2012)第×××号
土地使用权人	杭州×××公司
坐落	×××村
地号	33010801401600001
地类(用途)	工业用地
使用权类型	出让
终止日期	2058 年 2 月 27 日
使用权面积/m²	30858
其中独用面积/m²	30858

(3)他项权利状况

根据估价委托人提供的资料结合估价人员现场勘察和了解,至价值时点,估价对象不存在他项权利。

3.估价对象实体状况

(1)土地实体状况

估价对象对应土地使用权面积为 30858m²,用途为工业用地,剩余使用年限约为 40.82 年。依据实地查勘,宗地东至×××公司,南至×××路,西至×××路,北近×××路,形状较规则,地势平坦,地质条件一般、水文状况较好,有利于建筑物的布置,宗地外基础设施完善,宗地内开发已完成,可正常使用。

(2)建筑物状况及利用现状

本次估价对象为杭州市萧山区萧山经济技术开发区××区块×××路×××号工业房地产。

根据实地查勘的情况,本次估价对象七幢建筑物,具体情况见表7-3。

表 7-3　估价对象建筑物状况描述

幢号	建筑面积/m²	结构	总层数	建成年份	建筑物状况
1#	19719.7	钢混	4	2011	建筑外墙面采用防水涂料粉刷,内部部分装修,地面部分油漆地,墙面涂料粉刷,配一部货梯二处消防通道,总高度为21.4m,平均层高约为5.35m,室内水、电设施齐全,现作为生产厂房使用。
2#	906.6	钢混	3	2011	建筑外墙面采用防水涂料粉刷,内部为毛坯,地面水泥找平,墙面涂料粉刷,总高度为11.6m,平均层高约为3.86m,室内水、电设施齐全,现作为配电房使用。
3#	98.34	钢混	1	2011	建筑外墙面采用防水涂料粉刷,内部为毛坯,地面水泥找平,墙面涂料粉刷,层高为3.8m,室内水、电设施齐全,现作为水泵房使用。
4#	242.76	钢混	1	2010	建筑外墙面采用防水涂料粉刷,内部为毛坯,地面水泥找平,墙面涂料粉刷,层高为6.5m,室内水、电设施齐全,现作为仓库使用。
5#	1177	钢混	1	2010	建筑外墙面采用防水涂料粉刷,内部为毛坯,地面水泥找平,墙面涂料粉刷,层高为14.6m,室内水、电设施齐全,现作为生产厂房使用。
6#	9048	钢混	2	2010	建筑外墙面采用防水涂料粉刷,内部为部分装修,地面部分为油漆地,墙面涂料粉刷,总高度为12.7m,平均层高约为6.35m,室内水、电设施齐全,现作为生产厂房使用。
7#	13927.59	钢混	10	2011	建筑外墙面采用石材干挂,内部部分装修,其中1、2层为办公室,地面铺设地砖、石材,墙面装饰板、乳胶漆装饰;4、7层为宿舍,地面铺设地砖、墙面乳胶漆粉刷;其他楼层,室内毛坯,地面水泥找平,墙面水泥抹平;总高度为49m,平均层高约为4.9m,室内水、电设施齐全。

估价对象主体均为南北朝向,内部通风、采光情况较好,建筑物结构完好,墙体内外表面保养良好。内部门窗开启灵活,上下水管道通畅,照明装置完好,可正常使用。

4.估价对象区位状况

估价对象所在杭州市萧山区萧山经济技术开发区××区块×××路×××号,东至×××公司,南至×××路,西至×××路,北近×××路。附近的企业有杭州×××公司、中国×××销售公司、杭州×××公司、杭州×××公司、浙江×××公司等,区域内工业聚集程度较好,各项配套设施较齐全。

估价对象紧邻×××路、×××路等园区道路,距离杭甬高速萧山互通出入口约3km,道路通达度较高,交通运输条件好,周边还设有×××站等公交站,周边有753路、708B路等公交线路通行,公共交通便利度一般,区域内基础设施达到"五通"(通路、供水、排水、通信、通电)。

(五)价值时点

根据估价目的及《房地产抵押估价指导意见》,确定本次价值时点为实地查勘之日:2017年5月5日。

(六)价值类型

抵押价值,估价对象假定未设立法定优先受偿权下的市场价值减去注册房地产估价师知悉的法定优先受偿款后的价值。

1.本报告中房地产价值是指估价对象经适当营销后,由熟悉情况、谨慎行事且不受强迫的交易双方,以公平交易方式在价值时点自愿进行交易的金额。

2.法定优先受偿款是指假定在价值时点实现抵押权时,已存在的依法优先于本次抵押贷款受偿的款额,包括已抵押担保的债权数额、发包人拖欠承包人的建设工程价款、其他法定优先受偿款。

(七)估价原则

本次估价遵循的房地产估价原则有:独立、客观、公正原则、合法原则、价值时点原则、替代原则、最高最佳利用原则和谨慎原则。

1.合法原则:要求估价结果是在依法判定的估价对象状况下的价值或价格的原则。

2.客观、独立、公正原则:要求站在中立的立场上,实事求是、公平正直地评估出对各方估价利害关系人均是公平合理的价值或价格的原则。

3.价值时点原则:要求估价结果是在根据估价目的确定的某一特定时间的价值或价格的原则。

4.替代原则:要求估价结果与估价对象的类似房地产在同等条件下的价值或价格偏差在合理范围内的原则。

5.最高最佳利用原则:要求估价结果是在估价对象最高最佳利用状况下的价值或价格的原则。

最高最佳利用:房地产在法律上允许、技术上可能、财务上可行并使价值最大的合理、可能的利用,包括最佳的用途、规模、档次等。

6.谨慎原则:要求在影响估价对象价值或价格的因素存在不确定性的情况下对其做出判断时,应充分考虑其导致估价对象价值或价格偏低的一面,慎重考虑其导致估价对象价值或价格偏高一面的原则。

(八)估价依据

1.法律、法规依据

(1)《中华人民共和国城市房地产管理法》(中华人民共和国主席令第 29 号,1995 年 1 月 1 日起施行);

(2)《中华人民共和国土地管理法》[中华人民共和国主席令第 28 号(第二次修正),1999 年 1 月 1 日起施行];

(3)《房屋登记办法》(建设部令第 168 号,2008 年 7 月 1 日起施行)

(4)《中华人民共和国物权法》(中华人民共和国主席令第 62 号,2007 年 10 月 1 日起施行);

(5)《中华人民共和国担保法》(中华人民共和国主席令第 50 号,1995 年 10 月 1 日起施行);

(6)《城市房地产抵押管理办法》(建设部令第 98 号,2001 年 8 月 15 日颁布实施);

(7)《中华人民共和国资产评估法》(中华人民共和国主席令第 46 号,2016 年 12 月 1 日施行);

(8)《商业银行房地产贷款风险管理指引》(银监发〔2004〕57 号,2004 年 8 月 30 日起施行);

(9)《中国人民银行、中国银行业监督管理委员会关于加强商业性房地产信贷管理的通知》(银发〔2007〕359 号,2007 年 9 月 27 日发布)。

2.技术标准、规程、规范

(1)《房地产估价规范》(GB/T 50291—2015);

(2)《房地产估价基本术语标准》(GB/T 50899—2013);

(3)《城镇土地估价规程》(GB/T 18508—2014);

(4)《房地产抵押估价指导意见》〔建住房(2006)8 号,2006 年 3 月 1 日起施行〕。

3.估价委托人提供的资料

(1)房地产估价委托书;

(2)《房屋所有权证》复印件(杭房权证萧字第××、××、××、××、××、××、××号);

(3)《国有土地使用证》复印件〔杭萧国用(2012)第×××号〕;

(4)委托人企业营业执照复印件;

(5)估价委托人提供的其他有关资料。

4.其他依据

(1)注册房地产估价师实地查勘资料和估价机构掌握的房地产相关资料;

(2)杭州市房地产市场信息及估价对象所在区域的房地产市场状况、同类房地产市场交易等数据资料;

(3)杭州市城市概况、规划、经济发展及自然、人文环境资料等。

(九)估价方法

依照国家行业标准《房地产估价规范》,通常的估价方法有比较法、收益法、假设开发法、成本法等。比较法适用于同类房地产交易案例较多的房地产估价;收益法适用于有收益或潜在收益性的房地产估价;可假定为独立的开发建设项目进行重新开发建设的,可选用成本法;假设开发法适用于具有开发或再开发潜力的房地产估价。

根据委托人提供的资料及评估人员实地勘查、市场调查和向房地产管理部门了解的政策、规划等有关资料,在遵循估价原则的基础上,深入细致地分析了该物业的特点和实际状况,决定选用成本法和收益法作为本次估价方法。

所谓成本法,是指测算估价对象在价值时点的重置成本或重建成本和折旧,将重置成本或重建成本减去折旧得到估价对象价值或价格的方法。

所谓收益法,是指预测估价对象未来收益,利用报酬率或资本化率、收益乘数将未来收益转换为价值得到估价对象价值或价格的方法。

(十)估价结果

估价人员遵循各项估价原则,根据估价目的和国家有关房地产估价的规范、规定,按照估价程序,经过实地查勘与市场调查,并进行了分析、测算和判断,确定估价对象在满足全部假设和限制条件下于价值时点的估价结果见表 7-4。

表 7-4 假定未设立法定优先受偿权下的房地产价值   币种:人民币

相关结果	估价方法	成本法	收益法
测算结果	总价(万元)(保留至万位)	10216	10836
	单价(元/m²)(保留两位小数)	2264.18	2401.60
评估价值	总价(万元)(保留至万位)	10526	
		壹亿零伍佰贰拾陆万元	
	单价(元/m²)(保留两位小数)	2332.89	

表 7-5 房地产抵押价值评估结果汇总   币种:人民币

项目及结果		本次估价对象
1.假定未设立法定优先受偿权下的价值	总价(万元)(保留至万位)	10526
	单价(元/m²)(保留两位小数)	2332.89
2.估价师知悉的法定优先受偿款	总额(元)	0
2.1 已抵押担保的债权数额	总额(元)	0
2.2 拖欠的建设工程款	总额(元)	0
2.3 其他法定优先受偿款	总额(元)	0
3.抵押价值	总价(万元)(保留至万位)	10526
		壹亿零伍佰贰拾陆万元
	单价(元/m²)(保留两位小数)	2332.89

(十一)注册房地产估价师

参加本次估价的注册房地产估价师为:

姓名	注册号	签名	签名日期
×××	×××		2017 年 6 月 6 日
×××	×××		2017 年 6 月 6 日

(十二)实地查勘期

2017 年 5 月 5 日

(十三)估价作业期

2017 年 5 月 5 日至 2017 年 6 月 6 日

四、变现能力分析及风险提示

(一)估价对象变现能力分析

变现能力是指假定在价值时点实现抵押权时,在没有过多损失的条件下,将抵押房地产转换为现金的可能性。

1.通用性分析。估价对象为工业房地产,地上建筑物均按工业用途设计建造,除个别建筑层高较高外,其余建筑基本符合标准厂房标准,市面上较为普遍和常见,适合于多种工业类型生产所需,通用性较好。

2.独立使用性分析。估价对象为工业房地产,各幢建筑功能较为单一,需整体使用才能发挥最大效用,各幢建筑物独立使用性较差。估价对象整体为一宗工业房地产,为独立厂区,出入不受影响,内部设施齐全,整体独立使用性较好。

3.可分割转让性分析。估价对象为工业房地产,为单一产权,不可分割转让,可分割转让性差。

4.价值量大小。估价对象面积较大,价值较高,处置和变现能力较差。

5.区位。估价对象位于成熟工业园区内,周边基础设完备,交通条件好,适合企业生产经营,区位条件较好。

6.房地产开发程度。估价对象为开发完成的工业房地产,内部设施设备齐全,无须再开发即可使用,有利于房地产变现。

7.市场状况。估价对象所在区域属于工业发达区域,工业房地产需求旺盛,且历年该区域经济一直处于良好发展的态势,有利于房地产变现。

8.租约限制。估价对象为自用房地产,无租约限制,有利于房地产变现。

9.变现差异程度。假定在价值时点强制处分估价对象,因卖方价外手续费、竞价空间、双方无合理的谈判周期、快速变现的付款方式及目前拍卖市场成交活跃程度等因素,将会产生一定的价格减损。根据估价对象的具体情况,预计估价对象可实现的快速变现价值为评估市场价值的 50%～60%。

10.变现时间。估价对象规模较大,在当前市场条件下,估价对象预计变现时间为 12～24 个月。

11.变现税费种类与收费标准。抵押房地产如在价值时点进行拍卖,其变现过程中发生的费用和税金,一般包括评估费、拍卖佣金、诉讼费、律师费、执行费、增值税及附加、印花税、土地增值税等。

表 7-6　抵押物处置税费清单

序号	税费种类	收费标准
1	评估费	发改委已取消房地产评估收费标准,由评估公司自主定价,具体需咨询相应评估公司。
2	拍卖佣金	最高人民法院的规定,执行的拍卖佣金收取比例:拍卖成交价在 200 万元以下的,收取 5% 的佣金;200 万至 1000 万元的部分,收取 3% 的佣金;1000 万至 5000 万元的部分,收取 2% 的佣金;5000 万至 1 亿元的部分,收取 1% 佣金;超过 1 亿元以上的部分,收取 0.5% 的佣金。 目前通过网络进行司法拍卖的,免收佣金。

续表

序号	税费种类	收费标准
3	诉讼费	不超过1万元的部分每件交纳50元； 1万元至10万元的部分按照2.5%交纳； 10万元至20万元的部分按照2%交纳； 20万元至50万元的部分按照1.5%交纳； 50万元至100万元的部分按照1%交纳； 100万元至200万元的部分按照0.9%交纳； 200万元至500万元的部分按照0.8%交纳； 500万元至1000万元的部分按照0.7%交纳； 1000万元至2000万元的部分按照0.6%交纳； 超过2000万元的部分按照0.5%交纳。
4	律师费	根据诉讼标的额，按照下列比例分段累计收费： 10万元以下(含10万元)：8%，收费不足2500元的，可按2500元收取； 10万元以上至50万元(含50万元)：6%； 50万元以上至100万元(含100万元)：5%； 100万元以上至500万元(含500万元)：4%； 500万元以上至1000万元(含1000万元)：3%； 1000万元以上：2%。
5	执行费	执行标的金额在1万元以下的，每件交纳50元； 超过1万元至50万元的部分，按0.5%交纳； 超过50万元的部分，按0.1%交纳。
6	增值税及附加	增值税为不含税销售收入的5%，城市建设维护税为增值税的7%，教育费附加费率为增值税的3%，地方教育费附加费率为增值税的2%。
7	印花税	交易金额的0.5‰。
8	土地增值税	土地增值税实行分档累进计算： 增值额未超过扣除项目金额50%的部分，税率为30%； 增值额超过扣除项目金额50%、未超过扣除项目金额100%的部分，税率40%； 增值额超过扣除项目金额100%、未超过扣除项目金额200%的部分，税率为50%； 增值额超过扣除项目金额200%的部分，税率为60%； 土地增值税核算较为复杂，需聘请专门的财务人员进行核算或者咨询当地税务主管部门。

12.变现所得价款清偿顺序。当事人有特殊约定按约定执行，没有特殊约定的，变现所得价款的清偿顺序为：(1)实现抵押权的费用，包括诉讼费、执行费、律师费、拍卖费、评估费用等；(2)应缴交国家有关税费，包括增值税及附加、印花税、土地增值税等；(3)拖欠的建筑工程价款(不含工程垫资费用)；(4)按抵押登记顺序偿还的各抵押权人的利息及主债权；(5)违约金；(6)赔偿金；(7)剩余金额交还抵押人。

(二)估价对象相关风险提示

1.预期可能导致抵押价值下跌的因素分析

(1)政府政策：政府通过土地供应计划的调控、城市规划的指导、地价、税收、金融政策等手段对房地产市场及房地产价格进行调控，而使其价值下降。

（2）消费观念的变更、设计更新、技术进步等原因而导致原有房地产出现功能折旧,而使其价值下降。

（3）房地产供给过量、需求不足、社会经济位置变化等因素导致房地产出现经济折旧,而使其价值下降。

2.估价对象状况和房地产市场状况因时间变化对房地产抵押价值可能产生的影响分析

（1）房地产抵押期间,抵押房地产仍由抵押人占有、使用。若抵押人人为使用不当,如擅自拆改建筑物,破坏建筑结构等,将会加速建筑物的物理折旧,导致房地产的贬值。

（2）估价对象可能因房地产市场变化、国家宏观政策和经济形势变化、房地产相关税费和银行利率调整等因素导致估价对象的抵押价值减损。

3.抵押期间可能产生的房地产信贷风险关注点

（1）经营风险:估价对象抵押期间如果经营管理不利,使用价值贬损、市场泡沫等因素会使抵押房地产价值下降。

（2）法定优先受偿权风险:估价对象可能存在估价师未能知悉的法定优先受偿权,或者在抵押期间产生其他法定优先受偿权。

（3）抵押证件的风险:若抵押权人未能控制抵押物的有效证件,可能会出现多头抵押、重复抵押的风险。

（4）抵押登记的风险:根据《中华人民共和国担保法》的相关规定,在法律规定范围内的财产或权利进行抵押时,当事人双方不但要签订抵押合同,而且还要办理抵押物登记手续,否则抵押合同无效。

4.本次估价所得结果仅供抵押双方参考。估价报告使用者应合理使用评估价值,抵押贷款数额由抵押双方根据国家信贷政策、市场风险、变现难易及政府规定的相关税费等情况最终确定,并关注处置房地产时快速变现对估价对象抵押价值带来的影响。

5.本次估价结果受价值时点的限制,估价报告使用者应定期或者在房地产市场价格变化比较快时对房地产抵押价值进行再评估。

五、估价技术报告

（一）估价对象描述与分析

1.估价对象实物状况描述与分析

（1）土地实物状况描述与分析

①土地位置、四至、用途:估价对象所在宗地为杭州市萧山区萧山经济技术开发区××区块×××路×××号;四至为东至×××公司,南至×××路,西至×××路,北近×××路;用途为工业用地。该宗地位置较好,为萧山城区东北部工业重点开发区域。

②土地面积:宗地面积30858m²,面积适中,比较有利于中型规模工业企业的开发建设。

③土地形状:宗地所在地块形状较规则,便于建筑布置,有利于土地利用。

④地形:平坦,无明显的坡度,易于施工,有利于地面水的汇集和排除。

⑤地势:该宗地与相邻土地、道路基本齐平,该区域排水采用雨、污分流的排水方式,下雨时易排水,不潮湿,对宗地上建筑物的气势及可视性没有影响,被洪水淹没的可能性几乎为0,有利于房地产价值的提升。

⑥土壤:宗地所在处原为耕地,不是垃圾填埋场、化工厂原址、盐碱地等,宗地土壤没有受过污染;有利于房地产价值的提升。

⑦地基(地质):地质坚实,承载力较大,稳定性较好,适于建筑,地下水位一般,水质尚未发现污染,根据《杭州市区地质灾害防治规划》,估价对象宗地属于地质灾害不易发区域,无不良地质现象。

⑧基础设施完备程度:宗地红线内、外已达"五通"(供水、排水、通电、通信、通路),基础设施基本完备,能保障企业日常生产所需。

⑨土地平整程度:宗地场地内已平整,地上已建有建筑物及围墙、道路等附属工程,能正常使用。

综上,估价对象土地实物状况较好,有利于估价对象的保值增值。

(2)建筑物实物状况描述与分析

①建筑物名称、规模、用途:估价对象名称为杭州市萧山区萧山经济技术开发区××区块×××路×××号工业房地产,共由7幢建筑物组成,总建筑面积为45119.99m²,设计用途为工业厂房、工业附房。估价对象建筑规模较大,对于短期变现处置有一定影响。

②建筑建成年份:估价对象1♯、2♯、3♯、7♯建筑物建成年份为2011年,4♯、5♯、6♯建筑物建成年份为2010年,建成年份较接近。

③层数及高度:1♯建筑总层数为4层,总高度为21.4m,平均层高约为5.35m;2♯建筑总层数为3层,总高度为11.6m,平均层高约为3.86m;3♯建筑总层数为1层,层高约为3.8m;4♯建筑总层数为1层,层高约为6.5m;5♯建筑总层数为1层,层高约为14.6m;6♯建筑总层数为2层,总高度为12.7m,平均层高约为6.35m;7♯建筑总层数为10层,总高度为49m,平均层高约为4.9m。

④建筑结构:均为钢混结构,生产性用房,相对于其他结构,其结构造价较高,结构牢固,耐用年限为50年,可继续使用。钢混结构使室内成大开间空间,根据使用人需要可自由分割。

⑤设施设备:通电、供水、排水、通信、通风以及消防等设施设备齐全,其中1♯建筑配有一部货梯,7♯建筑配有二部电梯,设备设施总体维护较好。

⑥装饰装修:1♯、6♯建筑外墙面采用防水涂料粉刷,配铝合金窗,内部部分装修,地面部分油漆地面,墙面涂料粉刷;2♯、3♯、4♯、5♯建筑外墙面采用防水涂料粉刷,配铝合金窗,内部为毛坯,地面水泥找平,墙面涂料粉刷;7♯建筑外墙面采用石材干挂,配塑钢窗,内部部分装修,其中1、2层为办公室,地面铺设地砖、石材,墙面装饰板、乳胶漆装饰;4、7层为宿舍,地面铺设地砖、墙面乳胶漆粉刷;其他楼层,室内毛坯,地面水泥找平,墙面水泥抹平。

⑦层高、空间布局:1♯建筑平均层高约为5.35m,内部为开间格局;2♯建筑平均层高约为3.86m,内部为开间格局;3♯建筑层高约为3.8m,内部为开间格局;4♯建筑层高约为6.5m,内部为开间格局;5♯建筑层高约为14.6m,内部为开间格局;6♯建筑平均层高约为6.35m,内部为开间格局;7♯建筑平均层高约为4.9m,内部为开间格局,其中1、2层作为办公使用,4、7层作为宿舍使用,已做分隔。

⑧维修养护情况及完损程度:建筑物6～7年房龄,实地查勘没有发现不均匀沉降,地面、墙面、门窗保养维护正常。建筑物结构构件完好,装修和设备完好齐全,管道畅通;另建

筑物能符合使用要求,建筑物以外无不利因素影响建筑物价值减损,功能折旧和经济折旧不明显,依据《房屋完损等级评定标准》为完好房。

综上,估价对象建筑物实物状况较好,有利于估价对象的保值增值。

2.估价对象权益状况描述与分析

(1)土地权益状况描述与分析

估价对象宗地的土地所有权属国家所有,土地使用权人为杭州×××公司,《国有土地使用证》证号为杭萧国用(2012)第×××号,土地使用权终止日期为2058年2月27日止,至价值时点,尚剩余土地使用年限为40.82年,用途为工业用地。宗地目前作为企业生产自用,未设立他项权利,无土地使用管制及其他特殊情况。

在价值时点,估价对象土地使用权产权明晰、四至界限清晰、无争议,能最大限度地发挥其自身功用,对体现土地使用权价值有积极的作用。

(2)建筑物权益状况描述与分析

估价对象房屋所有权人为杭州×××公司,已取得《房屋所有权证》(证号为杭房权证萧字第××、××、××、××、××、××、××号)。至价值时点,估价对象无共有权人,未设定他项权利,现作为企业生产用房自用,无出租或占用情况,无其他特殊情况。

在价值时点,估价对象房屋产权明晰、无争议,能最大限度地发挥其自身功用,对体现房产价值有积极的作用。

3.估价对象区位状况描述与分析

(1)位置状况

①区域位置:萧山区是杭州市市辖区,位于浙江省北部,杭州湾南岸、钱塘江东岸,地处中国县域经济最为活跃的长三角南翼,东邻绍兴市柯桥区,南接诸暨市,西连富阳区,西北临钱塘江,与杭州主城区一江之隔,北濒杭州湾,与海宁市隔江相望,陆域总面积1420.22km²。

萧山经济技术开发区为于1993年5月经国务院批准设立的国家级开发区,下辖市北城和桥南城,总规划面积32km²,其中市北城面积9.2km²;桥南城面积23km²,包括红垦和钱江两个农场。萧山经济技术开发区拥有一个省级开发区——萧山高新园区,拥有一个国家级产业基地——杭州软件产业基地萧山扩展区块。

②坐落:估价对象坐落于杭州市萧山区萧山经济技术开发区××区块×××路×××号,东至×××公司,南至×××路,西至×××路,北近×××路。

③方位:估价对象位于萧山区城区东北方位,属于萧山经济开发区××区块,区位优势明显。

④距离:估价对象距离萧山区城区中心直线距离约为8km,距离杭州市中心直线距离约为17km,距离杭州火车南站直线距离约6km,距离适中。

⑤朝向:估价对象主体方向南北朝向,南北通透,朝向好,有利于空气流通及房地产价值的提升。

⑥楼层:1♯建筑总高4层;2♯建筑总高3层;3♯、4♯、5♯建筑总高1层;6♯建筑总高2层;7♯建筑总高10层。

(2)交通状况

①道路状况:附近的主、次干道主要有 03 省道、鸿达路、鸿兴路、春潮路等,道路路面状况良好,交通流量较大。另有杭甬高速、机场高速等高速公路在附近设有互通口。

②出入可利用的公共交通工具:估价对象 500m 范围内有 753 路、708B 等 5 条公交线路通行,公共交通较为便利;园区内货物以集卡车、企业自备货车为主;园区工人出入可选择公交车、自驾车、电动自行车等交通工具。

③交通管制:目前周边道路多为双向通行道路、无交通调整管制。道路通达度较好。

④停车方便程度:估价对象厂区内有多个停车位,周边道路两边设有停车位,停车较为方便。

(3)环境状况

①自然环境:萧山地处浙东低山丘陵区北部、浙北平原区南部。地势南高北低,自西南向东北倾斜,中部略呈低洼。全区平原约占 66%,山地占 17%,水面占 17%。萧山位于北亚热带季风气候区南缘,气候特征为:冬夏长,春秋短,四季分明;光照充足,雨量充沛,温暖湿润;冷空气易进难出,灾害性天气较多;光、温、水的地域差异明显。年平均气温 16.8℃,年平均降雨量 1440.5 毫米,年平均日照时数 1804.6 小时,年平均无霜期 263 天。

估价对象所在位置距离钱塘江直线距离约 3km,周边河道密布,周边企业及道路两侧均有大量绿化,而且在政府监管部门的大力监管和企业自身技改提升下,区域内仅有轻度空气、水污染,自然环境较好。

②人文环境:该区域属于工业聚集区,周边多为企业员工与本地居民,区域治安环境较好,总体人文环境较好。

③景观环境:周边无特殊大型景观,主要以河道、田园景观为主,景观环境一般。

(4)外部配套设施

①基础设施:区域内各类基础设施完善程度高,土地具备"五通一平"条件。"五通"指通路、通电、供水、排水、通信,"一平"指红线内场地平整。

道路:区域内道路网密集,周边均为园区主、次干道。

电力:由杭州电网供电,运行稳定。

供水:供水纳入市区水厂供水范围。

排水:污水纳入城市污水管网,雨水纳入集中管网向外排放。

通信及网络:区域内程控电话和移动通信能提供优质服务;有电信、网通等宽带网络提供服务。

②公共服务设施:估价对象距红垦社区约 2.5km,距离萧山主城区约 2km,附近幼儿园、社区卫生站、银行、超市、农贸市场等一应俱全,能较大程度满足区域内公共服务需求。

综上,估价对象区位状况较好,有利于估价对象的保值增值。

(5)区域未来变化趋势分析

经过 20 多年的发展,萧山开发区已经形成了机械制造、电子电器、轻纺服装、汽车整车及关键零部件、医药食品、建材家具、新材料新能源等支柱产业。目前,开发区有规上工业企业 210 家,限上服务业企业 112 家,工业产值超亿元企业 98 家,世界 500 强企业 15 家,其中包括美国通用电气、日本雅马哈、瑞士 ABB、意大利菲亚特、德国采埃孚、法国圣戈班等,投资千万美元以上项目累计 274 个。

当前,萧山经济技术开发区正以杭州成功创建"两区"为契机,大力推进信息经济、智慧经济和创新型经济的集聚发展,加快经济的转型升级。以机器人小镇和信息港小镇建设为载体,积极培育特色经济,已集聚了一批机器人研发、生产、制造型企业和信息技术领域的重要企业;以大众创客园、跨境电商园、上海交大杭州科技园建设为平台,推进"大众创业、万众创新";以优化服务保障为目标,研究出台了共 15 亿元的产业发展基金,支持高新技术产业、战略性新兴产业的加快发展;特别是培育和发挥四大区块的各自优势,推进联动发展、差异发展、融合发展,努力开创开发区科学发展新局面。

估价对象所在的××区块规划面积 23km²,由红垦、钱江两个农场和一个省级高新技术园区组成,着力发展先进装备制造、电子电器、汽车零部件、电子商务等新兴技术产业。随着企业的不断发展和新兴企业的加入,区域内对工业房地产的需求也逐步加大,经过多年的发展,既有的存量工业用地也逐步趋于饱和,在不扩大工业用地供给的前提下,工业房地产的价格将稳步提升。

萧山经济开发区顺应时代发展的潮流,不断提升园区的投资环境,推进园区内企业的转型升级,越来越多的企业转向高新技术产业,为整个园区的可持续发展起到了良好的推进作用,预计在未来较长一段时间内,该区域的工业房地产将呈现稳步提升的趋势。

(二)市场背景描述与分析

1.国家宏观经济形势及相关政策

(1)国家宏观经济形势

2016 年,全年国内生产总值 744127 亿元,比上年增长 6.7%。其中,第一产业增加值 63671 亿元,增长 3.3%;第二产业增加值 296236 亿元,增长 6.1%;第三产业增加值 384221 亿元,增长 7.8%。第一产业增加值占国内生产总值的比重为 8.6%,第二产业增加值比重为 39.8%,第三产业增加值比重为 51.6%,比上年提高 1.4 个百分点。全年人均国内生产总值 53980 元,比上年增长 6.1%。全年国民总收入 742352 亿元,比上年增长 6.9%。

2016 年,全年全社会固定资产投资 606466 亿元,比上年增长 7.9%,扣除价格因素,实际增长 8.6%。其中,固定资产投资(不含农户)596501 亿元,增长 8.1%。分区域看,东部地区投资 249665 亿元,比上年增长 9.1%;中部地区投资 156762 亿元,增长 12.0%;西部地区投资 154054 亿元,增长 12.2%;东北地区投资 30642 亿元,下降 23.5%。分产业来看,第一产业投资 18838 亿元,比上年增长 21.1%;第二产业投资 231826 亿元,增长 3.5%;第三产业投资 345837 亿元,增长 10.9%。

2016 年,全年全部工业增加值 247860 亿元,比上年增长 6.0%。规模以上工业增加值增长 6.0%。在规模以上工业中,分经济类型看,国有控股企业增长 2.0%;集体企业下降 1.3%,股份制企业增长 6.9%,外商及港澳台商投资企业增长 4.5%;私营企业增长 7.5%。分门类看,采矿业下降 1.0%,制造业增长 6.8%,电力、热力、燃气及水生产和供应业增长 5.5%。

2016 年,全年房地产开发投资 102581 亿元,比上年增长 6.9%。其中,住宅投资 68704 亿元,增长 6.4%;办公楼投资 6533 亿元,增长 5.2%;商业营业用房投资 15838 亿元,增长 8.4%。年末商品房待售面积 69539 万 m²,比上年年末减少 2314 万 m²。年末商品住宅待售面积 40257 万 m^2，比上年年末减少 4991 万 m^2。

(2)国家宏观经济政策

2016 年 3 月 17 日，《中国国民经济和社会发展第十三个五年(2016—2020 年)规划纲要》(简称"十三五"规划纲要)发布，"十三五"规划纲要总结了"十二五"时期发展成就及存在的问题，为未来五年的国民经济发展远景规定目标和方向。

在 2015 年的中央经济工作会议上，形成了"三去一降一补"这一具有针对性的经济工作部署。供给侧改革成为 2016 年经济工作重心。供给侧改革在 2016 年全面推进，去产能、去杠杆方面都取得了不小的成就，去产能、去杠杆政策的推进，将有助于企业盈利和偿债能力的提升。根据 2016 年中央经济工作会议精神，2017 年供给侧改革将向纵深领域进一步推进。

整体来看，2016 年央行实行稳健的货币政策，尽管这一政策在年度初期呈现略宽松——一季度中国央行还降准 0.5 个百分点。随着 5 月份权威人士的谈话公布，中国货币政策呈现稳健。尽管市场多次预期央行降准降息以提振经济，央行并未实施，转而以包括逆回购在内的多种货币政策工具维持市场的流动性。央行在三季度货币政策报告中陈述："中国人民银行继续实施稳健的货币政策，保持政策灵活适度，注重稳定市场预期，为稳增长和供给侧结构性改革营造适宜的货币金融环境。"稳健货币政策取得了较好效果。银行体系流动性合理充裕，货币信贷和社会融资规模平稳较快增长，利率水平低位稳定运行，人民币汇率弹性增强。

综上所述，国家宏观经济形势整体趋势是继续增长的，趋势对估价对象工业房地产价值具有一定的积极影响。

2.本地宏观经济形势及相关政策

(1)本地宏观经济形势

2016 年，萧山区(含大江东)实现生产总值 1928.57 亿元，按可比价格计算，比上年增长 8.6%。其中第一产业增加值 68.12 亿元，第二产业增加值 909.11 亿元，第三产业增加值 951.34 亿元，分别增长 2.9%、5.9% 和 12.1%。按户籍人口计算，人均地区生产总值 151901 元，增长 7.7%。按国家公布的 2016 年平均汇率折算，为 22869 美元。三次产业结构由 2015 年的 3.5∶50.8∶45.7 升级为 2016 年的 3.5∶47.2∶49.3。

2016 年，萧山区全年完成固定资产投资 800.31 亿元，比上年增长 13.4%。从产业投向看，第二产业 104.14 亿元，下降 0.2%，其中工业技改投资 81.78 亿元，增长 4.9%；第三产业 696.17 亿元，增长 15.8%。

2016 年，萧山区全年实现工业增加值 606.10 亿元，比上年增长 3.4%，其中规上工业增加值 500.50 亿元，增长 3.1%。规上战略性新兴产业实现增加值 81.72 亿元，装备制造业实现增加值 156.56 亿元，高新技术产业实现增加值 158.14 亿元，分别增长 8.9%、11.3% 和 10.5%。新产品产值率 30.5%。工业产品产销率为 98.0%。

2016 年，萧山区全年房地产开发投资 351.58 亿元，比上年增长 12.8%。房屋施工面积 1680.41 万 m^2，增长 10.9%；竣工面积 226.69 万 m^2，增长 96.1%。全年商品房销售面积 337.51 万 m^2，增长 55.7%。

（2）本地宏观经济政策

2016年，在国家全面推进"供给侧改革"的指导方针下，萧山区政府制定了一系列的政策和方案。

①去产能化。2016年，在对印染、化工、铸造三大行业进行淘汰整治的时候，萧山区政府制定了再生化学纤维、纱艺、卫浴、废塑料造粒、废钙塑回用等行业淘汰整治实施细则，加快去产能化。据统计，到2016年11月底，萧山已关停"低小散"行业企业346家，整治提升企业1190家。

②去杠杆。萧山给出的去杠杆模式，就是积极提高直接融资在全社会融资中的占比。这其中，推动企业股权融资的发展成为重中之重。

③问转型升级要效益。对于未来的发展，萧山以转型升级为引擎，进一步加快提升经济发展质量和效益，认识新常态、适应新常态、引领新常态，打好转型升级组合拳，确保经济增长稳定在中高速水平，发展质量逐渐迈向中高端。

④紧抓"招商引资"，为发展打基础。2016年，萧山依旧狠抓招商引资，在原有的基础上，借G20峰会召开等机会，萧山做好家门口招商文章，制订招商引资行动方案，优化招商政策，有针对性地开展产业招商、旅游招商、文化招商、科技招商。

⑤打好转型升级组合拳，推进经济提质增效。2015年，萧山坚定不移打好转型升级组合拳，加快推进工业经济提质增效。实施千企转型升级三年行动计划，设立规模10亿元的产业投资基金，全面开展3184个转型升级项目并完成2560个。2016年，萧山继续执行该政策，并以区域发展的模式进而推动。萧山经济技术开发区将着力建设信息港小镇、机器人小镇，萧山科技城大力推动陆家嘴产城融合项目的实质性启动。以空港经济区、瓜沥小城市为发展核，积极创建国家级临空经济示范区，全力打造空港小镇，尽快形成临空产业集群。

综上所述，萧山区各项经济指标都有一定幅度的增长，区域宏观经济形势仍保持一定的增长势头，该趋势对估价对象工业房地产价值具有一定的积极影响。

3. 本地整体房地产市场分析

据透明售房网统计，2016年萧山新建商品房成交33078套，同比2015年的22331套增加10747套，涨幅为48.13％，其中住宅签约25827套。

2016年萧山新建商品房签约面积为370.78万 m²，同比2015年增加了131.71万 m²，涨幅为55.09％。其中住宅签约面积283.01万 m²。新建商品房签约均价为13047元/m²，同比2015年的13937元/m²下降6.39％。其中住宅签约均价为14547元/m²。

2016萧山新房库存为18427套，去库存较明显。同比去年同期下降27.96％。入市房源为23506套，同比2015年下降10.09％。

2016年萧山二手房成交16213套，成交面积为190.09万 m²，成交均价为9965元/m²。其中住宅成交11790套，成交面积为131.98万 m²，成交均价为11039元/m²。同比2015年，二手房市场成交套数上涨89.6％，住宅成交套数上涨83.44％。

2016年萧山共出让商业、住宅类土地38宗，出让面积为183万 m²，可建筑面积为377万 m²。其中住宅为33宗，出让面积为172万 m²；商业为5宗，出让面积为11万 m²。土地出让金额为368.24亿元，同比2015年的122.85亿元，金额上涨199.75％。

2016年，萧山的房地产市场可用"火爆"来形容。一方面，自2015年下半年开始，鉴于前市的冷淡,市场上积压了大量的存量房产,在政府一再强调"去库存"的背景下,开发商"以价换量",促成市场交易;另一方面,G20峰会在奥体中心举行,让消费者更进一步地认识到了萧山的投资价值,大量购房者涌入。而开发商显然不甘落后,各大房产大鳄竞相入驻,不断刷新萧山的宅地价格,"地王"频出。

鉴于2016年房地产市场的"火爆"、G20峰会的余温以及"地王"的蝴蝶效应,在政府不出台相应房地产调控政策的前提下,预计2017年,萧山房地产市场将继续呈上涨趋势。

4. 本地本类房地产过去、现在和未来状况分析

比起住宅市场的波澜壮阔,工业地产的价值增长似乎在悄无声息中进行,萧山区的工业地产,一直保持着稳健的上升势头。2005年宏观调控后,由于与商业地产和住宅地产相比,工业地产存在巨大的土地投入成本优势(据统计,工业用地的基准地价成本远远少于商业地产,只有商业用地的1/4,投资门槛较低,将为工业地产发展带来机遇),许多开发商纷纷开始加大对工业地产的开发力度,一时间,推动了萧山区工业地产的发展和渐露峥嵘。

从工业用地一级市场情况来看,土地成交均价:2010年388元/m²,2011年420元/m²,2012年427元/m²,2013年440元/m²,2014年815元/m²,2015年888元/m²,2016年755元/m²。

2010年工业用地挂牌出让5409.2亩,2011年工业用地挂牌出让441幅,出让面积8748.5亩;2012年工业用地挂牌出让共121幅,出让面积5087.08亩;2013年工业用地挂牌出让共150幅,出让面积4820.74亩;2014年工业用地挂牌出让共307幅,出让面积5727.73亩;2015年工业用地挂牌出让共23幅,出让面积507.527亩;2016年工业用地挂牌出让共18幅,出让面积669.21亩。

从总体分析,萧山区工业用地一级市场土地供应大幅度地减少。随着萧山区政府出台关于耕地占补平衡指标费用的政策,取得工业用地的成本大大增加。一级市场的价格逐年增加。

从工业用地二级市场情况来看,自2006年国家出台《工业用地出让最低价标准》及严格规范用地项目目录以来,萧山工业用地价格上涨幅度较快,特别是国家节能减排、企业转型升级及萧山区退二进三相关政策出台后,萧山工业用地价格再次迎来新一轮的上涨,目前,萧山城市规划区50年期工业用地价格区间在70万~100万元/亩,各乡镇场50年期工业用地价格区间在60万~80万元/亩。

从工业房地产租赁市场来看,土地价格的上涨直接带动了工业厂房租赁价格的上升,目前萧山城市规划区厂房租赁价格区间在180~300元/m²·年,各乡镇场工业厂房租赁价格区间在150~200元/m²·年,并且呈现逐年稳步上涨的趋势。

萧山交通便捷,是浙江省的交通枢纽和商品集散地,境内的萧山国际机场,是浙江省的枢纽机场,沪杭甬高速公路、杭金衢高速公路、铁路浙赣线和萧甬线穿境而过,萧山距上海港、宁波港分别为180km、150km。其上升潜力被专家和地产业内人士非常看好,认为萧山区必会成为下一轮的工业地产开发热点。在认识新常态,适应新常态,引领新常态的目标下,确保经济增长稳在中高速,发展质量迈向中高端,重点打造高端产业群,狠抓招商引资,大批企业的涌入,带来了巨大的市场需求,为工业地产开发带来了无穷的活力与生机,未来工业房地产将继续稳步发展。

(三)估价对象最高最佳利用分析

根据房地产估价应遵循原则,房地产估价应以估价对象的最高最佳利用为前提进行估价,最高最佳利用是指房地产在法律上允许、技术上可能、财务上可行并使价值最大的合理、可能的利用,包括最佳的用途、规模、档次等。

1.法律上允许:估价对象土地用途为工业,房屋设计用途为工业,符合法律、规划以及相关政策法规的许可。

2.技术上可能:估价对象坐落于工业园区内,从基础设施和规划设计上看,目前建设规模符合规划,档次符合企业业态,同时能满足企业自身生产经营所需,技术上是可行的。

3.财务上可行:估价对象所在工业园区已发展成熟,周边工业配套设施完善,作为工业房地产利用能以有限的投入获得最大效益。同时,估价对象的规模、档次能满足企业生产,财务上可行。

4.利用前提分析:利用前提主要有保持现状、装饰装修改造、转换用途、重新利用等。估价对象目前处于正常使用状态,未出现功能不足的情况,从假设开发的角度来看,若在企业不扩大产能的前提下,对估价对象进行更新改造或者装修、装饰,从根本上不能为企业带来更大的效益,无更新改造或者重新利用的必要。估价对象处于工业园区,周边房地产利用形式绝大部分为工业,只有一小部分作为园区配套使用,估价对象合法用途为工业,且规模较大,不宜转变用途使用。估价对象目前作为工业房地产使用,符合其法定用途,结合周边房地产的利用情况,我们认为估价对象保持现状继续使用能最大限度地发挥其效用,符合最高最佳利用原则。

(四)估价方法适用性分析

1.估价总体技术思路

根据建设部、中国人民银行、中国银行业监督管理委员会发布的《房地产抵押估价指导意见》,房地产抵押价值为抵押房地产在估价时点的市场价值,等于假定未设立法定优先受偿权利下的价值减去注册房地产估价师知悉的法定优先受偿款后的价值。计算公式为:

房地产抵押价值=未设立法定优先受偿权利下的价值-估价师知悉的法定优先受偿款

对于未设立法定优先受偿权利下的价值的求取,采用市场价值标准,通过合适的估价方法进行求取。

2.估价方法采用

根据《房地产估价规范》的规定,在进行房地产估价时,应根据估价的实际情况充分考虑掌握的资料、选择最适宜的方法进行评估,力求得到客观、公正、科学、合理的房地产价格。房地产估价方法通常有比较法、收益法、成本法、假设开发法等方法。估价方法的选择应当按照估价的技术标准,结合估价对象的具体条件,用地性质及估价目的,综合估价人员收集的有关资料,考虑到当地房地产市场的发展程度,选择适当的估价方法。有条件选择比较法进行估价的,应以比较法为主要估价方法;收益性房地产的估价,应选用收益法为其中的一种估价方法;具有投资开发或再开发潜力的房地产的估价,应选用假设开发法作为其中的一种估价方法;在无市场依据或市场依据不充分而不宜采用上述三种估价方法的情况下,可采用成本法作为主要估价方法。

(1)估价对象为工业房地产,在同一供需圈内同类房地产市场近期成交实例较少,交易案例不足,故不宜采用比较法评估。

(2)估价对象目前作为企业自用,如果以企业的总收益来剥离房地产的收益,很难准确地区分房地产和设备等生产要素各自产生的收益,会使收益价格受到区分各自收益时偏差的影响;但估价对象所在区域存在大量工业房地产租赁活动,租赁案例较易获取,可通过市场客观租金来反映估价对象房地产的收益情况,因此,可采用收益法进行评估。

(3)估价对象属已建成的房地产,且可正常使用,根据估价人员实地查勘,估价对象维护保养情况良好,能正常使用,无更新改造或重新利用的必要,已达最高最佳利用状态,亦不具备再开发潜力,因此不宜使用假设开发法评估。

(4)估价对象所在区域征地的有关成本资料、类似估价对象建筑物的建安成本、建安定额等资料较易获取,可假定估价对象作为独立的开发建设项目进行重新开发建设,故可采用成本法评估。

综上所述,本次估价采用成本法和收益法两种估价方法进行评估。

(五)估价测算过程

1. 成本法测算过程

所谓成本法是先分别求取估价对象在估价时点的重新购建价格和折旧,然后将重新购建价格减去折旧来求取估价对象价值的方法,其理论依据是生产费用价值论。本次估价采用房地分估的路径,其公式如下:

$$房地产价值＝土地重新购建价格＋建筑物重新购建价格－建筑物折旧$$
$$＝土地重新购建价格＋建筑物现值$$

(1)求取土地重新构建价格

本次估价通过模拟征收集体土地并进行开发的方式来求取土地重新构建价格,基本计算公式如下:

$$土地重新购建价格＝土地取得费用＋土地取得税费＋土地开发成本＋管理费用＋$$
$$销售费用＋投资利息＋开发利润＋销售税费$$

①求取土地取得费用

估价对象所在区域近年来工业用地出让案例较少,不宜采用比较法;通过搜集估价对象所在区域征地的有关成本资料,可通过模拟征收集体土地的方式求取估价对象的土地取得费用。

A. 征地费用

根据《杭州市萧山区征用集体土地实施办法》(区委〔2003〕23号)规定,征用集体土地不分建设项目性质,均执行统一的"区片综合价"补偿标准。"区片综合价"包括土地补偿费,青苗补偿费,地上附着物补偿费等征地时应补偿的所有费用和安置补助费、征地调节资金等。

根据杭州市萧山区人民政府文件萧政发〔2014〕24号《杭州市萧山区人民政府关于调整征地补偿标准的通知》,估价对象属于××街道×××村区片,区片综合价为17.115万元/亩,折合为256.72元/m²。

B. 相关税费

耕地占用税　根据杭州市萧山区财政局文件萧财农函〔2008〕28号文《关于调整耕地占

用税保证金征收额的函》,萧山区占用耕地(园地)税额为 50 元/m²。

补充耕地成本回收款　根据《杭州市萧山区人民政府办公室抄告单》(萧政办抄〔2011〕36 号)有关耕地开垦费(含补充耕地成本回收款)的规定,确定耕地开垦费(含补充耕地成本回收款)为 6 万元/亩,即 90 元/m²(已包含耕地开垦费 28 元/m²),则补充耕地成本回收款为 62 元/m²。

耕地开垦费　根据浙江省财政厅、浙江省国土资源厅关于提高省统筹补充耕地项目耕地开垦费收缴标准的通知(浙财农〔2013〕298 号),确定耕地开垦费为 56 元/m²。

相关税费合计为 168 元/m²。

C. 土地使用权出让金

根据杭州市萧山区人民政府办公室文件萧政办发〔2011〕98 号文件,估价对象位于杭州市萧山区萧山经济技术开发区××区块×××路×××号,属于×××村区片,属于××街道一级用地范围,该区域使用年限为 50 年的工业用地土地使用权出让金为 16.8 万元/亩,即 252 元/m²。

估价对象土地使用权剩余使用年限为 40.82 年,需进行土地出让年期修正。年期修正公式为:$K=1-1/(1+r)^n$,K 为年期修正系数,r 为土地还原率,n 为土地使用年限。本次估价采用的土地还原率采用杭土资函〔2015〕142 号文萧山区基准地价更新结果中采用的工业用地土地还原率,为 7%。年期修正系数如下:

$$[1-1/(1+7\%)^{40.82}]/[1-1/(1+7\%)^{50}]=0.9697$$

年期修正后的土地使用权出让金:

$$252\times0.9697=244.36(元/m²)$$

D. 确定土地取得费用

征收集体土地取得土地使用权时,土地取得费用为征地费用、相关税费和土地使用权出让金之和。即

$$土地取得费用=征地费用+相关税费+土地使用权出让金$$
$$=256.72+168+244.36$$
$$=669.08(元/m²)$$

②土地取得税费

土地取得税费包括契税、印花税,根据《浙江省实施〈中华人民共和国契税暂行条例〉办法》,契税税率为 3%;根据《中华人民共和国印花税暂行条例》,印花税税率为 0.05%;则:

$$土地取得税费=669.08\times(3\%+0.05\%)=20.41(元/m²)$$

③土地开发费

土地开发费按该区域土地平均开发程度下需投入的各项客观费用计算。根据估价委托人提供的资料和估价人员实地勘察,估价对象宗地红线外已达五通,红线内五通一平。

开发过程包括土地平整、场地内基础设施建设、道路、围墙砌筑等,根据对估价对象宗地区域当地相关用地开发费用一般水平的调查测算以及萧山区基准地价更新结果中有关宗地内土地开发费用的测算,确定土地开发费为 150 元/m²。

④管理费用

管理费用是指为组织和管理房地产开发经营活动所必要的费用,包括人员工资及福利

费、办公费、差旅费等。一般按土地取得费用、取得税费和土地开发费的一定比例确定。根据对周边类似房地产开发的调查了解,通常为 2%～3%,本次估价本着谨慎原则,管理费用取 2.5%。则:

$$管理费用=(土地取得费用+土地取得税费+土地开发费)×2.5\%$$
$$=(669.08+20.41+150)×2.5\%$$
$$=20.99(元/m^2)$$

⑤销售费用

销售费用是指预售未来开发完成后的房地产或者销售已开发完成的房地产所必要的费用,包括广告费、销售资料制作费、销售人员费用或者销售代理费等。销售费用通常按照开发完成后的价值的一定比例来测算。根据对周边房地产销售的调查了解,通常为 2%～3%,本次估价对象为工业房地产,本着谨慎原则,销售费用取 2%。设开发完成后的价值(即土地重新购建价格)为 V,则:

$$销售费用=开发完成后的价值×2\%=2\%V(元/m^2)$$

⑥投资利息

根据估价对象宗地的开发程度和开发规模等具体情况以及萧山区同类房地产的一般开发周期,设定开发周期为 1.5 年,投资利息按价值时点中国人民银行公布的一至三年期贷款利息率(4.75%)计,其中开发期内土地取得费和土地取得税费以一次性投入计,土地开发费、管理费用及销售费用以均匀投入计:

$$投资利息=(土地取得费+土地取得税费)×[(1+4.75\%)^{1.5}-1]+(土地开发费$$
$$+管理费用+销售费用)×[(1+4.75\%)^{0.75}-1]$$
$$=(669.08+20.41)×[(1+4.75\%)^{1.5}-1]+(150+20.99+2\%V)×[(1$$
$$+4.75\%)^{0.75}-1]$$
$$=55.76+0.0708\%V(元/m^2)$$

⑦开发利润

开发利润是指把土地作为一种生产要素投入,以固定资产投入形式发挥作用,需要获得相等的报酬,即开发利润。开发利润的表达方式有直接成本利润、成本利润、投资利润和销售利润等,本次估价以投资利润计算,基数为土地取得费用、土地取得税费、土地开发费、管理费用和销售费用。经调查了解该区域内工业房地产开发的投资利润率年平均为 10%,估价对象客观开发周期为 1.5 年,则投资利润率为 15%:

$$开发利润=(土地取得费用+土地取得税费+土地开发费+管理费用+销售费用)$$
$$×15\%$$
$$=(669.08+20.41+150+20.99+2\%V)×15\%$$
$$=129.07+0.3\%V(元/m^2)$$

⑧销售税费

销售税费是指预售未来开发完成的房地产或者销售已经开发完成的房地产。销售税费包括增值税和城市建设维护税、教育费附加、地方教育费附加。根据《关于全面推开营业税改征增值税试点的通知》(财税〔2016〕36 号)中有关规定,单位转让不动产的一般纳税人,转让 2016 年 4 月 30 日前自建的不动产,可以选择适用简单计税方法按 5% 的征收率计税。另根据相关规定,城市建设维护税税率为 7％,教育费附加费率为 3％,地方教育费附加费率为 2％,计税基数为增值税。则销售税费合计为 5.6％。

$$销售税费=开发完成后的价值÷(1+5％)×5.6％=5.33％V(元/m^2)$$

⑨土地重新购建价格

$$土地重新购建单价=土地取得费用+土地取得税费+土地开发成本+管理费用+$$
$$销售费用+投资利息+开发利润+销售税费$$
$$=669.08+20.41+150+20.99+2％V+55.76+0.0708％V+$$
$$129.07+0.3％V+5.33％V$$
$$=1132.5(元/m^2)$$

$$土地重新购建价值=土地面积×土地重新购建单价$$
$$=30858×1132.5$$
$$=34946685(元)$$

(2)求取建筑物重新构建单价

建筑物重新购建价格是指假设在价值时点重新取得全新状况的估价对象的必要支出,或者重新开发全新状况的估价对象的必要支出及应得利润。其基本计算公式如下:

$$建筑物重新购建价格=开发成本+管理费用+销售费用+投资利息+开发利润+$$
$$销售税费$$

①开发成本

开发成本是指在取得房地产开发用地上进行基础设施和房屋设施建设所必需的直接费用、税金等,主要包含建筑安装工程费、勘察设计和前期工程费、基础设施建设费、公共配套设施建设费、开发期间税费。

A.建筑安装工程费

根据《浙江省建筑工程预算定额》(2010 版)和《浙江省建筑安装材料基期价格》(2010版),结合杭州市造价信息和萧山区各类建筑安装工程的行情,并根据估价对象实际情况,对建筑物的建筑标准、建筑结构、层高等综合因素的分析,确定估价对象各幢建筑物的建筑安装工程费为:1♯、4♯、6♯建筑 880 元/m²,2♯建筑 800 元/m²,3♯建筑 780 元/m²,5♯建筑 1200 元/m²,7♯建筑 1600 元/m²。

B.勘察设计和前期工程费

经过调查,萧山区目前工业厂房的勘察设计等费用包括勘察设计费、施工图审查费、环评费、放样测绘费、招投标交易费、工程监理费等。前期工程费包括施工的通水、通电、通路、场地平整及临时用房等费用。该项费用确定如表 7-7 所示。

表 7-7 勘察设计和前期工程费明细

项目名称	计费依据	收费标准(元/m²)
勘察设计费	国家计委、建设部《工程勘察设计收费管理规定》(计价格〔2002〕10号文)	20
施工图审查费	浙江省物价局浙价服〔2007〕147 号	1
环评费	浙江省物价局浙价服〔2013〕85 号	2

续表

项目名称	计费依据	收费标准(元/m²)
放样测绘费	国家测绘局《测绘工程产别价格》(国测字〔2002〕3号)	1.5
招投标交易费	原国家计委计价格〔2002〕1980号	30
工程监理费	浙江省物价局、建设厅浙价服〔2007〕126号	20
前期工程费	该项费用在土地开发费中已计入,此处不重复计算	0
合计	/	47.5

C. 基础设施建设费

基础设施建设费包括城市规划要求配套的道路、给排水、电力等建设费用。宗地内的基础设施建设费已包括在土地开发费中,宗地外的基础设施建设费根据《杭州市萧山区城市市政基础设施配套费征收管理办法》(萧政办发〔2013〕249号)规定,工业厂房的基础市政配套建设费征收标准为140元/m²。

D. 公共配套设施建设费

公共配套设施建设费包括城市规划要求配套的教育、医疗卫生、文化体育、社区服务等非营业性设施的建设费用。经过调查,萧山区目前工业房地产无须缴纳此项费用,且估价对象无配套建设的公共配套设施,因此本次估价不计公共配套设施建设费。

E. 开发期间税费

开发期间税费指的是房地产建造过程中需要缴纳的税费。开发期间税费主要为:土地使用税、市政文管线分摊费、供电贴费、用电权费、绿化建设费、电话初装费、人防工程建设费等。根据当地类似房地产建设项目投资估算的一般标准,一般为建筑安装工程费的2%,则:

1#建筑开发期间税费＝880×2%＝17.6(元/m²)

2#建筑开发期间税费＝800×2%＝16(元/m²)

3#建筑开发期间税费＝780×2%＝15.6(元/m²)

4#建筑开发期间税费＝880×2%＝17.6(元/m²)

5#建筑开发期间税费＝1200×2%＝24(元/m²)

6#建筑开发期间税费＝880×2%＝17.6(元/m²)

7#建筑开发期间税费＝1600×2%＝32(元/m²)

F. 开发成本

开发成本＝建筑安装工程费＋勘察设计和前期工程费＋基础设施建设费＋公共配套设施建设费＋开发期间税费

1#建筑开发成本＝880＋47.5＋140＋0＋17.6＝1085.1(元/m²)

2#建筑开发成本＝800＋47.5＋140＋0＋16＝1003.5(元/m²)

3#建筑开发成本＝780＋47.5＋140＋0＋15.6＝983.1(元/m²)

4#建筑开发成本＝880＋47.5＋140＋0＋17.6＝1085.1(元/m²)

5#建筑开发成本＝1200＋47.5＋140＋0＋24＝1411.5(元/m²)

6#建筑开发成本＝880＋47.5＋140＋0＋17.6＝1085.1(元/m²)

　　7♯建筑开发成本＝1600＋47.5＋140＋0＋32＝1819.5（元/m²）

　　②管理费用

　　管理费用是指为组织和管理房地产开发经营活动所必要的费用，包括人员工资及福利费、办公费、差旅费等。一般按开发成本的一定比例确定。根据对周边类似房地产开发的调查了解，通常为2%～3%，本次估价本着谨慎原则，管理费用取2.5%。则：

　　　　1♯建筑管理费用＝1085.1×2.5%＝27.13（元/m²）

　　　　2♯建筑管理费用＝1003.5×2.5%＝25.09（元/m²）

　　　　3♯建筑管理费用＝983.1×2.5%＝24.58（元/m²）

　　　　4♯建筑管理费用＝1085.1×2.5%＝27.13（元/m²）

　　　　5♯建筑管理费用＝1411.5×2.5%＝35.29（元/m²）

　　　　6♯建筑管理费用＝1085.1×2.5%＝27.13（元/m²）

　　　　7♯建筑管理费用＝1819.5×2.5%＝45.49（元/m²）

　　③销售费用

　　销售费用是指预售未来开发完成后的房地产或者销售已开发完成的房地产所必要的费用，包括广告费、销售资料制作费、销售人员费用或者销售代理费等。销售费用通常按照开发完成后的价值的一定比例来测算。根据对周边房地产销售的调查了解，通常为2%～3%，本次估价对象为工业房地产，本着谨慎原则，销售费用取2%。设开发完成后的价值（即建筑物重新购建价格）为V，则：

　　销售费用＝开发完成后的价值×2%＝0.02V（元/m²）

　　④投资利息

　　根据估价对象宗地的开发程度和开发规模等具体情况以及萧山区同类房地产的一般开发周期，设定开发周期为1.5年，投资利息按价值时点中国人民银行公布的一至三年期贷款利息率（4.75%）计，其中勘察设计和前期工程费按期初一次性投入计，其余开发成本、管理费用及销售费用以均匀投入计：

　　　　投资利息＝勘察设计和前期工程费×$[(1+4.75\%)^{1.5}-1]$＋（其余开发成本＋管理费用＋销售费用）×$[(1+4.75\%)^{0.75}-1]$

　　将上述数据代入计算：

　　　　1♯建筑投资利息＝40.17＋0.000708V（元/m²）

　　　　2♯建筑投资利息＝37.28＋0.000708V（元/m²）

　　　　3♯建筑投资利息＝36.56＋0.000708V（元/m²）

　　　　4♯建筑投资利息＝40.17＋0.000708V（元/m²）

　　　　5♯建筑投资利息＝51.73＋0.000708V（元/m²）

　　　　6♯建筑投资利息＝40.17＋0.000708V（元/m²）

　　　　7♯建筑投资利息＝66.18＋0.000708V（元/m²）

　　⑤开发利润

　　开发利润是指把土地、建筑材料作为一种生产要素投入，以固定资产投入形式发挥作用，需要获得相等的报酬，即开发利润。开发利润的表达方式有直接成本利润、成本利润、投资利润和销售利润等，本次估价以投资利润计算，基数为开发成本、管理费用和销售费用。

经调查了解该区域内工业房地产开发的投资利润率年平均为 10%，估价对象客观开发周期为 1.5 年，则开发利润率为 15%：

开发利润＝（开发成本＋管理费用＋销售费用）×15%

1♯建筑开发利润＝（1085.1＋27.13＋0.02V）×15%＝166.83＋0.003V（元/m²）

2♯建筑开发利润＝（1003.5＋25.09＋0.02V）×15%＝154.29＋0.003V（元/m²）

3♯建筑开发利润＝（983.1＋24.58＋0.02V）×15%＝151.15＋0.003V（元/m²）

4♯建筑开发利润＝（1085.1＋27.13＋0.02V）×15%＝166.83＋0.003V（元/m²）

5♯建筑开发利润＝（1411.5＋35.29＋0.02V）×15%＝217.02＋0.003V（元/m²）

6♯建筑开发利润＝（1085.1＋27.13＋0.02V）×15%＝166.83＋0.003V（元/m²）

7♯建筑开发利润＝（1819.5＋45.49＋0.02V）×15%＝279.75＋0.003V（元/m²）

⑥销售税费

销售税费是指预售未来开发完成的房地产或者销售已经开发完成的房地产。销售税费包括增值税和城市建设维护税、教育费附加、地方教育费附加。根据《关于全面推开营业税改征增值税试点的通知》（财税〔2016〕36 号）中有关规定，单位转让不动产的一般纳税人，转让 2016 年 4 月 30 日前自建的不动产，可以选择适用简单计税方法按 5% 的征收率计税。另根据相关规定，城市建设维护税税率为 7%，教育费附加费率为 3%，地方教育费附加费率为 2%，计税基数为增值税。则销售税费合计为 5.6%。则：

销售税费＝开发完成后的价值÷（1＋5%）×5.6%＝0.0533V（元/m²）

⑦建筑物重新购建单价

建筑物重新购建单价＝开发成本＋管理费用＋销售费用＋投资利息＋开发利润＋销售税费

1♯建筑重新购建单价：

$V=1085.1+27.13+0.02V+40.17+0.000708V+166.83+0.003V+0.0533V$

$V=1429$（元/m²）（取整至个位）

2♯建筑重新购建单价：

$V=1003.5+25.09+0.02V+37.28+0.000708V+154.29+0.003V+0.0533V$

$V=1322$（元/m²）（取整至个位）

3♯建筑重新购建单价：

$V=983.1+24.58+0.02V+36.56+0.000708V+151.15+0.003V+0.0533V$

$V=1295$（元/m²）（取整至个位）

4♯建筑重新购建单价：

$V=1085.1+27.13+0.02V+40.17+0.000708V+166.83+0.003V+0.0533V$

$V=1429$（元/m²）（取整至个位）

5♯建筑重新购建单价：

$V=1411.5+35.29+0.02V+51.73+0.000708V+217.02+0.003V+0.0533V$

$V=1859$（元/m²）（取整至个位）

6♯建筑重新购建单价：

$V=1085.1+27.13+0.02V+40.17+0.000708V+166.83+0.003V+0.0533V$

$$V=1429(元/m^2)(取整至个位)$$

7#建筑重新购建单价：

$$V=1819.5+45.49+0.02V+66.18+0.000708V+279.75+0.003V+0.0533V$$

$$V=2395(元/m^2)(取整至个位)$$

（3）建筑物折旧

①理论成新率

本次估价采用直线法计算理论成新率，计算公式如下：

$$q=[1-(1-R)\times(t\div N)]\times100\%$$

式中：q 为建筑物成新率（%）；R 为残值率；t 为有效年龄；N 为预期经济寿命。

本次估价对象均为钢混结构，残值率为0，按照建设部《建筑物耐用标准》，一般生产用房钢混结构耐用年限为50年，估价对象1#、2#、3#、7#建筑物建成年份为2011年，已使用6年，4#、5#、6#建筑物建成年份为2010年，已使用7年，而估价对象土地使用权终止日期为2058年2月27日，综合分析，估价对象1#、2#、3#、7#建筑物的预期经济寿命为47年，4#、5#、6#建筑的预期经济寿命为48年。通过上述公式计算，估价对象1#、2#、3#、7#建筑的理论成新率为87%，4#、5#、6#建筑的理论成新率为85%。

②实地查勘观测成新率

建筑物的折旧主要包括物质折旧、功能折旧和外部折旧，根据估价人员现场查勘，并结合建筑物的建成时间和使用维护等情况进行综合判断（见表7-8）。

表 7-8　估价对象折旧状况现场查勘

建筑物的物质折旧	估价对象处于正常使用状态，维护保养状况良好
建筑物的功能折旧	估价对象处于正常使用状态，其使用功能符合当前工业厂房使用要求
建筑物的外部折旧	估价对象处于正常使用状态，其所在区域经济因素、区位因素及其他因素无不利变化

经估价人员综合判断，估价对象建筑物实地查勘观测成新率均约为85%。

③综合成新率

综合成新率＝（理论成新率＋实地查勘观测成新率）÷2

1#、2#、3#、7#建筑的综合成新率＝（87%＋85%）÷2＝86%

4#、5#、6#建筑的综合成新率＝（85%＋85%）÷2＝85%

④建筑物折旧额（单价）

建筑物折旧额＝建筑物重新构建价格×（1－综合成新率）

1#建筑折旧额＝1429×（1－86%）＝200（元/m²）

2#建筑折旧额＝1322×（1－86%）＝185（元/m²）

3#建筑折旧额＝1295×（1－86%）＝181（元/m²）

4#建筑折旧额＝1429×（1－85%）＝214（元/m²）

5#建筑折旧额＝1859×（1－85%）＝279（元/m²）

6#建筑折旧额＝1429×（1－85%）＝214（元/m²）

7#建筑折旧额＝2395×（1－86%）＝335（元/m²）

(4)建筑物现值

建筑物现值＝建筑面积×(建筑物重新购建单价－建筑折旧额)

计算如下:

1♯建筑现值＝19719.7×(1429－200)＝24235511(元)

2♯建筑现值＝906.6×(1322－185)＝1030804(元)

3♯建筑现值＝98.34×(1295－181)＝109551(元)

4♯建筑现值＝242.76×(1429－214)＝294953(元)

5♯建筑现值＝1177×(1859－279)＝1859660(元)

6♯建筑现值＝9048×(1429－214)＝10993320(元)

7♯建筑现值＝13927.59×(2395－335)＝28690835(元)

建筑物现值＝24235511＋1030804＋109551＋294953＋1859660＋10993320

＋28690835

＝67214634(元)

(5)确定房地产价值

房地产价值＝土地重新购建价格＋建筑物现值

＝34946685＋67214634

＝102161319(元)

保留万位取整后为 10216 万元。

2.收益法测算过程

所谓收益法,是指预测估价对象未来收益,利用报酬率或资本化率、收益乘数将未来收益转换为价值得到估价对象价值或价格的方法。

其基本计算公式为:

$$V=(a/r)[1-1/(1+r)^n]$$

式中:V 为房地产总价值;a 为房地产年净收益;r 为报酬率;n 为房地产剩余使用年期。

(1)有效毛收入

①确定客观租金

估价对象目前作为企业自用,如果以企业的总收益来剥离房地产的收益,很难准确地区分房地产和设备等生产要素各自产生的收益,会使收益价格受到区分各自收益时偏差的影响;但估价对象所在区域存在大量工业房地产租赁活动,租赁案例较易获取,因此可通过比较法来测算估价对象的客观租金。

所谓比较法,是指选取一定数量的可比实例,将它们与估价对象进行比较,根据其间的差异对可比实例成交价格进行处理后得到估价对象价值或价格的方法。比较法的理论基础为替代原理。

A.可比实例选择

通过市场调查,搜集了与估价对象类似房地产的若干租赁案例,根据相关替代原理,按照用途相同、同一供需圈、价格类型相同、价值时点接近、交易情况正常的要求,从中选取如下 3 宗案例作为可比实例,可比实例均由估价师询价搜集所得。

可比实例1:×××公司位于×××路南侧工业房地产,二面临路,建筑面积 11983m²,

建成于 2015 年,钢混结构,共三层,内部配备货梯一部,水电设施齐全,开间格局,水泥地面,年租金 300 万元[折合 20.86 元/(m²·月)],成交日期为 2016 年 11 月 1 日。该租金为含税租金,正常租赁,租期 2 年,无递增,租金支付方式为一年一付,先付后用,押金为 25 万元(约为一个月租金)。

可比实例 2:×××公司位于××路与×××路交叉口西北角工业房地产,二面临路,建筑面积 4280m²,建成于 2015 年,钢混结构,共一层,水电设施齐全,开间格局,耐磨漆地面,年租金 108 万元[折合 21.03 元/(m²·月)],成交日期为 2017 年 1 月 31 日。该租金为含税租金,正常租赁,租期 3 年,逐年递增 2%,租金支付方式为一年一付,先付后用,押金为 10 万元(约为一个月租金)。

可比实例 3:×××公司位于×××路东侧工业房地产,一面临路,建筑面积 7891m²,建成于 2011 年,砖混结构,共两层,内部配备货梯一部,水电设施齐全,开间格局,水泥地面,年租金 190 万元(折合 20.07 元/m²·月),成交日期为 2017 年 3 月 18 日。该租金为含税租金,正常租赁,租期 2 年,第二年递增 3%,租金支付方式为一年一付,先付后用,押金为 15 万元(约为一个月租金)。

B.因素选择

根据估价对象的房地产状况,影响估价对象租金的主要因素如下:

a.交易时间:时间波动对租金价格的影响。

b.交易情况:是否为正常、公开、公平、自愿的交易。

c.房地产状况:分为区位状况、权益状况和实物状况。其中区位状况主要有工业集聚度、基础设施条件、临路条件、交通条件等,权益状况主要有土地使用权类型、规划用途、剩余使用年限等,实物状况主要有建筑结构、设施设备、内部格局、装修装饰、建成年份等。

C.比较因素条件说明

估价对象和可比实例各比较因素说明见表 7-9。

表 7-9　比较因素条件说明

比较因素			项目			
			估价对象	可比实例 1	可比实例 2	可比实例 3
位置			×××路××号	×××路南侧	××路与×××路交叉口西北角	×××路东侧
单位租金[元/(m²·月)]			待估	20.86	21.03	20.07
交易日期			2017.5.5	2016.11.1	2017.1.31	2017.3.18
交易情况			正常租赁	正常租赁	正常租赁	正常租赁
房地产状况	区位状况	工业集聚度	位于成熟工业园区内,工业集聚度高	位于成熟工业园区内,工业集聚度高	位于成熟工业园区内,工业集聚度高	位于成熟工业园区内,工业集聚度高
		基础设施条件	五通	五通	五通	五通
		临路条件	二面临路	二面临路	二面临路	一面临路

续表

比较因素		项目			
		估价对象	可比实例1	可比实例2	可比实例3
房地产状况	交通条件	附近有多路公交车通行,临近高速公路互通口,交通条件号	附近有多路公交车通行,临近高速公路互通口,交通条件号	附近有多路公交车通行,临近高速公路互通口,交通条件号	附近有多路公交车通行,临近高速公路互通口,交通条件号
权益状况	土地使用权类型	出让	出让	出让	出让
	规划用途	工业	工业	工业	工业
	剩余使用年限	40.82年	约47年	约46年	约40年
实物状况	建筑结构	钢混结构	钢混结构	钢混结构	砖混结构
	建筑面积/m²	45119.99	11983	4280	7891
	设施设备	水电齐全,部分厂房配有货梯	水电齐全,配有货梯	水电齐全,无货梯	水电齐全,配有货梯
	内部格局	开间格局,可自行分隔	开间格局,可自行分隔	开间格局,可自行分隔	开间格局,可自行分隔
	装修装饰	水泥地面为主,局部油漆、地砖地面	水泥地面	耐磨漆地面	水泥地面
	建成年份	2010—2011	2015	2015	2011

D. 编制比较因素条件指数表

在因素指标量化的基础上进行比较因素修正,将因素指标差异折算为价格差异的因素条件指数(见表 7-10)。

表 7-10　比较因素条件指数说明

比较因素			说明
交易日期			可比实例的租金成交日期与价值时点相近,均在半年以内,估价对象为工业房地产,其租金呈缓慢增长的趋势,短时间内较难反映租金的变动情况,因此本次估价不对交易日期进行修正。
交易情况			可比实例与估价对象均为正常租赁,无须修正。
房地产状况	区位状况	工业集聚度	可比实例与估价对象均属于同一工业园区内,工业集聚度一致,无须修正。
		基础设施条件	可比实例与估价对象均属于同一工业园区内,基础设施条件一致,无须修正。
		临路条件	估价对象与可比实例1、2均为二面临路,可比实例3为一面临路。以估价对象为100,每增减一面临路,修正指数±2%,则可比实例1、2的修正指数均为100,可比实例3的修正指数为98。
		交通条件	可比实例与估价对象交通条件一致,无须修正。

续表

比较因素			说明
房地产状况	权益状况	土地使用权类型	可比实例与估价对象土地使用权类型一致,无须修正。
		规划用途	可比实例与估价对象规划用途一致,无须修正。
		剩余使用年限	对于房地产租赁而言,租期在剩余使用年限之内,且剩余年限足够长、不影响租约到期后续租的,则对房地产租金无影响。本次估价对象与可比实例的剩余使用年限足够长,不影响租约到期后的续租,因此本次估价不对剩余使用年限进行修正。
	实物状况	建筑结构	估价对象与可比实例1、2均为钢混结构,可比实例3为砖混结构。以估价对象为100,将建筑结构分为钢、钢混,砖混,砖木,简易四种类型,每相差一种类型修正指数±2%,则可比实例1、2的修正指数均为100,可比实例3的修正指数为98。
		建筑面积	估价对象与可比实例之间面积差异较大,考虑到工业房地产在实际出租过程中可以分割出租的情况,面积因素对于租金的影响较小,因此本次估价不予修正。
		设施设备	估价对象内部水电设施齐全,估价对象与可比实例1、3均配有货梯,可比实例2无货梯,考虑到可比实例2为一层厂房,无须配备货梯,因此本次估价不予修正。
		内部格局	可比实例与估价对象内部格局一致,无须修正。
		装修装饰	估价对象水泥地面为主,局部油漆、地砖地面,本次估价按水泥地面考虑。以估价对象为100,将装修装饰分为毛坯(水泥地面)、简单装修(油漆地面)、普通装修(地板或地砖地面)三个档次,每相差一个档次修正指数±2%,则可比实例1、3的修正指数均为100,可比实例2的修正指数为102。
		建成年份	本次估价对象建成年份按2011年考虑,以估价对象为100,按每相差一年,修正指数±0.5%,则可比实例1、2的修正指数均为102,可比实例3的修正指数为100。

根据上述修正指数说明,编制比较因素条件指数表,见表7-11。

表 7-11 比较因素条件指数

比较因素			项目			
			估价对象	可比实例1	可比实例2	可比实例3
房地产状况修正		交易日期	100	100	100	100
		交易情况	100	100	100	100
	区位状况	工业集聚度	100	100	100	100
		基础设施条件	100	100	100	100
		临路条件	100	100	100	98
		交通条件	100	100	100	100

续表

比较因素			项目			
			估价对象	可比实例1	可比实例2	可比实例3
房地产状况修正	权益状况	土地使用权类型	100	100	100	100
		规划用途	100	100	100	100
		剩余使用年限	100	100	100	100
	实物状况	建筑结构	100	100	100	98
		建筑面积	100	100	100	100
		设施设备	100	100	100	100
		内部格局	100	100	100	100
		装修装饰	100	100	102	100
		建成年份	100	102	102	100

E.编制因素比较修正系数表

根据比较因素条件指数表,编制因素比较修正系数表,见表7-12。

表 7-12　比较因素条件指数

比较因素			项目		
			可比实例1	可比实例2	可比实例3
单位租金(元/m²·月)			20.86	21.03	20.07
交易日期			100/100	100/100	100/100
交易情况			100/100	100/100	100/100
房地产状况修正	区位状况	工业集聚度	100/100	100/100	100/100
		基础设施条件	100/100	100/100	100/100
		临路条件	100/100	100/100	100/98
		交通条件	100/100	100/100	100/100
	权益状况	土地使用权类型	100/100	100/100	100/100
		规划用途	100/100	100/100	100/100
		剩余使用年限	100/100	100/100	100/100
	实物状况	建筑结构	100/100	100/100	100/98
		建筑面积	100/100	100/100	100/100
		设施设备	100/100	100/100	100/100
		内部格局	100/100	100/100	100/100
		装修装饰	100/100	100/102	100/100
		建成年份	100/102	100/102	100/100
比较单价(元/m²·月)			20.45	20.21	20.90

F.确定最终比较价格

采用各比较因素修正系数连乘的方式计算出各可比实例的比较单价。上述各比较单价之间差距较小,因此采用简单算术平均数求取估价对象的比较价格。

估价对象租金=(20.45+20.21+20.90)÷3=20.52(元/m²·月)

②租约限制分析

至价值时点,估价对象处于企业自用状态,无出租、占用情况,不受租约限制。且因估价对象为企业自用,企业亦不能提供近3年运营费用情况。

③可出租面积

本次估价对象大部分建筑物均为工业厂房及配套办公、宿舍用房,除3♯建筑(水泵房)作为配套附房外,其余建筑均可用于出租,因此本次估价对象可出租建筑面积为45021.65m²。

④空置率与租金损失

根据估价人员实地查勘的调查了解,估价对象所在区域工业氛围浓厚,工业房地产需求旺盛,供给有限,因此工业房地产的空置率低于一般工业园区及零散工业房地产,该区域工业房地产出租空置率一般在5%~10%。本次估价对象建筑规模较大,本着谨慎原则,空置率按10%计。

一般工业房地产即租即用,无须进行装修装饰、改造等工程,因此工业房地产出租过程中一般不存在免租期,无租金损失。

⑤确定有效毛收入

有效毛收入=客观月租金×月数×可出租面积×(1-空置率)

＝20.52×12×45021.65×(1-10%)

＝9977518(元)

(2)其他收入

其他收入主要为房地产租赁过程中押金产生的利息收益。通过对该区域类似房地产出租情况的调查,一般收取的押金约为一个月租金,本次估价按一个月租金押金计算,利息收益按价值时点中国人民银行公布的一年期存款利息率(1.5%)计,则:

其他收入=月租金×可出租面积×(1-空置率)×利率

＝20.52×45021.65×(1-10%)×1.5%

＝12472(元)

(3)运营费用

房地产在租赁过程产生的运营费用主要有维修费、保险费、管理费、增值税及附加、房产税等。具体测算如下。

A.维修费指为保证房屋正常使用而需每年支付的小修费用,通常按房屋重置价的1%~2%计算,本次评估本着谨慎原则按建筑物重置价的2%计,建筑物重置价参考成本法计算为78326443元,则:

维修费=78326443×2%=1566529(元)

B.保险费指房产所有人为使自有房产避免意外损失而向保险公司支付的费用,我国房产的保险费率一般为房屋现值的1‰~2‰,本次估价本着谨慎原则按房屋现值的2‰计算,

建筑物现值参考成本法计算为 67214634 元,则:

保险费＝67214634×2‰＝134429(元)

C. 管理费指出租方为保证房屋正常出租而需付出的管理成本,通常为有效毛收入和其他收入之和的 2%～3%,本次估价本着谨慎原则按 3% 计算,则:

管理费＝(9977518＋12472)×3%＝299700(元)

D. 增值税及附加,根据《关于全面推开营业税改征增值税试点的通知》(财税〔2016〕36号)中有关规定,并咨询当地税务主管部门,单位出租 2016 年 4 月 30 日前自建的不动产,可以选择适用简单计税方法按 5% 的征收率计税,计税基数为不含增值税租金收入。另根据相关规定,城市建设维护税税率为 7%,教育费附加费率为 3%,地方教育费附加费率为 2%,计税基数为增值税。则增值税及附加合计为 5.6%。则:

增值税及附加＝9977518÷(1＋5%)×5.6%＝532134(元)

E. 房产税,房地产在租赁过程中需要缴纳房产税,根据《中华人民共和国房产税暂行条例》,单位所有房地产用于出租的,按租金收入的 12% 计征房产税。经咨询当地税务主管部门,营改增后房产税的计税基数为不含增值税租金收入,则:

房产税＝9977518÷(1＋5%)×12%＝1140288(元)

F. 运营费用合计

总运营费用＝维修费＋保险费＋管理费＋增值税及附加＋房产税

＝1566529＋134429＋299700＋532134＋1140288

＝3673080(元)

(4)净收益

净收益＝有效毛收入＋其他收入－运营费用

＝9977518＋12472－3673080

＝6316910(元)

(5)变化趋势分析

估价对象所在的工业园区经过多年发展已日趋成熟。随着企业的不断发展和新兴企业的加入,区域内对工业房地产的需求也逐步加大,在不扩大工业用地供给的前提下,工业房地产供应已经略显紧张,工业房地产租金也在逐年缓慢上涨。随着园区内不断提升的投资环境,以及供给侧改革带来的动力,越来越多的企业转向高新技术产业,为整个园区的可持续发展起到了良好的推进作用,结合"十三五"规划纲要及该地区历年来经济发展的轨迹来看,预计在未来 5～10 年,该区域的工业房地产将继续呈现稳步提升的趋势。

通过估价人员的调查了解,该地区工业房地产租金基本按 2%～3% 的比例逐年递增。本次估价本着谨慎原则,假设估价对象净收益前 5 年按 2% 的比例递增,之后保持不变。

(6)报酬率

报酬率即折现率,是与利率、内部收益率同类性质的比率,为投资回报与所投入资本的比率,报酬率的求取一般有三种基本方法,即累加法、市场提取法、投资报酬率排序插入法,本次评估时,采用累加法确定估价对象报酬率。公式如下:

报酬率＝无风险报酬率＋投资风险补偿率＋管理负担补偿率＋缺乏流动性补偿率－投资带来的优惠率

无风险报酬率采用一年期存款利率1.5％（2015年10月24日公布），投资风险补偿由投资风险补偿率、管理负担补偿率、缺乏流动性补偿率和投资带来的优惠率组成（详见表7-13）。

表7-13　报酬率确定因素说明

项目	数值	说明
无风险报酬率	1.5％	无风险报酬率又称安全利率，是指没有风险的投资报酬率。本次估价选取价值时点人民银行公布的一年期定期存款基准利率1.5％作为安全利率。
投资风险补偿率	3％	投资风险补偿率是指投资者投资于不确定、具有一定风险性的房地产时，必然会要求对所承担的额外风险有所补偿。由于估价对象位于成熟工业园区内，其市场需求和收益保障程度较好，其风险相对一般，取3％作为投资风险补偿率。
管理负担补偿率	1.5％	管理负担补偿率是指一项投资所需求的操劳越多，其吸引力就会越少，从而投资者必然要求对所承担的额外管理有所补偿。房地产要求的管理工作一般超过存款、证券，且估价对象规模较大，取1.5％作为管理负担补偿率。
缺乏流动性补偿率	1％	缺乏流动性补偿率是指投资者对所投入的资金由于缺乏流动性所要求的补偿。房地产与股票、证券、黄金相比，买卖要困难，变现能力弱，取1％作为缺乏流动性补偿率。
投资带来的优惠率	1％	投资带来的优惠率是指由于投资房地产可能获得某些额外的好处，如易于获得融资，从而投资者会降低所要求的报酬率，取1％作为投资带来的优惠率。

报酬率＝无风险报酬率＋投资风险补偿率＋管理负担补偿率＋缺乏流动性补偿率
　　　　－投资带来的优惠率
　　＝1.5％＋3％＋1.5％＋1％－1％
　　＝6％

（7）收益期限

收益期限是估价对象自价值时点起至未来可以获得收益的时间，收益期限一般以估价对象自然寿命、土地使用权剩余年限、合同约定、房地产剩余经济寿命等通过综合分析来确定，一般情况下，估价对象的收益期限为其剩余经济寿命。估价对象约建成于2010年、2011年，所在建筑物为钢混结构，钢混结构生产用房耐用年限为50年，则建筑物剩余使用期限为43、44年；土地使用权终止日期为2058年2月27日，剩余使用期限为40.82年，土地使用权剩余使用期限短于建筑物剩余使用期限，本次评估收益期限采用土地使用权剩余使用期限，则：

收益期限＝40.82年

（8）房地产收益价值

根据估价人员了解，当地土地使用权出让合同对于土地使用权到期后的处置事宜一般有两种处置方式：一是土地使用权到期后，出让人收回土地使用权的同时对地上建筑物按残余价值对受让人进行补偿；二是土地使用权到期后，出让人无偿收回土地使用权。本次估价未能获取估价对象土地使用权出让合同，土地使用权到期后地上建筑物的处置方式未知，本着谨慎原则，本次估价对象按第二种处置方式进行估价，即不考虑土地使用权到期后的建筑物残余价值。

本次估价对象收益模式分为两段,即有限年内净收益递增和净收益保持不变两种模式,其基本公式如下:

$$V = \frac{a}{r}\left[1 - \left(\frac{1}{1+r}\right)^m\right] \text{ 和 } V = \frac{a}{r-g}\left[1 - \frac{(1+g)^n}{(1+r)^n}\right]$$

式中:a 为年净收益;r 为报酬率;m 为收益年限;n 为递增年限;V 为房地产收益价值;g 为净收益递增比例。

上述两个公式合并并考虑估价对象租金为先付后用,将计算公式变为:

$$V = \frac{a \times (1+r)}{r-g}\left[1 - \frac{(1+g)^n}{(1+r)^n}\right] + \frac{a \times (1+r) \times (1+g)^{n-1}}{r \times (1+r)^n}\left[1 - \frac{1}{(1+r)^{m-n}}\right]$$

将已测算的相关数据代入公式,则:

$$V = \frac{6316910 \times (1+6\%)}{6\% - 2\%}\left[1 - \frac{(1+2\%)^5}{(1+6\%)^5}\right] +$$
$$\frac{6316910 \times (1+6\%) \times (1+2\%)^{5-1}}{6\% \times (1+6\%)^5}\left[1 - \frac{1}{(1+6\%)^{40.82-5}}\right]$$

$$V = 108360121(元)$$

保留万位取整后为 10836 万元。

3. 估价结果确定

根据房地产估价规范及估价对象的具体情况,本次评估分别采用了成本法和收益法进行测算,通过市场成本法求得估价对象总价为 10216 万元,通过收益法求得估价对象的总价为 10836 万元,两种方法测算的结果差距不大,因此本次估价采用两种方法测算结果的简单算术平均数作为最终估价结果。则:

$$估价对象总价 = (10216 + 10836) \div 2 = 10526(万元)$$

估价对象平均单价为 2332.89 元/m²

(六)估价结果

估价人员遵循各项估价原则,根据估价目的和国家有关房地产估价的规范、规定,按照估价程序,在满足全部假设和限制条件下,选用成本法和收益法对估价对象进行分析和测算,确定估价对象于价值时点的估价结果(见表 7-14)。

表 7-14 假定未设立法定优先受偿权下的房地产价值 　　　　　　　　　币种:人民币

相关结果	估价方法	成本法	收益法
测算结果	总价(万元)(保留至万位)	10216	10836
	单价(元/m²)(保留两位小数)	2264.18	2401.60
评估价值	总价(万元)(保留至万位)	10526	
		壹亿零伍佰贰拾陆万元	
	单价(元/m²)(保留两位小数)	2332.89	

表 7-15　房地产抵押价值评估结果汇总　　　　　　　　　　　　币种：人民币

项目及结果	估价对象	本次估价对象
1.假定未设立法定优先受偿权下的价值	总价/万元(保留至万位)	10526
	单价(元/m²)(保留两位小数)	2332.89
2.估价师知悉的法定优先受偿款	总额(元)	0
2.1 已抵押担保的债权数额	总额/元	0
2.2 拖欠的建设工程款	总额/元	0
2.3 其他法定优先受偿款	总额/元	0
3.抵押价值	总价(万元)(保留至万位)	10526
		壹亿零伍佰贰拾陆万元
	单价(元/m²)(保留两位小数)	2332.89

六、附件(略)

(一)估价对象位置示意图

(二)估价对象内外部照片

(三)可比实例外观照片

(四)房地产估价委托书复印件

(五)法定优先受偿款调查表

(六)估价委托人提供的营业执照复印件

(七)估价委托人提供的《房屋所有权证》复印件

(八)估价委托人提供的《国有土地使用证》复印件

(九)房地产估价机构营业执照复印件

(十)房地产估价机构资质证书复印件

(十一)房地产估价师执业资格证书复印件

报告点评

具体报告点评见表 7-16、表 7-17。

表 7-16　房地产估价报告点评

点评大项	序号	点评项目		点评标准	点评意见
一、封面、致函、目录、声明、假设和限制条件	1	封面（或扉页）		要素齐全，表述准确、清晰、简洁。	
	2	致估价委托人函		内容完整，前后一致，表述准确、清晰、简洁。	单价单位不够明确。使用期限最好标明起止日期。
	3	目录		内容完整，前后一致。	
	4	注册房地产估价师声明		内容全面、规范，针对性强。	
	5	估价假设和限制条件		假设和限制条件合法、合理，理由充分。	估价假设不够全面。
二、估价结果报告	6	估价委托人		内容完整，表述准确。	
	7	估价机构		内容完整，表述准确。	
	8	估价目的		表述具体、准确。	
	9	估价对象		基本状况描述全面、准确，范围界定清楚。	1. 平均层高等描述不妥； 2. 缺空间布局如跨度柱距等信息。
	10	估价时点		确定正确，确定理由简要明确。	
	11	价值类型		价值类型正确，价值内涵或者定义准确。	
	12	估价依据		依据完整、合法有效。	
	13	估价原则		原则完整、准确。	
	14	估价方法		采用的估价方法的名称和定义准确。	
	15	估价结果		完整清晰，前后一致。	单价单位不够明确。
	16	估价人员		人员与内容齐全、准确。	
	17	估价作业日期		表达正确，有保质完成的合理时间。	
三、估价技术报告	18	实物状况描述与分析	土地	描述全面、翔实，分析客观、透彻。	有关估价对象"面积适中"与"规模较大"的表述不一致。
			建筑物	描述全面、翔实，分析客观、透彻。	内部"开间格局"的表述不专业，未明确跨度柱距等信息。
	19	权益状况描述与分析		描述全面、翔实，分析客观、透彻。	无土地使用管制的表述不确切。

续表

点评大项	序号	点评项目	点评标准	点评意见
三、估价技术报告	20	区位状况描述与分析	描述全面、翔实,分析客观、透彻。	
	21	市场背景描述与分析	宏观房地产市场、当地估价对象细分房地产市场及相关影响因素分析简明、准确、透彻,针对性强。	当地同类房地产细分市场写得比较好,分析客观、透彻,依据充分有效。全国等宏观分析可简写一些,更有针对性。
	22	最高最佳利用分析	最高最佳利用判定正确,分析透彻、具体;有合法依据和市场依据。	
	23	估价方法适用性分析	技术路线表述清晰、明确;估价方法排查完整、合理,已选用估价方法理由充分,未选用估价方法理由充分。	土地价值评估为什么不用比较法等没有分析,萧山区基准地价是2015年9月24日公布的,至价值时点不足两年,相比征地市场费用项目和标准的混乱和不透明,用基准地价修正法比成本逼近法来测算更有依据。
	24	估价测算过程	数据来源依据充分,参数选取客观、合理,理论表述与实际应用有说服力;有必要的分析和过程;计算过程完整、严谨、正确。	详见估价方法点评表。
	25	估价结果确定	估价结果客观合理,确定方式恰当、理由充分,结论表述清晰(含单价、总价)。	
四、附件及外在质量	26	附件	附件资料齐全、完整、真实。	
	27	外在质量	报告名称、专业用语规范;文字简洁、通畅、表述严谨,逻辑性强;文本格式规范、无错别字、漏字,标点使用正确;排版规整、前后一致、装订美观大方。	
定性评审意见	重要内容缺失说明			
	原则性错误说明			
	重大质量缺陷说明			

综合点评意见

估价报告整体比较完整规范。该估价基本做到报告名称、专业用语规范;文字简洁、通畅、表述严谨,逻辑性强;文本格式规范、没有发现错别字、漏字,图表有名称;排版规整、前后一致。封面各要素齐全,描述正确;致估价委托人函内容完整,估价结果明确,符合估价规范要求。估价师声明内容完整,针对性强。估价范围界定清晰,估价对象描述全面,有所分析。估价目的描述清晰,价值类型和价值内涵表述正确,价值时点确定正确,有理有据。选用的收益法和成本法两种种估价方法恰当,且两种估价方法测算过程都比较完整。测算过程中几乎所有的数据来源或参数取值都有具体明确的来源和依据。估价结果确定科学合理。

有待改进的地方:土地价值评估为什么不用比较法等没有分析,特别是萧山区基准地价是2015年9月24日公布的,至价值时点不足两年,相比征地市场费用项目和标准的混乱和不透明,用基准地价修正法比成本逼近法来测算更有依据。

表 7-16-1 估价方法点评——收益法

序号	点评项目			点评标准	点评意见
1	有效毛收入	出租型	租金水平	选取的租赁实例真实、客观,信息较完整,可比性强;租金收入分析深入。	1. 租赁实例来源未说明; 2. 租赁实例与估价对象规模差距较大; 3. 租赁实例价格内涵不够清楚; 4. 租赁实例信息不够完整清楚; 5. 租金比较因素不够全面; 6. 厂房出租土地面积没有提及。
			租约限制	租约限制处理合理,理由充分。	
			有效出租面积或者可出租面积比率	有效出租面积或者可出租面积比率确定过程清楚,数据合理。	
			空置率与租金损失	空置率与租金损失确定过程清楚,数据合理;市场依据充分。	
		自营型	经营收入	商业经营业态或者生产性质明确;经营收入与支出内容全面,数据来源依据充分;经营收入确定合理。	
2	其他收入			其他收入来源明确说明。	
3	运营费用			费用项目正确、齐全;费用估算或者确定过程清楚,数据来源依据充分,取值合理,全部符合正常客观费用标准或者符合政策规定要求。	
4	净收益			前后一致、计算正确。	
5	变化趋势分析			净收益流量类型分析合理,升降幅度预测数值依据充分。	
6	报酬率(或者资本化率)			报酬率确定方法和确定过程正确;数据来源依据充分;针对估价对象类型、档次、区位、估价时点的状况等合理取值。	
7	收益期限			收益期限确定正确,依据充分。	
8	公式应用与计算			计算公式选用正确;有必要的分析和测算过程;测算过程完整、严谨、正确。	土地使用期满建筑物残值没有考虑。

表 7-16-2 估价方法点评——成本法(建筑物)

序号	点评项目		点评标准	点评意见
1	开发成本	勘察设计和前期工程费	费用构成合理;计费依据充分,费率合理。	部分计费依据过早,没有与市场接轨。
		建筑安装工程费	建筑工程费、装饰装修工程费、房屋设备工程费依据充分、客观合理。	
		基础设施建设费	费用构成合理,费用额度依据充分。	
		公共配套设施建设费	费用构成合理,费用额度依据充分。	
		开发期间税费	税费构成合理,税费额度依据充分。	
2	管理费用		费率合理,依据充分。	取值未体现谨慎原则。
3	销售费用		费率合理,依据充分。	
4	投资利息		利率选择正确;开发周期、计息期限确定合理。	
5	销售税费		税金构成合理,税率确定正确。	
6	开发利润		利润率内涵清楚,水平客观、合理,理由充分。	
7	建筑物折旧		维护使用状况描述全面、客观;折旧分析深入,成新确定合理,依据充分。	
8	公式应用与计算		有必要的分析和过程;计算过程完整、严谨、正确。	

表 7-16-3 估价方法点评——成本法(土地)

序号	点评项目		点评标准	点评意见
1	土地取得费用	市场购置土地取得	土地取得方式明晰;土地取得成本构成合理,依据充分;土地取得成本调整符合市场情况。	不采用基准地价修正法测算土地取得成本的理由未说明。征收土地超政策文件补偿的情况非常普遍,实际征收成本远高于文件规定。
		征收集体土地取得		
		征收国有土地取得		
2	土地取得税费		税费构成合理,税费确定合理。	
3	土地开发费		开发费用构成完整,依据充分;取值客观合理,土地开发周期确定合理。	
4	管理费用		费用构成合理,费率确定依据充分。	

续表

序号	点评项目	点评标准	点评意见
5	销售费用	费用构成合理,费率确定依据充分。	
6	投资利息	利率选择正确;开发周期、计息期限确定合理。	
7	销售税费	税金内容构成完整,税率确定正确。	
8	开发利润	利润率内涵清楚,水平客观、合理,理由充分。	
9	公式应用与计算	有必要的分析和过程;计算过程完整、严谨、正确。	

表 7-17 房地产抵押估价特殊项目点评

序号	点评项目	点评标准	点评意见
1	估价假设和限制条件	估价时点与实地查勘日期不一致时,应在假设限制条件中进行假设说明。	
2	估价原则	列明遵循谨慎原则。	
3	估价结果披露	要素披露完整。	
4	估价对象变现能力分析	内容完整,分析合理,依据充分,针对性强。	变现时间和变现价值的确定理由不充分,通用性分析结论是较好,变现时间需要 1~2 年,变现价值率为 50%~60%,矛盾。
5	风险提示	内容完整,分析合理,针对性强。	风险提示应更有针对性,更具体一点。
6	附件	应包括法定优先受偿权利等情况的书面查询资料和调查记录。	

致　谢

特别感谢以下优秀房地产估价机构给予的技术顾问支持(排名不分先后)。

杭州永正房地产土地评估有限公司

简介:杭州永正房地产土地评估有限公司是杭州市房地产管理局下属的杭州市房地产评估事务所改制企业,国家一级房地产、土地估价机构,入库最高人民法院的司法评估机构,杭州市中介服务业示范企业、浙江省房地产估价师与经纪人协会 A 级资信机构、浙江省土地估价师协会一级资信机构。

公司董事长赵志菲先生为浙江省房地产估价师与经纪人协会副会长、杭州市中介行业协会副会长、杭州市国有土地上房屋征收房地产价格评估专家委员会主任。

浙江恒基房地产土地资产评估有限公司

简介:浙江恒基房地产土地资产评估有限公司成立于 1998 年,是浙江省第一家同时取得房地产评估(国家一级)和土地评估(全国资质)国家最高评估资质的评估机构。公司以国家评估规程和 ISO9001 质量体系标准同时对评估全过程进行规范执业、不断创新发展。公司本着客户至上的理念,为数千家政府机关、金融机构、企事业单位客户长期提供房产评估、土地评估、资产评估、评估数据服务、投资咨询等多项专业化服务,成为全国评估行业中的知名品牌。

宁波恒正房地产估价有限公司

简介:宁波恒正房地产估价有限公司 2001 年改制于宁波市房地产估价事务所,是浙江省首家获得住建部认证的一级房地产估价机构,中国房地产估价师与房地产经纪人学会理事单位会员,浙江省房地产估价师与房地产经纪人协会副会长单位。公司注册资本 200 万元,具有本科专业以上人员为 95% 以上,现有注册房地产估价师 15 人、注册土地估价师 5 人,有 5 名估价师进入宁波市政府采购评审专家组成员名册,有 3 名估价师被省住建厅入册为省评估专家组成员,参与全省估价机构评估报告审核评比工作,是目前宁波大市区房地产估价人力资源综合实力最为雄厚的评估机构。

浙江众诚房地产评估事务所有限公司

简介:浙江众诚房地产评估事务所有限公司成立于 1997 年 8 月,2004 年取得国家壹级房地产价格评估资质。中国房地产估价师学会理事单位,浙江省房地产估价师与经纪人协会常务理事单位。浙江省房地产估价机构 A 级资信,浙江省土地评估机构一级资信,人民法院司法评估机构名单库成员,各大银行准入评估机构。主营范围为房地产征收评估、房地产交易评估、房地产抵押评估、房地产司法评估、土地评估等。机构人员总人数 235 人。有高级职称 3 人,中级职称 66 人;评估人员总数 186 人,其中专职注册房地产估价师 66 人,土地估价师 8 人。浙江省房地产估价专家库专家 4 人,杭州市国有土地上房屋征收房地产价格评估专家委员会副主任及专家委员会委员 2 人。入围杭州市 2017—2018 年度征地房屋补偿评估中介服务机构、杭州市 2017—2020 年度国有土地上房屋征收补偿评估中介服务机构,并连续两年居浙江省房地产估价机构年营业收入第一。

浙江国信房地产土地估价咨询有限公司

简介:浙江国信房地产土地估价咨询有限公司是于 2001 年脱钩改制而成的综合性房地产估价咨询服务机构,具有国家一级房地产估价资质、全国范围土地评估执业资格,是中国房地产估价师与房地产经纪人学会理事会员单位、浙江省房地产估价师与经纪人协会常务理事单位,现有 4 名房地产估价师被聘任为浙江省房地产估价专家库专家。公司积极建立合理的人才结构和严格的公司管理制度,同时结合大数据建立了房地产自动估价系统,全方位多领域地开展评估服务。公司秉承“诚信、专业、公平、公正”的企业理念,以“专业服务、创造价值”为核心目标,致力于成为国内最具竞争力的综合性房地产咨询服务机构。

浙江中联耀信房地产估价有限公司

简介:浙江中联耀信房地产估价有限公司成立于 2004 年,经浙江省建设厅批准从事房地产估价及咨询服务业务,拥有国家房地产估价机构一级资质,杭州市中级人民法院、国土局、房管局、各大银行机构库成员,中联评估集团浙江公司成员单位。

公司总部位于杭州钱江新城,业务以杭州为中心面向全国,在温州、绍兴、金华、嘉兴、萧山等地设有分公司,现拥有执业人员 100 余人,房地产估价师 39 人,土地估价师 6 人。主要从事:(1)投资性房地产公允价值、抵押评估;(2)企业改制、上市、重组、破产清算等经济活动中涉及的房地产评估;(3)专业仲裁及司法诉讼中涉及的房地产评估等业务。